3판

다문화사회의 이해와 실천

박주현 · 이은영 · 장영 지음

창지사

제3판 머리말

오늘의 우리 사회를 11년 전 이 책의 초판을 발간할 때와 비교하면 참으로 많이 변화하였다. 체류외국인이나 장기 체류외국인이 증가하였으며(물론 COVID-19로 말미암은 일시적 현상은 제외하고), 다문화 관련 우리 사회의 인식도 많이 변하였다. 그러나 아직도 다문화주의나 문화 다양성에 대한 우리의 이해는 지극히 피상적이며 자의적이라 할 수 있다.

세계화와 함께 진행된 국제이주의 물결은 우리 사회의 인적 구성에서 급격한 변화를 초래했고, 그 결과 다인종·다민족·다문화사회로의 이행에 대한 진단과 정책적 대응은 봇물처럼 터지고 있다. 그럼에도 다문화사회 앞에서 가장 커다란 문제는 이주노동자나 결혼이주여성, 북한이탈주민 등 '그들'에 대한 관용이나 이해라기보다는 우리 '자신'에 대한 이해와 관용이 문제가 되는 게 아닐까!

15년 전인 2007년 8월 유엔 인종차별철폐위원회(CERD)가 대한민국이 단일민족을 강조하는 것에 대해 우려를 표명하여 국내에서 당혹과 자성의 목소리가 높았다. 그런데 이러한 우려는 대한민국 정부가 인종차별철폐위원회에 제출한 보고서 때문이었다. 인종차별철폐위원회는 대한민국 정부가 '민족적(ethnic) 동질성'을 '당연한 사실'로 강조하는 태도에 대해 우려를 표명한 것이었다.

이 에피소드는 우리의 상황을 단적으로 드러내는 것이라는 점에서 다시 한번 주목하여야 한다. 따라서 우리 스스로에게 다음의 몇 가지 질문을 한다. 우리가 입으로는 다문화주의라고 말하며 각종 정책과 사업을 추진하고 있지만, 우리의 의식 세계는 아직도 다문화주의나 문화 다양성과는 일정한 거리를 두는 게 아닐까? 다른 문화에 대한 이해나 관용이라는 것 또한 자신에 대한 새로운 변화를 수반하지 않는 다분히 온정주의적(溫情主義的)이며 시혜적(施惠的)인 것에 불과한 게 아닐까?

2022년 7월

제2판 머리말

2015년 국내 체류외국인이 182만 명을 넘어섰다. 이 숫자는 대한민국 국민 대비 약 3.5% 수준이다. 전 세계적으로 인적·물적·문화적 교류가 활발하게 이루어지면서 새로운 문화의 유입이 점점 증가하고 있다. 또한, 한 사회 내에서도 계층, 취향, 신체적 특징 등을 매개로 기존의 문화가 분화하고 다양한 하위문화가 등장하면서 새로운 문화가 생성되고 있다.

이러한 다문화적 변화는 문화적 다양성을 증가시켜 우리의 삶을 풍부하게 만들어 주기도 한다. 하지만 이주민 문화에 대한 이해 부족으로 기존의 거주민과 이주민 사이에 문화적 갈등이 발생할 수 있고, 외래문화가 많이 들어오면서 기존 문화의 고유성이 약화할 수 있다는 우려가 있다.

우리의 다문화정책이 다른 문화를 한국 사회에 편입하기를 바라고, 그 편입의 전제를 우리 문화와의 융화로 규정하는 것은 아닌지 생각해 보아야 할 것이다. 다문화에는 종교와 같은 쉽게 변화할 수 없는 부분도 존재하기 때문에 이러한 전제는 사회의 갈등 요인이 될 여지가 다분하다.

이처럼 다문화사회에서 발생하는 수많은 문제를 해결하고 다양한 문화가 한국 사회에서 바람직한 방향으로 공존하도록 하려면 노력이 필요하다. 먼저 다른 문화에 대한 편견을 버리고 개방적이고 관용적인 태도를 갖춰야 한다. 또 문화적 소수자들이 모든 생활 영역에서 동등한 대우를 받을 수 있는 사회적 여건을 마련해야 한다.

5년 전 이 책을 발간할 때와 비교하면 많은 점이 변화하였다. 체류외국인이나 장기 체류외국인이 증가하였으며, 다문화 관련 우리 사회의 인식도 많이 변하였다. 따라서 이번 제2판에서는 이러한 점을 반영하여 문화의 개념을 보충하고, 일부 통계수치도 수정하였다.

2016년 1월

백석대학교/백석문화대학교 박주현

초판 머리말

다문화사회란 무엇인가? 대한민국은 다문화사회인가? 세계화·지구화와 함께 진행된 국제 이주의 물결은 우리 사회의 인적 구성에 급격한 변화를 가져왔다. 우리와 함께 사는 외국인은 139만 2천여 명(2011년 6월 말 기준)을 넘었고 귀화한 외국인도 10만 명을 넘고 있다. 체류외국인 139만 명은 대한민국 총 인구의 약 2.9% 수준이다. 국제결혼과 다문화가정은 미래 한국 사회의 모습 중 하나가 될 것이다. 국내에 정착한 외국인은 불법체류자까지 합하면 200만 명이 넘는다는 주장도 있다. 결혼하는 10쌍 중 1쌍은 국제결혼이다.

2050년에는 저(低)인구, 초(超)고령화, 다문화사회가 최고의 사회적 메가트렌드(megatrend)가 될 것으로 전망한다. 이 시기, 대한민국 총 인구의 약 10%인 500만 명의 외국 이주자 출신이 우리와 함께 거주할 것으로 예측된다. 따라서 다문화가정은 이제 우리 사회에 함께 소속된 공동체로 더욱 적극적으로 포용해야 한다. 결혼이민자와 이주노동자가 증가함에 따라 우리 사회의 기본 성격은 다문화사회로 규정되며, 학계나 시민사회뿐만 아니라 정부가 앞장서서 다문화사회로 이행하는 데 필요한 각종 정책을 추진하고 있다.

이주노동자와 결혼이민자의 현실에 관심을 기울이고 대책을 마련해야 한다는 논의가 확산한 데에는 우리 사회에서 인권 의식이 점차 향상되어간다는 점도 언급하지 않을 수 없다. 더불어 민족주의와 가부장제의 결합에 주목하는 페미니스트(feminist)의 비판이나 파시즘(fascism)적 억압과의 연관성을 강조하는 탈(脫)민족주의자의 논의도 이바지한 것으로 보인다. 물론 이 담론(談論)에는 민족주의적 고민과 긴장이 내재한다. 민족 정체성(identity)의 변화에 대한 우려와 위기의식도 있고, 일본처럼 공공연하게 표출되지는 않지만, 치안 문제나 테러, 사회적 불안과의 연계성, 그리고 외국인의 정치 세력화에 대한 우려도 전혀 없는 것은 아니다.

2011년 7월 22일 노르웨이에서 충격적인 사건이 발생했다. 반(反)다문화주의자로 알려진 테러범이 우토야(우퇴위아) 섬에서 총기 테러 사건을 일으킨 것이다.

사건의 범인으로 지목된 브레이빅(Breivik)이 반(反)다문화를 주장하며 온라인상에 작성한 글에는 'Korea'라는 단어가 수차례 언급되어 있었다. 그 글에서 브레이빅은 한국이 다문화사회를 거부하는 나라라고 술회하고 있었는데 다문화주의를 비판한 브레이빅이 지향할 국가의 모습으로 한국을 언급한 것이다. 하지만, 그의 언급과 달리 한국은 빠른 속도로 다문화사회에 진입하고 있다. 한국 사회의 일원이 되기 위해 노력하는 이주민을 위해 정부와 민간단체는 한국어 교실, 한국 요리 배우기 등 다양한 프로그램을 제공하고, 한국에서의 일자리를 알선하는 등 그들의 한국 정착을 지원해 주고 있다.

이 책은 총 4부 10장으로 구성하였다. 제1부 제1장에서는 문화와 문명의 개념, 문화의 특성과 형태, 다문화와 다문화사회의 개념 등을, 제2장에서는 다문화사회의 도래와 다문화가족의 개념, 체류외국인 140만 시대에서 본 대한민국인 등을 다루었다. 제3장에서는 동화주의와 문화 다원주의, 다문화주의 특징 등을, 제4장에서는 다문화사회에서 크게 주목받는 인권을 다루었다. 제2부 제5장에서는 다문화가족지원법과 다문화가족지원센터, 다문화가족지원 정책의 문제점과 방향 등을 소개하였다. 제6장에서는 국제결혼과 이주노동자가정, 북한이탈주민가정 등의 현황과 어려움을 소개하고 이들을 위한 대책이 무엇인지 알아보았다. 제3부 제7장에서는 세계 가족을 소개하였고, 제8장에서는 우리나라에 많이 거주하는 외국인 나라인 중국, 베트남, 필리핀 등에 대해 간략히 소개하였다. 제4부 제9장에서는 다문화교육의 개념과 필요성, 다문화교육의 이론적 패러다임과 접근성을, 제10장에서는 다문화교육의 목표와 방향, 우리나라에 적합한 다문화교육의 방향과 체계 등을 살펴보았다. 그리고 다문화가족지원법, 재한 외국인 처우 기본법, 결혼중개업의 관리에 관한 법률 등 다문화 관련법을 부록에 담아 본문의 이해를 돕고자 하였다.

한편, 이 책은 국어순화에 가능한 관심을 많이 기울였다. 아무런 저항감 없이 사용하는 일본식 표현이나 영어의 영향에 따른 단어가 그 대상이다. 예를 들어, '~로 인해'를 '~로 말미암아(~로 말미암은)'으로, '~일 경우'를 '~는(~일 때)'으로, '~기 위해'를 '~려고(~고자)'로, '~에 있어서(~에게 있어)'는 '~의(~에, ~에서)'로, 명사에 '하다'가 붙어서 자동사가 되는 말은 '되다'를 사용하지 않으려고 노력하였으며, 사람이 아닌 때의 복수 '~들'은 가능한 '들'을 생략하였다. 그래서 어쩌면 익숙하지 않은 독자가 본문을 읽기에 다소 어색할 수도 있을 것이다. 아울러 만족스러운 내용이 아닐 수도 있다는 점을 미리 밝힌다.

이 책을 쓸 수 있도록 모든 것을 주신 하나님의 축복과 은혜에 무한한 감사를 드린다. 하나님은 지금까지 건강도 주셨고 충분한 시간도 주셨다. 지금 우리가 고민하는 이 사회, 다문화사회도 하나님이 주신 것이다. 하나님께 깊이 감사드린다! 그리고 세계 복음화, 특히 개혁주의생명신학을 주창하고, 널리 알리기 위해 온 정열을 쏟으시는 백석학원 설립자 하은(河恩) 장종현(張鍾鉉) 박사님의 뜻이 땅 끝까지 펼쳐질 수 있도록 하나님께 기도드린다. 끝으로 원고를 의뢰한 도서출판 창지사 김기섭 대표와 출판을 위해 수고하신 관계자 모두에게 고마움을 전한다.

2011년 9월

박주현

"유대 사람도 그리스 사람도 없으며,
종도 자유인도 없으며, 남자와 여자가 없습니다.
여러분 모두가 그리스도 예수 안에서 하나이기 때문입니다."
–성경전서(새번역) 갈라디아서 3장 28절–

차 례

PART 04 | 다문화교육의 이해

P·A·R·T 01

다문화와 인권의 이해

C · H · A · P · T · E · R 01

문화와 다문화사회

1. 문명과 문화의 개념

문명과 문화의 개념은 국민국가의 발전과 매우 밀접한 관련이 있다. 유럽에서 문화(독일어: Kultur)는, 정치적 통일이 늦었던 독일이 영국이나 프랑스의 문명에 대한 대항 개념으로서 사용하기 시작한 것이다. 바로 이 때문에 니시카와 나가오(西川長夫)는 '문명은 프랑스라는 국민국가의 이데올로기(ideology), 문화는 독일이라는 국민국가의 이데올로기'라고 갈파(喝破)한 바 있다. 일본은 국내뿐만 아니라 아시아 전역에서 문명 개념에 근거하여 대내외 민족과 민중을 문명화의 대상으로 삼아 식민화를 시도했다. 반면, 서구에 대해서는 후진국 독일이 취한 문화 개념을 차용(借用)하여 일본 문화의 정신적 가치를 강조했고 문화를 국민 통합의 기제(機制)로 사용했다(유네스코 아시아·태평양 국제이해교육원, 2008). 이제 문명과 문화의 개념을 구체적으로 알아보자.

1) 문명의 개념

문명은 미개(야만)와 대응하는 진보된 인간생활의 총체를 이르는 것으로, 라틴어의 'Civis(시민)'와 'Civitas(도시)'에서 유래한 바와 같이 특별히 도시문화를 가리키는 경우가 많다. 19세기 말에 문화를 최초로 정의한 타일러(Tylor)는, 문명과 문화를 동일시했다. 플라톤(Platon), 아리스토텔레스(Aristoteles), 홉스(Hobbes) 등은 문명과 사회를 동일시하고 문명 이전을 무질서상태(자연상태)라고 생각했다. 그러나 자연상태라고 부를 만한 무질서한 세계는 미개사회까지 포함, 인간사회에는 존재하지 않는다는 것이 밝혀져 이 개념은 무너졌다. 고대의 여러 문명은 몇몇 지역에서 시기를 달리해 발생한 것으로 밝혀졌다.

엘리아스(Alias)를 따르면, 문명화라는 개념은 유럽의 자의식(自意識)을 표현하며, 이는 국민의식이라고도 할 수 있다. 엘리아스는 문명화란 지난 200~ 300년 동안 유럽이 그 이전 또는 동시대의 훨씬 더 미개한 사회보다 진화했기 때문에 가지고 있다고 믿는 모든 것을 종합한다고 지적한 바 있다(유네스코 아시아·태평양 국제이해교육원, 2008). 'Civilisation(문명)'이라는 용어는 프랑스어에서 기원한 것이다. 처음에는 종교나 인간성이라는 말과 함께 사용되는 등 정신적 측면을 강조했다. 프랑스에서 문명이란 말이 널리 사용된 것은 1770년대로, 이 시기를 거치면서 문명은 이성, 진보, 행복 등과 더불어 계몽주의 철학의 중추가 되고, 이들 개념의 궁극적 목표를 가리키게 되었다. 영국에서 'Civilization(문명)'이라는 말의 출현은 프랑스보다 조금 늦었으나 1772년에는 이 어휘를 사전에 수록할 것이냐 하는 문제가 논란이 될 정도로 많이 사용되었다.

2) 문화의 개념

문화란 무엇인가? 문화의 개념은 여기서 분명한 정의를 내려야 한다. 그러나 문화라는 용어를 한 마디로 정의하기란 불가능하다. 문화는 그것이 속한 담론의 맥락에 따라 매우 다양한 의미를 갖고 있는 다담론적 개념이다. 문화란 자연 상태의 사물에 인간의 작용을 가하여 그것을 변화시키거나 새롭게 창조해 낸 것을 의미한다. 자연 사물에는 문화라는 말이 어울리지 않지만, 인위적인 사물이나 현상이라면 어떤 것이든 문화라는 말을 붙여도 말이 되는 것은 그 때문이다.

문화에 대한 논의는 종종 한 집단을 묘사하기 위해 사용되는 일련의 특성, 행동, 의례, 신념의 표상(表象)을 포함한다. 이 집단의 사람들은 첫째, 특정 국가나 지역 내에 살거나(또는 그러한 국가나 지역 출신이거나), 둘째, 종교적 연맹을 형성하고 있거나, 셋째, 공동의 조상이나 유산이 있거나, 마지막으로 기타의 이유로 함께 무리지어 있다. 이러한 기술적인 접근법에서 문화란 개인과 가족, 즉 하나의 특정한 지역이나 집단 내에 있는 모든 개인과 가족에게 일방적인 영향을 미치면서, 그들의 외부에 존재하는 정적이고, 변화하지 않는 실체를 의미한다. 이는 사람들이 그들의 문화의 산물임을 제시한다. 즉, 문화는 문화적으로 결정된 이미지에 따라 사람들을 형성하도록 하는 강력한 힘이 될 수 있다는 것이다. 비록 일련의 기술 용어는 다른 집단의 인간 가치, 행동, 목적에서의 다양성을 이해하고 묘사하는 데 도움이 될 수 있겠지만, 이러한 방법은 또한 문화적 정체성과 경험의 역동적이고 지속적으로 변화하는 속성에 대한 개인의 인지를 제한하고 좁힐 수 있다(Strauss & Quinn, 1997; Laird, 2000). 따라서 '문화는 하나의 사물이라는 생각'(D'Andrade, 1995)을 넘어서는 것과 문화의 역동적인 과정을 연구하는 것이 중요하다.

고정되고 불변하는 개념화 대신 우리는 문화라는 용어를 한 집단의 사람들에게 반복되는 공동의 대상과 사건이며, 그러한 대상과 사건에 대해 그들이 창출해 내는 공유된 의미(Strauss & Quinn, 1997)를 지칭하는 것으로 사용한다. 이는 분명한 경계를 가졌거나 서로 쉽게 분리될 수 있는 민족집단이나 국가에 문화가 제한되어 있음을 의미하기보다는, 오히려 광범위한 문화적 맥락을 포함하는 것으로 개념을 확장시킨다. 따라서 문화는 변화하고 중복되는 정체성을 포함한다. 또한, 문화가 공유된 의미로 구성되어 있기 때문에 지속적으로 의미와 정의가 변화하는 움직임 속에 있다. 이는 지속적으로 진화하며 그 문화와 관련된 개인과 가족에 따라 과거와 현재와 예측이 되는 미래를 연구하는 맥락 속에서만 이해될 수 있다(천혜정 외, 2009).

문화는 사람들이 어떻게 생활하느냐와 관련된 생활방식이며, 의식주를 포함하여 사회생활, 경제생활, 종교생활 등을 어떤 방식으로 해나가느냐 하는 것과 관련된 생활의 모습이기도 하다. 문화는 지식, 신앙, 예술, 도덕, 법률, 관습, 그리고 사회구성원으로서 인간에 의해 획득된 다른 모든 능력이나 습성을 포함하는 복합총체이다. 이처럼 문화는 인간이 소유한 능력의 소산으로서 생활하는 관습 전체이기도 하다(이광규, 1994).

문화는 특정한 인간집단이나 지역에서 특징적으로 나타나는 생활양식으로서, 후천적으로 특정한 사회에서 성장하는 과정에서 익히는 것이다. 문화는 인간의 생존을 위한 필수적인 요소이며, 거의 무의식적으로 인간의 행동과 사고에 영향을 미친다. 또한, 문화는 어떤 사회의 전체 생활양식으로서, 특정한 민족이나 사회가 오랫동안 수많은 시행착오를 거듭하면서 이룩한 역사적 산물이며, 생활의 지혜이다. 따라서 문화란 인간의 생활양식으로 특정한 민족이나 사회가 지속적으로 간직해 온 다양한 분야의 생활모습이다. 인간의 생존에 필수적인 요소로서, 사회구성원에게 내면화되어 인간행동에 영향을 미치는 사회체계라고 할 수 있다(이광규, 1994; 한상복 외, 1997; 이근홍, 2006).

하지만 문화라는 말은 그렇게 넓은 의미로만 사용되지는 않으며 다양한 방식으로 정의된다. 문화에 대한 정의가 다양할 수밖에 없는 것은 엄청나게 광범위한 인간적 산물들의 관계를 이해하는 방식이 다양하기 때문이다. 문화는 역사적 시대, 사회 집단, 이데올로기적 입장에 따라 다양하게 정의되어 왔다. 이는 인간이 창조한 사회적, 역사적 산물을 두고 인간이 벌이는 권력 다툼과 밀접한 관련이 있다. 권력 다툼이란 결국 모든 인간적 산물의 소유와 배분을 둘러싼 다툼이고, 궁극적으로 문화를 둘러싼 다툼이기 때문이다. 문화에 대한 다양한 정의 방식 가운데 대표적인 몇 가지만 살펴보기로 한다.

(1) 교양으로서 문화

19세기 매슈 아놀드(Mathew Arnold) 같은 사람들에 의해 대표되는 서구 문학비평에서 문화는 흔히 인간 사고와 표현의 뛰어난 정수라는 의미로 정의되었다. 여기에는 위대한 문학, 미술, 음악 등에 대한 지식과 실천을 통한 정신적 완성의 추구라는 열망이 담겨 있다. 예컨대 우리가 문화인이라는 용어를 쓸 때 흔히 그것은 뛰어나고 수준 높은 교양을 가진 사람을 의미하게 되는데 바로 그 문화의 개념이 그것이다.

산업사회가 도래하고 대중사회가 형성되면서 이런 뛰어난 교양으로서의 문화를 갖춘 엘리트층의 지배가 도전받게 되었을 때, 이런 문화 개념의 옹호자들은 물질문명과 과학기술, 정치, 경제와 떨어져 독립적으로 존재하는 문화의 개념을 더욱 방어적으로 고수했다. 대중문화와 대립하는 '고급문화(High Culture)'의 개념을 통해 기존의 엘리트적 문화관을 고수하며 대중문화를 저급한 것으로 치부하는 논리나 이른바 순수문화를 주장하였다. 그 결과는 정치, 경제적 영역과 단절된 문화 영역의 분리였다.

(2) 진보로서 문화

문화는 한 사회의 정신적, 물질적 발전 상태를 의미하는 경우도 있다. 이때의 문화는 문명(civilization)이란 개념과 혼용되기도 한다. 이는 다윈의 진화론패러다임을 인간 사회에 적용한 사회진화론적 관점과 관련된다. 서구 문화를 아시아, 아프리카 등의 문화보다 우월하다고 생각하는 서구 제국주의의 문화관이 그런 것이다.

18세기 후반에 이르면 문화와 문명이 구분되기 시작하여 문화는 정신적 발전 상태를, 문명은 물질적 발전 상태를 지칭하는 말로 쓰이게 된다. 문화와 문명을 사회진화론적 관점으로 보는 시각은 아직도 널리 퍼져 있다. 콜럼버스(Columbus)가 아메리카 대륙을 '발견'했다고 보는 서구중심주의적 입장은 콜럼버스 이전에 이미 아메리카 대륙에 살면서 독자적인 문화를 구축하고 있던 원주민 인디언의 문화를 부정하는 관념에 입각해 있다. 문화란 서구의 것이고, 인디언은 문화를 가지지 못한 야만적 존재로 여겨진다. 그런 의미에서 미개 또는 야만에서 문화로의 진보라는 관점은 자민족중심주의를 구성하는 주요한 요소이다.

(3) 예술 및 정신적 산물로서 문화

현대사회에서 문화는 주로 정신적이거나 지적이고 예술적인 산물을 지칭하는 의미로 사용된다. 신문의 문화면은 문학, 예술, 종교, 학문, 교육, 패션, 방송, 영화 등의 주제로 구성되며, 이는 신문의 다른 면을 구성하는 정치, 경제, 사회 등의 영역과 구분된다. 문화를 이렇게 인간의 정신 활동과 관련된 몇 가지 영역으로 정의하는 방식에는 문화를 물질적 생산이나 분배를 둘러싼 사회관계와 분리해 사고하는 관념이 깔려 있다. 여기에는 흔히 배타성, 순수성, 전문성과 같은 개념이 개입한다.

문화는 사회와 무관한 순수한 것이며 고유의 배타적인 영역으로 존재한다는 생각은 이런 식의 문화 개념에서 쉽게 나타나곤 한다. 이렇게 문화를 인식하는 것은 '교양으로서 문화' 개념을 대중문화에까지 확장하면서도 유구한 정신노동과 육체노동의 이분법적 사고를 벗어나지 못 한 것이다.

(4) 상징체계 · 생활양식으로서 문화

사회학이나 인류학에서는 흔히 문화를 인간의 상징체계, 혹은 생활양식으로 정의한다. 인간은 상징체계를 통해 사회를 경험하고 인식하며 다른 인간과 상호작용과 의사소통을 한다. 인간이 한 사회의 구성원이 된다는 것은 그 사회에 이미 존재하는 상징체계를 습득하여 사용할 수 있게 된다는 의미이며, 그 상징체계가 반영하고 있는 사회의 질서와 규범, 즉 생활양식을 따르게 된다는 것을 의미한다.

그러한 양상이 가장 전형적으로 드러나는 것이 인간의 언어생활이다. 예컨대 한국어에서는 지위, 연령에 따라 사용하는 언어가 다르다. 그러한 언어 규범은 한국 사회의 가부장적 위계질서의 전통을 반영하는 것이다. 우리가 그러한 언어 규범에 따라 말을 할 때 한국어의 언어 체계가 담고 있는 가부장적 위계질서에 따르게 됨을 의미하게 된다. 그렇게 보면 사회에서 의미질서, 혹은 상징체계 속에서 이루어지는 의사소통 그 자체가 문화임을 알 수 있다. 문화를 상호작용과 의사소통, 혹은 그것의 기반이 되는 상징체계라 할 때, 그것은 단순히 정신적 작용의 산물이 아니라 한 사회의 관습, 가치, 규범, 제도, 전통 등을 포괄하는 총체적인 생활양식을 의미하게 된다.

2. 문화의 특성과 형태

1) 문화의 특성

(1) 문화의 일반적 특성

문화는 일반적으로 사회구성원 간에 공유되고, 생득적(生得的)이라기보다는 인간이 사회 속에서 성장하면서 학습을 통해 습득한다. 또한, 한 세대에서 다음 세대로 전승되어 누적으로 나타난다. 그리고 문화는 모든 영역에 걸쳐 전체적으로 영향을 미치며, 정체(停滯)되어 있지 않고 계속해서 변화하고 있다(한상복 외, 1997; 유태용, 1999; 전경수, 1999; 강정구, 2000).

① 학습성

문화는 사회생활을 통해 성장하면서 학습이 된 것인데, 인간은 특정의 문화를 갖고 태어나는 것이 아니라, 성장 과정에서 학습을 통해 습득한다. 인간이 공유하고 있다고 해서 모두 문화가 아니며, 어떤 것을 문화적인 것으로 간주하기 위해서는 지속적으로 학습된 것이어야 한다. 우리가 사용하는 언어를 보더라도 태어나면서부터 알 수 있는 것이 아니라, 후천적으로 배워서 익힌 것이다. 이처럼 문화는 생득적인 것이 아니라 비유전적 수단에 의해서 습득한 결과이다.

② 공유성

문화란 한 사회구성원 개개인의 독특한 취향이나 버릇이 아니라, 다른 사회구성원과 구별되는 어떤 공통적인 경향이다. 인간행동의 많은 부분은 그가 소속한 집단의 행동양식을 따르는 것이며, 이러한 행동양식은 집단구성원끼리 공유하고 있다. 문화의 속성은 집단의 구성원에게 사회생활을 원활하게 할 수 있는 공동의 광장을 만들어 주며, 언어와 같이 공유하는 문화를 통하여 상대방의 행동과 기대를 예측할 수 있게 함으로써 사회생활을 할 수 있게 한다.

③ 누적성

문화는 상징적인 수단인 언어를 통해서 세대 간에 전승되며, 축적되어 나간다.

즉, 한 세대에서 이루어진 문화는 다음 세대로 전해지고, 시간이 지남에 따라 각 세대에서 이루어진 문화가 추가되어 계속 쌓여간다. 문화는 주로 언어를 통해서 세대에서 세대로 전해져 왔으며, 문자를 통해 문서의 형태로 저장되고 축적되었다.

④ 전체성

문화란 사회집단이 가진 지식, 신앙, 예술, 도덕, 법률 등과 같은 수많은 부분이 각기 독립적으로 존재하는 것이 아니다. 문화는 상호 긴밀한 관계를 유지하면서 하나의 전체를 이룬 통합체이다. 문화는 하나의 영역이 고립된 현상을 보이지 않고, 거의 모든 영역에 부수적인 영향을 미치고 있다. 즉, 한 사회의 문화를 구성하는 각각의 부분은 상호 밀접한 관련을 맺고, 한 영역에서의 변화는 그 영역을 포함하여 다른 영역에도 변화를 가져온다.

⑤ 가변성

문화는 시간적인 차원에서 볼 때 정체되어 있지 않고 항상 변하고 있다. 즉, 문화는 계속해서 누적되는 성격을 띠지만, 장기간에 걸쳐 항상 똑같은 형태를 지니고 있지 않고 점진적으로 변화되어 간다. 사람들은 일상생활에서 그들이 직면한 문제를 새로운 방법으로 해결하려고 하며, 그 과정에서 새로운 방법이 효과적이면 다른 사람에게 학습되고, 점차 전체 사회로 확산해 문화의 한 부분이 된다. 한 부분의 변화는 다른 부분으로 연쇄적 변화를 일으켜 전체로서의 문화변동이 일어나게 한다.

(2) 대한민국인 문화의 특성

문화의 속성상 우리나라 사람의 문화적 특성을 체계화하는 일은 쉬운 일이 아니다. 그러나 우리나라 사람에게 뿌리 깊이 내재한 고유의 문화를 살펴보면 다음과 같다(박주현, 2010).

① 정

정(情)이란 인간의 희(喜), 노(怒), 애(哀), 락(樂), 애(愛,) 오(惡), 욕(慾) 등과 같

은 칠정(七情)의 모든 감정을 말한다. 대한민국 사람이 사용하는 정(情)은 주어진 대상에 직·간접 접촉과 공동경험을 통하여 무의식적으로 형성된 일종의 정신적 유대감이라고 할 수 있다. 정은 '사귐이 깊어 감에 따라 더해 가는 친근한 마음'으로 요약할 수 있다. 정은 뚜렷한 목적 없이 장기간 함께하는 경험을 통해 형성되기 때문에 정을 바탕으로 한 행동은 의도성이 약하고, 규범에 의한 책임이나 의무를 지니지 않는다. 따라서 정으로 맺어진 사이에서는 사회정의나 원칙주의가 지켜지지 않는다(한규석, 1995; 김영룡, 1997).

정은 대한민국 사람의 가족관계에서 가장 두드러지게 형성되어 사회생활에까지 이어져 사적인 인간관계는 물론 공적인 관계에 크게 영향을 미친다. 예를 들어, "음식점에서 주문은 따로 하지만, 한가운데 놓고 같이 덜어 먹는다", "대한민국 사회는 문제가 발생하면 이를 정면으로 해결하기보다는 인간관계로 풀어 가는 것이 관행화된 사회이다"라는 지적으로부터 정의 영향을 알 수 있다. 아울러 먼 길을 오고 가며 서로의 애(哀)·경사(慶事)를 챙기는 것은 정을 바탕으로 이루어진다고 할 수 있다. 나아가 정의 인간관계를 바람직한 인간관계로 여기는 정서 때문에 대한민국 사람은 상호 의리를 중시하고, 관계의 배신행위를 가장 금기시한다. 이러한 풍토를 반영하는 것으로 '가신정치(家臣政治)'라는 말을 들 수 있다(한규석·최상진, 2000). 여기서 가신이나 가신정치는 암울했던 군사정권이 막을 내리고, 이른바 "삼 김"이 정치 일선에 등장하여 문민정부, 국민정부를 이끌어 갈 때, 뭇사람들의 입에 오르내리던 말 중의 하나이다. 커다란 뇌물사건이나 정치적 물의가 일어날 때마다 그 중심인물을 지칭하여 실권자의 가신이라고 말하곤 했다.

② 가족주의

가족주의(familism)란 모든 가치를 가족의 유지, 기능 등과 관련을 맺어 결정하는 사회의 조직 형태를 말한다. 즉, 가족주의는 가족으로부터 독립하지 못한 개인이 자신보다 가정을 중시하고, 나아가 가족적 인간관계를 사회에까지 확대하여 적용하는 가치체계를 의미한다. 우리나라의 가족주의는 농업사회를 바탕으로 성리학과 유교의 영향을 받아 형성되었다. 기독교 사상의 유입과 산업화에도 가족

구성원에게 여전히 자리 잡고 있다. 특히 '우리'라는 표현을 자연스럽게 사용하였고, 감정적 연대감, 정, 친밀감, 동질성, 유대감 등을 강조하고 있다. 이러한 가족주의는 다음에 살펴볼 동류의식으로 발전하기도 한다(한규석, 1995; 신수진, 2000).

대한민국 사람은 전통적으로 대를 잇는 것 못지않게 자손이 출세하는 것을 가문의 영광으로 중요하게 생각하였다. 따라서 가족은 자녀양육과 교육에 관심을 집중하였다. 또한, 상하서열의 원형인 부자관계에서 강조하는 효(孝)를 바탕으로 한 가족주의는 성숙한 시민의식을 마비시키는 요인이 되기도 한다. 대한민국 부모는 자녀를 성숙한 시민으로 양육시키려는 것보다 가족의 일원으로 의무를 철저히 수행하게 하고, 예속적인 인간으로 만드는 데 관심이 높다. 이처럼 가족주의를 토대로 한 대한민국 사람은 자신이 속한 집단과 다른 집단을 차별하는 성향을 띠게 된다. 나아가 이러한 성향은 공동체 의식의 결여와 지역 간 갈등 요인이 되고 있다. 그리고 가족주의는 '내 새끼 유일주의'나 '질서의식 결핍증' 등과 같은 고질적인 사회병리 현상의 원인이 되고 있다(신수진, 2000; 최준식, 2000).

③ 체면

면목, 낯, 체모(體貌) 등으로 쓰이는 체면(體面)은 개인이 공적으로 드러낸 겉모습으로, 사회적으로 바람직하다고 생각하는 가치로 구성된 이미지를 뜻한다. 즉, 체면은 개인이 가진 본질과 다르게 나타날 수 있고, 사회적으로 바람직한 그 사람의 정도를 나타내며, 남들이 자신을 받아들여 주기를 바라고 드러내는 모습을 의미한다. 또한, 체면은 상황에 따라 자신의 참모습이나 사실과 다르게 행동함으로써 자신이나 상대의 지위나 명분을 높이거나 유지하려는 현상을 말한다. 이러한 체면은 대한민국 사람뿐만 아니라 세계의 모든 문화권에서도 나타나는 세계적인 현상이다. 하지만, 특히 대한민국 사람은 생활 전반에 걸쳐 체면에 신경을 쓴다는 점에서 독특하다고 말할 수 있다.

체면을 중요시하는 대한민국 사람의 일상생활은 상대의 체면을 세워 주는 호칭 인플레, 자동차나 의복으로 치장한 자기과시, 이익을 합리화하거나 비난을 피하기 위한 명분 중시, 그리고 체면손상을 꺼려 인사치레로 하는 거짓말 등에서 잘 드러난다. 한편, 체면은 질서 유지의 역할을 하기도 하는데, 이는 개인의 체면이 자신은 물론 주위 사람이나 아랫사람의 행위로부터도 영향을 받기 때문이다. 대한민국 사람의 독특한 심리 사회적 기제로 작용하는 체면은 지나치게 차릴 때는 거리감을 주고 위선적으로 여겨지지만, 너무 안 차리면 체통이 떨어지고 믿음을 잃게 될 수도 있다. 그러므로 체면은 상황에 따라 적절히 차려야 한다(한규석, 1995).

④ 눈치

눈치란 겉으로 드러난 자료가 불충분함에도 불구하고 그 이면에 숨어 있는 진실을 꿰뚫어 보는 독특한 재주를 말한다. 특히 눈치는 대한민국 사람의 대인교류가 지닌 중요한 특징이며, 우리 문화권에서 관계를 해치지 않으려는 염원에서 발달한 의사소통의 고유한 형태로 간주한다(한규석, 1995). 의사소통에서 눈치가 발달한 이유는 말을 아껴야 하는 유교문화와 의미의 개별성이 강한 문화적 특성을 들 수 있다. 유교에서는 인(仁), 즉 말하기를 어려워하는 것을 강조함으로써 예로부터 자신의 마음을 말로 자세히 표현하는 것을 삼갔다(김석환, 1997). 또한, 의사소통에서 표현된 언어 이외 당시 상황이나 맥락을 중시함으로써 언어의 일반적 의미보다는 그 상황에 따른 개별성이 강했다. 따라서 이 같은 문화는 의사소통에서 눈치를 발달시킨 중요한 요인으로 작용하였다.

대한민국 사람은 공식적인 생활과 비공식적인 생활을 혼동하는 경향이 있기 때문에 공식적인 회합이나 조직에서의 발언이나 행동이 그 후의 모든 생활영역에 영향을 준다. 이러한 사회성격 속에서 눈치 문화를 발달시켰다고 볼 수 있다(최재석, 1994). 결국, 대한민국에서의 눈치는 체면과 자존심을 유지하는 데 필요하고, 당혹스러운 상황을 피하며 서로 마음이 상하지 않도록 하고, 상대방에게 지나친 압력을 주지 않는 기능을 하는 것으로 본다. 또한, 눈치는 단순한 의사소통 기제 이상의 것으로 생활의 지혜와 겸손한 행위로 이해하고 있다. 눈치를 적절히 주고 챔으로써 재치를 발휘할 수 있고, 상대의 의도를 파악하여 편안하게 함으로써 좋은 관계를 형성하는 데 이바지할 수 있다.

⑤ 동류의식

동류의식이란 상대와 나를 동질화시키는 의식을 말한다. 예를 들어, 식당에서 같은 음식을 시키고, 같은 화제로 대화하려는 성향이 강하며, 상대와 공통점을 찾으려는 심성은 바로 대한민국 사람의 내면에 동류의식이 깔려 있기 때문이다(류승호, 1995). 동류의식은 상대방에게 호의를 표하는 것으로 간주하며, 주위의 사람들이 하는 것을 자발적으로 따라 하는 동조행위를 불러일으킨다. 예를 들면, 유행을 따르는 행위, '친구 따라 강남 가는' 행위, '끼리끼리' 모이는 행위, 그리고 붕당(朋黨)을 이루는 행위 등을 들 수 있다. 이 같은 동류의식은 앞에서 다룬 가족주의로부터 발전한 것으로 볼 수 있다.

대한민국 사람의 동류의식은 혈연, 학연, 지연 등과 같은 연줄망을 바탕으로 더욱 확대되어 나타나고 있다. 대화에서도 서로 공통점을 찾기 위해 본관, 고향, 출신학교, 직업은 물론 가족 상황, 경제순위 등에서까지도 대화자 간 공통점을 끌어내려고 노력한다. 그래서 만약 같은 점을 발견하면 대화의 친밀감 형성에 가속이 붙는다. 이외에도 신입사원을 채용할 때 특정 종교를 가진 자에만 한정하는 것은 같은 종교인이 내세우는 동류의식이라 할 수 있다(최종철, 1999).

⑥ 연줄

연줄이란 대한민국 사람의 심리 사회적 속성인 연고주의가 일상의 인간관계로 표면화된 상태로서 인간관계의 끈이나 유대를 말한다(김현주, 1997). 개인 간 인간관계는 서로 관계하는 개인들의 사회적 관계망을 고려하여 살펴봄으로써 이들의 인간관계를 한결 정확히 파악할 수 있다. 왜냐하면, 연고주의를 바탕으로 한 연줄에 의해 관계를 맺은 경우가 매우 강하기 때문이다. 예를 들어, 처음 만나는 사람에게 성, 이름, 나이 등을 묻고 동족 여부를 살핀 다음 고향과 학벌을 확인하고, 자기와는 어떠한 정도로 친소관계가 성립될 수 있는가를 가늠하는 경향이 있다. 따라서 대한민국 사람은 연고에 의한 동질성을 공유하는 집단구성원에게는 매우 개방적이지만, 연고를 달리하는 다른 집단구성원에게는 매우 폐쇄적이다.

⑦ 한

한(恨)은 욕구나 의지의 좌절에 따르는 삶의 파국에 대처하는 강박적인 마음의 자세와 상처가 의식적·무의식적으로 얽힌 복합체를 말한다. 한은 자신의 불행에 대해 후회하는 억누를 수 없는 생각과 부당하다는 엇갈린 심리가 결합한 감정 상태라고 할 수 있다. 이러한 한은 부당한 차별대우를 받았을 때, 다른 사람에 비해 현저히 결핍되어 고통을 당할 때, 돌이킬 수 없는 큰 실수를 범했을 때 발생하는 것으로 본다(한규석, 1995).

대한민국 사람에게 뿌리 깊이 박힌 한의 문화는 '한스럽다', '한을 풀어라', '한 맺힌 이 세상' 등과 같은 일상 언어나 노랫말에서 쉽게 찾아볼 수 있다. 이뿐만 아니라 문학작품에서도 한의 문화는 흔하게 드러나고 있다. 예를 들어, 황석영의 『장길산』, 박경리의 『토지』, 이청준의 『서편제』, 최명희의 『혼불』, 조정래의 『아리랑』 등은 우리나라의 비극적 시대 상황과 역경 속에서의 한을 다루고 있다. 즉, 사람이 사람답게 살 수 있는 것이 무엇이며, 인간의 고의성은 어디까지 지켜질 수 있는가에 관한 대한민국 사람의 모진 한의 뿌리를 보여주고 있다(김치수, 1982).

2) 문화의 형태

문화의 형태는 ① 민속문화, ② 하위문화, ③ 주변문화, 그리고 ④ 은둔 문화로 구분할 수 있으며, 구체적 내용은 다음과 같다(이광규, 1994; 한상복 외, 1997).

(1) 민속문화

민속문화(folk culture)는 어느 한 민족에서 오랫동안 일반 대중에게 전승되어 온 전통적인 문화를 말한다. 즉, 전승된 신앙, 풍습, 의례 등의 형태로 서민 생활에 남아 있는 문화이다. 민속문화는 도시문화에 대비하여 농촌문화와 비슷한 의미로 쓰이기도 한다. 이 문화는 변화에 따른 적응이 늦으며, 친족 중심적이면서 인간관계가 지적인 측면과 정적인 측면을 모두 포함하는 전인적인 형태를 띤다. 또한, 성스럽고 종교적인 색채가 강하며, 자연과 관련된 경우가 많다. 아울러 고립적이며 관습화된 생활양식을 하고 있다.

(2) 하위문화

하위문화(subculture)는 전체 문화의 일부분을 이루는 문화를 말한다. 즉, 하위문화는 한 사회집단 내에서 다른 것과 구분될 수 있도록 다르게 나타나는 생활양식을 말한다. 이 문화는 한 사회집단의 각 부분에서 특징적으로 나타나는 행위양식이나 사고방식을 포함한 생활양식의 차이를 나타내며, 그러한 차이를 통해서 사회의 각 부분에 대한 이해를 촉진하고 변화에 적절히 대처할 수 있게 한다. 예를 들면, 빈민지역에서 나타나는 특유의 생활양식인 빈곤문화는 빈민들의 하위문화이다.

(3) 주변문화

주변문화(marginal culture)는 문화의 중심으로부터 멀리 떨어져 문화영역의 경계선 지역에 있어 문화특질을 적게 지닌 것을 말한다. 즉, 문화특질이 집중된 문화중심에서 원거리에 있기 때문에 다른 곳에 비하여 문화특질이 적게 나타나는 것을 말한다. 이 문화는 다른 문화의 특질도 가질 수 있어 문화가 혼합되는 형태를 보이기도 한다.

(4) 은둔 문화

은둔 문화(covert culture)는 외부에서 손쉽게 파악할 수 없는 감추어진 문화를 말한다. 즉, 인간의 행동이나 사물을 통해서 나타나지 않는 것으로, 문화의 내부나 하부에 존재하는 가치관, 내세관 등을 의미한다. 은둔 문화는 내재한 문화라고도 하며 나타내 보이지 않지만, 인간의 행동과 사고에 크게 영향을 미친다. 이 문화는 외적으로 나타난 문화와 서로 관련되어 역할을 하고 있으며, 전체 문화의 일부분을 차지하고 있다.

3. 다문화와 다문화사회

다문화(多文化)는 '많을 다(多)' 자에 '문화(文化)'라는 말이 붙어 '여러 나라의 생활양식'이라는 뜻이다. 즉, 한 사회 안에 여러 민족이나 여러 국가의 문화가 혼재하는 것을 이르는 말이다. 어느 퀴즈 프로그램에서 있었던 에피소드(episode)로 다문화를 연상해보자. 그 프로그램의 문제 정답이 '고구마'였는데, 경상도 사람이 사투리로 '고매'라고 말했다. 사회자가 "정답은 세 글자입니다."라고 하자 그 사람이 '물고매'라고 하였다. 사람들은 배꼽을 잡고 웃었다. 이처럼 우리는 사투리와 관련된 에피소드를 심심찮게 들어볼 수 있다.

그런데 문제는 이러한 농담을 넘어서 사투리를 사용하는 사람에 대하여 보이지 않는 편견이 작용한다는 것이다. 흔히 표준말을 사용하면 교양이 있는 사람, 사투리를 사용하면 투박하고 무식한 사람으로 보는 경향이 있다. 사투리와 표준어라는 언어는 그들이 각기 살아온 삶의 결과이기에 차별적인 시선을 보내서는 안 된다. 그런데도 실제 사회에서는 공공연하게 차별이 일어나고, 한 사회 내에서의 문화의 차이와 다양성으로 인정받지 못한다. 이런 점에서 다문화는 단순히 다른 민족이 함께 살아가는 현상만을 말하는 것은 아니다. 같은 민족일지라도 그 안에는 매우 다양한 문화적 양식이 존재하고, 결국 다문화적 요소를 갖게 되는 셈이다(강희성 외, 2021: 39-40).

1) 우리나라의 다문화주의와 다문화 정책

다문화를 기술적 개념에서 정의하면, 민족적·문화적 다양한 존재 자체를 의미한다. 이러한 측면에서는 민족국가 외부로부터의 이주의 증가가 가장 중요한 계기가 되어 민족적·문화적 단일성에 대해 질문과 문제를 던지는 집단이 가시화되고, 이들의 권리와 사회통합 문제가 제기되는 데서 다문화에 대한 관심이 발전된다. 한편, 다문화를 이념적 지향으로서의 다문화주의로 보는 사회에서는 민족적·문화적 다양성을 사회를 이루는 기본적인 원리로 받아들이고, 이를 증진해 나가는 것이 사회발전에 긍정적인 것으로 받아들여지며, 나아가 특정 사회를 구성하는 집단들이 서로 다른 문화와 이를 기초로 한 정체성을 유지, 발전시켜 가려는 움직임이 어느 정도 인정된다는 특징이 있다. 즉, 주류사회에 일방적으로 동화시키거나 배제하려는 정도의 공통적 경향을 발견할 수 있다(Kymlicka, 2004; 김이선 외, 2007; 전숙자 외, 2009 재인용).

자료 1-1

▌한국에 사는 외국인 절반은 중국인
베트남–미국–필리핀 순 … 국적 90개국으로 늘어

한국에 사는 외국인이 5년 만에 2.5배로 늘어난 가운데 국적도 다양해진 것으로 조사됐다. 6일 통계청에 따르면 '2010 인구주택 총조사' 결과 국내에 3개월 이상 거주한 외국인은 59만 명으로 2005년의 23만 8000명보다 148% 많았다. 30명 이상 거주하는 외국인의 국적은 모두 90개국이었다. 국적별 외국인 수는 중국(한국계 포함)이 29만 9000명으로 전체 외국인의 50.8%를 차지해 가장 많았다.
이 가운데 한국계 중국인(중국 동포)이 20만 6000명(35%)으로 중국 국적 외국인의 3분의 2를 차지했다. ▶베트남(10.1%) ▶미국(7.1%) ▶필리핀(4.2%) ▶인도네시아(2.9%) ▶일본(2.9%) ▶태국(2.7%) ▶몽골(2.4%) ▶우즈베키스탄(1.9%) ▶대만(1.9%) 등이 상위 10위권을 형성했다.
외국인 가운데 여성 비율은 일본이 69.2%로 가장 높았다. 이어 중국 53.6%, 베트남 47.9% 등의 순이었다. 남성 비율이 높은 국적은 인도네시아(88.8%), 우즈베키스탄(76.6%) 등으로 조사됐다. 시·도별로는 경기도에 거주하는 외국인이 31.1%로 가장 많았다. 다음으로는 서울(27.6%), 경남(6.9%) 등의 순이었다.

외국인이 많이 사는 시·군·구로는 경기도 안산이 3만 명으로 1위였다. 서울 영등포구(2만 2,000명), 경기도 수원시(1만 8000명), 서울 구로구(1만 6,000명), 경기도 화성시(1만 5,000명) 등이 뒤를 이었다. 서울 영등포구는 총인구 가운데 외국인이 5.5%를 차지해 외국인 비율이 가장 높았다. 전남 영암군(5.2%)과 서울 금천구(5.0%)도 인구 100명 가운데 외국인이 5명이 넘었다.

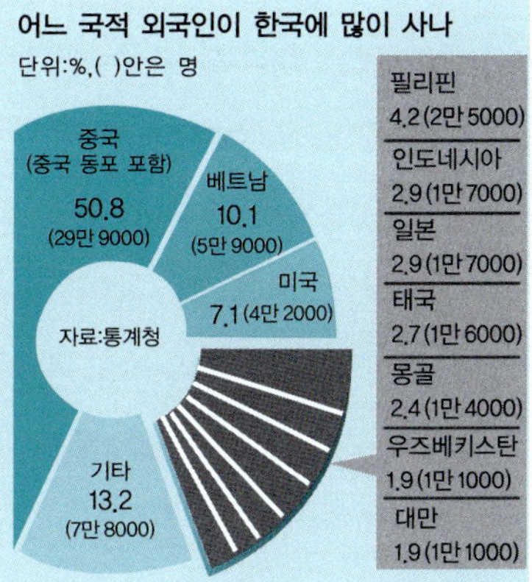

출처: 중앙일보(2011. 6. 7).

외국인 노동자와 국제결혼의 증가로 말미암은 사회 인구 구성의 변화 측면이 다문화사회로의 변화 주요 요소로 작용하는 우리나라의 현 상황을 고려해 볼 때, 다문화의 이념적 지향으로서보다는 기술적 의미로 받아들이는 것이 현실적일 것이다. 그러나 다문화와 관련한 최근의 다양한 논의를 살펴보면, 다문화를 기술적 측면에서의 개념보다는 다문화주의의 개념으로 확대하여 인종적 다양성을 사회의 구성 원리로 인식하고 정책으로 구체화하려는 경향이 강하다. 다문화주의는 민주주의적 이상과 문화적 다원주의, 그리고 기회균등을 공통으로 전제하고 있고 (Banks, 1997) 다양한 문화를 인정하고 존중하는 정신을 목표로 추구한다.

각 사회와 국가가 지닌 문화적 다양성을 수용하는 것이 민주주의를 위해 바람직할 뿐 아니라 문화 간 충돌의 해소와 사회통합의 전제이자 기본원리이다. 즉, 민족적·문화적 다양성의 존재를 넘어서 그들의 정체성을 유지·발전시켜 주는 측면으로 다문화의 개념을 확대해 나가고 있다. 이러한 경향은 우리 사회의 다문화적인 요인들, 즉 외국인노동자와 국제결혼의 증가 추세를 고려해 볼 때 바람직한 것으로 볼 수 있으며, 앞으로 본격적으로 이루어질 다문화사회를 준비해 나가는 차원에서도 중요하다.

다문화주의라는 용어는 캐나다, 호주 등을 중심으로 1970년대 처음 사용하였다. 초기에는 다수와 소수 인종, 민족 간의 문화 갈등 문제와 관련하여 사용하였으나, 장애인, 소수자 집단의 문제까지 확대하여 사용하면서 다양한 의미로 쓰이게 되었다(김지현, 2008). 이상적인 차원에서 다문화주의는 다른 국적, 체류 자격, 인종, 문화적 배경, 성, 나이, 계층적 귀속감 등에 관계없이 모든 인간이 인간으로서의 보편적 권리를 누리고 각각의 특수한 삶의 방식을 존중하며 공존할 수 있는 다원주의적인 사회, 문화, 제도, 정서적 인프라(기간 시설[基幹施設] 또는 인프라스트럭처[infrastructure]를 말하나, 흔히 infra라고 부름)를 만들기 위한 집합적 노력을 의미할 수도 있다.

한편, 좁은 의미의 제도적 차원에서는 자유민주주의에 대한 광범위한 합의와 지지가 선결된 조건에서 다양한 문화적 주체가 특수한 삶의 권리에 대한 제도적 보장을 뜻할 수도 있다. 다문화주의는 정치적, 사회적, 경제적, 문화·언어적 불평등을 바로잡는 일종의 국민통합, 사회통합의 이데올로기로서 구체적인 일단의 정책을 유도해 내는 지도원리라 할 수 있다. 즉, 다문화주의는 다문화의 보장, 주류사회와 비주류 사회의 상호 이해 촉진, 소수집단 간의 교류, 사회 전반적인 평등수준의 향상과 구조적 차별의 극복 등을 목적으로 하고 국가, 사회, 개인 수준에서 광범위한 이해와 합의를 통해 정책으로 구체화하여 실현한다(오경석 외, 2007; 최무현, 2008; 전숙자 외, 2009).

우리나라에서의 다문화주의 담론(談論)이 합법적 이민자만 대상으로 하는 이론[1]이라면, 사회정의라는 현실적 측면에서 상당히 제한적일 수밖에 없다. 이주노동자의 상당수가 미등록 이주노동자이고, 이주노동자 수가 결혼이민자 수보다 훨씬 많은 우리나라 상황에서는 더욱 그러하다. 이주노동자와 관련된 정책은 이주노동자를 접하는 한국인들에 대해 교육하는 것이 전부이다. 저출산·고령화 사회에 따른 외국인 노동자의 유입과 국제결혼 증가가 어쩔 수 없는 우리나라 미래 사회의 모습이라면, 다시 말하면, 외국인의 유입이 우리나라 인구문제 해결을 위한 하나

1) 다문화가족지원법 제2조를 참조하시오.

의 방안으로 고려하여 다문화 공생이 피할 수 없는 사회적 상황이라면, 누구를 위한 다문화주의인가를 생각해 보고 소수자의 인권, 삶의 질 향상이라는 현실적인 도움이 될 수 있는 좀 더 포용적인 다문화주의적 정책이 마련되어야 할 것이다(전숙자 외, 2009).

2) 세계화와 다문화화

세계화의 핵심적 특징 중 하나는 국가를 넘나드는 인구이동이 급증하였다는 점이다. 세계화는 단지 경제적 현상으로 다루어서는 안 되며, 현대의 자본, 상품, 서비스의 이동은 아이디어, 문화적 생산물, 그리고 사람들의 이동과 같이 병행되지 않고서는 일어날 수 없다는 점을 인식하여야 한다. 전 세계적으로 증가하는 인구의 이동이야말로 세계화의 불가피한 요소이며, 21세기 사회변화의 주요 원천임이 이미 광범위하게 알려졌다. 이러한 시각은 국제이주의 원인과 특성을 이해하는 데도 필수적이다. 이러한 이해가 바탕이 되었을 때 우리는 현재 한국사회에서 대두하는 다문화 담론을 글로벌 시대의 세계상황 안에서 파악할 수 있게 된다(최현미 외, 2008).

아시아 경제 대국의 일원이 된 한국에도 많은 사람이 외국으로 또는 외국에서 국내로 이주하게 되었다. 더구나 최근 언어, 문화, 인종이 다른 이주자의 증가로 말미암아 한국도 서구 자본주의 국가들과 유사한 이주 관련 문제에 직면하였다. 물론 한국의 '다문화 현상'은 서구의 고전적 이민과 그에 따른 다민족 사회의 형성과 차이가 있다. 그러나 한국사회가 다문화되는 과정은 다르지만, 궁극적으로 이러한 변화가 만들어 내는 사회적 이행, 즉 다문화사회의 등장과 이로 말미암은 사회·정치적 과제(agenda)는 크게 다르지 않다고 생각한다.

한국에 거주하는 외국인의 수는 2015년 12월 현재 182만 명을 이미 넘었고, 이들의 이주유형(노동, 결혼, 교육, 난민)과 출신국(30명 이상 거주하는 외국인의 국적은 90개국)도 다양하다(자료 1-1 참조). 이 중에서도 국제결혼이 주요 유형으로서, 10건의 결혼 중 1건이 국제결혼에 해당한다고 보고하였다. 이로 말미암은 혼혈아동의 수적 증가는 한국사회의 여러 측면에 도전을 가져오는데, 한국이 과연 다문화 코드와 다인종가족을 수용하는 나라가 될 수 있는가를 질문해 볼 수 있다.

더구나 21세기 신자유주의 국제경쟁시대에서 가속화되는 지금의 다인종, 다민족화는 자본과 노동의 세계화에 따른 것으로 경제적 이해관계가 중심이다. 서구의 다인종, 다민족국가도 1970년 이후 변화하는 국제이주와 이민 환경에 맞추어 다문화정책이 새롭게 조정되고 있는 국면인데, 역사·문화적 배경과 경험이 다른 한국도 이들과 같은 환경, 즉 다인종·다민족사회에 놓이게 된 것이다. 지금부터 '세계화'를 다양한 가족이 처한 맥락이라는 차원에서 국제이주의 역동성을 재고해 보고자 한다. 국제이주가 일어나는 원인과 그 결과에 대한 개관으로 시작하여 이주의 역동성을 설명하는 몇몇 주요 이론들을 다루어 볼 것이다(평택대학교 다문화가족센터, 2008). 이러한 분석을 통해 국제이주와 다인종·다문화사회 출현의 전반적 경향을 예측해 볼 수 있을 것이다.

(1) 국제이주에 대한 조망

세계화라는 단어는 자유화된 세계시장 내에서 나타나는 자유무역의 확대와 국가 경제의 통합만을 일컫는다고 보는 경우가 종종 있다. 그러나 이러한 시각은 정치, 문화, 군사, 환경적 요인들을 포함하는 다층구조적 현상을 제대로 이해하지 못하는 데서 비롯된 결과이다. 세계화는 정치, 경제, 문화, 지리적 경계를 넘어서는 사회적 상호작용의 규모와 속도, 그리고 효과성을 증가시키는 다양한 과정을 내포한다(Held et al., 1999). 세계화로 말미암아 지구 한편에서 일어나는 활동과 이벤트가 지구 반대편에 잠재적 영향을 미치고 있다. 냉전 시대의 종결과 정보기술의 혁명으로 말미암아 최근 몇 년 사이, 위성통신과 월드와이드웹(World Wide Web, 인터넷) 등을 통한 세계화 과정은 급속도로 진행되었다. 그러나 세계화가 지구를 '단일사회로 만드는 통합'이라는 개념이라고 이해해서는 안 된다. 세계화는 특정 선진 자본 국가들, 그리고 개인에게는 번영을 가져다주는 과정이다. 반면, '제3세계' 국가들과 신자유주의 글로벌 경제구조에서 제외된 많은 사람은 자유화된 세계시장의 불안정한 환경 속에서 억압받고 있다.

캐슬(Castles, 2004)은 현재 국제이주의 새로운 추세를 다음과 같이 요약했다.

- 이주는 증가하고 이주민은 사회·문화적으로 더욱 다양화된다.
- 정보와 교통기술의 새로운 발전이 임시직 이주민의 양적 증가를 가져온다.
- 점차 많은 이주민이 다국적 사회에 정착하며 초국가적 공동사회 속에서 거주하게 된다.
- 연쇄적 이주(chain migration)와 사회 네트워크로 말미암아 이주는 급속히 증가한다.
- 이러한 추세는 국경을 넘는 새로운 조직과 의사소통을 다국적으로 연결하는 비공식 네트워크가 강화되어 이주민 통제를 약화시키고 동화정책의 효능을 감소시킨다.
- 초국가적 비공식 네트워크는 결국 초국적 공동사회로 전환되며, 사회자본(social capital)의 형태로 발전한다. 따라서 세계화의 물결 속에서 이주민을 규제하기는 점차 어려워지는 추세다.

국제이주, 다인종가족과 다문화사회 출현의 맥락을 제공해 주는 세계화의 3가지 보편적 양상은 다음과 같다.

① 초국가주의

첫째 양상은 국경을 넘나드는 상품, 자본, 정보, 이주민들은 전통적 국가가 가지는 통치권과 권위에 도전한다. 더욱 풍부한 자원을 가진 선진국들마저도 전자금융과 인터넷, 초국가 기업들과 기후변화를 막지는 못하는 것이 사실이다. 문화, 정치, 경제활동의 확장과 가속화는 국가의 자율적 기능을 제한한다(Kobrin, 1997; Lupel, 2004). 아직 민족국가가 복지시스템의 기본단위이지만 어떠한 정부도 글로벌 시장으로부터의 압력을 도외시하는 국내정책을 추구하기 어려운 상황이다.

② 다문화 다양화

둘째 양상은 고유하고 상대적 자율성을 가진 국가문화의 이데올로기(ide-ology)를 해친다는 점이다. 국가주의 프로젝트에서 핵심은 동질화이다. 비록 이것이 항상 신화로 남을지라도, 모든 국가는 각자의 고유한 언어와 전통, 그리고 다른 집단과 구별되는 역사를 지닌 많은 민족집단으로 구성되어 있다. 근본적으로 보면 모든 문화는 혼성물이라 할 수 있다. 그럼에도, 국가가 가지는 문화적 특성이라는 개념이 국가를 건립하고 애국심을 불러일으키는 토대가 되어 왔다.

그러나 세계화는 이 모든 것을 변화시키고 있다. 교통수단과 의사소통수단의 발전으로 말미암아 역사상 전례 없는 문화 간 교류가 이루어지고 있으며, 미디어 생산 산업은 국가문화와 지역문화에 엄청난 압력을 가한다. 할리우드(Hollywood)와 같은 세계적 문화생산공장의 시장점유로 말미암아 소비주의, 개인주의, 미국식 생활양식을 전 세계로 확산케 함으로써 국가의 '고유한 단일문화' 이데올로기를 흔들어 놓고 있다.

③ 인구이동의 급증

셋째 양상은 이 책의 중심 주제로서 세계화란 국가 경계선에 구애받지 않고 이루어지는 사람들의 이동이 급작스럽게 증가하였음을 뜻한다. 1945년 이후, 특히 1980년 이후부터 다양한 종류의 이민이 증가하고 있고, 그 규모 또한 크다는 것이 특징이다. 일시적 혹은 영구적 이동, 노동 이주, 난민의 이동뿐만 아니라 개인 혹은 가족 단위의 이주, 고도로 전문화된 숙련 전문직 및 비숙련 노동자의 이동이 여기에 속한다(Castles & Davidson, 2000). 또한, 고급인력의 이동은 선진국과 개발도상국 간에 양 방향으로 일어나고 있다.

이러한 이주민은 대개가 산업국가와 일부 개발도상국에 정착한다. 이로 말미암아 인구구성은 더욱 다민족·다인종화되고, 문화는 더욱 다양화, 이질화되고 있다. 사람들은 세계 각 지역으로부터 왔으며, 여러 개 국어가 사용된다. 이들 간 국제결혼이 이루어짐에 따라 '단일민족' 혹은 '한민족'이라는 주장은 갈수록 도전을 받게 된다. 문화적·인종적 차이는 사회적 소외와 밀접히 연결됨으로써 소수민족은 불이익을 당하고, 제도적으로 불평등한 대우를 받는다.

(2) 국제이주 관련 이론

이주 관련 연구 중 많은 연구는 이주의 원인에 관한 것들이다. 주요 이론들은 이론적으로 다르지만, 이주가 앞으로 증가할 것이라는 결론에는 대부분 일치하고 있다.

① 인구지리학적 접근

경제적 불황에서도 출생률이 높은 지역과 빠른 경제성장을 보이면서 출생률이 낮은 지역 사이에 구조적 불균형이 존재하는 것으로 보인다(Huge, 1998). 이러한 차이가 가장 크게 나타나는 지역은 남서유럽이다. 이 지역의 합계출산율은 1.2명으로 낮아졌으며 이는 인구 재생산에 필요한 수에도 미치지 못하는 수치이다. 그 결과, 빠르게 고령화 사회로 변화되는 동시에 노동인구는 갈수록 줄어듦에 따라 특히 저(低)숙련 직종은 심각한 노동부족 현상을 겪고 있다.

지중해 남쪽의 북아프리카 국가들은 높은 합계출산율을 보이며, 동시에 노동력도 급격한 성장을 보이지만, 새로운 노동자들이 유입된 공간은 생겨나지 않고 있다. 이러한 사회현상은 유럽연합(European Union: EU)이 만들어 놓은 진입 장벽(fortress Europe)이라는 장애물에도, 젊은 노동자들이 북으로 이주하는 원인이 되었다. 일본과 한국, 두 국가는 유사한 패턴을 보이고 있는데, 출산율이 저하되고 사회가 고령화되어가면서 이주노동자를 모집할 수밖에 없는 실정이다. 그들이 3D 업종[2)]에 종사하지 않는다면, 과연 누가 그 일에 종사할 것인가?

서구 국가들의 이주정책에 지배적 영향을 미쳐 온 '신(新)고전경제학'은 자신의 출생국과 비교하여, 더 높은 임금과 더 나은 경제적 기회를 받고자 하는 개인의 기대에 초점을 맞추고 있다. 가난한 국가와 부유한 국가 간 수입의 차는 이주라는

2) 3D 업종은 조립식 기계장비, 자동차 · 전기, 섬유 · 의복, 화학 등 노동 강도가 세고 저임금이며, 산업재해의 사고 위험에까지 심하게 노출되어 있어 한국 노동자들이 피하는 업종을 의미한다. 여기서 3D란, 어렵고(Difficult), 더럽고(Dirty), 위험한(Dangerous) 등을 말한다. 어느 직업이라고 딱 정해진 것은 없고 열악한 직업은 다 3D가 될 수 있다. 특히 3D로 불리며 연봉 수준이 가장 열악했던 직업은 생산 · 기능 직업이다. 요즘은 3D에 하나 추가되어 4D라는 말도 사용하는데, 멸시(Despise)까지 받는 직업으로 서비스업을 뜻한다.

'합리적 선택'을 하는 데 충분한 이유가 된다. 이러한 자유시장모형을 살펴보면, 국제이주로 말미암아 종국에는 이주를 보낸 국가와 이주를 받은 국가의 임금 수준을 수렴하게 되고, 따라서 이주가 감소한다. 그러나 국제이주는 계속해서 늘어가고 있으며, 두 국가 간 수입의 격차도 갈수록 심해지고 있다. 신(新)고전모델 차원에서 보면, 이러한 불균형은 앞으로 더 많은 이주를 일으킬 것이다.

② 경제학적 접근

이주 의사결정에서 집합적 요소에 더 비중을 싣고 있다. 이주는 가족과 지역사회가 살아남기 위한 전략 중 하나이며, 장기간에 걸쳐 이루어지고 또 유지되는 과업일 뿐만 아니라, 송금수단이 되고 투자기회이기도 하다(Russell, 1992; Taylor, 1999). 이것을 전제로 볼 때 앞으로 이주의 수가 더욱 증가하리라는 것은 자명한 일이다. 왜냐하면, 안정이 확보되지 않은 지역에 사는 가족은 그들 중 1명을 경제적으로 더 안정되고 희망이 있는 곳으로 보내는 것이 합리적 선택이기 때문이다.

③ 역사-제도적 접근

큰 규모를 가진 제도의 역할에 초점을 두는데, 특히 이주의 흐름에 영향을 미치는 단체와 국가에 더욱 그러하다. 자본과 노동시장의 권위에 의해 많은 노동력이 필요하게 되었는데, 이는 1945년 이후 서유럽으로의 이주에서 핵심적 요소로 작용하였다. 이와 유사하게 계약노동체계가 걸프 석유국가들과 일본, 한국, 싱가포르, 대만 등과 같은 아시아 국가들의 이주에서 중요한 역할을 담당하였다. 심지어 미국에서도, 국가가 시장의 힘에 중점을 두고 멕시코와 카리브 해(Caribbean)로부터의 노동력을 유입하는 데 주된 역할을 담당하였다. 역사-제도적 접근이 국가의 역할에 초점을 둠으로써, 국가전략이 변함에 따라 이주가 위축될 수도 있다는 사고를 가능케 하였다.

그러나 경험적 자료에 의해 뒷받침된 역사적 경험에 비추어 볼 때, 이주는 한번 시작된 이상, 이를 멈추는 것은 어렵다고 본다. 그 이유 중 하나는 이주를 받는 국가 내 영향력 있는 집단 간의 이익갈등과 관련이 있는데 예를 들어, 말레이시아 정부는 1997년과 1999년 사이 이주노동자들을 대거 본국으로 송환시키고자 하였으며, 경영인들은 이들 이주노동자 없이는 기능이 이루어질 수 없다고 주장하며 급히 중재에 나섰다. 미국에서도 이와 유사한 이익갈등을 발견할 수 있다. 미국의 농장 소유주들은 멕시코 노동자 고용에 대한 권리를 얻기 위해 로비를 벌였고, 독일에서는 고용주들이 건설산업에서 일할 지역노동자를 구할 수 없다고 주장하고 나섰다(Castles, 2000).

④ 사회학적 접근

문화적, 사회적 자본을 중요하게 다룬다. 여기에서 문화적 자본은 다른 사회에 대한 지식과 그들이 제공하는 기회, 그리고 어느 곳에 가서 일자리를 찾아야 하는지에 대한 정보를 말한다. 확실히 세계화는 서구의 생활방식이 가장 외딴 마을까지도 전해지도록 함으로써 문화적 자본이 형성되도록 돕는 역할을 한다. 낮아진 문맹률과 높아진 교육수준 또한 이주에 이바지한다.

사회적 자본은 이주에 필요한 안전하고도 비용 효과적인 연결을 말한다. 이미 잘 알려진 바와 같이 대부분 이주민은 자신의 동포들이 이미 터를 닦아 놓은 곳에 가서 정착하는데, 이는 일자리를 얻는다거나 관료적 장애물에 대응하기가 상대적으로 쉽기 때문이다. 이전의 이주를 연구하던 학자들은 '이주연결고리(chain migration)'라는 용어로 이를 설명했던 반면, 최근에는 이주에서의 '네트워크'와 모국의 지역사회와 이주국가의 지역사회 간 연계들이 생성되는 방법에 더 관심을 두고 있다. 이러한 네트워크는 의사소통기술과 교통수단기술이 향상됨으로 말미암아 형성되고 더욱 탄탄해진다.

현대사회의 이주현상을 완벽하게 설명하기 위해서는 이러한 모든 것이 복합적으로 더해져야 할 것이며, 이 역동적 과정 내에서 다양한 관점이 어떻게 상호작용하는지를 밝혀내야 할 것이다. 여기에는 다른 많은 요소가 더해질 수 있다. 노동이주가 상업활동의 발전에 길을 열어 주는 방법이 그 예인데, 이는 결과적으로 더 많은 이주민을 불러들이게 되는 효과를 본다. 이주현상이 어떠한 방법으로 말미암아 엄청난 예산을 쏟아 부으며, 수백, 수천 개의 일자리를 전 세계에 창출해 내고, 이익창출을 위해 개인, 기관, 제도에 의해 관리되는 '다양한 국제적 사업'이 될 수 있었는지에 대한 이슈 또한 중요하게 다루어진다. 이렇듯 주요 은행들과 여행사로부터 불법 거래상들에 이르는 이주산업의 출현은 이주를 제한하려는 시도에 대항하는 주된 요소이다.

이주를 발생시키는 모든 원인의 효과가 더해진 결과, 국제이주는 계속해서 더욱 많아질 것으로 예상한다. 확실히 세계화가 이동에서의 장벽을 허물게 됨에 따라 이주의 증가율은 가속화되는 것처럼 보인다. 그렇다고 이것이 이주를 통제하려는 국가의 시도나 국제적 시도가 유명무실하다는 것은 아니다. 그러한 시도들은 이동의 규모나 성격 등에 적절한 영향력을 행사하고 있다. 그러나 이주의 수를 급격하게 줄이려는 시도가 인구의 이동을 막을 수 있을 것으로 보이지는 않는다.

(3) 자유주의 역설

많은 이주민을 받아들이는 국가에서 나타나는 핵심적 특징은 국가경계선을 통제한다거나, 문화적으로 단일화시키는 과정 혹은 소수민족을 종속시키는 과정을 통해 민족 간의 차이를 관리한다는 점이다. 민족 간의 차이를 통제할 수 있을 것이라는 이러한 믿음이 과거에는 통할 수 있었는지 몰라도 1970년대 산업화 국가로 임시 이주한 사람들이 그곳에 정착하기 시작하면서부터 이야기는 달라졌다. 글로벌 시대의 자본주의 국가들은 원치 않는 노동자들을 본국으로 송환할 수 있는 능력이 자신들에게 없음을 깨달았다. 결과적으로 이주국가에서의 가족 재결합, 지역사회 형성, 새로운 소수민족의 출현 등의 사회현상이 생겨났다.

이러한 현상은 근대 자본주의 국가들이 세계화와 급격한 수적 상승을 보이는 국제이주에 맞서서 겪는 딜레마(dilemma)를 잘 설명하고 있다. 이들 국가는 할리필드(Hollifield, 2004)가 말하는 '자유주의 역설'에 갇혀 버렸다. 신자유주의 세계화 아래에서, 경제 세력(무역, 투자, 이주)은 국가가 더 많은 개방을 하도록 강요해 왔으며, 국내의 정치세력은 국가의 개방을 반대해 왔다. 이것이 바로 글로벌 시대의 자본주의 국가들이 경험하는 모순, 바로 '자유주의 역설'이다.

거대 규모의 외국인 집단이 서구(독일, 프랑스, 영국, 북구 국가들)에 정착하게 되면서, 서유럽파의 정치는 일변되었다. 여론조사에서 다수 시민이 이민정책에 반기를 들자 각 정당 역시 이민의 중지를 요구하게 된다(Messina, 1996). 정부는 민족적으로 다른 소수민족집단을 어떻게 관리해야 하는지 당황하고(Freeman, 1994; Ireland, 1994; Fetzer, 2000; Bleich, 2003), 다문화·다인종의 동화 문제가 공공 담론을 지배하게 되었다. 다인종으로 말미암은 민족국가 위기론이 정치 논쟁으로 확대되면서, 대부분의 서구 유럽 국가는 이주를 줄이거나 중지하려고 시도하였다. 이민통제가 심해지면, 불법체류자는 상대적으로 늘어날 수밖에 없게 된다. 이렇듯 위기가 감도는 상황에서, 서구 유럽과 미국의 정책은 더욱 이민을 제한하는 방향으로 나갔다. 몇몇 예를 들어보자. 1995년부터 1996년 사이 프랑스는 외국인 거주자들의 권리를 통제하고 이주민의 귀화를 어렵게 만드는 정책을 대거 법제화하였다(Brochmann & Hammer, 1999). 또한, 1966년 미국은 이주민의 권리를 축소하는 이민정책을 제정한 바 있다.

세계무역기구(WTO)와 국제통화기금(IMF) 같은 국제적 기관이 관리하는 상품, 자본, 무역의 이동과는 다르게, 국경을 넘나드는 인구의 이동은 질적으로 다름을 인식하여야 한다. 이민규제는 무역규제와는 달리 인권을 보장하는 한도 내에서 통제할 수 있다. 특히 국제법(UN 헌장, 1948년 세계인권선언, 1951년 난민에 관한 제네바협정)과 자유주의 국가들의 헌법·법률의 후원으로, 인권기반 자유주의는 국내·외적으로 외국인에 관한 새로운 법적 지평을 열게 되었다. 자유민주주의 국가에서는 이민통제를 주장하는 정치적 압력이 강해질수록 평등한 인권과 권리 보장을 옹호하는 시민사회의 압력도 강화한다. 최근 미국의 예가 이러한 사회운동을 잘 대변하고 있다.

미국의 1996년 불법이민개혁법과 같이 가혹한 법률은 법원에서 효력이 정지되거나, 헌법 원칙에 합치하도록 개정되고 완화되었다(Schuck, 1998; Tichenor, 2002). 모든 국가가 불법이민을 추방할 권리가 있음에도, 추방은 실천적 정책도구이기보다는 상징적으로 사용되거나 억제책 일부로 남기 일쑤다(Hollifield, 2004). 1953년 미국 정부가 불법이민을 추방하기 위한 불법 멕시코 이민자 작전(Operation Wetback)을 세웠던 것과 같은 거대추방은 사실상 현 국제정치상황에서 정치적으로나 법적으로나 실행 가능하지 않다. 1997년 프랑스와 1999년 독일은 좌파

정부에 의해서 귀화정책과 시민권 정책을 완화해 주는 법이 통과되었다(Hollifield, 2000).

현재 대부분의 유럽 국가는, 결국은 다문화·이주민 사회를 인정하고 이미 정착한 이주민을 추방하려는 시도는 인종차별과 외국인 배척의 사회분위기만 고조시키고, 불법체류자를 규제하기 어렵다는 현실을 경험적으로 터득하였다. 더욱이 고도의 숙련 노동자의 부족과 전반적 인구정체 현상을 직시하면서 서구 정부는 미국과 캐나다의 이민 정책 일부를 모방하는 등 급속히 세계화된 세계시장에서 자신들의 경제가 살아남을 수 있도록 새로운 노동자 충원계획으로 전환하게 되었다.

(4) 다문화와 세계화

자유주의 역설은 세계 어떤 지역보다도 종족의 동일성이 높은 아시아 주요 국가들(특히 홍콩, 일본, 한국, 싱가포르, 대만)에 가장 심각한 도전이 되고 있다(Bradshaw & Wallace, 1996). 이들은 숙면노동력과 비숙련노동력 모두의 부재로 말미암아 어려움을 겪고 있으며 주변 국가들로부터 대규모의 값싼 노동력을 수입하는 주요 국가가 되었다. 한국만 하더라도 인천국제공항에서 많은 수의 베트남, 필리핀, 인도네시아, 캄보디아, 방글라데시 사람들을 볼 수 있다. 한국을 비롯한 선진 경제자유민주주의 국가들은 경제성장, 무역, 자본의 이동을 극대화하기 위해 국경의 장벽을 개방하라고 요구하는 경제세력과 단일민족, 고유문화를 지키고 사회통합과 사회적 계약을 보존하고자 국경을 강화해야 한다는 정치세력 사이에서 궁지에 빠져 있다. 글로벌 시대, 국가로서는 개발과 폐쇄 사이에 적절한 균형점을 찾아야 하는 어려운 도전에 직면해 있다(Castles, 2000).

더구나 21세기에 나타나는 이주는 2가지 새로운 특징을 가지고 있다. 첫째는 이들의 규모는 전 세계로 확장되고 있다. 둘째는 이주민의 민족·문화적 특성을 들 수 있는데, 이들은 과거에 비해 가까운 이웃 나라에서뿐만 아니라 아주 먼 국가들로부터 이주해 오는데, 이것은 단지 거리상의 문제가 아니라 문화, 언어, 인종적 거리감도 포함된다. 의사소통과 교통수단이 발달할수록 더욱 잦은 그리고 다양한 방면으로의 인구, 사고, 문화적 상징의 이동이 가능해진다. 국가의 통치권과 자율성이 글로벌 세력의 역학관계에서 약화할수록 국경보호와 동화에 대한 통제체계 역시 약해지기 마련이다. 이러한 일련의 현상은 동질성 민족국가를 유지하는 데 심각한 도전으로 작용함을 의미한다.

국제이주는 전쟁이나 경제공황 등과 같은 국제적 사건이 발생하지 않는 이상 계속해서 증가할 것으로 보인다. 고도로 숙련된 노동자에 대한 수요가 늘어 가고 산업민주주의 내 이러한 노동자의 수가 줄어들수록 이주민을 위한 경제적 기회는 더 많이 창출된다. 초국가적 네트워크는 이주를 보내는 국가와 받는 국가 간을 연계하면서 더욱 치밀해지고 연결되어 간다. 그 결과, 다민족 가족과 다문화사회가 출현하게 되었다. 이주민은 자신들의 문화에 따라 문화, 경제, 정치, 종교 활동을 할 수 있는 지역사회를 구축하게 된다.

이민을 받아들이는 대부분의 서구 국가들은 이제 다문화사회라는 현실을 받아들이고 정책도 이러한 현실에 맞춰 가기 시작했다. 즉, 동화주의 정책에서 다문화통합주의로 정책기조가 바뀌고 있다. 특히 스칸디나비안 국가들, 네덜란드와 영국은 일반적 다문화정책을 선보이고, 독일과 프랑스에서도 사회정책이나 교육정책에는 어느 정도 다문화적 요소를 받아들인 실정이다. 아직 복지국가로서의 기반이 약한 스위스와 같은 국가는 다문화정책을 반대하고 있다. 국가마다 다문화를 수용하려는 노력이 진행되는 와중에도 아직 여러 국가에서는 다문화주의에 대한 논쟁이 끊이질 않고 있다.

최근 들어 한국에서는 이주민, 특히 결혼이민자를 중심으로 한 정책대응이 빠르게 전개되고 있기는 하지만, 다문화사회의 진전에 대응한 세계 각국의 정책 방향과는 적지 않은 차이를 보이고 있다. 한국의 다문화정책은 우리 사회의 기존 체제를 유지하는 선에서 이주민의 적응이나 동화를 촉진하는 데 주력하려는 차원을 넘어서지 못하고 있다는 평가가 지배적이다. 앞으로 문화, 인종이 다른 이주자와 함께 어울려 사는 한국 사회를 만들어 나가기 위해서는 현재 온정주의적 시선을 넘어 대등한 이웃으로 이들을 주체화시키는 과제가 큰 도전이다. 이주자는 여전히 보호받아야 하는 외국인이자 수동적 존재일 뿐 한국사회의 구성원으로 인정받거나 우리 사회의 근본적 이행을 추동(推動)하는 주체로 인정받지 못하고 있다.

다문화주의는 단일민족, 단일문화국가라는 신화에서 벗어남을 의미한다. 다문화주의는 다양성을 적극적으로 받아들이고, 다양한 문화체계가 상호 공존함을 뜻한다. 그러나 아직 다문화주의가 서구 사회에서 주로 나타나는 현상이라는 점은 사실이다. 세계화는 사회구조와 사회관계에 변화를 가져오며 가족, 소속, 그리고 국가와 관련한 문화적 가치를 변화시키는 데 영향을 미친다. 다민족 가족이 증가하고 다문화사회가 성장함에 따라 이러한 결과가 속속 드러날 것이고, 우리는 이제 겨우 이것을 이해하기 시작한 단계에 있다고 볼 수 있다.

• 자료 1-2 •

▌외국인 자녀 15만 명 3년 새 2.6배 늘었다

국제결혼 확산과 국내 거주 외국인 증가 등으로 올해 외국인 자녀의 수가 15만 명을 넘어섰다. 행정안전부가 23일 발표한 '2011년 지방자치단체 외국인 주민 현황'에 따르면 외국인과 한국인 부모 또는 외국인 부모 사이에서 태어난 미성년자

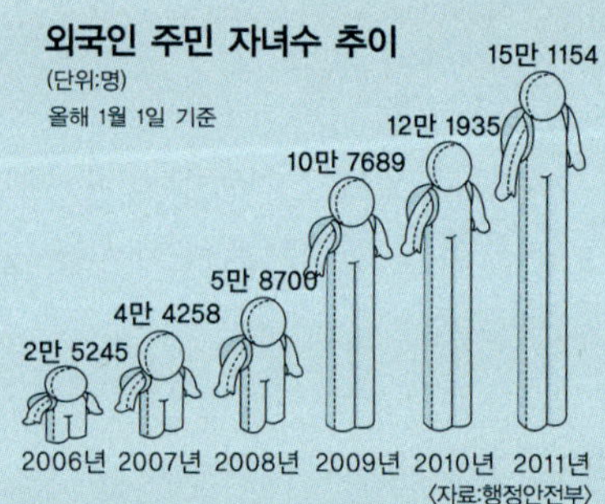

는 모두 15만 1,154명으로, 지난해 12만 1,935명보다 23.9% 늘어났다. 3년 전(5만 8,007명)과 비교하면 2.6배나 증가했다. 전체 외국인 주민은 지난해보다 11% 늘어난 126만 5,006명으로 나타났다. 외국인 주민은 국내에 살고 있는 외국인 등록자(91일 이상 체류)·귀화자·외국인 주민의 자녀들이다.

출처: 서울신문(2011. 6. 24).

자료 1-ㅋ

▌진정한 다문화사회의 성공은?

최근 데이비드 캐머런 영국 총리는 다소 놀라운 발언을 했다. 여태껏 영국 정부가 지향해왔던 다문화 수용과 화합이 기대했던 것만큼 성공을 거두지 못하고 있다는 것이다. 영국에서는 수십 년간 양당 합의로 다문화 수용 정책이 시행돼왔으니 꽤 놀라운 발언이 아닐 수 없다. 물론 이민정책과 관련된 모든 문제에 대해 늘 합의했던 건 아니다.

1960년대 영국의 저명한 정치가 에녹 파월이 일명 '피바다 연설'을 통해 온 나라를 충격에 빠뜨린 적이 있다. 파월은 당시 예전 대영제국의 식민지였던 국가에서 이주해온 얼굴빛, 종교, 관습이 다른 외국인들이 결국 영국 내에서 심각한 인종 간 대립을 일으키게 될 것이며, 급기야 평화로운 영국을 송두리째 뒤흔들 거라 했었다. 그 연설 이후 영국은 그가 예측했던 재앙이 일어나지 않는 것을 천만다행으로 여겨왔다. 물론, 남아시아에서 이주해온 흑인들 거주 지역에서 인종 폭동이 있긴 했지만, 국가 전체적으로 본다면 여러 인종이 화합하며 잘 지내왔다.

캐머런 총리가 최근 영국의 다문화 정책이 적합한지에 대해 의문을 던진 것은 몇 년 전 이슬람 극우주의자들이 런던 전체를 엄청난 혼란에 빠뜨린 자살폭탄테러 사건의 영향 때문이라고 여겨진다. 이 사건에서 영국인들을 더욱 충격에 빠뜨렸던 건 범인들이 영국에서 태어나 영국의 학교에서 영국 전통 스포츠인 크리켓을 즐기며 자란 세대였고, 그런 그들이 기독교에 등을 돌리고 이슬람 강경파들을 옹호하는 그룹이 되었다는 것이다.

캐머런 총리의 발언으로 한국에서도 꽤 진지한 토론이 일어날 거라고 예상해본다. 꼭 그 발언 때문은 아니더라도 한국 또한 이런 주제에 대해 명백한 선을 그을 필요가 있다고 본다. 최근 한국에서는 외국인에게 우호적으로 바뀐 이민 정책, 민주화의 지속적인 발전, 부족한 노동력 등을 이유로 외국인 수가 엄청나게 늘어나고 있다. 또 앞으로도 계속 증가할 전망이다.

이런 결과에 이르기까지는 중앙정부와 지방정부의 역할이 굉장히 컸다. 외국인들을 위한 갖가지 호의적 정책을 수립했고, 다문화사회 통합을 지향하고, 그들을 위한 치안에도 관심을 더 기울였다. 특히 서울시는 외국인 지원 전담부서 및 산하 직원들을 두고 여러 가지 지원을 하고 있다. 또한 관련 산하기관의 네트워킹을 통해 한국과 외국의 상호 간 문화적 충격을 줄이기 위해 노력하고 있다.

지금까지 서울시 전역에 7개의 글로벌외국인지원센터와 또 다른 7개의 글로벌빌리지센터를 운영 중이다. 또 그 중심에는 서울글로벌센터를 설치해 운영 중이다. 서울시의 장기적 계획은 굉장히 야심차다. 외국인들의 편의를 개선할 뿐 아니라 한국 국민들도 다문화사회에 보다 빨리, 더 쉽게 적응할 수 있도록 하려 한다.

외국인으로 30년 넘게 한국에 사는 내가 한국인에 대해 가장 존경하는 특징이 한국인들은 인간관계에서 상호 이해와 존중을 중요하게 생각하고 실천한다는 점이다. 그리고 이것이 다문화사회 성공의 열쇠일 것이다. 요즘 같은 글로벌 시대에 다문화 정책 이외에는 대안이 없다. 그런 의미에서 나는 다문화사회의 중요성을 절감하고 실천하기 위해 노력하는 한국 시민과 정치지도자들이 있어 너무 행복하다(글: 앨런 팀블릭/서울글로벌센터장).

출처: 헤럴드경제(2011. 2. 24).

C · H · A · P · T · E · R 02

대한민국 다문화사회의 형성 과정

1. 다문화사회의 도래

지금 당신은 어느 나라, 어느 도시에 살고 있다고 말할 것인가? 대한민국 서울에 살고 있다고 대답할 것인가? 우리는 지금 '지구촌'이라는 마을에 함께 살고 있다. 과학기술의 발전에 따라 통신과 교통은 비약적으로 발전하여 전 세계를 하나의 마을인 지구촌으로 만들었다. 또한, 현대사회의 특징인 정보화, 세계화는 국가 간에 정보와 지식, 인적자원의 교류를 활발하게 증가시켰다. 그래서 이제 어느 하나의 국가 단위만으로는 정치적·경제적·문화적 활동을 하기 어렵게 되었다. 따라서 이러한 지구촌화로 말미암아 전통적인 의미의 국가와 국민의 개념은 시대의 변화에 맞추어 그 의미를 상실하거나 바꾸게 되었다. 이처럼 우리 사회도 이제 더는 단일민족인 '한민족'으로 구성된 단일국가라고 할 수 없다. 또한, '한민족'만을 유일한 대한민국의 구성원이라고 하기도 어렵다. 이제는 혼혈인과 대한민국에 거주하는 외국인으로 구성된 다양성을 띠기 시작한 다문화사회로 변화한 것이다.

• 자료 2-1 •

한국으로 온 이주민 역사: 아라비아 상인?

◆신라 헌강왕(憲康王)때 설화 속에 등장한 기인(奇人) 처용(處容)

처용랑이라고도 하며 설화상으로는 동해 용왕의 아들이다. 삼국유사(권 2) 처용랑망해사(處容郞望海寺)에는 다음과 같은 기록이 있다. 헌강왕(재위: 875~886년) 5년에 왕이 개운포(開雲浦: 현재 울산화학공단과 온산화학공단 사이 외황강 하구 지역) 바닷가로 놀이를 나갔는데, 돌아오는 길에 갑자기 운무(雲霧)가 자욱이 끼면서 길을 분간할 수 없었다. 왕이 놀라 신하들에게 물으니 일관(日官)이 "이는 동해 용의 조화이오니 마땅히 좋은 일을 행하여 풀어야 합니다."라고 했다. 이에 왕이 용을 위하여 절을 짓도록 명하자 바로 구름과 안개가 걷히고 동해 용이 일곱 아들을 거느리고 왕 앞에 나타나 춤을 추고 음악을 연주했다. 그 가운데 1명의 아들이 왕을 따라 서울(경주)로 와 정사를 도왔는데 그가 곧 처용이었다. 왕은 미녀를 아내로 맺어 주고 급간(級干) 벼슬을 내렸다. 역신(疫神)이 처용의 아내를 흠모한 나머지 밤에 몰래 들어가 동침했는데 밤늦게 돌아와 이를 발견한 처용이 노래를 부르고 춤을 추었다. 이에 역신이 처용 앞에 꿇어앉아 잘못을 빌고 그의 모양을 그린 것만 보아도 그 집에 들어가지 않겠다고 했다. 그 후부터 백성들은 처용의 형상을 그린 부적을 문에 붙여 귀신을 물리치고 경사스런 일을 맞아들였다. 이때 처용이 부른 노래를 처용가라 하며 궁중 정재인 '처용무'는 그가 춘 춤에서 유래된 듯하다.

◆고려 충렬왕(忠烈王, 재위: 1274~1308년)때 만들어진 고려 가요, 쌍화점(雙花店)

당시의 퇴폐적이고 문란한 성윤리를 노골적으로 그린 노래이다. 작자·연대 미상으로 전해졌으나 고려사 악지(樂志)에 실려 있는 삼장(三藏)이라는 한역시가 이 작품의 제2절과 내용이 같아 연대가 밝혀지게 되었다.

모두 4장으로 이루어져 있으며 노래 대상에 따라 장이 바뀐다. 회회(回回)아비, 삼장사(三藏寺)의 사주(社主), 우물의 용, 술집아비 등이 화자인 여자를 유혹하여 불륜의 관계를 갖고 그 소문을 들은 다른 사람들이 "나도 그곳에 자러 가겠다."라고 한다는 내용이다. 쌍화는 만두와 같은 것인데 회회아비, 즉 서역 쪽에서 온 이슬람교도가 쌍화점이라는 만두가게를 열고 있었음을 알 수 있다. 이 작품에 대해서는 당시 유행하던 속요로 보는 견해와 고려사에 기록된 승지 오잠(吳潛) 또는 궁중의 여러 사람에 의한

창작물로 보는 견해가 있다. 충렬왕은연락(宴樂)을 즐기는 방탕한 임금이었는데 석천보·석천경·오잠 등에게 자주 노래를 짓도록 했다고 한다. 당시 사회의 혼란 속에서 퇴폐적인 성윤리를 풍자한 속요가 있었는데 그들이 왕의 취향에 맞추어 개작했을 가능성도 있다. 이 작품은 여러 등장인물이 있고, 주고받는 식의 본사설과 후렴구의 배치로 보아 연극적인 성격이 강했을 것이라는 의견도 있다. 기록을 따르면, 전국에서 뽑힌 기생들이 남장을 하여 남장별대(男裝別隊)를 이루고 오잠의 지휘로 충렬왕 앞에서 이 노래를 대본으로 연희했다고 한다. 악장가사에 전문이 전하며, 대악후보(大樂後譜)에는 사설이 약간 달라지고 여음이 간단하게 되어 3절까지 실려 있다. 시용향악보에 쌍화곡이라는 이름의 한역시가 악보와 함께 전하는데 대악후보의 것과는 악보와 내용이 전혀 다르다. 이 노래는 조선 성종 때 남녀상열지사(男女相悅之詞) 또는 음사(淫辭)라고 하여 배척받기도 했다.

몇 년 전 우리나라를 방문한 미국 풋볼 스타인 하인스 워드(Hines Ward)를 통해서 우리는 그동안 우리 사회가 가지고 있던 혼혈인에 대한 인종적 차별의 어두운 부분을 사회문제로 인식하게 되었다. 하인스 워드의 방한 이전에는 혼혈인과 다문화가정을 위한 법과 정책은 거의 없었으며, 혹시 있었다 해도 그저 일시적인 대처 방안에 불과했다. 그들은 우리의 관심 안의 범위에 들어오지 못한 채로 인종적 소수자로서 우리 사회의 대표적인 인종차별과 무시의 대상에 불과했다. 실제로 국내에 거주하는 혼혈인 중에 42.2%가 피부색으로 말미암아 교육, 고용, 혼인에서 지속적인 차별 등으로 자살을 시도한 경험이 있다고 한다(국가인권위원회, 2003).

이렇게 볼 때, 혼혈인 등과 국내거주 외국인의 증가는 결국 우리 사회가 단일인종으로 구성되었다는 성격을 변화시키고 있다. 이제 우리 사회도 단일 문화나 단일민족으로 구성된 사회가 아니다. 또한, 국가의 구성원도 다양한 인종으로 이루어지고 그들 고유의 문화가 어우러지는 다민족국가 혹은 다문화주의를 인정하는 다문화사회로 나가고 있다. 이를 가속화하는 것은 교통과 통신의 발달이 가져온 지구촌화와 세계화이다. 이처럼 시대적 대세에 따라 정도의 차이는 있겠지만, 외국에서도 순수한 단일민족이나 단일문화로만 이루어진 사회나 국가가 점점 줄어들고 있다. 특히 우리 사회의 저(低)출산 현상은 우리나라 밖에서 새로운 국민 구성원을 받아들이는 일을 촉진한다. 즉, 우리 사회의 저출산은 다문화사회로의 변환을 더 촉진하는 계기가 되고 있다.

이처럼 사회구성원과 문화의 변화는 국제제도를 비롯하여 경제·노동제도는 물론이며, 사회보장제도, 정치제도 등 사회 전체의 성격을 바꾸어 나가도록 유도하고 있다. 그리고 이러한 변화는 우리가 그동안 단일민족국가를 형성해 왔고, 단일민족문화 안에서 생활해 왔기 때문에 구성원 모두에게 크나큰 충격을 줄 수 있다. 따라서 그런 충격을 흡수·예방하고, 다문화사회로의 안착을 유도하기 위해 국민의 인식 변화나 국가의 제도 혹은 정책 변화와 같은 준비가 필요한 것이다. 또한, 혼혈인뿐만 아니라 외국인 등 국내거주 이주민에 대한 인권적 보호와 평등권 보장은 우리가 앞으로 풀어야 할 숙제이다. 그리고 인권적 보호와 평등권 보장이 우리 국가와 사회의 성숙도를 판단하는 기준이 될 수 있다(박주현·임상록, 2009). 인권과 관련해서는 제4장에서 구체적으로 다룰 것이다.

글로벌 시대가 오면서 국제결혼과 외국인 취업자 등의 증가로 등록외국인이[3] 사상 처음 90만 명을 넘어선 가운데 전국 228개 시·군·구에 외국인이 살지 않는 곳이 단 한 군데도 없는 것으로 나타났다. 법무부 등록외국인 현황 자료(2011. 5. 19)를 보면, 2010년 현재 국내에 등록된 외국인은 총 91만 8,917명으로, 전국 228개 기초자치단체 모든 곳에 외국인이 사는 것으로 집계됐다.

지역별로는 경기도(28만 5,262명)와 서울(26만 2,902명)에 절반가량이 사는 것으로 확인됐다. 특히 이들 대부분은 비전문 취업자들로 서울 영등포구(3만 8,815명)와 경기도 안산시 단원구(3만 3,202명), 서울 구로구(2만 8,931명) 등 특정지역에 집중돼 있다. 외국인이 가장 적게 사는 곳은 경기도 포천군으로, 제조업에서 일하는 외국인 체류자 2명이 살고 있다. 국적별로는 한국계를 포함한 중국인이 50만 5,415명으로 가장 많았다. 이와 반대로 각 나라를 대표하는 '나 홀로 외국인'은 솔로몬군도, 바베이도스, 몰디브 등에서 온 14명이다.

3) 등록외국인이란 국내에서 91일 이상 체류하기 위한 사증을 소지하고 해당 출입국관리사무소에 외국인등록을 마친 자로, 장기체류외국인과 동의어로 사용되고 있다.

이들의 나이 또한 가장 왕성하게 일을 하거나 배울 수 있는 25~29세(15만 7,800명)와 20~24세(13만 3,729명), 30~34세(12만 7,258명)에 집중돼 있으며 90세 이상 외국인도 157명이나 체류 중이다. 자격별로는 방문취업 및 비전문 취업 등 취업목적이 53만 338명으로 아직은 생산직 근로자들이 가장 많았다. 이어 결혼이민자 14만 8,715명, 영주·거주 10만 355명, 유학·연수 8만 7,486명 등의 순이다. 특히 이들은 서울과 경기, 인천 등 수도권지역에 37만 1,726명(65.1%)으로 절반 이상이 머무르고 있었으며, 부산과 울산 등에 5만 8,984명(11.6%), 충청도에 4만 1,612명(7.8%) 대구·경북지역에 2만 8,034명(6.2%) 순으로 많았다. 체류자격별로 살펴보면, 외국인 예술가들은 서울 관악구(81명 중 37명)에, 교환학생들은 서울 서대문구(3,347명 중 333명)에, 외국기업은 서울 용산구(1,385명 중 197명)에, 국민배우자는 서울 영등포구(12만 9,647명 중 2,908명)에 살고 있다.

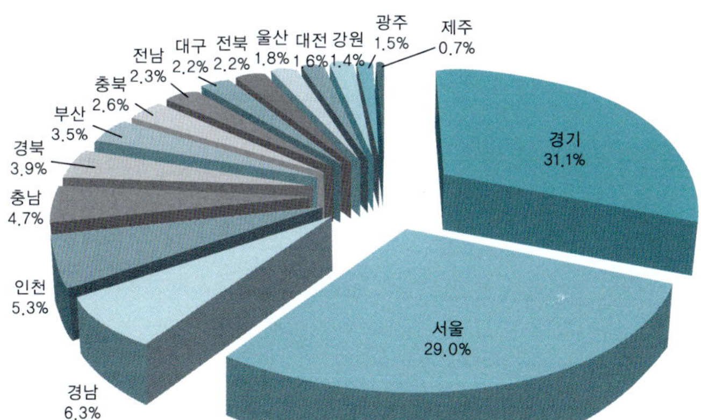

출처: 뉴시스(2011. 5. 19).

[그림 2-1] 등록외국인 지역별 거주현황

국내 체류외국인도 계속 증가하는 추세다. 저출산·고령화로 말미암은 외국노동력 증가, 국제결혼 증가로 말미암은 결혼이민자 증가, 외국국적동포 유입, 유학생 증가 등으로 국내 체류외국인 수는 계속해서 증가할 것으로 예상된다. 2019년 말 기준(통계청 홈페이지, 2022. 6. 30) 체류외국인은 252만 4,656명으로 2018년

(236만 7,607명)보다 약 6.6% 증가했다. 연도별로는 2001년 56만 6,835명, 2002년 62만 9,006명을 시작으로 2007년(106만 6,273명) 처음으로 100만 명을, 2019년에는 250만 명을 넘어섰다(2020년에는 COVID-19 영향으로 전년보다 약 50만 명 감소).

연도별 국민대비 체류외국인 비율은 〈표 2-1〉과 같다.[4] 국적별(2018년 말 기준)로는 중국이 1,070,566명(45.2%)으로 가장 많고, 태국 197,764명(8.4%), 베트남 196,633명(8.3%), 미국 151,018명(6.4%), 우즈베키스탄 66,433명(2.9%), 일본 60,878명(2.6%), 필리핀 60,139명(2.5%) 등의 순이다. 체류자격별로는 재외동포(F-4) 444,880명(18.8%), 비전문취업(E-9) 280,312명(11.8%), 방문취업(H-2) 250,381명(10.6%) 등의 순으로 분포하고 있다.

〈표 2-1〉 국민대비 체류외국인 비율

구 분	1980년	1990년	2000년	2005년	2018년	2019년	2020년
체류외국인 (명)	40,519	49,507	210,249	510,509	2,367,607	2,524,656	2,036,075
국민 (명)	3,812만 3천	4,286만 9천	4,700만 8천	4,829만 4천	5,158만 5천	5,176만 5천	5,183만 6천
대비(%)	0.10	0.11	0.44	1.05	4.59	4.88	3.93

출처: 법무부 출입국·외국인정책본부 보도 자료(2011. 5. 19); 통계청 홈페이지(2022. 6. 30).

4) 체류외국인은 장기체류외국인(등록외국인, 외국국적동포 국내거소신고자)와 단기체류외국인으로 구성되며, 이와는 별도로 대략 39만 명 이상의 불법체류자가 체류 중이므로, 대략 300만 명(국민대비 약 5.6%)의 외국인이 우리와 함께 살고 있다.

자료 2-2

▌법무부, 제4회 세계인의 날 기념행사 개최

법무부는 제4회 세계인의 날을 맞이하여 국민과 재한외국인이 서로를 이해하고 어우러지는 소통과 화합의 장을 마련하기 위한 기념행사를 오는 5월 20일 서울 광장에서 개최한다. 세계인의 날 기념행사로는 1부 기념식 행사가 법무부장관, 유관부처 장관, 국회의원, 주한외국공관원, 결혼이민자, 외국인 유학생, 외국인 근로자 등 약 천여 명이 참석한 가운데 오후 4시부터 진행되며, 이어서 2부 세계 음악콘서트가 오후 7시부터 진행된다.

출입국외국인정책본부장의 개막선언으로 시작되는 기념식 공식행사에서는 세계인의 날 홍보 동영상 및 국무총리 등 축하영상 메시지 상영, 사회통합 유공자 포상, 축사, 법무부장관 기념사 등으로 구성된다. 2부 세계음악콘서트에는 모스틀리 필하모닉 오케스트라, 뮤지컬배우 남경주와 박해미의 듀엣공연, 러시아 바이올리니스트 안나 페도토바, 바리톤 고한승, 색소포니스트 안톤 보고몰로브, 아프리카 공연팀 아닌카 등이 참여하여 품격 높은 시민음악회로 구성되어 진행된다. 공식행사에 앞서 오후 1시부터 운영되는 부대행사에는 재한외국인들을 위한 고국 무료통화, 무료 건강 검진을 비롯한 출입국상담, 운전면허, 다문화가정 어린이 진학상담 등 실생활에 도움이 되는 다양한 분야에 대한 무료상담을 받을 수 있으며, 세계 각국의 의상을 직접 입어보고 투호, 제기차기 등 우리나라 고유의 민속놀이와 더불어 세계 각국의 전통놀이를 체험할 수 있도록 다양한 체험관도 운영된다.

특히 무료 건강검진에는 내과, 치과, 한의과 등 다양한 진료가 준비되며, 3대의 진료 차량에서 X-ray 촬영, 치아 스케일링, 침구 시술 등의 진료를 받을 수 있어 재한외국인들에게 실질적인 도움을 줄 것으로 기대된다. 무료 건강검진은 치과의사협회 등 10개 보건의료단체가 설립한 건강사회운동본부에서 지원하며, 이 단체는 2008년부터 매년 이주민을 위한 의료 자원봉사를 해오고 있다.

출처: 뉴스와이어(2011. 5. 17).

2. 다문화가족의 개념과 유형

1) 다문화가족의 개념

다문화가족이란 국제결혼 등을 통해서 서로 다른 인종의 상대를 만나 결합한 가정을 의미한다. 그런데 다문화가족지원법이 제정·시행되기 이전까지 법률적으로는 국제결혼이라는 용어를 더 많이 사용하였다. 그러나 국제결혼의 개념은 단순히 결혼 당사자만을 의미하고, 국적이 다른 사람과의 결혼을 의미하기 때문에 그 결혼으로 말미암아 형성된 가족구성원을 모두 지칭하기에는 한계가 있다. 따라서 다문화가족이란 용어가 그 가족 내 가족구성원의 인종 간 차별성과 한 가정 내에서 두 개 이상의 서로 다른 문화가 만난다는 특징을 지니므로 더 적절한 표현이다.

그리고 다문화가족을 일반적으로 혼혈가정이라고 부르는 일도 있다. 사회적으로 두 가지 이상의 인종 사이에서 결합한 가정의 형태를 혼혈가정이라고 불러왔다. 하지만, 혼혈가정의 자녀, 즉 2세에는 그 '혼혈'이라는 용어 자체가 가지는 상징적 차별성과 특수성으로 말미암아 거부반응을 일으킬 수 있다. 이들에게 이러한 부정적 느낌을 주지 않으려면 다문화가족이라는 용어를 사용하는 것이 좋겠다.

2) 다문화가족의 형성

우리 사회에서 다문화가족의 형성 형태는 매우 다양하다. 우리나라 독립 이전까지는 우리나라와 일본, 우리나라와 중국 등 가까운 국가나 민족 사이에서 다문화가족이 형성되었다. 그리고 해방 후 국내에서 다문화가족이 형성되는 주된 형태는 미군 기지촌을 중심으로 한 미군 병사와 우리나라 여성, 그리고 그들 사이의 혼혈인 2세대로 형성된 가족이었다. 그러나 요즘에는 우리나라 남성과 외국 이주여성으로 이루어진 가족의 수가 점차 늘어가고 있다. 특히 동남아시아 출신 여성의 결혼이주민 수가 늘어가고 있다. 그리고 외국 이주노동자들 사이의 혼인으로 말미암은 다문화가족도 증가하는 추세이다. 또한, 인종적인 측면에서는 다문화가족으로 볼 수는 없지만, 2015년 12월 현재 2만 8,000명 이상이 우리와 함께 살고 있으나, 우리 문화와 사회에 적응하지 못하는 북한이탈주민(새터민)도 다문화가족에 포함해야 할 것이다. 특히 이들은 제3국을 거치면서 엄청난 고통을 당했기에 우리가 이들을 적극 제도권으로 이끌어야 할 것이다(박주현, 2007).

한국의 다문화가족 형성 중에 노동이주민으로 말미암은 국제결혼의 증가와 다문화가족의 증가는, 서구 유럽국가가 외국 노동력 유입으로 말미암아 다문화가족 혹은 다문화사회를 형성하는 경우와 비슷하다. 유럽 국가도 이주노동자와 체류 외국인의 증가에 따라 다문화가족의 수가 증가하였다. 즉, 단일민족 국가인 우리나라는 1990년대 이후 본격적으로 유입된 외국인, 특히 이주노동자와 결혼이주민으로 말미암아 다문화가족이 점차 증가하는 추세이다.

3) 다문화가족의 유형

대한민국 건국 이후의 다문화가족 유형은 크게 ① 한국인과 미군의 국제결혼, ② 한국인과 이주노동자의 국제결혼, ③ 결혼이주자, ④ 국내거주 이주노동자 간의 결혼, ⑤ 한국 화교, ⑥ 북한이탈주민(새터민) 등에 의해서 형성되었다. 여기에서는 이러한 다문화가족의 유형에 대해 살펴본다.

(1) 한국인과 미군의 국제결혼

미군은 해방 이후부터 우리나라에 주둔하였고, 1970년대까지 미군기지촌을 중심으로 한국 여성과 미군 남성의 혼인에 의해 다문화가족이 형성되었다. 이들에 의해 태어난 혼혈인을 1, 2, 3세대로 나누어 구분하기도 한다. 즉, 한국전쟁 전후의 혼혈인 세대를 1세대, 1960년대부터 1970년대까지를 2세대, 1980년대 이후를 3세대라고 한다. 특히 이전의 다문화가족은 대부분 아시아 인종 간의 결합이었고, 그런 가정에서 태어난 2세는 외형상의 뚜렷한 차이를 보이지 않았다. 그러나 미군과의 사이에서 형성된 다문화가족 2세는 피부색과 겉모습의 차이로 말미암아 오랫동안 기피와 차별의 대상이었다. 미군과의 사이에서 태어난 혼혈 1세대와 2세대는 인종적 차별과 불평등 혹은 새로운 기회와 아메리칸 드림(American dream)을 찾아 1982년 8월에 개정된 미국의 이민특례법에 따라 대부분 미국에 이민했다. 2003년 국가인권위원회 조사결과 400~500여 명 정도가 국내에 남아 있는 것으로 추산하고 있다. 그러나 펄벅재단(Pearl Buck International)[5)]에서는 2003년 현재 아직도 5,000여 명이 남아 있으며, 미국계 혼혈인 이외에도 3만여 명의 아시아계 혼혈인이 있다고 주장한다(김범수 외, 2007).

(2) 한국인과 이주노동자와의 국제결혼

1980년대 중반 이후부터 한국의 경제규모가 확대됨에 따라 많은 수의 외국인이 국내에 유입하였고, 또 한국 근로자의 국외 진출 등을 통해 국제결혼이 늘어나게 되었다. 즉, 이주노동자를 중심으로 다문화가정이 형성되는 것이다. 하지만, 초기에는 주로 전문직 종사자 사이에서 국제결혼이 성행하였다. 그러나 2000년대를 넘어서면서 한국 내에 거주하는 이주노동자와 한국인의 혼인이 증가하였다. 특히 이주노동자 수의 증가는 이들과 한국인 사이의 국제결혼이 늘어나는 계기가 되었다.

5) 노벨문학상 수상자인 펄벅 여사가 전쟁고아와 혼혈아동을 돕기 위해 설립한 재단으로, 펄벅재단 한국지부는 혼혈아동과 동남아시아 외국인근로자 자녀를 돕고 있다.

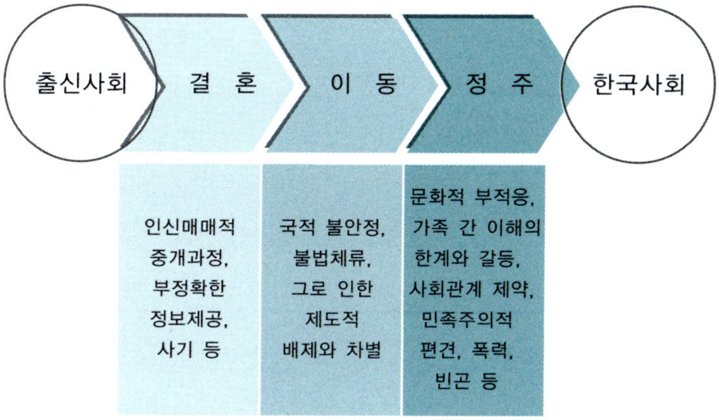

출처: 김이선 외(2006), 여성결혼이민자의 문화적 갈등 경험과 소통증진을 위한 정책과제, 한국여성개발원 연구보고서, p. 6.

[그림 2-2] 국제결혼 과정에서 여성이 직면하는 문제

(3) 결혼이주자

1980년대 이전의 국제결혼은 주로 외국 남성과 한국 여성 간에 이루어졌으나, 1980년대 말부터는 한국 남성과 외국 여성 간의 혼인이 증가하고 있다. 이는 중국 연변과 러시아 사할린, 동남아 지역의 여성과 한국 농·어촌 남성의 혼인이 늘어났기 때문이다. 그리고 1996년부터 국가가 외국인의 국내 방문을 엄격하게 규제하자 취업을 위한 국제결혼이 많아졌다. 이런 외국 여성을 여성결혼이민자라 지칭하며, 자연히 이런 다문화가정에서 출생한 2세의 수도 급격하게 증가하고 있다. 특히 한국 남성과 동남아시아 출신 결혼이주자 사이에서 태어나는 아이 수가 점차 늘면서 그들을 '코시안(Kosian)'이라 부른다. 한국보건사회연구원(2008)의 다문화가족 실태조사에 따르면, 결혼이민자가 일하면서 느끼는 가장 큰 어려움은 자녀와의 공유시간 부족, 자녀양육 부담, 가사 부담 등의 순으로 나타났다([그림 2-3] 참조).

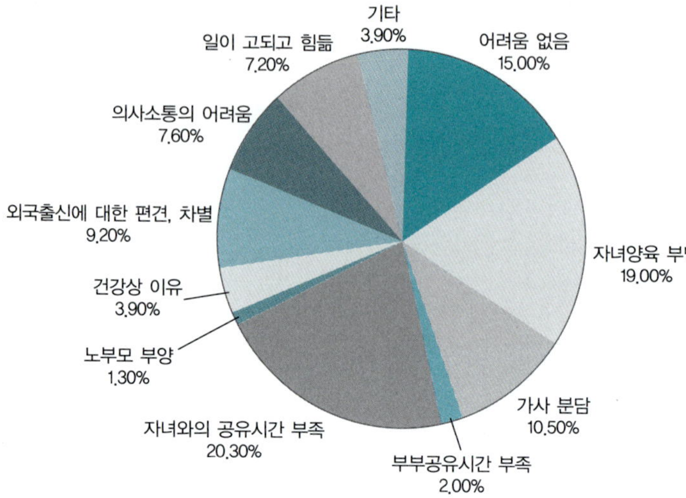

자료: 한국보건사회연구원에서 2008년도에 실시한 바 있는 '다문화가족 실태조사' 결과임.
출처: 김유경(2009), 다문화가족의 실태와 정책방안, 보건복지포럼, 151, p. 37.

[그림 2-3] 결혼이민자가 일하면서 느끼는 가장 큰 어려움

2004년 한국인이 외국인과 결혼한 건수가 3만 5,447건으로 전체 결혼 30만 8,598건의 11.5%를 차지하여, 우리나라에서 국제결혼이 처음으로 전체 결혼의 10.0%를 넘었다. 2010년 전체 결혼 32만 6,104건 가운데 외국인과 결혼한 건수가 3만 4,235건으로 전체 결혼의 10.5%를 차지했다. 국제결혼 건수는 2000년 1만 1,605건에서 2005년 4만 2,356건으로 5년 만에 4배 가까이 증가했다. 전체 결혼 가운데 국제결혼의 비율은 같은 기간 3.5%에서 13.5%까지 치솟았다. 이후 국제결혼이 연간 3만 건대로 낮아지면서 국제결혼의 비중 역시 2006년 11.7%, 2007년 10.9%, 2008년 11.0%, 2009년 10.8% 등 하향 추세를 보였다(**[그림 2-4]** 참조). 하지만, 농촌 지역에서는 전체 결혼 4건 가운데 1건 꼴로 외국인 배우자와의 결혼일 정도로 여전히 국제결혼의 비중이 높았다.

2010년 16개 시·도 가운데 전라남도가 국제결혼 비율이 15.3%로 가장 높았다. 전체 결혼(남편 혼인 건수 기준) 1만 461건 가운데 국제결혼 건수가 1,603건에 달했다. 제주도(13.1%), 전북(12.2%), 충북(11.2%), 충남(11.1%) 등에서도 국제결혼이 활발하게 이뤄졌다. 이에 비해 울산시는 국제결혼 비율이 6.8%로 16개 시·도

가운데 가장 낮았다. 대구시(7.6%), 부산시(8.8%)도 국제결혼 비율이 상대적으로 낮은 편이었다.

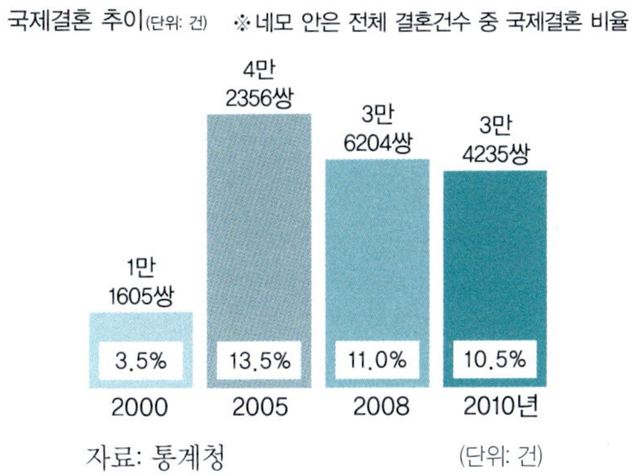

[그림 2-4] 연도별 국제결혼 추이(네모 안은 전체 결혼건수 중 국제결혼 비율)

(4) 국내거주 이주노동자 간의 결혼

2010년 12월 현재 무려 53만 338명인 이주노동자는 국내에서 생활하는 동안 서로 동거하거나 혼인하여 2세를 갖는 경우가 적지 않다. 하지만, 이주노동자가 불법체류를 하는 경우가 많아서 이들의 정확한 수치는 파악하기 어렵다. 또한, 이런 가정에서 태어난 2세 역시 부모의 불법적 신분으로 말미암아 정확한 수치 파악이 힘들다. 아울러 이들은 정규 교육을 받지 못하고 있다. 그리고 이주노동자가 자신의 고국에 있는 자녀를 국내로 입국시키는 사례도 점차 증가하고 있다. 그러나 이 수치도 정확하게 파악하기는 어려운 실정이다.

(5) 우리나라에 있는 화교(華僑)

우리 사회에 화교(중국 국적을 가지고 중국 외에 거주하는 사람)의 역사는 이미 100년이 넘었으며 한국에서 태어난 3, 4세대가 주류를 이루고 있지만, 이들은 전통 모국어 교육 등의 영향으로 자기 민족 정체성을 강하게 유지하고 있다. 이러한 현상에는 한국의 차별적인 제도와 배타적인 성향이 큰 영향을 미쳤음을 부인할 수 없다. 화교가 우리 사회에 본격적으로 이주하기 시작한 것은 19세기 말부터이며, 그 당시에는 우리나라 무역을 비롯하여 상업부문의 주도적인 위치를 차지하고 있었다. 그러나 해방 직후부터 국가의 차별정책은 화교의 사회적 정착과 동화를 막는 실질적 제한요인으로 작용하였다. 특히 1970년대 토지소유를 제한하는 법과 화교학교 학력 불인정 등의 정책으로 많은 화교가 이민으로 우리나라를 빠져나갔다. 1960년대까지만 하더라도 3만여 명이었으나, 1980년대 말에는 2만여 명으로 줄어 현재까지 그 숫자를 유지하고 있다.

화교는 경찰, 군인 등 대한민국 국적을 요구하는 특정직, 공권력 행사나 공공단체의 의사결정에 참여하는 공무원이 될 수 없다. 또한, 국내에서 외국인의 의무교육은 적용하지 않기 때문에 취학통지서가 발부되지 않으며, 수업료 등이 면제되지 않는다. 그러나 외국인을 위한 '재외국민 및 외국인 특별전형'에 따라 입학에 특혜를 받을 수는 있다. 단, 부모가 모두 외국인이어야 하므로 화교와 한국 국적을 가진 여성과의 사이에서 태어난 자녀는 여기에 해당하지 않는다. 무엇보다도 지금 한국의 화교 사회는 그 어느 때보다도 역동적인 시대적 상황 속에서 이중의 압박을 받고 있다. 지난 수십 년간 차별과 배제의 역사와 함께 최근 인구 감소와 지역공동체 약화, 화교학교 붕괴의 위협 등으로 정체성 위기에 직면하였다. 한편으로는 냉전체제가 와해하고 21세기 동북아시대가 열리면서 인구정책의 변화와 중국자본 유치, 차이나타운 건설 등 한중외교관계의 수립으로 경제교류가 활성화되는 중대한 변화의 시점을 맞이하고 있다.

• 자료 2-3 •

▌남한에 온 탈북자, '죄의식'과 '불안감'에 시달려…

"탈북자들이 남한에서 어찌할 바를 모르고 있다." 워싱턴포스트는 12일(현지시각) 한국 사회에서 적응에 어려움을 겪는 탈북자들의 삶을 자세히 소개하는 특집기사를 실었다. 신문은 남한에 온 상당수 탈북자가 죄의식과 적응 장애를 겪고 있으며, 특히 10대 탈북 청소년들은 북한과는 전혀 다른 남한 사회에 적응하지 못해 고통스러워하고 있다고 전했다. 이들 탈북 10대 청소년들은 대부분 북한에서 배고픔에 시달리며 수 년간 학교에 다니지 못했기 때문에 남한에 도착하고 나서도 기본적인 수학이나 읽기능력이 뒤떨어져 있다는 것이다.

탈북자 정착시설인 하나원에 입소한 일부 탈북 청소년들은 섬유 유연제를 구강 세정제로 잘못 사용하는가 하면, 영화관에서 조명이 꺼지면 혹시 납치될까 공포에 떨기도 한다고 신문은 전했다. 이러다 보니 일부 탈북자들은 남한 사람들이 자신들을 따돌리고 업신여기는 것으로 생각하기도 한다고 신문은 덧붙였다. 그러나 무엇보다 탈북자들을 힘들게 하는 것은 가족을 북에 남겨두고 떠나온 데 따른 '죄의식'이다. 탈북자 이 모 씨는 "정말 맛있는 음식을 먹을 때 북에 남아있는 가족에 대한 죄의식을 느끼지 않을 수 없다."라면서 "나 때문에 북에 남은 가족들이 처벌을 받지나 않을까 걱정된다."라고 말했다.

신문은 "탈북자들이 남한에서는 누군가로부터 공격을 당하지 않을까 두려워하고, 또 북한에 남은 가족들은 처벌을 받지나 않을까 걱정하는 이중고(二重苦)에서 헤어 나오지 못하고 있다."라고 지적했다. 신문은 "탈북자들은 가족들과 다시 만나 따뜻한 밥을 먹을 수 있게 되기를 꿈꾸고 있다."라고 전했다. 피터슨국제경제연구소(PIIE)가 지난달 발표한 연구결과로는 탈북자 대부분이 '외상 후 스트레스 장애'를 겪는 것으로 나타났다.

하나원 관계자는 "북한에서 온 사람들이 심한 불신감을 느끼고 있어 탈북자들을 돕기도 쉽지 않다."라면서 "탈북자 대부분이 적응 문제로 고통을 받고 있다."라고 말했다. 신문은 "상당수 탈북자가 질병과 스트레스성 질환을 앓는 채 하나원에 입소한다."라면서 "B형간염과 결핵, 여성들은 만성 부인질환이 자주 발견된다."라고 보도했다.

그런가 하면 탈북자들이 처음 남한에 도착하기 시작한 1990년대 후반에는 마땅한 일자리를 찾는 것도 어려운 일이었다고 신문은 소개했다. 2001년 탈북한 뒤 현재 북한 인권단체를 운영 중인 김 모 씨는 "북한에서 왔다고 하니 단번에 거절당했다."라면서 "고용주들은 나를 고용하면 무슨 문제에 휘말릴 수 있다는 우려를 했던 것 같다."라고 말했다. 한편, 가족을 북에 남겨두고 혼자 중국과의 국경을 넘는 10대 청소년들의 탈북러시(rush)는 1990년대 후반에 많았고, 최근에는 탈북자의 80%가 어린 자녀와 함께 북한을 탈출하는 중년 여성들이다. 지금은 평균 1주일에 35명 정도의 탈북자가 남한으로 들어오고 있으며, 1만 5,000명 정도의 탈북자들이 남한에 거주하고 있다. 신문은 탈북자들이 남한으로 오기까지는 통상 브로커(broker)들이 개입한다면서 이들은 보통 1,500~6,000달러를 요구한다고 전했다.

출처: CBS 노컷뉴스(www.nocutnews.co.kr, 2009. 4. 13).

(6) 북한이탈주민

1960년대 군사정부는 휴전선을 넘어 군사적 기밀을 가지고 오는 소수 사람에게 특별 처우할 필요성이 있었다. 그래서 1962년 4월에 '국가유공자 및 월남귀순자 특별원호법'을 제정하기에 이르렀다(1997년 1월에 '북한이탈주민의 보호 및 정착 지원에 관한 법률'로 개정). 이 시기에 남한으로 온 사람은 '귀순용사'로 대우받았다. 국영기업체, 대기업 등에 쉽게 취업할 수 있었고, 주택·교육·혼인 등 생활영역에서 특혜를 받았다. 당시 입국자는 연간 10명을 넘지 않았으므로 이들의 지원에 따른 국가의 행정적·재정적인 면에서 별다른 무리가 없었다.

그러나 문민정부 이후 군사적·정치적 가치가 없어지면서 이들에 대한 지원은 대폭 축소되는 게 당연한 일이었다. 1994년 이후 입국자 수가 급증하고, 그들의 열악한 생활 여건이 문제가 되자 김대중 정부는 노동시장에 개입하여 획기적인 지원정책을 추진하여 그들의 자립정착의 토대를 마련하기에 이르렀다. 노무현 정부는 입국자 규모가 급증하고 정착지원제도가 고비용–저효율이라는 비판을 받자 정착금과 생계비 보조금을 줄이고, 대신 근로의욕을 높여 취업을 높이는 방향으로 지원제도를 변경하였다.

한편, 북한이탈주민은 목숨을 걸고 국경을 넘어 자유의 땅에 도착하지만, 정치 사상적, 경제적, 문화적, 심리적 등으로 남한생활 적응에 상당한 어려움을 경험한다. 정치 사상적인 면에서 이들은 북한 체제를 거부하고 남한 자본주의 체제에서 물질적 성공을 이루고자 하는 강한 열망과 기대감을 갖고 탈북하였다. 따라서 비교적 자유민주주의나 자본주의 가치관을 인정하고 수용한다. 그러나 남한 사회 적응 과정에서 남한이 북한보다 경제적으로 풍요롭고 생산성이 높음을 인정하지만, 약육강식과 물질만능주의가 팽배한 비인간적인 사회로 인식한다. 북한이탈주민의 가장 심각한 문제는 사회적응의 물적 토대가 되는 경제적 부적응으로, 따라서 심리적 적응도 기대하기 어렵다. 북한에서의 경험과 경력이 인정되지 않기 때문에 이들에게 정규직은 극소수만 가능하다. 대부분은 단순노무직이나 서비스직이며, 30~40% 이상은 아예 실업상태에 있다(북한이탈주민후원회, 2001; 박주현, 2007).

• 자료 2-4 •

▌통일부 인도협력국 폐지…'더 강화해야 할 부서'비판

- 통일부에서 인도적 대북지원·이산가족·북한이탈주민 업무를 맡아온 인도협력국이 폐지된다. 김영삼 정부 시절인 1996년 12월에 '인도지원국'이라는 이름으로 처음 생겼던 '인도협력국'이 13년 만에 없어지는 것이다. 반면, 통일부의 대북정보 분석 능력을 확대한다는 취지로, 정세분석국을 신설하기로 했다. 지난해 2월 이명박 정부가 출범하면서 진행된 정부조직 개편과정에서 폐지된 정보분석본부를 '재설치'하는 것이다.

  정부는 12일 오전 한승수 국무총리가 주재한 국무회의에서 이 같은 내용을 골자로 한 통일부 직제개정안을 확정, 통과시켰다. 김중태 통일부 기획조정실장은 이날 관련 브리핑에서 "올해 들어 정부는 작고 효율적인 정부 구현과 국정과제에 대한 효율적 추진 차원에서 범정부적인 직제개편을 해왔다."라면서 "통일부도 지난 3월부터 행정안전부와의 협의를 거쳐 중장기 통일정책, 정보분석 기능을 강화하고 연관성이 높은 하부조직 기능을 통합하는 방향으로 조정했다."라고 밝혔다.

  이에 따라 통일부 조직은 '1실(기획조정실)-3국(통일정책국, 남북교류협력국, 인도협력국)-1단(개성공단사업지원단)' 체제에서 2실(기획조정실, 통일정책실)-2국(남북교류협력국, 정세분석국)-1단(개성공단사업지원단) 체제로 바뀌었으며, '대국대과제'라는 기준에 맞춰 '38과 6팀'에서 '37과 3팀'으로 개편돼 4개 과가 줄었지만, 인력 면에서는 하나원 인력 5명을 증원하기로 해 통일부 전체 직원은 470명에서 475명으로 늘었다. 구체적으로 보면, 통일정책실은 기존 통일정책국의 정책 담당 부서에 인도협력국의 이산가족과와 정착지원과를 합쳤다.

- 현 정부 출범 시 없앴던 '정보분석본부' 1년여 만에 '정세분석국'으로 재설치, 통일정책국의 대북정보 분석업무는 정세분석국으로 이관되며, 정세분석국은 정세분석총괄과, 정치군사분석과, 경제사회분석과 등으로 재구성된다. 정세분석국 재설치는, 대북정책을 관장하는 통일부가 자체적인 정보가 절대 부족하다는 국회와 언론 등의 비판에 따른 것이다. 현 정부가 출범하면서 국정원, 국방부, 외교부의 대북정보 수집, 분석과 중첩된다는 이유로 없앴던 통일부의 대북정보분석업무를 불과 1년여 만에 되살려 낸다는 점에서, '장기적인 안목 부족'이라는 비판의 소지가 있다. 통일부가 북한이탈주민 관리 업무를 맡고 있기

때문에, 정세분석국의 일차적인 대북정보 분석대상은 탈북자들이 될 것으로 보인다. 그동안 대북지원 집행기능을 맡아온 인도협력국의 인도지원과 업무는 남북교류협력국으로, 이산가족과·착지원과·인도협력기획과는 통일정책실의 이산가족과와 정착지원과로 재편되고, 국군포로와 납북자, 북한인권 문제 등을 담당하는 인도협력기획과 업무는 이산가족과로 통합된다.

• 남은 인도협력국-북은 민경협 없애… "악화일로 남북관계 상황 그대로 보여줘", 이번 직제 개편에서 인도협력국이 폐지되는 것에 대해 대북포용정책을 등한시하는 정부의 시각이 그대로 반영돼 있다는 지적이 나온다. 김중태 기획조정실장은 인도협력국 폐지 배경을 묻는 말에 "국 이름 자체가 갖는 상징적 의미는 있다고 할 수 있겠지만, 범정부 차원에서 효율적인 조직개편을 하자는 측면에서 이뤄진 것"이라고 답했다. 이어 "상징성의 의미는 없어졌기 때문에 아쉬움이 있을지 모르지만, 실제 대북지원이나 이산가족업무와 관련된 부분들은 업무 유사성에 따라 통합했기 때문에 더욱 시너지 효과를 낼 수 있다고 생각한다."라고 덧붙였다.

하지만, 김용현 동국대 북한학과 교수는 "인도협력국의 기능이 다른 부서로 옮겨졌기 때문에 아무 문제가 없다고 하는 것은 지나친 기능주의적 접근"이라고 반박했다. 김 교수는 "인도협력국은 폐지가 아니라 장기적으로 강화해야 할 부서"라면서 "이명박 정부의 남북협력의지의 약화로 비칠 수 있다."라고 말했다. 이번 인도협력국 폐지는 최근 북한이 발표한 내각직제에서 남북경제협력을 담당하던 민족경제협력위원회가 제외된 것과 맞물리면서, 악화일로인 남북관계를 그대로 보여주고 있다는 시각도 있다.

출처: 오마이뉴스(2009. 5. 12).

3. 외국인 노동자의 집단밀집 거주 지역 형성

집단밀집 거주 지역 형성은 외국인의 수가 증가하면서 자연스럽게 형성되기 시작하였다. 1990년대부터 전국의 공단지역과 서울 외곽에 이주노동자의 '게토(Ghetto, 소수자 집단밀집 거주 지역)'가 만들어졌다. 이주노동자는 낮은 거주비용과 노동시장의 접근성 때문에 공단지역 인근이나 지하철 노선의 맨 끝인 서울 외곽에 집단거주 지역을 형성하고 있다. 수도권 일대에는 이처럼 외국인 노동자가 모여 살면서, 그들만의 독특한 문화를 유지해 나가는 곳이 생겨났다. 게토는 외국인 이주자의 주류사회 진입을 더 늦출 수 있지만, 새로운 문화를 전파하는 긍정적 측면도 있다. 부정적이고 폐쇄적인 의미로 쓰이던 게토 지역이 이제는 한국사회 안에서 이국적인 모습을 만들어 내어 한국인과 외국인 노동자를 하나로 묶는 데 도움이 되고 있다.

'국경 없는 마을(코시안타운)'로 경기도 안산시 단원구 원곡동에는 외국인 노동자 3만여 명과 한국인 1만 1,000여 명이 함께 살고 있다. 즉, 한국인보다 외국인 이주노동자가 더 많이 사는 지역이다. 처음 이 지역에 이주노동자의 게토가 형성되었을 때, 그들은 이곳의 한국인 주민과 문화적 차이로 말미암아 여러 가지 문제를 겪었다. 그러나 지금은 그들 모두 원곡동의 주민으로 편입되어 이웃으로 지내고 있다. 실례로 2001년 출입국관리사무소에서 대대적인 불법체류사 단속을 벌였을 때, 원곡동 한국인 주민이 나서서 단속중단을 요구하는 서명운동을 펼치기도 하였다.

자료 2-5

▌이주노동자노동조합 지도부 표적검거 논란
합동단속반 편성 하루 만에 체포, 노조 쪽 "검거 열풍 신호탄" 반발

법무부는 정부 정책 반대 시위를 주도한 '서울·경기·인천 이주노동자노동조합(이주노조)'의 토르너(42·네팔) 위원장과 소부르(39·방글라데시) 부위원장을 지난 2일 체포해 청주외국인보호소에 가뒀다고 5일 밝혔다. 이주노조는 "검거 열풍의 신호탄이 쏘아 올려졌다."라며 반발하고 나섰다. 법무부는 "토르너 등은 시민사회단체와 연계해 '불법체류자 전원 합법화', '고용허가제 폐지' 등의 요구를 내걸고 정부 정책 반대 시위를 주도했다."라고 밝혔다. 법무부는 허가 없이 국내에 체류한 이들한테 강제퇴거명령을 내려 추방할 방침이라고 밝혔다. 토르너는 지난해 11월 당시 이주노조 위원장 까지만(네팔)이 강제 출국당하자 위원장직을 이어받았다.
지난 1일부터 새 정부 들어 처음으로 정부 합동단속반을 만들어 불법체류자 단속에 나선 법무부는 "이번 단속은 3개월간 계속될 예정이며, 국내 근로자의 일자리 잠식과

외국인 밀집지역의 슬럼화 등 사회불안 요인을 없애기 위해 지속적 단속을 하겠다." 고 밝혔다. 단속이 시작되자마자 지도부가 체포된 데 대해, 이주노조 쪽은 표적단속이라며 반발하고 있다. 이정원 이주노조 사무차장은 "법무부와 노동부의 대통령 업무보고에서 엄격한 법집행을 해야 한다는 입장이 정해진 뒤 표적단속을 예상하고 있었다."라며 "대대적 이주노동자 탄압을 앞두고 지도부부터 처리하려는 것"이라고 말했다. 이주노조는 출입국관리사무소 직원 수십 명이 잠복해 있다가 토르너 위원장 등을 연행했다고 밝혔다.

이 사무차장은 "이명박 대통령은 노동부 업무보고에서 이주노조의 설립 허가 문제가 대법원에 계류된 것은 '전 세계에서 유례가 없는 일'이라고 언급했다."라며 "노조 설립 적법성을 법정에서 다투는 상황에서 이런 식으로 단속하는 것은 부당하다."라고 주장했다.

출처: 한겨레(2008. 5. 5).

외국 이주민이 집단밀집 거주 지역을 형성하는 곳은 이외에도 많다. 1990년대 중반부터 서울 구로구 구로동 지역에 중국동포가 집단거주를 하고 있으며, 이 지역은 '구로구 옌볜동'이라는 별명으로 불리고 있다. 현재 이 지역에 거주하는 중국인 동포와 중국인은 대략 3만여 명이 넘을 것으로 추정하고 있다. 또한, 경기도 남양주시 마석에도 1990년부터 외국인 노동자가 몰리고 있다. 동남아와 아프리카 등 16개국에서 온 1,700여 명의 외국인 노동자는 이곳의 가구·도금·기계류 공장에서 일하며, 나라별로 작은 공동체를 이루어 살고 있다. 특히 이 지역 외국인 노동자 가운데 방글라데시인의 비율은 절반을 넘는다. 이들은 자신들의 돈을 모아 이슬람 모스크를 세웠고, 이슬람 성직자까지 초청하여 정식예배를 드리고 있다. 이 밖에도 외국인 노동자 게토는 예상 외로 많다. 손기술이 뛰어난 베트남 노동자는 봉제공장이 밀집한 서울 종로구 창신동 일대에 집단으로 모여 거주하고 있다. 서울 성동구 성수공단에는 타이 등 동남아시아계 노동자가 나라별 공동체를 형성하고 있다. 또한, 미얀마, 네팔 등 불교국가 출신은 경기도 부천시에 소재한 '서광사' 등에 고국의 고승을 모셔와 대규모 법회를 열기도 하였다(김범수 외, 2007).

4. 체류외국인 300만 명 시대에서 본 '대한민국인'

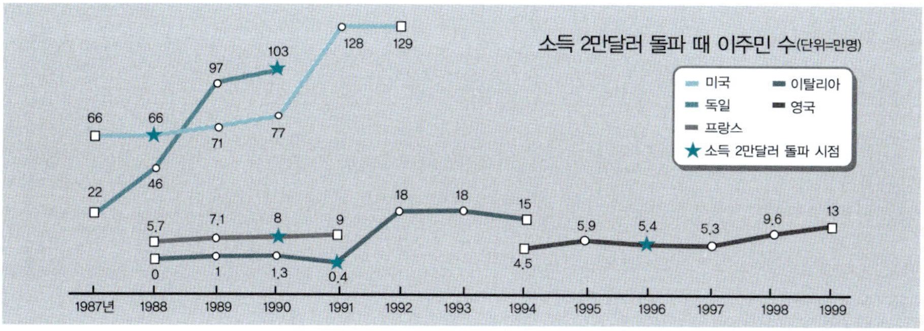

출처: 매일경제(2008. 2. 5), 소득 2만 달러 넘은 한국, 이젠 이주 이민수입국.

[그림 2-5] 美 · 英 등 선진국도 소득 2만 달러부터 이주민 급속 유입

이러한 상황에서 다문화사회에 대한 여러분의 의식은 얼마나 어떻게 바뀌고 있는가? 몇 년 전 한 신문사에서 한국인 1,076명을 대상으로 '어떤 사람을 한국인이라고 부를 수 있는가?'라고 묻는 설문조사를 한 바 있다(세계일보, 2007. 8. 24). 이 설문조사에 응한 사람들은 〈표 2-2〉에서 나타난 것과 같이 '국제결혼가정에서 태어나 피부색이 다르지만, 줄곧 한국에서만 살아온 혼혈인'을 가장 한국인다운 사람이라고 대답했다. 이는 그동안 한국인을 정의하는 데 순혈주의(純血主義)와 단일민족(單一民族)을 가장 중요한 기준으로 삼았던 우리 사회의 변화된 모습을 보여주는 것이다. 즉, 이제 우리나라 사람들도 점점 다문화적인 사고를 하고 있다는 것을 보여주는 긍정적인 변화라 하겠다.

〈표 2-2〉 가장 '한국인'이라고 생각하는 사람

질문(가장 한국인다운 사람)	응답률(%)
국제결혼가정에서 태어나 피부색이 다르지만, 줄곧 한국에서만 살아온 혼혈인	55.6
중국에서 태어난 조선족으로 현재 한국에 들어와 식당 일을 하는 40대 여성	18.0
외국인이지만 혼인 등을 통해 한국 국적을 취득한 사람	15.9
외국으로 입양돼 한국어는 물론 한국에 대해서도 잘 모르는 20대 여성	7.5
외국에서 태어나고 자라 한국어를 전혀 모르는 재외동포	3.0

그리고 이 설문조사에서 자신의 정체성을 한국인이라고 판단하는 여러 가지 기준 중에서 가장 크게 작용하는 것이 '당사자의 인식'이라고 대답하였다. 그다음으로 국적보유 여부, 혈통, 한국어 구사 여부, 태생지 등의 순으로 나타났다. 이처럼 이제 우리나라 사람들은 '한국인'을 정의할 때 과거와는 다른 새로운 인식으로 바뀌고 있다. 따라서 국민의 이러한 변화한 인식은 다문화사회 건설을 목적으로 국가가 정책을 만드는 데 긍정적으로 작용하는 역할을 할 것이다.

〈표 2-3〉 다문화사회 관련 용어의 개념

관련 용어	용어의 개념
국경 없는 마을	원래는 경기도 안산시 단원구 원곡동을 가리키는 말이었으나, 현재는 이주노동자 밀집지역에서 차별문화를 극복하고 다문화 공동체를 목적으로 형성된 마을을 의미한다. '동네'라는 말은 주로 여러 집이 이웃으로 살아가는 '주거의 물리적 범위'를 지칭하지만, '마을'은 물리적 범위만을 뜻하지 않고 주로 '이웃하여 사는 사람'에 초점을 둔다. 최근에는 직업, 종교, 취미를 공유하는 다양한 사회적 관계망이나 커뮤니케이션(communication) 그룹까지를 포괄하는 '공동체'의 개념으로 '마을'의 의미가 사용되고 있다.
국경 없는 시민권 (Borderless Civil Right: BCR)	지구시민사회(Global Civil Society)의 시민권(Civil Right)으로, 한 사회에서 정치, 경제, 사회, 문화적 실체로서 인정받는 정착의 상태를 의미한다. 노동이 국제화된 지금의 시민권은 장기체류 이주노동자가 '체류한다.'라는 단순한 공간적 개념 이상의 의미가 있다.
글로컬(Glocal)	국제화, 세계화를 의미하는 글로벌(Global)이라는 의미를 포함하여 보다 작은 지역단위에서 현지화를 추구하는 개념을 의미한다.
노동의 유연화 (Flexiblization)	노동의 유연화 전략은 각 나라의 노사관계와 자본의 축적 전략에 따라 달라진다. 미국은 외적, 양적인 노동시장의 유연성을 도입하여 노조를 약화시키고 노동비용을 절감하는 전략이 구사되며, 일본과 스웨덴은 내적, 질적인 노동과정의 유연성이 추구됐다. 여기에서 노동의 유연화 전략은 이러한 노동력의 활용 전략 가운데 특히 수량적 노동시장 유연화 전략을 의미한다. 그것은 우리나라에서는 근로자 수의 증감 또는 하도급이나 위탁가공 등 작업의 외주를 통한 수량적 유연화 전략이 선호되기 때문이다.
다문화공생 (多文化共生)	일본에서 사용하는 용어로 서로 다른 인종들이 지역사회에서 함께 살아가는 방법을 의미한다. 일본에서도 다문화, 다문화사회라는 용어는 사용하고 있으나 다문화가족이라는 용어는 사용하지 않는다.

관련 용어	용어의 개념
더블(Double)	최근 일본에서 사용하는 용어로 혼혈인을 의미한다.
디아스포라(Diaspora)	한국사회에 거주하는 이주민이 낯선 곳에 머물러 사는 사람들의 존재인식을 하게 되는 것을 의미한다. 원래 이스라엘 경계를 넘어서 이방 세계에 사는 유대인을 가리켰던 용어로 팔레스타인 밖에 사는 기독교인들에게 적용됨으로써 그들의 사회적인 불안정과 소외는 물론이고, 종교적인 정체성과 뿌리를 암시하게 하였던 개념이다.
문화적 사고(Cultural Thinking)	문화는 주어진 것이 아니라 창조되는 것으로 보는 견해이다. 문화적 사고는 문화변혁과 문화창조 등의 내용을 포괄한다.
에스닉(Ethnic)	일반적인 인간집단 혹은 인종집단을 의미한다.
	특정 국가 내에 존재하면서 민족적 자립과 독립을 지향하는 개별 인간집단을 의미한다.
	강한 생물학적 뜻을 지니며 문화와 역사적 요소를 가진 집단으로서 특정 사회의 하위집단이나 소수자를 의미한다.
이주민(Immigrant)	한국사회가 다문화사회로 급변하면서 이주노동자 이외에 결혼이민자, 재중동포, 난민, 귀화자, 입양자, 국내 출생 이주노동자 자녀 등이 급증하고 있다. 미래지향적 측면에서 보면, 이들을 시민권적 차원에서 이주민이라고 할 수 있다.
3D 업종	조립식 기계장비, 자동차 · 전기, 섬유 · 의복, 화학 등 노동 강도가 세고 저임금이며, 산업재해의 사고 위험에까지 심하게 노출되어 있어 한국 노동자들이 피하는 업종을 의미한다. 여기서 3D란 까다로운(Difficult), 위험한(Dangerous), 더러운(Dirty) 등을 말한다.
지구사회 시민권(Global Society Civil Right)	시민권의 개념은 집단이나 계층에 주어지는 집합적 개념이 아니라 개인에게 주어지는 것으로, 시민의 지위를 부여받은 개인과 정치공동체(Political Community) 사이의 관계를 의미한다.
지구촌 마을(Global Village & Global Cottage)	통신, TV, 교통의 발달로 지구촌이 하나의 공동체가 되었다는 것을 의미한다. 지구촌 마을이라는 용어보다는 '글로벌 빌리지'라는 외래어를 그대로 발음하는 것이 친근감이 있다. 최근에는 '글로벌 빌리지'라는 용어보다는 '글로벌 커티지(Global Cottage, 지구 가족)'이라는 용어를 더 많이 사용한다.
코시안(Kosian)	한국인(Korean)과 아시아 사람(Asian)의 합성어로 '혼혈아' 등의 차별적 언어를 없애기 위해 '안산이주민센터'에서 처음 사용한 용어이다. 초기에는 국제가정의 2세를 가리키는 말이었다가 점차 한국에서 혼인한 이주노동자의 자녀도 포함하여 부르고 있다.
하프(Half)	일본에서 혼혈인을 호칭하는 용어로 최근에 호칭하는 더블(Double)이라는 용어를 사용하기 이전에 사용하던 말이다.

관련 용어	용어의 개념
혼종성(Hybridity)	바바(Homi K. Bhabha)가 주창한 혼종성은 문화적, 언어적, 정치적 상호의존과 상호영향에 대한 주장을 통해서 우월적 사회와 열등한 사회, 지배적 국가와 피지배 국가, 식민지와 피식민지 사람들에 대한 상호연관성에 초점을 두는 개념이다. 즉, 서로 다른 문화, 배경, 역사, 그리고 경험이 있는 사람과 집단의 접촉은 서로에게 영향을 끼친다. 이처럼 이주민의 정체성은 혼종성의 개념으로 설명할 수 있다. 따라서 한국사회 구성원과 이주민과의 연관된 상호접촉 혹은 상호침투에서 긍정적인 효과가 있다고 할 수 있다.

• 자료 2-6 •

▌소득 2만 달러 넘은 한국, 이젠 이주 이민수입국

한때 주요 인력 수출국이었던 우리나라도 이제 '민족 수입국' 대열에 올라섰다. 이는 전 세계적인 인종 융합 추세를 감안할 때, 때늦은 감이 있다는 진단이다. 국제이주기구가 최근 내놓은 보고서를 따르면, 세계 이주자 규모는 1970년 8,150만 명에서 2000년 1억 7,490만 명으로 30년 만에 2배 이상 폭증했다. 특히 주목할 만한 것은 이 같은 현상이 미국 호주 캐나다 등 전통적인 이민국가에서 거의 모든 경제협력개발기구(OECD) 국가로 확산되고 있다는 점이다.
OECD 국제이주 2007년 보고서를 따르면, 총인구에서 이주자가 차지하는 비중이 아일랜드가 1996년 6.9%에서 2005년 11%로 4% 포인트 이상 늘었고, 노르웨이도 5.6%에서 8.2%에 이르렀다. 한국을 포함해 체코, 폴란드, 헝가리 등 몇 년 전까지만 해도 인력을 수출하던 후발국들에서도 인종 유입이 빠르게 진행되고 있다. 이처럼 민족 수출 국가를 수입 국가로 바뀌게 하는 조건은 무엇일까?
과거에는 망명 등 정치적 이유에 따른 이주가 많았으나 오늘날 이주 동기는 전적으로 경제적 요인에 의한 것이다. 화폐가치에 대한 절대적 비교는 곤란하지만 주요 선진국 경험에서 볼 때 1인당 소득수준을 기준으로 대략 2만 달러 수준에서 이주민 유입에 큰 증가가 나타난다. 이 시기는 선진국으로 진입하는 단계기 때문에 많은 분야에서 노동 수요가 급격히 발생한다. 해당 국가에서는 이를 충당하기 위해 이주자를 끌어들이는 것이다. 물론 이들은 그 이전에도 이주민을 꾸준히 받아들였지만 대량 유입은 이때부터라고 할 수 있다.

미국이 1인당 국민소득 2만 달러를 기록한 것은 1988년인데, 1980년대 한 해 평균 60만 명 안팎에 불과하던 이주자가 1989년 70만 명 이상으로 늘어나더니 1991년부터 130만 명으로 치솟아 이 추세를 지속하고 있다. 이보다 한 해 늦은 1989년 2만 달러 고지에 오른 캐나다 역시 1980년대 전반 6만 명에 그쳤던 한 해 이주민자 수가 1980년대 말에는 20만 명으로 3배가량 높아졌다. 가장 극적인 변화를 보인 국가는 이탈리아다. 대표적 두뇌 유출(브레인 드레인)국인 이탈리아는 1991년 2만 달러를 돌파한 뒤 1992년부터 갑자기 해마다 10만 명이 훨씬 넘는 인력을 받아들여 유럽국가 중 두뇌 유입국으로 돌변했다.
한때 '이주의 땅'이라 불릴 만큼 외국인 이민을 장려했으나 사회 불만 증대 등으로 1970년대 후반부터 강력한 이민억제책을 펴오던 프랑스와 독일도 2만 달러를 달성한 1990년부터 다시 이주자들이 몰려들고 있다. 우리나라도 2만 달러 시대를 맞아 지난해 체류 외국인 수가 사상 처음으로 100만 명을 넘어서는 등 이주민이 빠른 속도로 늘어나고 있다. 인구 수준도 빼놓을 수 없다. 각국별 경제적 복지적 적정 인구 수는 모두 다르다. 우리나라는 거주 인구 기준으로 이미 지난해 이 수준을 넘어섰다. 동북아시대위원회 보고서는 우리나라 적정 인구 수를 5,000만 명으로 꼽고 있다. 앞으로 한국은 인구감소가 예상되고 적정인구를 유지하기 위해 외국인 유입이 불가피하다.

출처: 매일경제(2008. 2. 5).

C · H · A · P · T · E · R 03

동화주의와 다문화주의

1. 동화주의와 다원주의

1) 동화이론

동화이론을 발표한 박과 버게스(Park & Burgess, 1921)는, 미국으로 온 이민자는 접촉-경쟁-화해-동화의 네 과정을 경험하면서 주류사회로 동화하며 정착한다고 하였다. 여기서 우리가 주목할 점은 이 이론이 1920년대 당시에는 상당히 진보적인 이론이었다는 것이다. 백인우월주의가 학자들에 의해 과학적으로 증명되고 정당화되던 20세기 초 미국사회에서 문화적 동화를 통하여 주류사회에 편입할 수 있다는 이론은 파격적 주장이었다. 왜냐하면, 인종적으로 백인은 우월하며 흑인과 아시안 등의 비(非)백인은 열등한 인종이라는 당시의 사회적 통념을 깨는 진보적 이론이었기 때문이다.

그러나 유럽계 이민자들은 동화를 통하여 미국인, 즉 백인화가 가능했으나, 동화이론은 비(非)유럽계 이민자들이 주류사회로부터 배척받아 동화가 불가능했다는, 역사적 과정을 설명하지 못한다는 문제점이 있다. 즉, 주류사회가 비백인 이민자를 동등한 이론으로 받아들이지 않았을 때의 문제점을 동화이론은 설명하지 못한다. 비유럽계 이민자는 이미 주류를 이루고 있는 앵글로색슨(Anglo-Saxon)[6]의 문화적 동화는 가능했으나 육체적 동화가 불가능하여 동화할 수가 없었던 것이다.

이러한 문제점이 있지만, 동화이론은 미국사회에서 가장 잘 알려진 이론이며 이민자들이 추구해야 할 과정을 잘 제시하고 있는 모델로 받아들여지고 있다. 즉, 모든 이민자가 백인 주류사회에 동화하면, 모든 인종 문제가 해결될 수 있다는 주장이 백인은 물론 이민자에게도 어느 정도 설득력을 주고 있다. 이민의 나라 미국에서 성공의 척도가 주류사회에 어느 정도 동화했느냐에 따라 결정된다면서, 주류사회로의 동화는 이민자들이 추구해야 할 필연적 과제라고 주장한다. 따라서 1970년대 미국으로 이주한 한인 이민자는 대부분 자녀에게 주류사회로의 동화를 추구하는 교육을 했다. 즉, 한국어와 문화, 한국역사를 가르치지 않았으며 미국인으로 살아가도록 영어교육과 미국화 교육을 추구했다(장태한, 2004).

동화이론의 세 가지 전통은 전통적 동화이론, 용광로(melting pot)이론, 문화다원주의(cultural pluralism)가 있다(Kallen, 1956; Gordon, 1964; 평택대학교 다문화가족센터, 2008).

(1) 전통적 동화이론

하위문화 혹은 소수문화에 속한 개인과 집단은 그들의 생활방식, 관습, 가치, 언어 등을 포기하고 지배문화를 채택, 습득한다. 전통적 동화이론이 전제하는 것은 지배문화의 우월성이다. 그러나 동화이론도 그 당시에는 진보적 이론이었다. 즉, 아시안 등이 미국사회에 동화될 수 있다는 전제를 가졌다는 점에서 이전의 이론과는 달리 아시아인이 미국사회의 일원으로 변화할 수 있다는 점이다(장태한, 2004).

6) 5세기부터 노르만 정복시기(1066년)까지 잉글랜드를 지배하던 게르만족의 일파로, 앵글로색슨이라는 용어는 8세기말 유럽 대륙의 저술가들이 브리튼 색슨족과 유럽 대륙에 살던 색슨족을 구분하기 위해서 처음 사용했으며, 가경자(可敬者) 비드는 유럽의 색슨족을 특히 고대 색슨족이라 불렀다. 노르만 정복 후, 영국 연대기 편자들은 앵글로색슨을 '잉글랜드인'을 뜻하는 말로 썼다. 앨프레드 대왕(899년 죽음)과 그 후계자들은 물론 11세기의 왕들도 사용했던 '렉스 앙굴 삭소눔'(rex Angul-Saxonum: '앵글로색슨의 왕'이라는 뜻)이라는 칭호에도 이 말이 쓰였다.

(2) 용광로이론

여러 문화의 상호작용으로 말미암아 기존의 문화들이 융화되어 하나의 새로운 문화가 출현한다는 것이다. 용광로이론은 이주민이 원주민에 동화되어 그 본연의 민족적 정체성을 상실하고 철이 용광로에서 녹아 다른 철이 되는 것과 같은 이론이다. 즉, 이주민이 주류사회의 문화와 전통에 동화되어 주류사회 방식을 따르라는 것이다.

(3) 문화다원주의

다원론은 백인 주류사회로의 동화를 추구하는 동화이론을 거부하며 이민자들이 각자 고유 언어와 문화, 정체성을 유지하면서 미국사회에 이바지할 수 있다는 모델이다. 동화이론은 다인종·민족의 고유성을 무시하고 무조건 백인화하라는 강제성을 갖고 있다. 따라서 백인이 아닌 소수민족은 자신들의 고유한 문화, 역사, 정체성을 상실해야만 백인화가 가능해진다는 강압성을 다원주의는 인정하지 않는다.

다원론은 흔히 샐러드 볼(salad bowl) 또는 오케스트라(orchestra)로 표기되기도 한다. 즉, 샐러드 볼 이론은 샐러드를 만들 때 여러 재료를 마요네즈에 섞어 샐러드가 되지만, 물을 부어 씻으면 그 원재료가 그대로 드러나는 것처럼 각 인종·민족이 각자의 특성을 유지하면서 미국사회에 이바지할 수 있다는 것이다. 오케스트라도 마찬가지이다. 오케스트라를 형성하는 각 악기는 고유의 소리를 내지만, 지휘자의 지휘봉에 맞추어 화음을 이루어 아름다운 오케스트라 협연이 된다. 따라서 다인종·다민족사회인 미국에서 각 인종·민족은 서로의 이익추구와 협조를 통한 조화를 이루면서 다원화사회를 형성할 수 있다는 이론이다.

따라서 다원론은 한인 이민자들이 주류사회로의 동화보다는 '코리안 아메리칸'으로서의 정체성을 유지하고 이중언어와 이중문화권을 형성하면서 주류사회로의 진출을 모색하는 것이 가장 바람직한 모델임을 제시하고 있다. 다원론은 미국과 같은 민족주의 사회에서 이민자와 소수집단이 지향해야 할 방향에 대해 이론적으로 가장 이상적인 모델로 제시되고 있으나, 현실적으로 과연 가능한가에 대한 문제점을 던져 주고 있다(장태환, 2004).

위에서 살펴본 세 가지 이론의 공통된 제한점은 무엇인가? 비판적 관점에서 보면, 세 이론 모두 두 문화의 관계를 일차원적으로 묘사하고 있다는 점이다. 왜냐하면, 문화 동화는 좀 더 다차원적으로 이해해야 한다. 즉, 심리학적·문화적·사회적 관점 등에서 개인의 문화 동화수준과 패턴을 이해해야 한다. 문화 동화와 연관된 다양한 사회 구조적 문제, 즉 다른 문화에 접근할 기회의 정도가 사회 구조적 이유로 제한될 수 있다는 것을 이해해야 한다. 그리고 지배문화와 소수문화 간 갈등구조와 정도 등도 문화 동화를 이해하는 데 중요하다는 것을 인식해야 한다.

2) 결함이론

결함이론(deficiency theory)은 지배문화를 기준으로 하위 혹은 소수문화를 이해하고 판단한다. 지배문화가 기준이 됨에 따라 다른 문화는 항상 기준에 미치지 못하는, 결함이 있는 상태에 놓인다. 결함을 설명하는 두 가지 방식은 첫째, 다수문화에서는 가치 있다고 생각하지만, 소수문화에서는 존재하지 않거나 미약하게 존재하는 행동양식과 특성에 중점을 둔다. 둘째, 다수문화에서는 가치 없다고 생각하지만, 소수문화에서는 특징적으로 나타나는 행동양식과 특성에 중점을 둔다.

〈표 3-1〉 결함이론 공식

구분	다수집단구성원	소수집단구성원
가치 있는 행동	존재(present)	부재(absent)
가치 없는 행동	부재(absent)	존재(present)

출처: Robbins, Chatterjee, & Canda(2006), p. 133; 평택대학교 다문화가족센터(2008), 다문화가족복지론, p. 54에서 재인용.

2. 다문화주의

1) 다문화주의의 다양한 의미

앞에서 말한 다원주의와 다문화주의가 어떻게 다른가? 다문화주의(mul-ticul-turalism)는 다원주의(pluralism)에서 발전한 이론이다. 다원주의가 각 문화를 인정하되 각 문화가 알아서 자신을 존중하라는 다소 방관자적인 태도를 보인다면, 다문화주의(多文化主義)는 문화 간의 적극적인 존중을 중시한다.

이용승(2004)은 "다문화주의를 지향하거나 도입하는 국가의 수만큼, 그리고 다문화주의를 연구하는 학자의 수만큼 다양한 수준과 범주의 다문화주의가 존재한다."라고 말하였으며, 김희정(2007)은 이러한 현상을 가리켜 '다문화주의'라고 표현하였다. 다문화주의의 의미를 현상적, 중립적으로 규정하면, 하나의 사회 공간 내에 복수의 문화가 공존하는 것을 인정하는 것으로 볼 수 있다. 즉, 다양한 문화적 현상을 인정하는 것이다. 다문화주의의 의미를 전략적으로 규정하면, 각 문화권과 그 속에 속한 사람들을 대할 때 문화적 차이를 고려하는 것을 의미한다. 한편, 다문화주의를 규범적 측면에서 규정하면, 특히 소수자의 문화적 권리를 존중하고 정치적, 법적, 경제적, 사회적 측면에서 불평등을 겪지 않도록 하기 위한 것으로, 다른 사람에 대한 존중이 전제된 문화적 다양성 존중을 지향해야 함을 의미한다(설규주, 2004).

마르티니엘로(Martiniello, 2002; 윤진 역, 2008)는 이를 더욱 확장하여 다문화주의가 이해되는 차원을 다음의 다섯 가지로 제시한다. 그가 규정한 다문화주의의 의미 중 ①은 현상으로서의 다문화주의, ②와 ③과 ④는 규범으로서의 다문화주의, ⑤는 전략으로서의 다문화주의에 가깝다.

① 어느 한 국가나 사회 속에 다양한 문화가 공존하는 현상을 규정하는 것으로서의 다문화주의다. 특히 새로운 음식, 옷, 음악, 학문 등과 같은 것들의 도입을 강조한다. 이것은 문화 전파, 문화 창조 등에 이바지할 수는 있지만, 소수문화권 사람들에 대한 진지한 성찰과 배려와는 거리가 있다.

② 공공 정책의 배경으로서의 다문화주의다. 이것은 국가나 소수문화권 사람들의 일정한 문화적 권리를 공공 정책과 제도, 특히 교육이나 복지 등의 분야를 통해 보장하는 것이다. 그리고 인종이나 민족에 대한 차별을 금지하도록 하는 법을 만들어 시행하기도 한다.

③ 소수집단의 정치적 결사와 행동의 배경으로서의 다문화주의다. 소수집단은 자신들의 문화적 정체성을 유지하기 위해 특수한 권리나 특별한 배려를 주장하게 되고, 이를 위해 조직을 만들어 집단적인 요구를 하기도 한다. 특히 종교와 언어에 있어서 이러한 요구가 많다.

④ 철학적, 학문적 논의로서의 다문화주의다. 여기서는 기존의 민족국가 중심의 문화 이해 관행에 대해 비판하면서 포스트모던적 경향과 함께 소수집단이 주체적으로 권리를 향유할 수 있어야 한다는 입장을 편다.

⑤ 시장에서 더욱 많은 이익을 얻기 위한 수단으로서의 다문화주의다. 다양한 문화를 이해하고 그 차이를 고려하는 것인데, 이것은 각 문화권의 사람들의 특성에 맞는 재화와 서비스를 제공하는 것이 기업에게는 이익이 되기 때문이다.

한편, 김비환(1996)에 따르면, 사회학적 사실로서의 다문화주의는 특별히 새로울 것이 없다. 정도의 차이가 있을 뿐 어느 사회에서나 볼 수 있는 현상이기 때문이다. 다문화주의가 중요한 의미가 있는 것은 그것이 강력한 규범적 성격을 갖는 정치적, 윤리적 원리로 제시되기 때문이다. 즉, 다문화주의는 정치 과정에서 다양한 문화 집단의 목소리를 반영해야 할 뿐만 아니라, 문화적 다양성 추구라는 것이 행정, 법, 교육, 가족, 이민, 고용 등 모든 사회 문제에 관련된 정부 정책의 기본 목표가 되어야 한다는 주장을 포함하고 있는 것이다.

이렇게 볼 때, 다문화주의는 단지 문화적 다양성을 인정하고 허용하는 것에 그쳐서는 안 되고 규범적 의미를 담고 있어야 한다. 진정한 다문화주의가 실현되기 위해서는 개인적 차원, 의식적 차원에서의 문화 상대주의적 태도 함양을 넘어, 사회제도와 구조까지도 다문화 현상에 익숙해져 있어야 하며 그것을 온전히 반영하고 있어야 한다. 궁극적으로 다문화주의는 정책 결정과정에 다양한 집단과 개인이 동등하게, 그리고 합법적으로 참여할 수 있는 데까지 나아가야 한다. 이용승(2007)은 '다양한 문화'가 단지 '존재하는 사회'와 '다문화주의'가 '실현되는 사회'가 구분되는 지점이 바로 여기에 있다고 본다. 다문화주의를 실현하기 위한 구체적인 정책으로는 공용어의 복수화, 이중언어교육, 다언어교육, 통역제도, 주류사회의 언어와 문화교육, 다문화 방송, 소수민족의 자아존중감 고양을 위한 독립문화 보조금 제도, 사회적 소수자를 대상으로 하는 적극적인 차별시정조치 등이 제시되는데, 이것은 규범적 처방의 목적으로 등장한 것이다. 이렇듯 다문화주의는 다문화 현상을 해석하고 거기에 의미를 부여하며 다문화 현상의 개념을 규정하는 역할을 한다. 또한, 다문화정책이나 다문화교육 등과 같은 규범적 처방의 방향을 설정하고 논리적 근거를 제시하는 역할을 한다(구정화 외, 2010).

2) 동화주의와 다문화주의 비교

한승준(2008)의 논의에 의거하여 동화주의와 다문화주의를 비교하면 〈표 3-2〉와 같다.

〈표 3-2〉 동화주의와 다문화주의의 차이점

구분	동화주의	다문화주의
문화적 지향점	• 문화적 동질화 • 추상적인 수준에서 다른 문화 이해와 수용	• 문화적 이질성 존중 • 구체적인 수준에서 다른 문화 인정과 보호
정책의 목표	• 소수자 집단의 주류 문화로의 동화를 통한 사회통합	• 소수자 집단의 고유성 인정과 다양한 문화 공존
갈등 해결 수단	• 완전한 동화를 통한 해결	• 완전한 (정치적) 참여를 통한 해결
정책 수단	• 소수자 집단에 대한 차별방지 법제화(소극적)	• 소수자 집단의 문화와 권리보호 법제화(적극적)
다양성 개념	• 사적 영역의 문화적 다양성 보호	• 공적, 사적 영역의 문화적 다양성 보호
추구하는 행동의 특징	• 기회의 평등	• 기회의 평등 • 결과의 평등

구분	동화주의	다문화주의
이주자에 대한 시각	• 통합의 대상: 이방인 • 경제적 관점: 노동력, 부양자	• 공존의 주체: 사회구성원 • 문화적 관점: 다양성의 원천
문제점	• 강제적 동화로 이어질 우려 • 완전한 동화는 불가능 • 이주자에 대한 배제 우려	• 정체성 불투명 • 사회적 분열과 갈등 우려

출처: 구정화 외(2010), 다문화교육의 이해와 실천, p. 25.

3) 다문화주의의 대두

다문화주의라는 말은 1971년 캐나다 연방정부가 이민자에 대한 동화정책을 대신해서 소수집단과 이민자 집단의 문화적, 민족적 정체성의 유지와 보존을 인정하고 수용하는 정책을 수립하면서부터 사용되었다. 그리고 1970년대부터 호주와 일부 유럽 국가로 확산하였다(윤성희, 2008). 미국에서는 주요 일간지에 다문화주의라는 말이 1989년에 등장하였고, 그 빈도가 현저하게 높아진 것은 1991년 이후다(곽준혁, 2007). 이를 사회적, 철학적, 정치적 측면으로 나누어 살펴보면 다음과 같다(구정화 외, 2010).

(1) 사회적 측면: 다문화사회로의 변화에 대한 설명과 규정 필요

다문화주의는 다문화 현상의 증가, 다문화사회로의 변화를 설명하기 위해 요청된다. 다문화주의의 대두는 근대 계몽주의의 보편적이고 단일한 합리성이 의도했던 통합된 질서가 실현되지 않은 현상에 대한 반성이라고 할 수 있다. 계몽주의 기획이 논리적으로 혹은 도덕적으로 옳은가? 그른가? 와는 별개로, 현상적인 측면에서 계몽주의와 무관한 혹은 계몽주의에 도전하는 상황들(다양성과 특수성의 증가)이 지속적으로 전개되면서, 이에 대한 해석과 의미 규정이 필요해진 것이다(김비환, 1996). 문화, 인종, 민족, 성, 신체 등을 매개로 한 다양한 목소리들이 현상적으로 등장하고 또 확산하는 상황에서 계몽주의식의 보편적 원리, 절대적 원리로만 사회를 조직하려고 한다면, 문화적 다양성이 들어설 공간이 남지 않게 된다. 다문화주의는 그와 같은 새로운 현상을 설명하고 규정하기 위해 대두하였다.

(2) 철학적 측면: 포스트모더니즘의 확산

다문화주의는 소수자 집단이 주류 문화에 동화되는 것이 그들에게는 억압될 수 있다는 인식과 함께, 이들 고유의 문화와 차이에 대한 존중을 실현한 사회 정책을 고안해 내려는 서구 사회의 노력에서 비롯된 것이다. 이것은 이론적 산물이라기보다는 현실의 필요와 요구에서 비롯된 것이기도 하지만, 그 이론적 근간은 '차이의 철학'에 있다(김혜숙, 2007). 포스트모던 사상가인 데리다(Derrida), 들뢰즈(Deleuze), 리오따르(Lyotard) 등 프랑스 철학자들은 아리스토텔레스(Aristoteles)로부터 헤겔(Hegel)에 이르기까지의 철학을 '동일성의 철학'으로 비판하면서 차이 자체를 드러내고자 하였다. 차이의 철학에서는 본질주의, 자기동일적 자아나 절대적 주체관을 거부한다. 또한, 서구적 합리성에 의한 다른 문화 지배와 같은 단선적 진보를 거부한다. 대신 다원주의적 입장에서 보편에 대한 특수의 도전, '유일한 보편(the universal)'이라는 신화를 '하나의 보편(a universal)'으로 대체하고자 한다(Clarke, 1996).

이러한 흐름 속에서 정상준(1997)은 다문화주의는 포스트모더니즘의 비판적인 가능성이 구현된 것이라고 본다. 다문화주의의 의미를 엄밀하게 규정하기는 어렵지만, 이것은 예를 들어, 미국 사회에서는 미국과 미국인이 의미하는 바가 무엇인가에 대한 재성찰이라는 것이다. 단순화해서 말하면, 다문화주의는 체계적인 이론이나 조직적인 운동이라기보다는 어느 사회에서 언제나 존재해 왔지만, 기존의 지배적인 문화의 억압으로 말미암아 실현되지 못했던 다양한 문화의 차이를 인식하고 인정하며, 그 차이를 누릴 수 있는 물리적, 제도적, 심리적 공간을 마련하는 행위를 가리킨다고 할 수 있다. 이러한 입장의 논리적 귀결점은 그동안 소외당하며 주변부에 머물러 있던 소수 혹은 약자 집단(여성, 장애인, 이주민, 다른 인종 등)의 정체성을 존중하며 그들 문화의 독자적 공간을 인정하는 것이다.

(3) 정치적, 정책적 측면: 민주주의의 심화

다문화주의는 인간, 다른 사람 존중의 이상이 개인, 지역사회, 국가를 넘어 세계 차원으로 확대될 때 다양한 문화적 배경을 가진 사람들을 어떻게 대할 것인가의 문제를 다룬다. 이용승(2004)은 다문화주의의 등장이 민주주의의 심화와 관련이 깊다고 본다. 현상적으로만 보면 사실 다양한 민족적 정체성을 가지는 국민을 어떻게 하나의 국민으로 통합시킬 것이냐에 대한 고민이므로 동화주의와 크게 다를 것도 없다. 만일 강제로 통합해도 된다면 동화주의로 충분할 것이다.

그러나 민주주의 담론은 그와 같은 방식을 지지하지 않는다. 민주주의의 핵심은 인간은 존엄하며 그것을 위해서는 자유롭고 평등한 참여가 보장되어야 한다. 설사 어떤 정책이 다수결의 원리에 의해 결정된다고 하더라도 그것이 이루어지기 전에 당사자들 간의 충분한 대화와 타협의 과정이 있어야 하며, 그 이후에는 소수 의견을 존중하는 노력이 필요하다. 민주주의가 성숙해진다는 것은 정책 결정과정에서 다양한 목소리가 배제되지 않음을 의미한다. 그리고 그것이 곧 정당성을 확보하는 길이기도 하다. 이러한 맥락에서 킴리카(Kymlicka, 2005)는 특히 1960년대의 인권운동으로 말미암아 민주주의에 대한 기대와 의식이 높아지고, 그에 따라 내국인과 소수 인종집단의 권리의식이 높아진 것이 다문화주의의 대두와 깊은 관계가 있다고 본다(윤인진, 2007; 구정화 외, 2010).

4) 다문화주의의 유형

다문화주의의 의미가 다양한 만큼, 그것을 구분하는 유형도 매우 많다. 여기서는 다른 시각에서 본 두 학자의 견해를 살펴보고 상호 관련성을 탐색해 본다. 세키네 마사미(關根政美, 1996)는 다문화주의의 유형을 세 가지로 구분한다(이용승, 2007).

첫째, 자유주의적 다문화주의다. 여기서는 사회통합을 위해 문화적 다양성을 허용하여 민족 집단의 존재를 인정하지만, 시민 생활과 공적 생활에서는 주류 사회의 문화, 언어, 관습을 따라야 할 것을 요구한다. 사적 생활 영역에서는 문화적 다양성을 인정하지만, 공정 생활 영역에서는 그렇지 않기 때문에 학교, 직장 등에서 소수 민족 집단이 다른 언어를 사용하도록 허용하는 것에 소극적이다. 그러나 공적 생활 영역에서는 근대 시민적 가치인 자유, 평등, 개인의 능력, 인권 등이 보편적으로 강조된다. 그래서 공적 생활 영역에서 차별은 법적으로 금지된다. 자유주의적 다문화주의에서는 차별 금지, 기회균등이 지속적으로 보장되면 주류와 비주류 사이의 불평등 구조가 점차 소멸할 것이라는 가정을 하고 있다. 이러한 견해를 밝힐 때 소수 민족 집단이 사회에 잘 적응할 수 있도록 도울 수는 있지만, 그것은 최종적인 문화융합 사회로 가기 위한 일시적, 과도기적 방편이라고 할 수 있다. 자유주의적 다문화주의는 다문화적 상황을 영속화하는 것을 원하지 않는다.

둘째, 조합적 다문화주의다. 자유주의적 다문화주의가 기회의 평등을 강조하는 데 비해, 조합적 다문화주의는 기회균등과 차별 금지는 물론, 사회적 소수자가 구조적으로 경쟁에서 불리한 위치에 있다는 것을 인정하고 이들의 사회 참여를 위한 재정적, 법적 지원을 통해 결과의 평등을 의도한다는 점에서 차이가 있다. 그래서 공적 영역에서도 다문화 방송, 다언어 문서 활용, 다언어 교육, 다언어 통역 등을 시행한다. 그리고 소수민족 학교나 소수자 공동체에 대한 지원은 소수문화의 영속성을 보장하기 위한 수단으로 활용된다. 적극적 차별시정 조치나 쿼터제를 통해 사회적 소수자에게도 인구 비례에 따라 교육 및 직장에서의 일정한 몫을 보장해 주는 것도 여기에 해당한다. 그리고 이러한 활동은 국민 전체에 대한 홍보, 교육, 계몽과 동시에 이루어진다.

셋째, 급진적 다문화주의다. 이것은 소수자 집단의 자기결정권을 인정하는 것이다. 문화적 공존을 넘어서 소수민족 집단만의 공동체를 지향하는 것을 허용하는 것이다. 소수자 공동체는 자신들과 관계된 문제에 대해 의사결정권을 달라는 요구에서부터 최종적으로는 자치 내지는 분리 독립까지 요구할 수도 있다. 이 경우에는 사회적 분쟁과 갈등이 발생할 소지를 사전에 막아야 한다. 이와 관련하여 이질적인 문화 사이의 분쟁을 방지하면서 하나의 국가를 유지하기 위해 취하는 정책 중의 하나가 바로 연방제다. 또는 연방제까지는 아니더라도 지역에 어느 정도 자치권을 부여하는 때도 있다.

여기서 소개한 세키네 마사미의 접근은 주로 정부의 정책에 초점을 맞추어 구분한 것이다. 그러다 보니 사회적 소수자 집단의 시각이 충분히 반영되지 못한다는 단점이 있다. 따라서 킴리카(2005)의 구분 방식을 함께 살펴보는 것이 유용하다. 킴리카는 다문화사회에서의 사회통합을 설명하기 위해 '사회적 문화(social culture)'라는 개념을 사용하였다. 이것은 특정 영토 내에 집중된 문화, 광범위한 사회 제도를 통해 널리 통용되는 문화를 말한다. 사회적 문화는 근대 자유 민주주의 국가에서 시민 개개인의 자유와 권리 보장에 따른 필연적인 결과로 발생하는 문화적 다양성을 언어적, 제도적 결속을 통해 제한하고 균형 잡는 역할을 한다. 그는 사회적 문화로 통합되는 과정에서 불이익을 받는 사회적 소수자 집단이 취할 수 있는 네 가지 선택지가 있다고 본다; ① 주변 국가로의 대규모 이민이다. ② 더욱 공정하고 자신들에게 유리한 통합의 조건을 협상하면서 주류 문화에 통합되거나 그것을 수용하는 것이다. ③ 자신들의 문화를 유지하는 데 필요한 일종의 자치 권력을 추구하는 것이다. ④ 사회 주변부에 머문 채 단지 간섭받지 않기를 바라면서 영구적인 주변부화를 받아들이는 경우다. 그런데 여기서 첫 번째 선택지는 사실상 불가능하고, 네 번째 선택지는 특정한 극소수 종교 집단 정도에서 가능하다고 본다면 현실적인 선택지는 두 번째와 세 번째 선택지, 두 가지 선택지만 남는다.

두 번째 선택지(②)는 사실상 조합적 다문화주의와 맥을 같이 한다. 국가의 구성원으로서 통합된 국민 형성에 반대하지는 않지만, 국민 통합 조건에 대해서는 재협상을 요구한다. 이민자들은 자신들의 민족적 유산의 다양성을 유지할 수 있기를 원한다. 그리고 다수와 주류의 정체성과 동등하게 자신들의 정체성도 인정될 수 있도록 지원해 주기를 원하며 공정한 통합을 원한다. 동화주의 정책에서는 소수집단들의 이와 같은 요구를 받아들이지 않는다. 그러나 동화주의 정책이 민주주의에 맞지 않는다는 지적과 함께 여러 국가에서 불필요한 사회적 비용을 가져왔다는 경험적 증거들을 발견하면서 이러한 요구는 주목을 받고 있다.

세 번째 선택지(③)는 급진적 다문화주의와 상통한다. 소수자 집단이 민족적 정체성을 유지하려고 욕구를 갖고, 그것을 실천에 옮기는 것은 소수자 처지에서는 당연하다. 그러나 주류 집단은 대체로 그것을 허용하지 않았다. 고유한 민족적 정체성을 유지하는 것은 통합적인 국민 형성에 반하는 것이며 잠재적으로 분리주의적 목적을 가진 것으로 보았기 때문이다. 그런데 역사적으로 볼 때, 강제 통합을 시도한다고 해도 소수자들의 고유한 정체성은 사라지지 않았고, 오히려 정부에 대한 불신과 분리주의를 더 확산시키는 결과를 낳기도 했다. 그리고 소수자들의 권리를 인정하지 않는 자유주의 주장에 내적 모순이 있음도 제기되면서 급진적 다문화주의 유형이 나타나게 되었던 것이다.

지금까지 세키네(1996)의 정부 처지에서 취할 수 있는 다문화주의 유형과 킴리카(2005)의 소수자 집단 처지에서 취할 수 있는 다문화주의 유형을 살펴보았다. 이 두 유형을 비교해서 그려보면 [그림 3-1]과 같다.

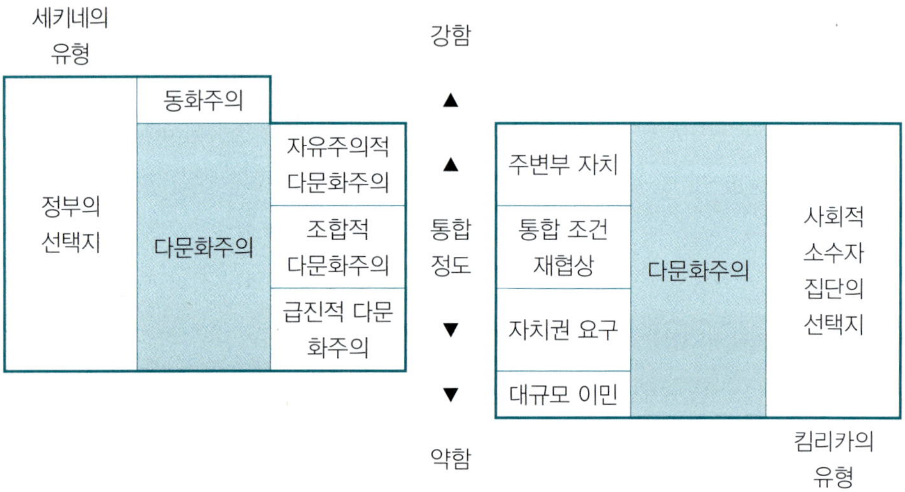

[그림 3-1] 세키네와 킴리카의 다문화주의 결합 유형

5) 다문화주의에 대한 비판

다문화주의에 대해 제기되는 비판은 크게 세 가지로, 첫째는 분리주의로 귀결되는 것에 대한 우려이고, 둘째는 반인권적이고 비자유주의적인 소수집단에 대해 용인한다는 것이며, 셋째는 더욱 구체적인 생존의 문제보다 추상적인 문화 향유에 치중한다는 비판으로 요약될 수 있다. 이를 좀 더 구체화하여 살펴보면 다음과 같다.

첫째, 다문화주의는 사회적 연대를 해치고 분열과 갈등을 조장한다는 지적이다. 이것은 주로 토착주의(nativism)와 자유주의적 보수주의자들의 주장이다. 허쉬(Hirsch)와 블룸(Bloom) 등은 문화적 다양성에 대한 요구와 주장은 사회의 근간을 파괴할 수 있는 위협으로 보았다. 이들은 특히 미국에서, 국가 정체성 훼손, 미국적 신조와 가치 붕괴 등을 우려하며 반(反)이민정책을 펼 것을 강조하였다. 한편, 온건한 자유주의자들도 이주자들에게서 기존의 미국 시민이 발휘하고 있던 시민적 덕성(civic virtue)을 기대할 수 없다고 보았다. 이들은 공공의 이익보다 소수집단의 이익을 관철하려는 다문화주의 시도는 타당하지 않다고 비판한다. 그리고 이를 막기 위해서는 주류 문화의 동질성을 강조하는 교양교육, 표준 언어, 산업 기술, 서구 문명의 정전(正典) 등이 필요하다고 보았다(구정화 외, 2010 재인용). 허쉬와 블룸 등은 다문화 현상이 증가하는 상황을 단일성과 다양성을 대결구도로 파악하고 이 둘 중 하나를 택한다면 어느 것이 우선이냐의 문제로 보았다. 그들은 사회통합을 위해 단일성이 더 우선이라고 본 것이다.

둘째, 소수집단 내에서 통용되는 비자유주의적 문화를 용인하면, 그 소수집단에 속한 개인의 인격이 침해될 수 있다는 지적이다. 다문화주의는 소수집단 구성원들이 집단 간의 문화적 차이를 인정해 달라고, 그리고 문화적 특수성을 허용해 달라고 요구하는 주장의 근거가 될 수 있다. 그런데 그렇게 특수성을 인정하다 보면, 인권 침해적인 문화에 대해서도 용인을 해야 하는 경우가 생기고 그 때문에 그 소수집단 내 여성과 어린이 등 약자들이 피해를 볼 수 있다는 것이 이러한 비판의 핵심이다. 즉, 소수집단의 문화적 권리를 예외적으로 인정해 주다 보면 집단 내에서 자행되는 폭력과 인권 침해를 하나의 특수성으로 보고 묵인할 수 있다는 것이다. 이는 다문화주의가 곧 윤리 상대주의로 귀결되고 말 것이라는 지적과 같은 맥락에 있다(Sterba, 1995).

셋째, 다문화주의는 재분배의 문제에 무관심하다는 지적이다. 그래서 사회 경제적 불평등이 심화하는 것을 막지 못한다는 것이다. 이주민들이 대체로 저임금 직종, 비인기 직종에 많이 종사하고 있기 때문에 직종별 고용 구조가 굳어지고 이주민 계층의 빈곤화가 확산하고 있는데, 다문화주의는 민족 집단의 문화적 유산에 대한 인정을 강조하다 보니 계급의 의미, 분배의 문제에는 소홀하게 되었다고 지적하는 것이다(곽준혁, 2007). 이는 정부의 정책 방향에 대해서도 제기될 수 있는 문제이다. 즉, 정부가 소수집단을 적당히 관리하는 차원에서 다문화주의를 활용한다면, 다문화사회로 말미암아 다양하고 풍성해진 문화는 찬양하는 반면, 빈곤, 편견, 차별 등 경제적, 정치적 불평등은 은폐될 수 있다는 것이다(김영옥, 2007). 킴리카(1998)도 이러한 문제점을 지적한다. 그는 캐나다의 다문화주의를 연구하면서 유럽 일부 국가의 다문화주의가 사회, 경제적 통합을 이루기보다는 분리주의와 게토화(ghettoization)를 조장하고 있다고 보았다. 즉, 계급과 부의 재분배 등 현실적 문제를 외면한 채 문화라는 추상적이고 심리적인 것의 인정에만 주력하는 다문화주의는 인종 갈등과 빈곤 문제를 근본적으로 해결하기 어렵다는 것이다(문경희, 2008).

6) 앞의 비판에 대한 다문화주의의 반응

앞에서 지적한 첫 번째와 두 번째 비판은 상대적으로 역사가 길다. 서구의 다문화주의 담론에서는 소수자 집단의 문화적 권리를 어느 정도까지 허용해야 하느냐가 늘 중요한 문제였다. 왈쩌(Walzer)는 문화적 권리의 핵심은 국가적, 민족적, 종교적 공동체가 자신의 공동체 자체를 재생산할 수 있는 권리, 자녀를 양육하고 교육할 수 있는 권리를 갖는 것에 있다고 보았다. 그런데 문화를 재생산할 수 있는 권리를 보장하는 것은 다른 한편으로는 국가적 차원의 시민교육과 대립할 가능성도 있다.

왈쩌는 이러한 문제에 대해, 소수자 집단의 공동체가 도덕적 최소주의(moral minimalism)를 수용한다면 그들의 특수한 문화적 권리를 인정해야 한다고 본다. 즉, 반인권적인 행동을 하지 않고 사회가 유지될 수 있는 최소한의 보편적 도덕규범을 받아들인다면 그들의 문화적 재생산 권리를 인정하고 그것을 위한 정책적 지원도 가능하다는 것이다. 라즈(Raz)와 킴리카도 사람들에게는 각각 자신들만의 문화적 정체성 유지 방식과 권리가 있는데, 그것을 누리는 과정에서 집단 내 다른 개인의 기본권을 훼손하지 않고, 또 외부의 다른 지배적 문화로부터 소수자 집단의 문화를 보호하는 데 이바지할 수 있다면 그러한 문화적 권리는 인정되어야 한다고 본다(김지현, 2008).

장은주(2003)도 이러한 비판에 대한 응답으로, 다문화주의가 가져올 수 있는 상대주의에서 발생하는 반인권적 행태와 문화 간 투쟁을 막기 위해 '차이에 민감한 보편주의'를 주장하였다. 이것은 곧 보편적 인권 개념을 전제하는 것이다. 인간 개인의 자율성과 권리에 대한 존중이야말로 문화적 다양성에 대한 존중의 이유를 제공해 줄 가장 좋은 출발점이 된다. 즉, 집단의 문화를 존중하기 이전에 개인을 인간으로서 존중해야 하므로, 인간을 존중하지 않는 문화는 다문화주의라는 이름으로 보호받아서는 안 된다는 것이다.

세 번째 비판은 첫 번째와 두 번째 것과 그 성격이 다르다. 앞의 두 가지 비판이 대체로 다문화주의의 확산이 사회통합과 안정에 위협을 가져올 우려가 있다는 보수주의적 시각에서 비롯된 것이라면, 세 번째 비판은 반대로 현재 논의되고 실천에 옮겨지는 정책과 조치가 다문화주의 본질에 가까이 가지 못했거나 일부분에만 매진하고 있으므로, 다문화주의가 진정으로 구현될 수 있도록 분발해야 한다는 견해에서 제기된 것이라고 할 수 있다. 즉, 다문화주의가 소수자 집단들이 안고 있는 더욱 절실한 삶의 문제, 경제적 문제를 해결하지 못하고 여전히 낭만적인 수준에 머무르고 있다는 것이다.

이러한 지적에 대응하기 위해서는 문화적 권리와 함께 소수자 집단의 경제적, 정치적, 사회적 측면의 권리 수준을 더욱 민감하게, 그리고 비판적으로 인식해야 할 필요가 있다. 이와 관련하여 오경석(2007)은 다문화주의 초점이 문화보다는 생존에 맞춰져야 한다고 주장한다. 단속이나 추방 등에 대한 공포, 혹은 감시나 차별이 담긴 시선을 감당해야 하는 소수자 집단에 문화적 공존은 다소 공허한 강령(slogan)일 수 있다는 것이다. 그는 진정한 공존을 위해서는 문화에 앞서 최소한의 삶을 지속적으로 누릴 수 있는 안정적인 체류 자격과 노동할 수 있는 권리임을 강조하면서, 이제 다문화주의는 생존의 문제에 주목해야 한다고 주장한다(구정화 외, 2010).

3. 대한민국 다문화주의 담론의 특징

1) 단일문화주의에 대한 미련

우리 사회에서 나타나는 다문화 현상에 대한 처방으로 동화주의를 취해야 한다는 목소리도 절대로 적지 않다. 2011년 6월 현재 국내에 거주하는 외국인의 비율이 2.9% 정도로 아직은 미미하므로 다양성을 단일성으로 융화시켜 나가는 단일문화주의(monoculturalism)가 더 적합하다는 것이다. 또한, 다문화주의 정책에는 복지, 교육 등에 큰 비용이 들어가므로 경제 논리로 볼 때도 단일문화주의가 더 적합하다고 보는 것이다. 이에 따라 다문화교육도 소수자를 대상으로 하여 한국 주류 문화에 동화될 수 있도록 하는 과정으로 충분하다고 본다(김용신, 2009; 박주현 외, 2011).

이와 관련하여 최인철(2008)은 우리나라 다문화주의 담론에 장애가 되는 요소를 몇 가지로 지적하였다. 첫째, 한국인들의 강한 집단주의다. 일반적으로 자신의 소속 집단이 어디냐에 따라서 정체성이 형성되는데, 오랫동안 지녀온 한국 내 다수자 집단의 구성원으로서의 지위를 계속 의식한다는 것이다. 둘째, 내집단과 외집단을 엄격히 구분하는 경향이다. 한국인들은 개인적으로 성격이 좋고 나쁘고를 떠나서 내집단끼리는 때로는 가족에 가까운 친밀성을 보이지만, 외집단에서는 무관심하거나 적대적인 대응을 하는 경우가 적지 않다는 것이다. 셋째, 고정관념에 의한 차별에 민감하지 못한 특성이다. 한국인들은 이미 형성되고 사용되는 고정관념에 취약하여 어떤 고정관념이 과연 그러한가를 따지려고 하기보다는 수용하는 측면이 강하다는 것이다. 넷째, 소수에 대해 부정적으로 평가하는 경향이다. 한국인들은 특히 외부에서 유입된 소수를 특별하게 또는 위험하게 생각하는 측면이 있다는 것이다.

2) 이민자 중심의 좁은 범주의 다문화주의 담론(談論)

오경석(2007)은 한국의 학계에서 논의되는 다문화 관련 담론이 다문화주의의 철학, 이론, 개념 등에 관한 진지한 분석 없이 다문화사회로의 전환을 하나의 당위로 받아들인 채 결혼이민자로 그 범주를 한정하여 사회통합의 방법론 차원에서 형성되고 있다고 지적한다. 실제로 한국에서 다문화주의 관련 논문은 2000년대를 전후하여 간헐적으로 등장하였고, 한국사회에서 다문화 정책이 공식적으로 2006년 이후 급증하고 있지만 대체로 결혼이민자와 이주노동자 중심으로 그 대상이 한정되어 있다. 우리 사회에서는 동성애자, 장애인, 빈곤층 등 사회적 소수자에 대한 다문화적 접근을 취하지 못하고, 주로 인권과 산업적, 경제적 측면에서 이주민에게만 다문화적 접근을 시도해 온 것이다(김지현, 2008).

3) 관 주도형 다문화주의

김희정(2007)은 한국의 다문화주의를 관(官) 주도형 다문화주의로 규정한다. 그리고 이것은 과거 방식보다 좀 더 세련된 형태의 외국인 관리 정책에 지나지 않음을 지적한다. 또한, 이선옥(2007)도 현재의 국가 주도의 다문화주의가 겉으로는 다문화주의지만, 실제로는 순혈주의, 가부장적인 동화정책으로 볼 수 있다고 지적한다. 관이 주도하는 위로부터의 다문화주의는 법적 지위가 확실한 이주민, 통합될 필요가 있는 이주민을 정책의 대상으로 한정해 왔다. 그리고 이들로부터 필요한 노동력은 얻으면서도, 이들을 통합하는 데 들이는 비용은 최소화하는 정책을 추구했다(김혜숙, 2007). 이와 같은 관 주도형 다문화주의가 나타난 배경은 우리 사회가 급속하게 저출산·고령화의 흐름 속으로 들어간 것과 무관하지 않다. 즉, 경제활동 인구가 부양해야 할 고령 인구는 늘어나는데, 경제활동 인구로 변화할 어린이와 청소년의 수가 줄어들고 있기 때문에 정부에서는 경제적, 전략적인 차원에서 이주민을 수용하되 한국사회 속으로의 통합을 추진하고자 하는 것이다(윤인진, 2007; 구정화 외, 2010).

4) 다문화주의와 자민족 중심주의의 공존

최인철(2008)은 시대의 변화를 반영하여 한국에서도 다문화주의가 논의되고 있지만, 그와 함께 자민족중심주의도 견지되고 있다고 지적한다. 그러한 예로는 첫째, 이주자들을 진정한 한국인으로 만들려는 움직임을 들 수 있다. 이러한 시각에서는 이주자들을 가르침의 대상, 포용의 대상, 동정의 대상으로 본다. 둘째, 문명적 차별의식이 있다. 한경구와 한건수(2007)는 한국의 다문화주의를 가로막는 요인으로 순혈주의보다 문화적 우월주의가 더 큰 요인이라고 본다. 이미 고려 시대, 조선 시대에도 중국인, 여진인, 왜인 등이 우리나라에 정착해서 살고 있었지만, 그때는 혈연집단으로서의 민족이라는 의식보다 당사자의 가계와 가문, 신분의 귀천과 학식의 유무가 더 중요시되었다고 한다. 이렇게 본다면, 현재 우리나라가 일부 국가 출신의 이주민을 차별적으로 대하는 것은 민족이 달라서라기보다는, 그 나라에 비해 우리의 문화적, 경제적 역량이 크다고 인식되기 때문이라는 것이다. 한경구와 한건수는 서구권 출신의 이주자에게는 관대하게 대하고 그들의 문화를 동경의 대상으로 바라보면서, 우리보다 빈곤한 국가 출신은 연민하고 동정하거나 무관심 또는 차별적 대응을 보인다는 것도 이를 뒷받침한다고 본다.

셋째, 집단 조명 효과가 있다. 지구촌 곳곳에서 활약하는 한국인이나 한국계의 활약상에 대해 지나친 민족주의, 지나친 국가주의적 시각에서 다룬다는 것이다. 대표적인 예가 2006년 미국 풋볼리그(NFL)에서 최우수 선수(MVP)로 선정된 하인스 워드(Hines Ward)다. 또한, 동남아시아와 동아시아를 중심으로 강하게 확산하였던 한류에 대한 접근도 이와 비슷하다. 이러한 요소들은 우리나라가 한편으로는 다문화주의를 지향하면서도 여전히 국가주의, 자민족중심주의 등의 경향도 표출하고 있음을 나타내 준다.

출처: 위키백과(2011. 6. 30)

[그림 3-2] 하인스 워드

5) 압축적 다문화 현상으로 말미암은 다문화주의 담론의 역할 미흡

우리 사회는 압축적 근대화, 압축적 민주화 과정을 거친 것으로 평가된다. 그리고 최근의 저출산·고령화 현상은 압축적 고령화로 가고 있음을 보여주기도 한다. 다문화 현상도 이와 같은 전철을 밟을 것으로 우려된다. 우리 사회에서 다문화주의가 널리 확산하지 못한 이유는 기본적으로 다문화사회에 대한 경험이 짧기 때문이다. 캐나다. 미국, 호주, 서유럽 등에서는 인종, 민족, 문화 등으로 말미암은 차별과 갈등이 오래전부터 사회문제가 되었지만, 우리는 비교적 최근에 경험하고 있는 현상이기 때문이다. 또한, 이주자들의 문제도 대체로 법적, 경제적 문제와 더 관련이 깊었고 생활양식으로서의 문화와 문화적 정체성과는 다소 거리가 있었다.

이처럼 한국에서는 다문화주의에 대한 풍부한 논의가 선행되지 못한 상태에서 다문화정책이나 다문화교육과 관련한 구체적 처방이 먼저 제시되는 측면이 강하다. 이에 따라 다문화 현상을 적극적으로 규정하고 견인(牽引)하기보다는 사후적으로 정당화하고 설명하는 데 활용하는 경우가 많다. 또한, 다문화 현상에 대한 경험이 짧아서 한국사회의 이행단계에 맞는 다문화사회·다문화주의 담론을 충분히 구축하지 못한 측면이 있다. 이 때문에 캐나다, 미국, 일본 등 우리와는 역사와 맥락이 다른 나라의 다문화정책이나 교육 등을 모방하려고 하기도 하지만, 중간단계의 고민 과정, 시행착오 과정이 배제된 채 최종단계의 담론과 처방을 제시하게 되는 경우가 있기 때문에 적합성이 떨어질 수 있다(구정화 외, 2010).

4. 대한민국 다문화주의 실천의 과제

1) 시민이 주도하는 다문화주의 확산

김남국(2005)은 한국과 같이 폐쇄적 국가주의 전통이 강한 사회에서 국가 주도의 다문화주의가 계속 추진된다면 결국 다수의 전제(專制) 가능성, 사회적 소수의견에 대한 억압 가능성의 문제가 발생할 수 있음을 지적한다. 따라서 국가에 의한 국익 우선의 다문화주의를 지양하고 사회적 소수자의 인권을 보호하기 위해서는 소수자와 시민사회가 주체가 되는 다문화주의가 균형적으로 필요하다고 본다. 윤인진(2007)도 기존의 관 주도형 다문화주의에 대칭되는 것으로서 시민주도 다문화주의 모델을 제안하였다. 이러한 입장에서는 다문화주의의 주체인 원주민(기존의 한국 토착민), 이주민, 소수민족 집단의 관점에서 다문화주의 이념과 정책을 평가하고 자신들의 욕구와 처지에 적합한 정책과 프로그램을 추구한다.

한국에서는 그동안 화교, 이주노동자, 결혼이민자, 혼혈인 등이 다문화사회의 주체이면서도 목소리를 제대로 내지 못했다. 한국에서는 그러한 소수자가 직접 나서기보다 그들을 지원해 온 시민단체와 종교단체들이 시민주도 다문화주의 한 흐름을 형성해 왔다. 이러한 경향을 한국형 다문화주의 실천의 한 자원으로 활용하여 아래로부터의 다문화주의가 확산하는 계기로 삼는 것이 바람직하다. 궁극적으로는 이주자들이 자신의 다양한 정체성을 드러낼 때, 비로소 한국인들이 이들과 함께 공존하고 타협하는 방식을 만들어 갈 수 있다. 이주민 등 문화적 소수자들이 의사결정에 참여할 수 있는 자원과 정치적 틀을 아래로부터의 필요를 통해 합법적인 틀 안에서 마련해야 한다. 물론 이러한 입장이 아래로부터 시작되는 것을 무조건 선(善)이라는 생각에 동의하는 것은 아니다. 다만, 그동안 비(非)가시적 영역에 있었고 제대로 인정받지 못했던 이주자들의 문화와 공동체가 조명을 받는 것으로 시작되어야 하고 그들이 가진 역량이 제대로 드러나야 함을 강조하기 위해서 하는 말이다(윤인진, 2007).

2) 성찰적이고 균형적인 다문화주의 담론

민족주의는 한국인이 오랫동안 견지해 온 것이다. 이것이 폐쇄적 형태로 발휘되면 그것은 극단적인 특수주의로 가는 것이다. 따라서 성찰적인 민족주의가 필요하다. 반면, 국가와 민족을 초월한 다문화주의는 극단적인 보편주의 양상을 띠게 되는데, 이것은 사실상 사해동포주의(cosmopolitanism, 박애주의)[7]에 불과하

7) 인종에 대한 편견이나 국가적 이기심 또는 종교적 차별을 버리고, 인류 전체의 복지증진을 위하여 온 인류가 서로 평등하게 사랑하여야 한다는 주의를 말한다.

다. 우리의 다문화주의는 사해동포주의와는 구별되는 것으로 어느 정도 국가적 경계를 필요로 한다. 이에 따라 우리는 성찰적 민족주의와 국가를 활용하는 다문화주의를 가질 필요가 있다(양영자, 2007). 그럼으로써 극단적인 특수주의와 보편주의 모두를 피할 수 있다.

뱅크스(2004, 2006)가 지적한 바와 같이 '다양성 없는 단일성은 억압을 낳고, 단일성 없는 다양성은 국민국가의 분열이나 붕괴'를 가져올 수 있다. 다양성과 단일성은 민주적인 다문화사회에서 정교하게 균형을 이루며 공존해야 한다. 뱅크스는 민주주의 사회에서 개인이 누리는 자유와 평등, 기회균등의 원리 등을 각각의 문화 집단에 적용하고, 각 집단은 민주주의 원리를 실천함으로써 사회통합과 발전에 이바지한다고 보았다. 이처럼 균형을 추구하는 견해는 민주주의에 대한 기본적 헌신을 공통으로 요구한다는 점에서 극단적 상대주의로 흐를 위험이 적다. 그리고 다수와 소수, 주류와 비주류가 수(數), 기득권, 영향력 등으로 대면하는 것이 아니라 민주적 절차에 의해 소통하게 되므로 형식적 차원과 실질적 차원의 형평성을 모두 추구할 수 있다(양영자, 2007).

3) 다문화주의 담론의 범주 확산과 수준 제고

문화적 차별은 단지 인종, 민족의 차이에만 기반을 두는 것이 아니라 성적 취향, 신체적 차이, 소득의 차이 등에서도 기인할 수 있다. 현재 그러한 부분은 우리나라에서는 간과되고 있다. 소수자로 보기는 하지만 문화적 소수자로는 보지 않는 것이다. 장기적으로 볼 때, 앞으로의 다문화주의 담론에서는 이러한 범주를 포함하여 논의할 필요가 있다. 특히 문화적 소수자가 경제적 소수자, 정치적 소수자, 신체적 약자 등으로 전이되어 나타나는 경향이 있기 때문에 이와 같은 방식의 논의는 우리 사회의 다문화적 현실의 복잡성을 더욱 적실하게 다루는 데 이바지할 수 있을 것으로 예상한다.

한편, 이와 같은 다문화주의 담론의 영역 확장과 함께 담론의 수준을 높이는 노력이 필요하다. 오경석(2007)은 이와 관련하여 다문화사회와 다문화주의 담론을 소개하는 것 자체가 중요한 것이 아니라, 우리 사회는 과연 어떤 다문화주의를 만들어 갈 것이냐에 대한 고민이 필요하다고 지적한다. 한경구와 한건수(2007)도 다문화주의와 관련된 논의를 노동권, 자유, 삶의 권력 등과 관련하여 더욱 깊이 있게 심화시켜 나가야 할 것을 제안한다. 이러한 노력은 곧 우리 현실에 맞는 진정한 다문화주의 담론과 실천 수준을 담보할 수 있어야 한다는 것, 그리고 담론과 실천의 수준이 서로 일치해야 한다는 것을 의미한다. 다문화주의 담론과 동화주의적 실천, 문화 상대주의적 주장과 자민족중심주의적 실천이 뒤섞여 있는 한국의 현실을 더욱 논리적으로 정리할 필요가 있는 것이다. 이를 위해서는 우리가 이야기하고 실천에 옮기려는 다문화주의는 어떤 다문화주의이며 과연 누구를 위한 다문화주의인지가 끝없이 반성하고 수정되어야 한다(오경석, 2007).

C · H · A · P · T · E · R 04

다문화사회와 인권

1. 인권의 개념

인권(人權, human rights)이란 무엇인가? 인권은 인간이 인간답게 존재하기 위한 보편적인 인간의 모든 정치·경제·사회·문화적 권리 및 지위와 자격을 총칭하는 개념이다. 즉, 인권은 사람은 사람답게 살 수 있는 권리가 있다는 생각이며, 법의 담당 지역(jurisdiction)이나 그 밖의 지역적인 변수(민족이나 국적 등)에 관계없이 적용되는 것으로 정의된다. 인권의 본질과 정당성, 그리고 그 내용 자체는 오늘날 철학과 정치학에서 열띤 논쟁의 대상이 되었다. 그러나 인권은 보편적으로 국제법과 국제규약에 정의되어 있으며 수많은 국가의 국내법에도 규정되어 있다. 그러나 많은 인간 사회의 특수한 배경 속에서 인권이 정의되는 구체적 표현은 다양하며 문명권에 따라 다르게 나타날 수 있다.

주권 국가에서 인권은 정부의 일방적 권력 남용과 억압에 대항하여 인간이 요구할 수 있고 보호, 보장을 받을 수 있는 보편적 권리를 일컫는다. 이는 사람이 사람답게 존엄한 생활을 영위할 수 있는 권리, 개인의 자유와 평등, 독립성의 보장, 그리고 인류의 이익에 정부의 권한 행사가 들어맞을 책무 등을 뜻한다. 이러한 보편적인 권리는 일반적으로 생명 권리, 적절한 삶의 수준을 보장받을 권리, 고문을 비롯한 부당한 처우에 대한 보호, 사상과 언론 및 표현의 자유, 이동의 자유, 자기 결정의 권리, 교육에 관한 권리, 그리고 정치, 문화에 참여하고 누릴 권리 등을 포함한다. 이러한 규칙들은 유엔 회원국들의 국제법적, 정치적 결정에 근거하고 있으며 국제인권기구에 의해서 보장되고 발효된다. 전시와 같은 특수한 때는 이른바 타협 불가능한 인권(네 가지 핵심 인권은 생명, 포로 지위에서 해방될 권리, 고문으로부터의 보호와 신규 범죄 법을 소급 적용받지 않을 권리가 있다)은 제한받거나 축소될 수도 있다. 전시에 권리는 대부분 국제 인도주의 법을 따른다.

인권은 출생과 동시에 지니게 되며, 자기가 태어난 국가에서 뿐만 아니라 다른 나라에서도 보장받는다는 점에서 보편성을 가진다고 말할 수 있다(설동훈, 2005). 인권의 개념과 범주는 고정되고 정태적인 것이 아니라 계속 변화, 발전해 오고 있다. 인간이 출생 신분과 무관하게 누구나 존엄성을 가진 존재로 인정받기 시작한 것은 근대 이후이다. 신분제 사회가 폐지되고, 인종과 계급에 관계없이 모든 인간이 동등한 인격을 갖춘 평등한 독립적인 존재라고 인정되기 시작한 근대사회에 들어서부터이다.

인권의 범위도 점차 확대했다. 마샬(Marshall)은 인권을 자유와 평등과 같은 공민적 요소, 참정권과 같은 정치적 요소, 복지권과 같은 사회적 요소로 구분하며, 인권의 변천을 진화론적으로 설명하고 있다. 영국의 공민권은 18~19세기에 걸쳐 확립되었고, 정치권은 19~20세기 사이에, 그리고 사회권의 기반은 20세기 중반까지 조성된 것으로 보고 있다(Marshall, 1963; 김상균, 1987). 짐 아이프(Jim Ife)는 인권의 개념을 제1세대, 제2세대, 제3세대 인권으로 구분하고 인권 범주의 확대과정을 설명한다(김형식·여지영, 2001).

제1세대 인권은 18세기 자유주의적 정치철학의 발달과 계몽주의에 지적 기원을 둔 것으로 마샬의 공민적 요소와 정치적 요소를 지칭하는데 투표권, 언론과 집회, 사상, 종교의 자유, 법 앞의 평등, 사생활의 보장 등을 말한다. 제2세대 인권은 경제적·사회적·문화적 권리로 마샬의 사회권 요소를 말하며, 취업권리, 적정임금을 받을 권리, 사회보장에 관한 권리 등을 포함하며, 19세기와 20세기 사회민주주의와 사회주의, 여타 집단주의운동에 지적 기원을 두고 있다. 제3세대 인권은 경제

개발에 대한 권리, 경제성장으로부터의 혜택을 받을 권리, 환경권 등을 지칭하는 것으로, 개개인에 적용되기보다는 지역사회, 전체 국민 등 집단적 수준에서만 의미가 있고, 이러한 집단적 권리는 20세기에 들어서서 인권으로 인식되기 시작하였다.

마샬과 짐 아이프는 인권 개념의 확대과정은 같게 설명하면서도, 인권의 범주에서는 차이가 있다. 짐 아이프는 마샬의 인권 범주에서 더 나아가 환경권과 같은 집단적 권리마저 인권의 범주에 포함하고 있다. 이러한 사실은 인권 개념의 변화가 발전하고 동태적이며, 관점에 따라 좁게 혹은 넓게 정의하기도 한다는 것을 보여준다. 짐 아이프는 인권의 개념에 다음의 요소를 중요한 요건으로 포함하여야 한다고 하였다(김형식·여지영, 2001): ① 인권의 실현은 개인 혹은 집단이 다른 사람과 마찬가지로 자신들의 완전한 인간성을 구현하는 데 필수이다. ② 인권은 모든 인간에게 적용되는, 따라서 그 권리를 요구하는 개인 혹은 집단이 그 밖의 다른 모든 사람에게도 적용되기를 원하는 것으로 간주한다. ③ 인권의 정당성에 대해서는 실질적인 보편적 합의가 존재한다. 즉, 문화적 경계와 기타 경계를 넘어서는 광범위한 지지가 없다면 그것은 인권으로 볼 수 없다. ④ 인권을 모든 정당한 요구자들에게 실제로 실현하는 것이 가능하다. ⑤ 인권은 다른 인권과 충돌하지 않는다.

2. 인권의 보편성과 불가분성

인권에 관한 연구를 시작할 때 인권의 보편성(universality)과 불가분성(indivi-si-bility)이라는 두 가지 기본 개념을 이해하여야 한다. 보편성은 인권의 버팀목이 되는 개념이다. 모든 사람은 그가 사는 지역과 상관없이 인권을 누릴 권리를 가지고 있다. 예를 들어, 인권에는 모든 사람이 충분한 의료서비스와 식량을 공급받아야 한다는 항목이 포함되어 있다. 아마 어떤 국가에서는 자원이 부족하여 모든 사람에게 충분한 의료서비스와 식량을 공급하지 못할 수도 있을 것이다. 하지만, 의료서비스와 식량은 인권의 필수 구성 요소이기 때문에 정부는 그 권리를 보장하기 위한 뼈대(framework)를 제공해야 할 의무가 있다. 어떤 경우에는 자원부족이라는 것이 실제로는 이러한 권리를 무시하기 위한 핑계에 불과한 예도 있을 것이다. 어떤 권리와 자유를 인권으로 정의함으로써 정부는 그것들을 보장하기 위한 여건을 조성하기 위해 노력할 것이다.

모든 인권이 앞에 예시한 것처럼 명확하게 인권으로 분류되는 것은 아니며 그 때문에 어떤 인권을 증진하기 위한 노력을 주저하게 할 수 있다. 보편성 개념은 문제가 된 인권과 배치되는 특정한 문화, 법률, 정책, 도덕과 기타 제도 등과 충돌할 수 있다. 어떤 국가에서는 문화적 혹은 종교적 규범에 따라 동성애자에 대한 차별을 인정한다. 그러나 인권이 문화나 종교에 대한 민감성을 요구한다 하더라도 그러한 차별은 인권침해에 해당한다.

문화적, 종교적 규범과 인권 중에 어느 것을 우선으로 고려해야 할까? 만약 인권이 모든 사람에게 적용되는 것이라면 인권의 이념이 우선되어야 한다. 물론 이 문제는 그리 간단한 문제는 아니다. 누가 인권을 정의하는가? 누가 그 정의로부터 이익을 보고 누가 손해를 보는가? 인권을 실천할 때 누구의 목소리가 크게 반영되고 있는가? 누가 문화를 정의하는가? 어떤 정부가 다른 나라 정부의 정책이 인권을 침해하는 것이라고 주장할 수 있는가? 인권에 관한 해석에 이견이 있을 때 누가 결정하는가? 이처럼 보편성과 관련한 이슈들은 인권을 실천에 옮기는 데 있어 많은 논란을 일으킬 수 있다.

보편성의 원리는 인권에 관한 법체계나 지침에 독특한 특성을 부여한다. 인권에 관한 이념은 매우 강력하지만, 인권이 보편적으로 인정되어야 한다는 주장은 오랫동안 제국주의적이라는 비판을 받아왔다. 이러한 비판은 다음과 같은 중요한 질문을 던져왔다(Ignatieff, 2001). 인권규범은 과연 그것이 가지고 있는 권위에 합당한 가치를 가지고 있는가? 혹시 서구의 도덕적 제국주의의, 또 다른 교묘한 술책은 아닌가? 보편성이란 모든 이가 비슷해져야 한다거나 모두 똑같은 방식으로 발전해야 한다는 것을 의미하는 것은 아니다. 보편성은 개인과 집단 간의 모든 형태의 다양성과 차이를 인정한다. 보편성 이해의 핵심은 그것의 목표가 다른 문화를 똑같은 것으로 만드는 것이 아니라는 사실을 받아들이는 것이다. 보편성은 모든 개인과 집단이 그들의 존재에 합당한 기본적인 권리를 보장하고자 하는 것이며, 모든 사람이 같은 형태로 존재해야 한다는 것을 의미하는 것은 아니다(국가인권위원회 역, 2008).

불가분성 원칙은 정부와 개인이 개개의 인권을 인정하되 선별적으로 어떤 인권을 더 중요하게 취급해서는 안 된다는 것이다. 미국의 의료정책이 모든 국민에게 권리를 보장하고 있지 않은 것은 인권의 불가분성과 관련하여 많은 논란을 일으킨다. 의료에 대한 권리가 적절하게 보장되지 않으면 개인은 생명을 위협받거나 건강을 해치는 질병에 노출될 수 있다. 사람이 건강을 잃으면 가정이나 직장에서 누릴 수 있는 또 다른 인권을 누리는 데도 어려움이 있을 수 있다. 또한, 선거라든가 기타 인권으로 여겨지는 다른 활동에 참여할 수 있는 개인의 의지나 능력에 영향을 미칠 수도 있다. 결과적으로 어떤 인권을 부인하는 것은 다른 인권의 향유에 쉽게 영향을 미칠 수 있으며 직·간접적으로 다른 인권을 부인하는 결과를 낳는다. 따라서 인권의 불가분성 개념은 인권의 실천에서 매우 중요한 역할을 하고 있다.

하지만, 인권의 불가분성 원칙은 어느 정도 논란의 소지가 있다. 쉽게 인정할 수 있는 바와 같이 모든 국가가 인권으로 승인된 모든 경제적 권리를 충족시켜 줄 수는 없다. 이러한 상황을 절대로 용인하지 않는 것이 인권의 원칙적 실천인가? 어느 국가가 국민에게 특정한 인권이 적절치 않다고 하면서 그 인권 자체의 승인을 거부할 수 있을까? 인권 담론에서 불가분성 원칙이 핵심적 위치를 차지하고 있지만, 이 기본적 개념을 둘러싸고 있는 쟁점에 답하는 것은 그리 간단한 문제가 아니다. 이처럼 인권에 관한 많은 개념은 실용적이지 않고 낯설고 심지어 단지 이상적인 관념으로만 보일 수 있다.

3. 인권의 발전과 역사

인권이란 단어는 제2차 세계대전이 끝난 1945년부터 사용되기 시작한 비교적 새로운 용어이다. 이 엄청나고 비극적인 전쟁은 상처를 입지 않은 나라가 거의 없을 정도로 세계 곳곳에 영향을 미쳤지만, 각 나라의 정부와 국민에게 세계대전과 같이 광범위하고 파괴적인 사건을 방지할 수 있는 세계적 규모의 메커니즘 필요성을 일깨우는 촉매제 같은 역할을 하였다. 더욱더 안정적이고 평화적인 세계 질서를 만들고자 하는 노력의 결과는 1948년 세계인권선언(The Universal Declaration of Human Rights)을 탄생시켰다(Morsink, 1999).

세계인권선언은 자유와 평등에 관한 세계적인 지침 역할을 하는 문서로, 모든 지역에 있는 모든 사람의 권리를 보호한다. 모든 사람이 자유롭고, 평등하고, 존엄하게 살아가기 위해서는 자유와 권리를 보편적으로 보호해야 할 장치가 필요하다는 점에 전 세계가 처음으로 합의한 것이 세계인권선언이다(강희성 외, 2021: 119-121).

세계인권선언의 채택은 자유와 정의, 평화의 근간에는 인권이 있음을 인정한 것이었다. 세계인권선언은 1946년부터 준비하기 시작했으며, 미국, 레바논, 중국 등 다양한 국가의 대표들이 모여 기초 위원회가 구성됐다. 기초 위원회는 이후 호주, 칠레, 프랑스, 소련, 영국 등의 대표들까지 포함되면서 그 범위가 더욱 확장되었다. 이 덕분에 모든 지역의 국가가 세계인권선언의 준비 과정에 참여할 수 있었으며, 이들의 다양한 종교적, 정치적, 문화적 맥락이 모두 반영될 수 있었다.

이 선언문에는 모든 사람이 지니고 있으며, 누구도 빼앗을 수 없는 권리와 자유 30가지가 명시되어 있다. 당시 세계인권선언에 포함된 권리는 지금까지도 국제인권법의 기반이 된다. 세계인권선언은 오늘날까지도 유지되는 현행 문서로, 세계에서 가장 많이 번역된 문서이기도 하다. 세계인권선언은 기념비적인 문서다. 모든 사람이 성별과 피부색, 신념, 종교 등의 특징에 관계없이 자유롭고 평등하다는 것을 문서로 명시하는 데 전 세계가 처음으로 합의한 것이다.

세계인권선언에서 명시하는 30가지 권리와 자유에는 고문을 받지 않을 권리, 표현의 자유, 교육을 받을 권리, 비호를 신청할 권리 등과 생명권, 자유권, 사생활권과 같은 시민적, 정치적 권리도 포함되어 있다. 또한, 사회보장을 받을 권리, 건강권, 적절한 주거지에서 살 권리 등의 경제적, 사회적, 문화적 권리도 마찬가지로 포함되어 있다.

세계인권선언은 그 이름에서 알 수 있듯이 '보편적(universal)'이다. 전 세계 모든 국가의 모든 사람에게 적용된다는 뜻이다. 법적 구속력은 없지만, 세계인권선언에서 명시한 권리와 자유에 대한 보호는 여러 국가의 헌법과 국내 법・제도에 반영되어 있다. 또한, 이외에도 법적 구속력이 있는 다수의 인권 조약에 기반을 제공하고 있으며, 모든 국가에서 증진하고 보호해야 할 보편적인 인권 기준의 명확한 기준이 되었다.

세계인권선언은 지금도 국제인권기준과 국내법의 기반이 되고 있다. 국제앰네스티(Amnesty International)[8]와 같이 인권을 보호하고 이를 위해 투쟁하는 것을 목적으로 하는 단체에게는 사명과 비전에 영감을 주는 역할도 한다. 모든 인권은 동등한 중요성을 지니며, 모든 정부는 인권을 공정하고 동등한 방식으로, 동일한 입장에서 동일한 중점을 두고 다뤄야 한다. 모든 국가는 정치적, 경제적, 문화적 체제를 막론하고 누구나 차별 없이 모든 인권을 누릴 수 있도록 보호하고 증진해야 할 의무가 있다.

그러므로 사람들이 어떤 차이점을 지녔든, 세계인권선언에서 명시한 모든 권리는 단 한 가지 원칙만을 바탕으로 한다. 사람은 누구나 양도할 수 없는 권리를 모두 동등하게 지닌다는 것이다. 즉, 인권은 어떤 상황에서든 전 세계 모든 남성과 여성, 어린이에게 모두 동등하다. 인종, 피부색, 성별, 성적지향 또는 젠더 정체성, 언어, 종교, 정치적 및 그 외의 사상, 국가 및 사회적 출신, 재산, 출생 또는 그 외의 상황 등을 이유로 어떠한 차이도 존재할 수 없다. '보편적'이라는 것은 어디서나, 모든 사람에게 적용된다는 뜻이다.

세계인권선언 이전에도 개인과 국가에 적용될 수 있는 행동의 표준 모델을 만들려고 하는 국제적인 노력이 있긴 했지만, 그 내용의 범위가 참가국가 수에서 세계인권선언과는 비교될 수 없을 정도였다. 세계인권선언의 발전과 궁극적인 성과는 다양한 배경을 가진 개인과 집단이 공동으로 관습상의 국경을 넘어 적용되는

8) 국제앰네스티 또는 앰네스티 인터내셔널(Amnesty International)은 1961년 영국의 피터 베넨슨 변호사가 시작한 인권운동단체이다. 독재정권의 지배를 받던 포르투갈의 청년이 술자리에서 한 말 때문에 투옥되었다는 이야기를 듣고 인권운동실천을 위해 결성했다. 한국을 포함한 150여개 나라에 80여 지부와 110여 이상의 지역사무실을 두고 있다. 단체 로고인 철조망에 감긴 촛불은 '억압 속에서도 꺼지지 않는 희망'을 뜻한다고 한다. 이름이나 하는 일 때문에 유엔 산하 기구로 아는 사람들도 있지만, 순수한 민간 운동단체이다. 양심수의 사면을 위해 출발한 단체지만, 공식 명칭은 단순 직역한 '국제사면위원회'가 아니다. 가급적이면 '앰네스티'라는 이름을 권장한다.

유례없는 문서를 만들어냈었음을 예시로서 보여주고 있는 것이다. 아직도 적지 않은 나라가 세계인권선언에 명시된 인권을 침해하는 행위를 하고 있지만, 그런 나라들에는 인권선언의 내용을 잘 준수하도록 국제적인 압력이 행하여지고 있다. 세계인권선언을 무시하는 국가와 개인은 명예 손상, 경멸, 가혹한 비난 등에 직면한다(Economist, 1998). 설사 결점이 있다고 하더라도 세계인권선언은 문화적, 사회적, 경제적, 정치적 역사에서 가장 성공한 업적으로 평가받아야 할 것이다(국가인권위원회 역, 2008).

1) 인권의 3세대

세계인권선언의 요지를 보면, 인권에는 3가지 구별되는 세대가 있다(Reichert, 2001). 제1세대 인권은 시민적, 정치적 자유권이다. 공정한 재판을 받을 권리, 언론과 종교의 자유, 이전(移轉)과 집회의 자유 그리고 차별, 노예신분, 고문을 받지 않은 권리 등이 시민적, 정치적 권리에 포함된다(United Nations, 1948). 이런 권리들은 정부의 역할을 제한하기 때문에 흔히 소극적 권리(negative rights)라고도 불린다. 다시 말해, 어떤 정부가 이러한 행위를 해서는 안 된다는 것이다. 이런 하지 말아야 할 일련의 지침은 정부의 불간섭(비개입)을 강조하거나 소극적인 입장을 강조하게 한다.

세계인권선언에 있는 다른 권리는 제2세대 인권, 즉 적극적인 권리(positive rights)로 구체화되어 있다. 이 적극적인 권리들은 국가의 재정에 기초하여 국민에게 충분한 삶의 수준을 확보하도록 한다. 이 두 번째 종류의 인권에서, 모든 사람은 자기 자신과 가족의 건강과 행복한 삶을 위해 음식, 의류, 주택과 의료보호, 필요한 사회보장 서비스를 포함한 충분한 생활 수준을 누릴 권리가 있다. 이와 더불어 부녀자와 어린이는 특별한 보호와 지원을 받을 권리가 있으며, 모든 사람은 무상으로 초등교육을 받을 권리가 있다(United Ntions, 1948). 이러한 권리들을 보호하기 위해서 정부와 개인이 반드시 필요한 조치를 해야 한다는 점에서 이러한 권리를 적극적인 권리라고 하며, 정부는 이러한 적극적인 권리를 제공해야만 하는 것이다.

물론 적극적 인권이나 소극적 인권의 구분은 인위적인 개념들이다. 만약 정부가 인종이나 성에 대한 차별이나 제한 없는 자유로운 발언을 규제하지 말아야 한다면, 정부가 이러한 소극적인 권리에 대해서 잘 이행하고 있는지를 누가 감시할 것인가? 정부는 언론의 자유 침해와 차별 행위를 금지하기 위하여 분명한 역할을 해야만 한다. 이것을 위해서는 정부 쪽의 적극적인 행위가 필요하다. 더구나 소극적 인권과 적극적 인권이라는 용어가 인위적이든지 아니든지 간에 인권을 논의하는 데 있어서 둘의 구분은 계속 존재하고 있다.

제3세대 인권은 국가 간의 집단적 권리를 포함하는 것으로 가장 최근에 발전되었다. 1948년의 세계인권선언에 따라 모든 사람은 선언에 제시된 권리와 자유가 완전히 실현될 수 있는 사회적, 국제적 질서를 가질 권리를 가진다(세계인권선언 제28조). 궁극적으로 집단적인 인권의 증진은 국제적인 문제(예를 들면, 환경보호와 경제 발전 등)에 대한 정부 간 상호 협력이 필요하다. 한 집단은 다른 집단에 그 집단의 발전과 번영을 저해할 수 있는 조건을 강요해서는 안 된다. 선진국은 자원개발을 통하여 경제적으로 덜 발전된 나라를 이용해서는 안 된다. 집단적인 인권은 국가와 개인의 연대의식이 인권선언의 핵심적인 가치라는 것을 가르쳐 준다.

역설적으로 세 가지 인권 혹은 인권의 3세대에 대한 언급은 이러한 권리에 대한 이해와 개개 권리에 대한 개념을 이해하는 것을 제한할 수도 있다. 이 세 가지 권리에 대하여 권리의 우선순위 문제가 쉽게 대두할 수 있다. 시민적, 정치적 권리가 경제적, 사회적, 문화적 인권 혹은 국제연대보다 더 중요한 것인가? 인권이 논리적으로 이 세 가지로 구별될 수 있는 것인가? 인권에 대한 세 가지 개념은 계속 존재하지만, 인권에 대한 좀 더 나은 접근 방법은 모든 인권이 똑같이 중요하다고 생각하는 것이다.

2) 인권의 역사적인 시작

세계인권선언은 아무것도 없는 진공상태에서 만들어진 것이 아니다. 인류의 초기 문명은 제한된 영역 내의 같은 집단을 위한 행동기준을 설정한 종교 규범을 만들었다. 다른 사람에게 존엄성을 가지고 대하는 것을 의무화하고 상호 간에 필요한 것을 제공하도록 요구하는 여러 종교는 인권의 선구자라고 할 수 있다. 유대교, 그리스도교, 불교, 유교, 이슬람교 등은 다양한 형태로 인권을 강조한다. 이러한 종교단체는 정부나 행정당국에 공정하라고 요청하고, 가난한 사람들에게 공정한 재정 자원의 분배를 강조한다(Laqueur & Rubin, 1979; Wornka, 1996; McKinney & Park-Cunnungham, 1997; Van Wronka, 1998; Ife, 2001).

고대부터 철학자들은 평등과 정의에 대한 글을 써왔다. 플라톤과 소크라테스 등 2000년 전의 위대한 사상가들은 인간의 기본적이고 양도할 수 없는 권리 분야를 탐구하였는데, 그 당시에 인간은 실제로 남자만을 뜻했다. 인권으로서 여성의 권리는 훨씬 이후에 확립되었다. 그리스의 철학자 아리스토텔레스는 공정하지 못한 사람은 다른 사람과 똑같이 나누는 것을 싫어하는 사람이라고 하였다. 불공정한 것은 불평등한 것이기 때문에, 평등과 불평등한 것은 대단히 중요한 의미가 있었다. 만약에 불공정한 것을 불평등한 것이라고 하면 공정한 것은 평등한 것이라고 할 수 있다. 로마의 12표법(Twelve Tables)에서 로마인들은 재판 절차에서 공정한 재판, 증거와 입증의 제시, 뇌물의 불법성을 강조하였다((Reichert, 1996, 1998; Wronka, 1998).

1251년 인권의 토대가 만들어졌는데, 영국의 귀족, 주교, 대주교들이 당시 군림하고 있었던 국왕 존(King John)에게 백성을 혹사하는 행동을 금지하지 말라고 요구한 것이다. 국민은 마그나 카르타(Magna Carta, 대헌장)라고 알려진 문서를 작성했고, 존 왕은 이를 승인하였다. 마그나 카르타는 국왕이 적합한 법 절차 없이 영토를 빼앗거나 적법한 재판 없이 국민을 불법으로 가두는 행동을 금했다. 이는 배심재판의 선구자가 되었으며, 이 문서는 가족의 중요성과 학대로부터의 보호 중요성도 강조하였다.

인권의 발달 이면에 있는 또 다른 개념은 자연법이다. 자연법은 자연에서의 특정한 질서가 인간의 행동에 대한 규범을 제공한다는 것이다. 토마스 아퀴나스(Thomas Aquinas)는 자연법은 포괄적인 영원한 법체계 안에 인간성이 참여한 것이라고 하였다(Hall, 1992). 사람들은 실천이성(實踐理性)[9]의 부정할 수 없는 자명한 원칙을 깨달을 수 있는데, 그것들은 사람 본성이 자연스럽게 다양한 선행을 좋아하는 경향과 일치한다는 것이다. 자연법은 인간에 관한 법의 기준이며, 원칙적으로 공정하지 않은 법은 양심을 구속하지 않는다. 17세기 동안 유럽의 철학자들은 시민의 자연권을 지지하였다. 인간은 천부적으로 정부의 설립보다도 우선하는 어떤 기본적인 권리를 가지고 있다고 생각했다.

근대초기의 정치 철학자 홉스(Thomas Hobbes)와 로크(John Locke)는 자연권이라는 주제에 대해 연구하였다. 홉스와 로크는 자연권의 원천이 인간의 복지와 성취를 목적으로 명령 받은 것이 아니라, 태어날 때부터 가지는 자기 보존의 욕망이라고 하였다. 이 아이디어에서 홉스와 로크는 자연권이라고 알려진 새로운 학설을 만들었다. 자연 상태에서 자신의 보존을 위한 욕망이 시민사회의 근본인 사회 계약을 성립시켰다는 것이다. 로크를 따르면, 정부의 근본적인 의무는 생명권, 자유권, 재산권을 보호하는 것이다. 자연권에 대한 이런 개념은 인간과 사회에 대한 이론적인 견해를 넘어 실질적인 행동 규칙을 만들고자 하는 노력으로 이어졌다. 처음에 자연법은 정치와 종교의 자유에 대한 지속적인 관심에서 출판의 자유를 강조하였다. 노예제도의 폐지와 범죄자에 대한 인간적인 대우는 자연권 운동의 일부를 구성했다(Rewls, 1993).

18세기 말에 프랑스에서 일어난 정부와 왕족에 대한 반란과 식민지 미국의 독립선언 등은 국가가 국민을 어떻게 대우해야 하는지에 대한 활발한 논쟁을 불러일으켰다. 이 시기 전까지 특권을 가진 남자들이 인권의 개념에 관한 논의의 중심적인 위치에 있었다. 전부는 아닐지라도 많은 사람은, 인권은 오직 남성을 위하여 존재하는 것으로 이해하고 있었다. 그러나 1787년 프랑스의 철학자 콩도르세(Condorcet)는 여성도 남성과 똑같이 자연권을 가진다는 여성의 권리에 대한 논문을 출판하였다(Staub-Bernasconi, 1998). 프랑스 혁명(1789) 동안 여성들은 고루한 봉건사회를 상대로 싸우는 데 누구보다 열심이었다. 여성들은 시위를 주도

9) 실천이성은 칸트 철학의 기본 개념으로, 도덕적인 실천의 의지를 규정하는 이성이며 절대적으로 타당한 도덕의 보편적 법칙에 따르는 능력을 말한다.

하고 왕을 베르사유 궁전에서 끌어냈다. 파리에 있던 여성 조직들은 결혼법의 수정, 여성의 사회적 지위 향상과 더불어 남성과 같은 정치적 자유를 요구했다.

이 시기, 여성의 권리에 대해 가장 적극적인 지지를 보낸 사람은 올랭페 드 고르지였다. 2년 후 혁명이 시작되자, 그녀는 여성의 권리에 대한 선언을 공표하고 여성들을 위해서 남성의 권리와 같은 여성의 권리를 주장하였다. 그러나 반발이 거세짐에 따라 프랑스 정부는 1793년 고르지를 처형하고 여성의 정치적인 활동을 금지했다. 고르지의 목을 베는 비극적인 아이러니는 1789년에 프랑스 정부가 채택한 '시민과 남성에 관한 인권선언(Declaration of Rights of Man and Citizen)'을 보면 자명해진다. 그 선언은 오직 남성들과 과도한 처벌로부터 자유, 사상과 종교의 자유, 말하기, 쓰기, 출판의 자유를 포함한 특정한 소극적인 권리만을 언급하고 있다. 나중에서야 여성도 기본적인 인권과 자유를 누릴 권리가 있는 것으로 명확하게 인정되었다(Staub-Bernasconi, 1998).

프랑스 혁명이 한창일 때, 미국의 식민주의자들은 영국에 대항하도록 내부봉기를 선동하였다. 이 독립전쟁 중에 독립선언서(Declaration of independence, 1776), 미국 헌법(1787 개정)과 같이 인간의 권리에 관한 다양한 선언문이 나왔다. 독립선언서는 특히 생명, 자유, 행복의 추구와 같은 내용을 자명한 권리로 포함하고 있다. 미국 헌법의 주요 부분은 권리장전(Bill of Right)인데, 새로 생성된 미국의 기능을 명시하는 헌법 조항 바로 뒤에 포함되어 있다. 권리장전은 미국 헌법에서 10개의 수정조항으로 구성되어 있으며 특정한 시민권과 정치적인 권리를 명시하고 있다.

예를 들어, 수정헌법 제1조에서 정부는 국교를 정하거나(특정 종교를 특별히 배려하는) 자유로운 종교의 자유를 행사하는 것을 금지하는 법률을 만들 수 없도록 규정하고 있다. 또 정부는 언론과 출판의 자유와 평화적인 집회의 자유를 금지할 수 없다. 국민은 불만 사항을 시정하기 위하여 정부에 청원할 권리가 있으며, 그 외에 다른 수정 조항에서 부당한 수색을 받지 않을 권리(수정헌법 제4조), 잔인하고 비정상적인 처벌을 받지 않을 권리(수정헌법 제8조)를 보장하고 있다. 또한, 자기에게 불리한 진술을 강요당하지 아니하며, 정부는 적법절차에 의하지 아니하고는 개인의 생명, 자유, 재산을 박탈할 수 없다(수정헌법 제5조). 이처럼 권리장전은 정치적, 시민적 문제와 관련된 정부의 행위를 제한하고 규정하는 데 크게 공헌했다. 그러나 권리장전과 미국 헌법이 빠뜨린 것은 경제적, 사회적 요구에 대한 보장 부분이다. 그것은 인간의 생존적인 면에 초점을 둔 또 다른 개혁을 불러왔다.

18세기 후반과 19세기 초반에 영국, 유럽, 미국에서 산업혁명의 시대가 열렸다. 그러자 농사짓던 사람들이 땅을 버리고 공장에서 일을 구하려 하였다. 공장노동자가 된 이들에게 위생 상태가 불량한 환경에서 오랜 시간 일하는 것은 흔한 일이었다. 공장 주인들은 노동자의 노동에 비해 적은 임금을 주면서 노동자를 착취하였다. 어린이들도 아주 어릴 때부터 공장에서 일했다. 당시 사람들은 이런 환경이 정상적인 환경이라고 느꼈다. 그러나 산업화 사회에서의 노동력 착취에 대한 반대가 18세기 중반부터 나타나기 시작했다. 마르크스(Mark)와 엥겔스(Engels)는 공장 주인이나 다른 생산 수단으로 노동자 계층을 착취하는 것에 반대하는 공산당 선언(Communist Manifesto)을 발표했다(Wronka, 1998). 이 선언은 자본계급에 대한 계급투쟁과 궁극적으로 노동자들이 모든 생산수단을 점유할 것이라는 내용을 다루고 있다. 비록 마르크스와 엥겔스의 예측이 실현되지는 않았지만, 저변에 깔린 이념은 경제발전이 미흡한 국가들의 관심을 끌었다.

19세기 후반 무렵, 사회운동가들이 대량 빈곤과 같은 광범위한 경제 문제에 대한 개인적인 대응능력이 부족하다는 사실을 인식하기 시작함에 따라 유럽 국가들은 사회복지의 확대를 장려하였다(Wronka, 1998). 20세기 초 제1차 세계대전과 그 전쟁의 여파는 인류의 상호의존성에 대한 큰 관심을 불러 일으켰다. 전쟁을 비난하고 국제적인 협력을 할 수 있는 제도적인 틀이 만들어졌다. 국제연맹(League of Nations)의 창설, 국제 노동기구의 설립(ILO), 사회복지에 관한 국제회의 등과 같은 사회복지 기관들의 설립은 새로운 국제적, 지역적, 국가적 협력 분위기를 보여준다. 이러한 국제적 사회복지사업의 촉진은 사회복지의 가치가 국경을 초월할 수 있다는 중요한 개념을 형성하였고, 결과적으로 몇 년 후 세계인권선언의 초안에서 사회복지가 분명한 개념으로 등장하게 했다. 하지만, 인권이라는 개념이 사회복지의 토대가 되었음에도 인권 문제에 관한 공식적인 교육은 없었다.

전쟁의 위험을 인식하고 있었고, 특히 제1차 세계대전의 거대한 파괴에도, 유럽은 다시 무력 전쟁에 휩싸였다. 이제 갓 만들어진 국제적인 기구들은 제한된 자원과 실질적인 집행력(집행수단)의 부족 때문에 쇠퇴하고 있었다. 예를 들면, 국제연맹은 처음부터 미국이 회원국으로 참여하지 않는 등 난관에 봉착하였다(Alexander, 1996). 국제연맹은 유럽 국가들이 세계 문제에 대해 의논하는 포럼에 불과할 뿐 결정을 집행할 수 있는 수단이 없었다.

1939년 히틀러(Hitler)의 폴란드 침공으로 제2차 세계대전이 시작되었고, 제1차 세계대전보다 더 많은 나라와 지역이 전쟁에 관여하였다. 1945년 이 큰 재난이 끝나기도 전에 많은 나라가 인권 개념에 상당한 관심을 보였다. 전시 중에 독일에 대항한 연합군의 주요 국가들이 런던, 모스크바, 미국, 얄타에서 개최된 회의에서 국제연맹의 실패에 관한 성명을 발표했다. 이들은 국제적인 평화와 안정을 위해서 유엔(UN)의 필요성을 강조했다. 1941년 미국 대통령 루스벨트(Franklin D. Roosevelt)는 언론과 표현의 자유, 종교의 자유, 궁핍으로부터 자유(경제적 안정), 공포로부터의 자유(예: 국제적인 평화) 등 4가지 자유를 선언하였다. 3년 후 루스벨트 대통령은 국회에 경제적 권리장전(기본적 인권)을 실행하는 방법을 조사하여 달라고 요청하였다. 경제적 권리장전이란 유급 직업, 충분한 음식·의복·휴양을 제공할 수 있을 만큼 충분한 수입, 적당한 집, 의료혜택, 그리고 은퇴·장애·실업에 대한 보장과 양질의 교육을 의미한다. 이러한 모든 개념은 곧이어 만들어진 세계인권선언에도 인용되었다(Wronka, 1998; Morsink, 1999).

세계인권선언의 제정이 주로 유럽과 미국의 프로젝트(project)인 것 같지만, 사실은 다르다. 세계의 다른 지역도 그들만의 법과 원칙, 종교를 만들었고, 결과적으로 세계선언에 포함된 것과 비슷한 개념도 많이 가지고 있다. 예를 들면, 중국의 전통적인 유교사상은 근대 인권이론의 기초가 되었다. 남아메리카에서는 볼리바르가 이끈 19세기 시민운동과 그 후 다른 사람들의 운동이 인권원칙 설립에 이바지한 추진력이 되었다. 옛 소련에서는 1936년 소비에트 헌법, 시민과 정치 권리에 관한 많은 언급이 있었고 경제적, 사회적 권리를 강조하였다(Gangjian & Gang, 1995; Wronka, 1998).

미국 원주민 같은 토착민의 자유, 평화, 민주주의 개념도 인권의 발전에 공헌하였다. 그럼에도, 19세기에 유럽 국가들과 미국은 아프리카 원주민, 아시아 일부에 대한 거대한 식민지화를 시작했다. 식민지의 주인이 누군가에 따라 정치적·시민적 자유의 정도가 달랐다. 호주와 미국의 새로운 시민은 원주민에 대한 대량 학살을 선동하였다. 이러한 행동의 근거는 원주민들이 열등하고 근대국가의 필요에 공헌하는 것이 거의 없다는 것이었다. 불행하게도 식민지화와 원주민의 축출은 원주민들의 목소리를 잠재우고 말았다(Brown, 1970; Hughes, 1987; Alexander, 1996; Wronka, 1998; 국가인권위원회 역, 2008).

3) 1945년 이후의 발달

제2차 세계대전은 1945년 3월 유럽지역에서 독일의 패배, 같은 해 8월 일본의 패배로 종전(終戰)하였다. 전쟁의 참상이 너무 끔찍해서 전쟁이 종결되자 전 세계 모든 지역의 사람들과 국가는 제2차 세계대전과 같은 전쟁이 한 번 더 일어난다면 아마도 인류의 종말을 가져올 것이라는 사실을 깨달았다. 이로써 범세계적인 행동 법칙이 진지하게 추진되기 시작하였다.

1945년까지는 국가 주권이라는 개념이 국제관계를 지배했다. 자국의 영토 내에서는 국가가 자신들의 문제를 통치했다. 일반적으로 어느 국가든지 다른 나라의 문제에 간섭하지 않았고, 자국민들에게 어떤 행동을 하더라도 그것은 그 국가만의 일이었다. 물론 타국의 문제에 대한 불간섭 중시는 결과적으로 식민지화와 정해진 국경이 없는 사람들에 대한 파괴를 막지 못했다. 아프리카인, 아메리카인(원주민), 호주인(원주민) 그리고 다른 토착민들은 결국 자국의 영토를 넓히려고 온 유럽인들을 이길 수 없었다(Economist, 1998). 그러나 제2차 세계대전 이후, 한 국가가 자국의 문제에 대하여 타국의 간섭 없는 완전한 통치권을 가진다는 생각은 다소 완화되었다. 극단적인 민족주의는 특정 나라 안에서 심각한 인권침해가 일어났을 때 국제사회가 이에 대하여 침묵해서는 안 된다는 범국가적인 의식으로 대체되었다. 그 후의 주된 문제는 모든 나라가 동의하는 정의된 권리, 학대, 국제적인 원칙이었다.

1945년 6월 미국 샌프란시스코(San Francisco)에서 소련, 프랑스, 쿠바, 칠레, 파나마와 같은 여러 나라가 국제연합 창설의 토대를 만들었다. 국제연합 헌장은 기본적인 인권에 대한 신뢰를 재확인하는 기구의 창설을 약속하였다. 헌장 제1조는 인권에 대한 존중과 인종, 성, 언어, 종교에 따른 구분 없이 모든 사람의 근본적인 자유를 증진하고 촉진하는 것에 대하여 언급하고 있다. 헌장의 한 부분으로, 참여자들은 인권위원회를 설립하는 것에 합의하였다. 인권 원칙의 발달은 수 세기 동안 계속되었지만, 1946년 유엔 인권위원회가 설립되기 전까지 인권이라는 용어는 자주 쓰이는 표현은 아니었다(Economist, 1998; Mrosink, 1999).

새롭게 만들어진 국제연합에서 권리에 대한 국제적인 선언은 주요 안건이었다. 그러나 대다수 나라가 인권과 관련된 조항을 받아들이는 것을 꺼렸다. 소련에는 굴라그(Gulags)라고 부르는, 정부 의견에 반대하는 사람들을 가두는 강제노동수용소가 있었고, 미국에는 다양한 인종 문제가 있었다. 유럽인들은 식민지국들을 가지고 있었다. 이러한 주변 환경은 인권의 원칙과 배치되는 것이다. 결과적으로 인권을 보호하는 강력한 국제적인 메커니즘을 만드는 것은 위와 같은 주요 국가들의 이익과 배치됐다. 소련은 인권조사관이 자국의 강제노동수용소에서 반정부 인사들과 접촉하는 것을 달갑게 여기지 않았다. 미국도 조사관이 특히 남부에서 인종 차별 정책과 유사한 상황을 조사하는 것을 원치 않았고, 또 유럽도 인권조사관이 아프리카와 아시아에서 일어나는 노동착취에 대해 조사관이 관찰하는 것을 원치 않았다(Buergenthal, 1998).

다행스럽게도 주요 국가들이 설정한 기준보다 훨씬 구체적이고 포괄적인 개념의 인권을 위한 원동력이 비정부기구(NGO)와 같은 민간기구의 형태로 나타났다(Farer, 1989). 국제연합 인권부서 초대 이사였던 험프리(John Humphrey)는 "전문상담역으로 활동하는 42개 민간기구의 헌신적인 대표들과 대리인들이 없었다면, 인권은 오직 일시적인 참고사항으로 받아들여졌을 것이다."라고 했다. 비정부기구와 헌신적인 국가들의 노력으로, 인권 증진이 진일보하여 1947년에는 인권에 대한 국제적인 여론이 더욱 적극적으로 나타났다.

인권위원회는 1947년 초에 첫 번째 회의를 개최했는데, 미국 루즈벨트(Eleanor Roosevelt)를 위원장으로, 프랑스 르네 카생(Rene Cassin)을 부위원장으로 선출했다. 인권위원회 회원은 오스트레일리아, 벨기에, 벨라루시, 소련, 칠레, 중국, 이집트, 프랑스, 인도, 이란, 레바논, 파나마, 필리핀, 영국, 미국, 소련, 우루과이, 유고슬라비아의 대표들이었다. 인권위원회는 개인의 권리와 의무에 관한 많은 조항을 포함하는 인권에 관한 최초 문서의 초안을 작성했다. 이 문서는 정치·사회·경제적 권리를 포함하고 있었으나 각각의 권리에 얼마만큼의 권한을 부여하여야 하는지에 대해서는 견해가 달랐다. 1948년 6월 마침내 위원회는 선언문 초안을 완성했고 국제연합 총회가 이 초안을 심의하였다(Morsink, 1999). 인권위원회가 인권선언 초안을 국제연합 총회에 제출하였을 때 56개 회원국으로 구성되어 있었다. 대부분 나라가 남미나 북미 대륙, 유럽, 소련에 있었다. 몇몇 아랍 국가가 회원국이었지만 유럽 제국들에 의한 식민지화로 말미암아 아시아는 대표가 거의 없었다. 1950년대 후반이 되어서야 식민지 국들이 독립하고 회원국이 되기 시작했다.

1948년 회원국들이 적었음에도, 인권선언문 초안에 대한 활발한 토론이 펼쳐졌다. 여러 국가가 인권 원칙 이행을 보장할 수 있는 강제조항의 필요성에 동의했으며, 국제연맹처럼 무기력한 국제기구를 원치 않았다. 단순한 립 서비스(말치레)가 아니라 실질적으로 인권을 보장할 수 있어야 한다는 점에 대해서는 원칙적인 동의가 있었다. 미국은 정치적인 권리와 시민권에 주력하였고, 경제적 권리와 사회적 권리는 보장하지 않았다. 이러한 관점은 일반적으로 미국이 생각하는 정부와 사회의 성격과 일맥상통하는 것이었다. 아무도 다른 사람에게 직장, 실업수당, 의료보장에 대한 의무가 없는데 왜 정부가 그것들에 대하여 책임을 져야 한단 말인가?

그러나 정부는 종교에 관해서는 참견하지 말아야 하며, 검열을 자제해야 하고, 시민의 자유를 정부가 간섭하지 않도록 다양한 안전장치를 확실하게 마련하여야 한다는 것이 미국의 생각이었다. 반면, 소련은 언론의 자유와 다른 정치적 권리가 미국 스타일이며 자국에 해가 된다고 여겼다. 그 대신에 경제적·사회적 이익을 모든 국민에게 분배하는 것이 우선이라고 여겼다. 다른 나라들, 특히 사우디아라비아는 종교를 변경할 자유, 결혼에 관한 동등한 자유 등에 반대하는 데 역점을 두었다. 그러한 것들이 모든 이슬람 국가의 결혼법과 배치된다고 생각했기 때문이었다. 남아프리카공화국은 인종 차별 정책인 아파르트헤이트(Apartheid)를 비난하는데 사용될 수 있는 인권선언 초안의 많은 조항에 대하여 반대하였다. 인권위원회에서 라틴아메리카 파견국을 위하여 대표역할을 맡은 칠레는 경제적, 사회적인 권리가 보장되어야만 파시즘(fascism)[10]으로 회귀할 수 없다고 주장하였다.

세계인권선언이 될 문서의 마지막 초안은 최근 전쟁에서 경험한 지울 수 없는 흔적을 포함하고 있었다. 프랑스 대표 르네 카생은 "제2차 세계대전은 인권을 위한 십자군 전쟁의 성격을 가지고 있었으며, 인권선언은 전쟁의 참상에 대항하기 위하여 가장 절실하게 필요한 것이다."라고 주장하였다. 1948년 12월 10일 국제연합 총회는 세계인권선언을 채택했다. 선언은 반대 없이 통과됐지만, 소련, 사우디아라비아, 남아프리카공화국 등은 선언 속에 포함된 특정 조항에 반대하여 투표에서 기권하였다. 세계인권선언은 법적 구속력이 있는 문서가 아니다. 하지만, 만약 선언이 없었다면 누가 미국과 소련과 같이 영향력 있는 나라에 선언의 내용을 집행할 것인가? 보편적 인권에 대한 공통의 선례가 존재하게 된 것이다. 이러한 성취에 대한 중요성이 과소평가되어서는 안 될 것이다. 이후에 인권이라는 개념은 사회복지사, 철학자, 교육자, 정치적 지도자, 법률가 등 다양한 그룹의 활동에 놀라울 정도로 많은 영향을 미쳤다(Morsink, 1999; 국가인권위원회 역, 2008).

4. 다문화사회와 인권

다문화사회에서 인권문제는 중요한 사회적 이슈가 되고, 또한 그와 관련된 실천활동의 중요성도 커진다. 왜냐하면, 이주노동자, 결혼이민자와 그 아이들은 인종이나 피부색 등 우리 사회의 소수자이며 약자로 차별받기 쉽기 때문이다. 특히 순혈주의, 다른 인종과 민족에 대한 배타의식이 강한 우리 사회에서는 이주노동자와 결혼이민자 가족 등 우리 사회의 소수자와 관련된 인권문제가 발생할 가능성이 더욱 크다.

10) 파시즘(fascism)은 정치적으로 급진적이며 권위적, 민족주의적인 정치 이념이자 협동조합주의 경제사상이다. 파시즘은 자국의 국가, 인종, 민족이 이를 구성하는 개인, 무리, 기구보다 우월하다고 주장하며, 즉 국가, 민족, 인종이 개인보다 중요하다고 주장하며 찬양한다. 파시즘에서는 일당제를 옹호한다. 파시즘 정부는 정부와 파시즘 운동에 대한 비판과 반대를 금지하고 억압한다. 파시즘은 계급투쟁에 반대하는데, 자본주의와 자유 민주주의가 계급투쟁을 만들었으며 공산주의자들이 이 개념을 갖고 이용한다고 하여 양자 모두를 비판한다.

다문화사회에서 인권문제는 문화적 차이로 말미암아 발생할 수도 있다. 다문화사회는 다수 문화와 소수 문화가 공존하는 사회인데, 소수자들에게 다수 문화를 일방적으로 수용하도록 강요함으로써 갈등과 인권침해가 발생할 수 있다. 예컨대, 우리 사회에서 가족구성원들 개인의 자유와 권리보다 가족구성원으로서의 의무와 희생을 우선하는 문화적 전통이 강한데, 우리와 다른 사회 문화에서 성장한 외국인은 이를 수용하기 어려울 것이다. 이러한 문화적 전통을 결혼이민자에게 강요하고, 그것을 이해하지 못한다고 무시함으로써 갈등과 인권침해를 일으킬 수 있다. 또한, 다문화사회에서 인권문제는 소수문화 내에서도 발생할 수 있다. 예컨대, 소수문화의 전통적 생활양식이 보편적 인권과 맞지 않을 때 소수문화 내에서도 구성원에 대한 인권침해가 발생할 수 있다. 물론 이러한 인권침해는 다수자의 문화 내에서도 발생할 수 있는 문제이다.

다문화사회에서 인권을 논할 때, 주의할 점은 인권의 범주로 언급되는 모든 권리가 우리 사회에 거주하는 모든 외국인에게 적용되지는 않는다는 것이다. 다시 말해서, 우리나라의 국적을 취득한 결혼이민자 등은 내국인과 같은 권리가 보장되지만, 국적을 취득하지 않고 거주하는 이주노동자 등에게는 내국인에게 적용되는 일부 권리가 제한받을 수 있다는 점이다. 1세대 인권 중 공민적 요소는 대체로 내국인과 마찬가지로 외국인에게도 적용된다. 예컨대, 국내에 거주하는 모든 외국인에게도 자유권, 평등권 등은 대체로 보장되며, 인간으로서의 존엄과 가치, 행복추구권이 보장된다.

하지만, 정치적 권리는 일반적으로 내국인에게만 적용되며 외국인에게는 적용되지 않는다. 즉, 국적을 취득하지 않은 이주노동자 등의 외국인은 선거권, 피선거권, 국민투표권 등의 정치적 권리는 제한받게 된다. 2세대 인권인 사회권 또는 복지권도 원칙적으로 자국의 영토 안에 있는 모든 사람을 보장해야 할 성질의 것이기는 하지만, 자국민의 인간다운 생활을 보장하기 위한 국가 내적 설정권인 것이 적지 않으므로, 그 제한의 폭을 광범위하게 인정하고 있다. 자국 내 체류하는 외국인에게 이러한 제한을 두는 경향은 서구 선진복지국가에서도 복지국가 위기 이후 강화되는 추세이다. 3세대 인권은 개인적 권리가 아니고 집단적 권리이므로 외국인에게 이를 제한할 근거는 없다(설동훈, 2005; 평택대학교 다문화가족센터, 2007).

자료 4-1

▌호주 동성애자 차별 7월부터 폐지
'일반가정'으로 분류 각종 혜택 부여

호주 정부는 최근 대중매체에 일반인들의 눈길을 끄는 광고를 게재하기 시작했다. 정부는 '커플은 커플일 뿐'이라는 제목의 광고를 통해 '당신이 집에서 커플이면 센터링크의 새로운 커플'이라는 점을 부각시키고 있다. 센터링크는 정부의 각종 지원금이나 보조금, 산불참사 등 자연재해 위로금 등을 종합관리하고 지급하는 정부 통합기관이다.

이 광고에서 정부는 '오는 7월 1일부터 동성애자 가정에 대해 일반가정과 마찬가지로 각종 복지혜택을 줄 예정'이라며 동성애자들의 자발적인 신고를 당부했다.

5일 정부와 센터링크에 따르면 동성애자들은 법 시행 이전에 센터링크에 자신이 동성애자 가정을 꾸리고 있다고 자진 신고하면 각종 혜택은 세금감면을 비롯하여 연금펀드 가입, 사회보장 및 가족수당 지급, 의료보험, 노령연금 지급 등 일반가정이 누릴 수 있는 모든 복지혜택을 차별 없이 받을 수 있게 된다.

법 시행일 이후에도 신고할 수 있지만 그만큼 혜택을 받는 시기가 늦어진다. 정부가 이처럼 동성애자 가정에 대한 지원을 알리는 광고를 대대적으로 내보내기 시작한 것은 지난해 말 바뀐 동성애자 개혁법 시행일이 다가오고 있기 때문이다. 정부는 지난해 12월 법무부장관과 연금기업법부장관 공동성명을 통해 "동성애자의 권익보호를 위해 관련법을 개정하기로 한 것은 이들에 대한 사회적 인정을 한 차원 높인 것"이라고 말했다.

정부는 "성별에 관계없이 모든 국민은 존경받아야 하며 각종 사회활동에 제약을 받아서는 안 되는 것은 물론 법의 보호를 받아야 한다."고 명시했다. 이에 따라 이른바 '동성관계법'을 통해 오는 7월 1일부터 공인된 동성애자 역시 연금펀드에 자유롭게 가입할 수 있도록 하기로 했다. 이는 호주 내 연금펀드들을 대상으로 호주연금펀드관리위원회(AIST)가 벌인 설문조사 결과 상당수 연금펀드가 지금도 동성애자를 차별하지 않고 있다고 대답한 것을 근거로 하고 있다.

닉 쉐리 연금기업부장관은 "호주 전역의 연금펀드에 대해 동성애자 차별을 철폐하도록 권유했고 그 결과 적어도 연금펀드에서는 동성애자와 그들의 자녀에 대한 차별이 완전히 사라지게 됐다."라고 말했다. 로버트 맥클랜드 법무부장관은 "이번 동성애자 관련 법률 개정으로 동성애자와 그들의 자녀에 대한 금융안전이 보장되게 됐다."라고 말했다.

한편, 정부가 동성애자에 대한 혜택을 본격적으로 시행하기로 하고 본격적인 채비를 서두르고 있는데 반해 과연 얼마만큼의 동성애자가 공개적으로 정부에 동성애 관계에 있음을 밝히고 혜택을 받으려 할지는 미지수다.

출처: 연합뉴스(2009. 4. 5).

5. 다문화사회와 인권 실태

다문화가족의 인권 실태를 제1세대와 2세대 인권 중심으로 보는데, 1세대 인권에서 정치적 권리는 내국인이 아니면 일반적으로 보장되지 않으므로 1세대 인권의 자유권과 2세대 인권의 사회권에 대한 실태를 알아본다(국가인권위원회, 2002; 보건복지부, 2005; 평택대학교 다문화가족센터, 2007).

1) 자유권 관련 실태

(1) 공권력에 의한 인권 침해

유엔의 자유권은, 모든 사람은 신체의 자유와 안전에 대한 권리를 가지며, 누구든 함부로 체포되거나 억류되지 아니하며, 체포된 사람은 누구든지 체포 시에 체포이유를 통고받으며, 그에 대한 피의사실을 신속히 통보받도록 규정하고 있다. 우리나라는 1990년 유엔의 자유권 규약을 비준하였으므로, 유엔의 자유권 규약은 국내법과 같은 효력을 가진다(국가인권위원회, 2002).

하지만, 현실은 외국인에게 공권력에 의한 차별과 불법적인 집행이 자주 일어나고 있다. 〈표 4-1〉은 국가인권위원회가 2002년도에 국내거주 외국인노동자를 대상으로 한 인권실태조사 결과 중 공권력에 의한 자유권 침해 관련 사항을 정리한 것이다. 경찰관이나 공무원이 검문·검색할 때 자신의 신분을 밝히고, 그 사유를 밝히는 것이 적법한 공무 집행 절차인데도, 외국인노동자와 관련한 법집행에서 그러한 절차가 제대로 지켜지지 않은 것으로 나타나고 있다. 〈표 4-1〉을 보면, 외국인노동자의 50.5%가 경찰관이나 출입국 관리소 직원들로부터 신분을 밝히지 않은 채 불법적인 검문·검색을 당한 경험이 있는 것으로 조사되었으며, 더욱이 동포가 아닌 불법체류 외국인노동자(미등록노동자)는 그러한 경험이 61.1%나 된다. 또한, 검문·검색할 때 합당한 사유를 제시하지 않은 경우가 59.5%로 조사되었으며, 다른 장소로 끌고 가는 상황에서 친구나 다른 사람에게 알릴 기회를 제공하지 않았다는 응답이 86.4%나 된다. 외국인노동자에 대한 불법적인 법 집행을 통한 자유권의 침해는 한국계 외국인노동자보다 비한국계 외국인노동자에게 더 많은 것으로 조사되고 있다. 이러한 사실도 피부색이나 인종에 따른 일종의 차별로 보인다.

〈표 4-1〉 외국인노동자에 대한 검문 · 검색 (단위: %)

설문내용		전체	산업연수생		미등록노동자	
			한국계	비한국계	한국계	비한국계
검문 · 검색 시 신분을 밝혔나?	예	49.1	100.0	51.8	63.8	38.9
	아니오	50.9	0.0	48.2	36.2	61.1
검문 · 검색 시 합당한 이유를 제시하였나?	예	40.5	100.0	74.2	58.9	26.6
	아니오	59.5	0.0	25.8	41.1	73.4
검문 · 검색 시 다른 장소로 끌고 갈 때 그 사실을 친구에게 알릴 기회를 제공하였나?	예	13.6	0.0	42.0	0.0	17.5
	아니오	86.4	0.0	58.0	100.0	82.5
검문 · 검색 시 몸수색을 당한 경험이 있는가?	예	21.5	0.0	41.9	11.9	24.0
	아니오	78.5	100.0	58.1	88.1	76.0
계		100 (255)	100.0 (2)	100.0 (13)	100.0 (92)	100.0 (148)

출처: 국가인권위원회(2002); 평택대학교 다문화가족센터(2007), 다문화사회복지론, p. 104.

외국인노동자 특히 아시아 저개발국가의 외국인노동자에 대한 공권력의 편견과 차별에 의한 인권침해도 빈번한 것으로 알려졌다. 다음의 인도네시아 미등록노동자의 경험은 외국인노동자에 대한 경찰의 편견과 차별을 잘 보여준다.

"인도네시아인 4명은 2001년 10월 초, OO역 근방에서 숨진 외국인을 살해한 혐의로 경찰조사를 받았습니다. 이들은 살인을 극구 부인했고, 그러자 경찰은 이들의 무릎을 꿇리고, 구둣발로 머리를 가격하는 등의 폭행을 가했습니다. 이들 중 한 사람은 경찰의 폭행으로 피를 흘리고 있었는데도, 경찰은 계속해서 구둣발로 머리를 짓이겼고, 그는 이마, 머리 등에 각각 7센티미터 정도 찢어지는 상처를 입기도 했습니다. 이들은 살인 현장 근처에 있었다는 이유 하나로 특별한 혐의 없이 경찰에 연행되어 폭행당했으며,

간단한 치료 후 불법체류자란 이유로 출입국관리소로 넘겨졌으며, 이들은 후에 변호사의 도움으로 국가를 상대로 한 손해배상소송을 제기했지만, 결국 강제 출국 당했습니다."(외국인노동자대책협의회, 2001)

(2) 일상생활에서의 인권 침해

유엔의 자유권 제2조 제①항에 따르면, 이 규약에 가입한 국가들은 인종, 피부색, 성, 언어, 종교, 출생 등에 의한 어떠한 종류의 차별도 없이 이 규약에 인정되는 자유와 평등의 권리를 보장하도록 규정되어 있다. 우리나라도 이 규약에 1990년에 가입함으로써 이 규약은 국내법과 같은 법적 효력을 가진다. 그럼에도, 우리 사회에서 외국인노동자나 여성 결혼이민자들은 일상생활에서 각종 차별과 편견으로 인권침해를 당하는 것으로 밝혀지고 있다. 다음의 사례는 말리 국적의 28세 불법체류 외국인노동자가 경험한 것으로 우리 사회에서 피부색이 달라서 어떻게 차별받고 있는가를 적나라하게 보여준다.

"버스나 지하철 타면 한국 사람들이 피해요. 옆에 자리가 있어도 한국 사람들은 안 앉아요. 오산 가는 1번 버스 탔을 때, 버스 기사가 '내려' 그랬어요. 못 타게 해요. 냄새난다고 못 타게 해요. 어떤 버스는 기사 뒷자리에 앉으면 다른 자리로 가래요. 냄새난다고. 어떤 버스 기사는 향수 같은 거 나한테 뿌렸어요."(국가인권위원회, 2002)

외국인에 대한 우리 사회의 태도는 피부색이나 출신 국가에 따라 다르게 나타나는 경향이 있다. 흑인이나 아시아, 아프리카 출신의 외국인에 대해서는 학대하고 무시하지만, 서구 선진국 출신 백인에 대해서는 과도하게 호의적이며, 한편으로 위축되는 경향까지 보인다. 외국인에 대한 우리 사회의 태도가 매우 이중적이다.

〈표 4-2〉는 외국인노동자를 대상으로 식당, 가게에서의 차별 경험의 설문조사 결과이다. 〈표 4-2〉에서 보듯이 외국인노동자의 약 1/5이 외국인이라는 이유로 의심을 받거나 무시당하고, 욕설을 들은 경험이 있는 것으로 나타난다. 정서적으로 민감한 외국인 청소년들은 차별받고 있다고 더 많이 느낀다.

〈표 4-2〉 식당, 가게에서 차별대우 비교

(단위: %)

설문내용	전체	산업연수생		미등록노동자	
		한국계	비한국계	한국계	비한국계
외국인이기 때문에 의심받거나 불친절한 대우를 받은 경험	19.9	17.7	13.4	22.0	21.1
한국인에게 이유 없이 무시당하거나 욕설을 들은 경험	18.9	15.4	14.3	27.2	18.6

출처: 국가인권위원회(2002); 평택대학교 다문화가족센터(2007), 다문화사회복지론, p. 106.

〈표 4-3〉은 외국인노동자의 자녀를 대상으로 설문 조사한 것인데, 약 52%가 차별당하였다는 느낌을 받은 적이 있다고 응답하였다.

〈표 4-3〉 외국인 대상 차별 당한다고 느낀 적의 유무

(단위: %, 명)

설문내용	전체	초등학교		중등학교	
		취학	미취학	취학	미취학
있다	51.9	38.9	100.0	56.5	58.8
없다	48.1	61.1	0.0	43.5	41.2
계	100.0 (81)	100.0 (36)	100.0 (5)	100.0 (23)	100.0 (17)

출처: 설동훈 외(2003); 평택대학교 다문화가족센터(2007), 다문화사회복지론, p. 106.

여성 결혼이민자는 가정 내에서 각종 폭력에 의한 인권침해가 상당히 심각한 것으로 나타난다. 〈표 4-4〉는 여성 결혼이민자를 대상으로 지난 1년간 남편으로부터 어떤 유형의 폭력을 받은 적이 있는지를 조사한 것이다. 언어폭력이 가장 많았고, 세게 밀거나 구타와 같은 신체적 폭력을 경험한 여성 결혼이민자의 비율도 27.4%나 된다. 더욱이 별거나 이혼한 여성 결혼이민자의 경우 별거나 이혼하기 전 1년 동안 구타를 당한 경험이 있는 비율은, 별거의 경우 48.7%, 이혼의 경우 57.9%나 되었으며, 성행위의 강요나 변태적인 성행위를 강요받은 비율도 40~60%에 이를 정도로 높다. 이처럼 심각한 가정폭력이 결혼이민자의 높은 이혼

율을 가져오는 중요한 요인으로 간주된다.

〈표 4-4〉 결혼상태에 따른 부부폭력

(단위: %, 명)

설문내용	전체(921)	기혼(755)	별거(76)	이혼(38)	동거(32)	사별(20)
모욕적인 말	31.0	24.1	84.2	68.4	22.6	30.0
때리겠다고 위협	18.4	11.1	74.7	50.0	16.1	26.3
물건 던짐	23.7	19.5	60.5	52.6	3.1	20.0
세게 밀기	13.9	7.6	57.6	52.6	6.3	26.3
손발로 구타	13.5	8.1	48.7	57.9	14.4	20.0
성행위 강요	14.0	6.9	63.2	47.4	21.9	20.0
변태적인 성행위 강요	9.5	3.4	47.4	42.1	15.6	20.0
계	100.0	100.0	100.0	100.0	100.0	100.0

출처: 보건복지부(2005), 국제결혼 이주여성 실태조사 및 보건·복지 지원 정책방안, p. 123.

(3) 직장 내에서의 자유권 침해

외국인노동자의 자유권적 인권침해가 가장 많이 발생하는 곳이 직장이다. 이는 외국인노동자의 하루 생활 중 가장 많은 시간을 보내는 곳이 직장이기 때문이다. 직장 내에서의 조롱과 욕설은 일반적으로 경험하는 것이며, 폭행을 당하거나 구금을 당하는 경우도 많은 것으로 알려졌다.

〈표 4-5〉는 외국인노동자와 한국인노동자의 조롱, 욕설 피해의 정도를 비교한 것이다. 한국인노동자도 조롱과 욕설을 직장 내에서 받는 경우가 많은 것으로 나타난다. 외국인노동자는 한국인노동자보다 욕설과 조롱을 받는 경우가 훨씬 빈번하다. 한국인근로자보다 외국인근로자가 조롱과 욕설을 받은 비율이 2배 이상 높게 나타나고 있다. 이러한 사실은 외국인이기 때문에 직장 내에서 차별받고 있음을 보여주는 것이다.

〈표 4-5〉 외국인노동자와 한국인노동자의 조롱, 욕설 피해 비교

(단위: %)

설문내용	전체	산업연수생		미등록노동자	
		한국계	비한국계	한국계	비한국계
한국인도 그런 경우가 있다	22.7	50.0	28.6	25.8	20.5
동료 외국인도 그런 경우가 있다	52.1	50.0	55.5	58.1	50.2
나만 조롱 또는 욕설을 들었다	25.2	0.0	16.0	16.2	29.3
계	100.0	100.0	100.0	100.0	100.0

출처: 국가인권위원회(2002); 평택대학교 다문화가족센터(2007), 다문화사회복지론, p. 108.

• 자료 4-2 •

이주노동자 78% "욕 들으며 일한다."

한국에서 일하는 외국인 이주노동자 중 대다수가 작업장에서 욕설을 들으며 일하고, 일부는 폭행, 성희롱 피해도 호소해 이들에 대한 인권 침해가 심각한 것으로 드러났다.

외국인이주노동운동협의회(외노협)는 전국의 이주노동자 931명에게 설문 조사한 결과 응답자의 78%는 작업장에서 욕설을 들었고, 폭행을 당한 경험이 있는 이들도 26.8%에 이르렀다고 11일 밝혔다. 성희롱을 받았다고 답한 비율도 13.5%나 됐다. 또 43.9%는 식사법이나 예절의 차이 등으로 '문화적 차별'을 당했고 21.6%는 종교가 다르다는 이유로 차별받았다고 답했다. 이주노동자 중 40.4%는 한국에 들어오기까지 1년 이상 기다렸던 것으로 나타났으며, 한국에 오기 위해 한국어 시험비용, 소개비용 등으로 46.8%가 500달러 미만, 21.1%는 500~1천 달러, 12.1%는 1천~1천 500 달러를 썼다고 답했다.

한국에서 하루 평균 노동시간은 39.5%가 8~10시간, 34.9%는 10~12시간이라고 답했으며 야근은 약 20%가 격주로 1주일 내내 하고, 30%는 월 2회 휴일 근무를 한다고 대답했다. 야근을 전혀 하지 않으며 휴일마다 쉰다는 응답도 각각 52%, 34.9%에 달했다. 월수입은 최저 임금(97만 6천 원)도 받지 못한다는 응답이 12.9%나 되는 가운데 120만~140만 원이라고 답한 비율이 32.4%로 가장 많았다. 이어 97만 6천~120만 원은 24.4%, 140만~160만 원은 20.5%, 160만 원 이상이라고 답한 응답자도 9.8%에 이르렀다.

외노협은 이 설문조사 결과를 두고 16일 오후 서울 중구 정동 프란치스코 교육회관에서 보고회를 겸한 토론회를 열어 이주노동자와 관련한 체불 보증보험, 출국 만기보험 등 사회보험과 산업안전 교육상 문제점을 다룰 계획이다.

출처: 연합뉴스(2011. 8. 11).

〈표 4-6〉은 외국인노동자 대상으로 직장 내에서 폭행당한 경험을 조사한 것인데, 전체 외국인노동자의 약 30%가 직장 내에서 폭행당한 경험이 있으며, 특히 비한국계 외국인노동자가 한국계 외국인노동자보다 폭행당한 경험이 크게 높은 것으로 나타난다. 이는 우리의 동포가 아닌 아시아나 아프리카 출신 외국인노동자의 경우 직장 내에서 이중의 차별을 받고 있음을 보여주는 것이다.

〈표 4-6〉 직장 내에서 폭행을 당한 경험의 유무 비교

(단위: %)

설문내용	전체	산업연수생		미등록노동자	
		한국계	비한국계	한국계	비한국계
경험 있음	30.5	6.7	25.2	9.6	35.8
경험 없음	69.5	93.3	74.8	90.4	64.2
계	100.0	100.0	100.0	100.0	100.0

출처: 국가인권위원회(2002); 평택대학교 다문화가족센터(2007), 다문화사회복지론, p. 108.

〈표 4-7〉을 보면, 외국인노동자의 17.1%가 직장 내에서 구금된 경험이 있는 것으로 조사되었다. 구금을 경험한 외국인노동자는 조선족과 같은 한국계 외국인노동자는 없고, 비한국계 외국인노동자, 특히 불법체류 외국인노동자에게 많이 발생하는 것으로 나타나고 있다. 이러한 사실 역시 외국인노동자의 민족 차이에 따라 차별되고 있음을 보여주는 것이다.

〈표 4-7〉 직장 내에서 구금된 경험의 유무 비교

(단위: %)

설문내용	전체	산업연수생		미등록노동자	
		한국계	비한국계	한국계	비한국계
경험 있음	17.1	0.0	15.4	0.0	20.8
경험 없음	82.9	100.0	84.6	100.0	79.2
계	100.0	100.0	100.0	100.0	100.0

출처: 국가인권위원회(2002); 평택대학교 다문화가족센터(2007), 다문화사회복지론, p. 108.

아래의 사례는 한족인 중국국적 여성 산업연수생의 경험이다. 산업연수생은 국내에서 합법적으로 노동할 수 있는 외국인노동자로, 범법행위를 하지 않는 한 어떠한 신체적 자유, 이동의 자유도 제한받지 않는다. 그럼에도, 민간인인 기업의 사장이 여권을 압수하고, 야간 통행금지를 실시하는 등 자유권 침해가 심각하였다.

> "한국에 도착해서 처음에는 잘 돌아다니지 않았지만, 나중에 돌아다니려 해도 돈도 없었고, 10시에 통금이 있어서 주중에는 나가기가 힘들었습니다. 한국에 도착하자마자 사장님이 여권을 압수해서 이동이 그리 자유롭지 않았고, 여권을 압수한 것은 아마도 다른 회사에 갈까봐, 그리고 돌아다니면서 다른 사람과 너무 많이 접촉할까봐 그랬던 것 같습니다. 자유롭게 이동하기 위해서 여권을 달라고 말은 해 봤지만, 회사 측에서는 자신들이 모든 것을 책임지겠다고 하면서 주지 않았습니다."(국가인권위원회, 2002)

〈표 4-8〉은 국가인권위원회에서 외국인노동자를 대상으로 신분증 압류 경험에 관한 실태조사 결과인데, 외국인노동자의 약 40%가 직장 내에서 신분증을 압류당한 경험이 있는 것으로 나타났다. 이러한 사실은 직장 내에서 외국인노동자의 자유권 침해가 보편적으로 이루어지고 있음을 보여주는 것이다.

〈표 4-8〉 외국인노동자 대상 신분증을 압류당한 경험의 실태

(단위: %)

설문내용	전체	산업연수생		미등록노동자	
		한국계	비한국계	한국계	비한국계
경험 있음	40.2	20.1	58.4	21.4	40.3
경험 없음	59.8	79.9	41.6	78.6	59.7
계	100.0	100.0	100.0	100.0	100.0

출처: 국가인권위원회(2002); 평택대학교 다문화가족센터(2007), 다문화사회복지론, p. 110.

2) 사회권 관련 실태

(1) 노동자 관련 사회권

유엔의 경제적·사회적·문화적 권리에 대한 국제규약은 외국인노동자를 포함한

모든 근로자는 공정한 임금과 어떠한 종류의 차별도 없는 동등한 가치의 노동에 동등한 보수를 받도록 규정하고 있다. 이 국제규약에 우리나라도 가입되어 있다.

〈표 4-9〉는 외국인노동자의 초과근로수당 실태를 국가인권위원회가 조사한 결과인데, 야간근로수당, 연장근로수당, 휴일근로수당 등 초과근로수당에 관한 근로기준법을 잘 지키지 않고 있음을 보여준다.

〈표 4-9〉 외국인노동자의 근로 관련 수당 실태

(단위: %)

설문내용	야간근로수당		연장근로수당		휴일근로수당	
	전체	비한국계 미등록	전체	비한국계 미등록	전체	비한국계 미등록
150% 받는다	36.7	34.6	42.6	43.4	43.0	45.7
100% 받는다	23.3	25.2	23.3	25.5	24.5	22.1
전혀 받지 않는다	23.5	24.3	21.8	19.6	18.1	16.7
기타	16.5	15.9	12.2	11.6	14.4	15.4
계	100.0	100.0	100.0	100.0	100.0	100.0

출처: 국가인권위원회(2002); 평택대학교 다문화가족센터(2007), 다문화사회복지론, p. 110.

근로기준법에 초과근무수당은 통상임금의 150%를 지급하도록 규정하고 있다. 그러나 근로기준법상의 초과근로수당 규정과 같이 초과근로수당을 받는 외국인노동자는 40% 내외 수준에 불과하다. 초과근로를 하였으나 그와 관련한 임금을 전혀 받지 못하고 있다는 응답도 야간근로수당은 23.5%, 연장근로수당은 21.8%, 휴일근로수당은 18.1%나 된다.

〈표 4-10〉은 외국인근로자의 퇴직금 수급 여부에 관한 조사 결과이다. 근로기준법상 퇴직금은 1년 이상 근무하고 퇴직하는 경우 퇴직금을 지급하도록 되어 있다. 〈표 4-10〉을 보면, 1년 이상 근무하고 퇴직한 외국인근로자 중 6%만 퇴직금을 받았고, 94%는 받지 못한 것으로 조사되었다.

〈표 4-10〉 1년 이상 근무 후 이직 시 퇴직금 수급 여부

(단위: %)

설문내용	전체	미등록노동자	
		한국계	비한국계
받았음	6.0	12.2	4.9
받지 못함	94.0	87.8	95.1
계	100.0	100.0	100.0

출처: 국가인권위원회(2002); 평택대학교 다문화가족센터(2007), 다문화사회복지론, p. 111.

이처럼 우리 사회에서 외국인근로자는 자신의 노동에 대해 공정한 대가를 받지 못하는 경우가 많다. 더욱이 정상적으로 노동했음에도, 그 대가로 임금을 전혀 받지 못하는 임금체납의 경험도 상당히 많은 것으로 나타나고 있다. 아래의 사례는 임금체납을 경험한 말리 출신 불법체류 외국인노동자의 경험이다.

> "7년 동안 30군데서 일했어요. 그중에 6~7군데서만 돈 받았어요. 나머지는 돈 못 받았어요. 비자 없어서 못 싸워요. 사장님이 '개새끼! 돈 없어! 나가! 안 줘!'그래요. 한국에서 돈 못 받은 거 500만 원 넘어요. 비자 없어요. 싸우면 경찰에 잡혀가요. 그냥 나와요."(국가인권위원회, 2002)

〈표 4-11〉을 보면, 외국인노동자의 약 51%가 임금체납을 경험한 것으로 나타난다. 산업연수생보다 불법체류 외국인노동자가 임금체납을 많이 당한 것으로 조사되었다. 악덕기업주들이 불법체류 외국인노동자의 신분 불안정성을 이용하여, 고의적으로 임금을 주지 않는 경우가 많음을 시사해 주는 것이다.

〈표 4-11〉 임금체납을 당한 경험

(단위: %)

설문내용	전체	산업연수생		미등록노동자	
		한국계	비한국계	한국계	비한국계
있다	51.4	17.1	25.1	55.1	56.9
없다	48.6	82.9	74.9	44.9	43.1
계	100.0	100.0	100.0	100.0	100.0

출처: 국가인권위원회(2002); 평택대학교 다문화가족센터(2007), 다문화사회복지론, p. 112.

〈표 4-12〉는 임금체납을 경험한 외국인노동자를 대상으로 임금을 받지 못한 이유를 조사한 것이다. 고의로 임금체납을 한 경우가 36.9%, 불법체류 노동자라고 위협한 경우가 12.3%나 되어, 임금체납을 당한 노동자의 거의 절반가량이 기업주가 외국인노동자라는 이유로 차별하여, 임금을 지급하지 않았음을 알 수 있다. 산업연수생보다는 불법체류 외국인노동자들이, 한국계 외국인노동자보다 비한국계 외국인노동자들이 고의적인 임금체납을 더 많이 당한 것으로 조사되었다.

〈표 4-12〉 임금을 받지 못한 이유

(단위: %)

설문내용	전체	산업연수생		미등록노동자	
		한국계	비한국계	한국계	비한국계
회사부도	11.9	0.0	0.9	14.3	12.3
자금사정이 나빴음	27.1	100.0	39.4	34.1	24.3
고의로 임금 체불	36.9	0.0	24.4	31.4	39.3
미등록노동자라고 위협	12.3	0.0	21.1	0.0	14.3
기타	11.7	0.0	14.2	20.1	9.9
계	100.0	100.0	100.0	100.0	100.0

출처: 국가인권위원회(2002); 평택대학교 다문화가족센터(2007), 다문화사회복지론, p. 112.

이러한 사실은 우리 사회에서 외국인노동자들이 임금과 관련한 사회권을 매우 크게 침해당하고 있으며, 또한 인종 또는 민족이 다르다는 이유로 차별받고 있음을 보여주는 것이다.

(2) 사회보장 관련 사회권

사회보장 관련 사회권은 유엔의 경제적·사회적·문화적 권리에 대한 국제규약에 명시되어 있는데, 모든 사람이 사회보험을 포함한 사회보장에 대한 권리를 가지는 것으로 되어 있다. 그러나 우리나라에서 외국인노동자나 결혼이민자는 이러한 사회권을 보장받지 못하고 있다.

〈표 4-13〉은 산업재해를 경험한 외국인노동자를 대상으로 산업재해를 당했을 때, 어떻게 치료받았는가를 조사한 것인데, 산업재해보상보험을 통해 치료 받은

외국인노동자는 12.7%밖에 안 되고, 외국인노동자가 치료비용 전액을 부담한 경우도 무려 27.2%나 되는 것으로 나타나고 있다. 산업재해보상보험은 불법체류 외국인노동자도 적용되고 있음에도, 외국인노동자가 산재보험을 통해 치료받는 비율은 대단히 낮다. 외국인노동자가 산업재해를 당하였을 경우, 기업주의 대부분은 산업재해보상보험을 통한 치료를 기피하고 있다.

〈표 4-13〉 산업재해 발생 시 치료비 부담 방법

(단위: %)

설문내용	전체	산업연수생		미등록노동자	
		한국계	비한국계	한국계	비한국계
산재보험	12.7	0.0	16.8	0.0	13.8
사업주가 전액 부담	31.4	100.0	37.2	54.4	26.6
사업주와 본인 공동 부담	9.1	0.0	23.5	27.2	3.4
전적으로 개인 비용으로 처리	27.2	0.0	12.2	18.4	31.7
건강보험	1.6	0.0	4.0	0.0	1.3
의료공제회	3.7	0.0	3.7	0.0	4.3
기 타	14.2	0.0	2.6	0.0	18.8
계	100.0	100.0	100.0	100.0	100.0

출처: 국가인권위원회(2002); 평택대학교 다문화가족센터(2007), 다문화사회복지론, p. 113.

〈표 4-14〉와 〈표 4-15〉는 여성 결혼이민자 가족의 빈곤상태와 국민기초생활보장제도 수급률을 조사한 것이다. 〈표 4-14〉를 보면, 여성 결혼이민자 가족의 절반이 넘는 52.9%가 최저생계비 이하의 소득을 가지고 있음을 알 수 있는데, 2006년도 우리나라 전체 국민 대상 절대빈곤율이 19.0%(이현주 외, 2006)라는 점을 고려하면, 여성 결혼이민자 가족의 빈곤상황이 매우 심각함을 알 수 있다. 이처럼 여성 결혼이민자 가족의 빈곤상황이 심각함에도, 최후의 사회적 안전망이라고 할 수 있는 국민기초생활보장 수급률은 〈표 4-15〉에서 보는 바와 같이 11.3%에 불과하다. 결국, 최저생계비 이하의 생활을 하는 여성 결혼이민자 88.7%(수급탈락자)는 최저생활보장의 사각지대에 있는 것이다.

〈표 4-14〉 소득-욕구 비율로 본 경제적 지위: 귀화자 대 비귀화자

(단위: %, 명)

설문내용	전체(945)	귀화자(307)	비귀화자(638)
50% 이하	44.2	39.3	45.2
100% 이하	52.9	51.9	53.1
120% 이하	58.3	63.6	57.2
140% 이하	60.8	68.9	59.3
160% 이하	66.5	72.6	65.3
180% 이하	69.8	77.7	68.3
210% 이하	72.5	82.8	70.5
전체	100.0	100.0	100.0

주: 소득-욕구 비율은 가구의 가구소득을 해당 가구의 가구원 수에 따른 최저생계비로 나눈 값에 100을 곱한 값이다.

출처: 보건복지부(2005), 국제결혼 이주여성 실태조사 및 보건·복지 지원 정책방안, p. 164.

〈표 4-15〉 국민기초생활수급자 비율: 전체가구

(단위: %, 명)

설문내용	전체(444)	중국 동포(198)	기타 외국인(246)
수급자	11.3	6.6	17.6
수급탈락자	88.7	93.4	82.4
계	100.0	100.0	100.0

출처: 보건복지부(2005), 국제결혼 이주여성 실태조사 및 보건·복지 지원 정책방안, p. 182.

이처럼 우리 사회에서 외국인노동자나 결혼이민자의 상당수가 사회보장 관련 사회권을 보장받지 못하고 있다. 물론 외국인노동자나 결혼이민자가 아닌 내국인도 사회권을 보장받지 못하는 경우가 우리 사회에서 많이 있다. 하지만, 지금까지 살펴본 바와 같이 외국인노동자나 결혼이민자들이 사회보장 관련 사회권을 보장받지 못하는 정도가 더 심한 것으로 평가된다.

(3) 교육권

아동의 종합적인 교육권과 관련한 유엔의 국제규약은 아동권리협약이다. 아동

권리협약은 ① 아동최선의 이익, ③ 차별금지, ④ 아동의 생존·보호·발달, 그리고 ⑤ 참여권의 실질적 보장을 4대 원칙으로 천명하고, 모든 아동은 기회균등의 조건에서 교육받을 권리가 있으며, 특히 초등교육은 의무적으로 모든 아동에게 무상으로 제공되어야 함을 명시하고 있다(설동훈 외, 2003). 우리나라는 1991년에 이 협약에 비준함으로써 이 협약의 적용을 받고 있다. 따라서 국내에 거주하는 모든 외국인 자녀는 그 신분이 합법적이든 불법체류자이든 아동의 학교 입학에 제한을 받아서는 안 된다. 법적으로도 2001년 3월 초중등교육법 시행령이 개정되면서 불법체류 가정의 자녀도 초등학교 입학이 가능하게 되었다. 그럼에도, 현실은 불법체류 외국인노동자 자녀의 입학을 학교 당국에서 꺼려하는 경우가 많다. 다음의 사례는 일선 초등학교에서 불법체류 노동자 자녀의 입학을 꺼려하고 있는 현실을 잘 보여준다.

> "제가 아동을 데리고 학교에 입학시키러 갔을 때, 처음에는 받아주지 않았어요. 그래서 가지고 갔던 개정된 시행령 등 자료를 보여주며, 설득해야 했습니다. 절차를 마치고 나오는데, 교감선생님이 현관까지 나오시더니 주변에 다른 학교도 많으니까 다음에는 제발 다른 학교로 데려가라고 말씀하시더군요."(외국인상담소 상담활동가; 설동훈 외, 2003)

초등학교에서 외국인노동자 아동의 입학을 꺼리는 것은 입학결정이 학교장의 재량이므로, 어떤 문제가 발생하면 그 책임을 학교장이 전적으로 부담해야 하기 때문이다. 중학교는 외국인노동자 자녀의 상당수가 청강생으로 수업을 듣고 있다. 그 이유는 외국인노동자들이 자녀의 초등학교 학력을 인정할 수 있는 서류를 제대로 제출하지 못하기 때문이다(설동훈 외, 2003).

〈표 4-16〉은 결혼이민자와 외국인노동자 가족 자녀 중 취학연령임에도 학교에 다니지 않은 이유를 조사한 결과인데, 외국인노동자 가족은 '한국말을 못해서'라는 응답이 가장 많고, 다음이 '불법체류 아동이기 때문에'로 나타났다. 국제결혼 가족은 언어문제와 따돌림을 주요한 이유로 들고 있다.

〈표 4-16〉 자녀가 취업연령임에도 학교에 다니지 않은 이유

(단위: %, 사례수)

설문내용	전체(19)	외국인노동자가족(14)	국제결혼가족(5)
한국말을 못해서	31.6	35.7	20.0
불법체류 아동이기 때문에	21.1	28.6	0.0
한국인 아동들의 따돌림 때문	5.3	0.0	20.0
일을 해서 돈을 벌기 위해	5.3	7.1	0.0
기타	36.8	28.6	60.0
계	100.0	100.0	100.0

출처: 설동훈 외(2003); 평택대학교 다문화가족센터(2007), 다문화사회복지론, p. 116.

〈표 4-17〉을 보면, 국제결혼 가족 자녀는 약 18%가 또래로부터 집단따돌림 경험이 있으며, 그 이유로 엄마가 외국인이기 때문에(34.1%), 의사소통이 잘 안 되어(20.7%), 특별한 이유 없이(15.9%), 태도와 행동이 날라서(13.4%), 외모가 달라서(4.9%)로 조사되었다. 이처럼 우리 사회에서 외국인노동자와 결혼이민자 가족 자녀는 충분한 교육권을 보장받지 못하고 있다.

〈표 4-17〉 국제결혼 자녀의 집단따돌림 경험률

(단위: 명, %)

전체	산업연수생		미등록노동자	
	한국계	비한국계	한국계	비한국계
467	150	195	46	77
17.6	4.0	26.2	6.5	29.9

출처: 보건복지부(2005), 국제결혼 이주여성 실태조사 및 보건·복지 지원 정책방안, p. 139.

P·A·R·T 02

다문화가족지원법과 다문화가정

C · H · A · P · T · E · R 05

다문화가족지원법과 제도

1. 다문화가족지원법의 제정배경

다문화가족의 증가는 몇 가지 측면에서 긍정적일 수 있다. 첫째, 단일민족과 혈연주의 의식이 강한 우리 사회에 문화적 다양성을 확장시키며, 다른 문화에 대한 이해와 관용심을 증진하는 계기를 마련해 준다. 둘째, 현실적으로 저출산이 심화하는 우리 사회의 저출산 문제 해소에 도움이 되며, 특히 저출산·고령화 문제가 심각한 농촌 지역에 새로운 문화를 전달하면서 활력적인 노동력을 제공해 준다. 셋째, 결혼이민자와 그 자녀는 출신국가와 우리 사회를 이어 주는 국가 간 교류의 가교(架橋) 역할을 하며, 이중언어와 다문화적 감수성을 가진 인재로서 사회적·국가적으로 이바지할 수 있다(보건복지가족부, 2008).

그러나 다문화가족이 증가함으로써 초래할 수 있는 부정적인 측면도 있다.

첫째, 국제결혼이 상업적 이윤 추구의 수단으로 악용되기도 한다. 결혼 당사자의 인권침해, 결혼 당사자 간의 사전 정보와 이해 부족으로 말미암은 결혼 후의 가족갈등, 이혼, 가족폭력, 사망사고 등 가족문제가 심화하고, 국가 이미지가 실추되는 등의 문제를 일으킨다.

둘째, 대다수 다문화가족은 언어와 문화의 차이, 경제적 어려움, 사회적 편견 등으로 가족 간 갈등과 사회적 소외를 경험하고 있다. 실제로 국제결혼 부부간의 언어장벽과 상대방 국가의 문화에 대한 이해 부족으로 말미암은 가정폭력이 빈번하고, 이혼율이 증가하며 결혼이민자 여성의 자살이나 타살까지 이르는 심각한 상황에 있다.

셋째, 다문화가족 자녀의 발달지체와 학교·사회 부적응이 사회문제로 대두할 소지가 있다. 정부의 한 실태조사(여성가족부, 2006)에서는 다문화가족 아동의 언어지능과 학업수행 능력이 일반 아동보다 낮았으며, 다문화가족 영·유아의 보육시설과 유치원 이용률(17%)은 일반가정의 1/3수준인 것으로 나타났다. 또한, 다문화가족 아동은 외모와 말씨로 말미암아 학교와 사회의 차별을 받기 쉬워서, 10명 중 2명 정도가 집단따돌림의 경험이 있으며, 다문화가족 초등학생의 10명 중 1명, 중학생 10명 중 2명은 중도 탈락하는 것으로 나타났다. 앞으로 다문화가족 자녀의 상급학교 진학 대상이 점점 많아질 것을 예상할 때, 자녀가 겪는 적응의 어려움은 더욱 가중될 것이다. 따라서 적기에 정부의 사회적, 정책적 지원이 요구된다.

넷째, 다문화가족의 한국인 배우자와 시부모도 결혼이민자의 위장결혼, 가출, 가정불화 등으로 피해를 당하는 상황이 발생하고 있다. 또한, 다문화가족의 가족해체가 증가하면서, 그에 따른 자녀양육과 결혼이민자 보호의 문제가 대두하고 있다. 가령 이혼하고 나서 자녀를 무단으로 출국시켜 제대로 보호와 양육을 받지 못하는 사례가 발생하고 있다.

이처럼 다문화가족의 적응을 위한 사회 문화적 토대가 마련되지 않은 상태에서 다문화가족이 증가함으로써 이미 발생했거나 발생할 수 있는 부정적인 영향이 날로 늘어나고 있다. 결국, 이로 말미암아 다문화가족, 특히 결혼이민자의 사회통합을 위한 사회경제적 비용부담도 증가하고 있다. 다문화가족의 증가는 긍정적인 측면과 부정적인 측면을 모두 가지고 있다. 결혼이민자와 그 자녀 등으로 구성되는 다문화가족은 언어문제를 비롯하여 문화적 갈등, 자녀교육, 가족구성원 간의 갈등을 포함한 사회적응의 문제를 겪고 있다.

이에 따라 다문화가족의 구성원이 우리 사회의 구성원으로 순조롭게 통합되어 안정적인 가족생활을 영위하도록 한국어교육을 비롯하여 가족상담, 부부교육, 부모교육, 가족생활교육 등을 추진하고, 문화차이를 고려한 언어통역, 법률상담, 행정지원 등의 전문적인 서비스를 제공하는 것이 필요하게 되었다. 이에 다문화가족에 대한 지원정책의 제도적인 틀과 법적 기반을 마련하기 위하여 2008년 3월 21일 다문화가족지원법이 법률 제8937호로 제정되어 2008년 9월 22일부터 시행되었다. 동법은 다문화가족의 안정적인 가족생활과 삶의 질 향상, 그리고 사회통합에 이바지할 것으로 기대한다(박주현 외, 2011).

2. 다문화가족지원법의 조문별 내용

1) 다문화가족지원법의 체계

다문화가족지원법도 법률-명령-조례/규칙으로 이루어진 다른 법체계와 마찬가지로 시행령(명령)과 시행규칙(조례/규칙)을 갖고 있다. 일반적인 법에서처럼 본칙(총 16조)과 부칙으로 구성되어 있다. 동법은 제1조 목적에서 시작하여 제16조 민간단체 등의 지원 관련 사항, 그리고 부칙으로 구성되어 있다. 동법의 조별 내용은 다음과 같다.

제1조: 다문화가족법의 목적
제2조: 동법에서 사용하는 다문화가족의 정의
제3조: 다문화가족을 위한 국가와 지방자치단체의 책무
제3조의2: 다문화가족 지원을 위한 기본계획의 수립
제3조의3: 연도별 시행계획의 수립과 시행
제3조의4: 국무총리 소속 다문화가족정책위원회의 설치
제4조: 다문화가족에 대한 실태조사 시행(3년마다)과 공표
제5조: 다문화가족에 대한 이해증진을 위한 이해교육과 홍보
제6조: 생활정보 제공 및 한국어교육 등의 교육지원
제7조: 민주적이고 양성평등한 가족관계의 유지를 위한 조치
제8조: 가정폭력 피해자에 대한 보호와 지원
제9조: 산전·산후 도우미 파견 등의 의료와 건강관리를 위한 지원
제10조: 아동 보육·교육의 시행에서의 차별금지
제11조: 서비스 접근성 향상을 위한 다국어에 의한 서비스 제공

제12조: 다문화가족지원센터의 지정
제13조: 다문화가족 지원업무 관련 공무원의 교육
제14조: 사실혼 배우자 및 자녀의 처우
제15조: 시·도지사 또는 시장·군수·구청장에게 권한의 위임과 위탁
제16조: 다문화가족 지원 사업을 수행하는 민간단체 등에 대한 지원

2) 법의 목적과 주요 내용

(1) 다문화가족지원법의 목적

다문화가족지원법은 다문화가족 구성원이 안정적인 가족생활을 영위할 수 있도록 함으로써 그들의 삶의 질 향상과 사회통합에 이바지함을 목적으로 한다(동법 제1조). 여기서 말하는 '다문화가족'이란 다음 각 항목의 어느 하나에 해당하는 가족(동법 제2조 제1호)을 말한다.

- 재한외국인 처우 기본법 제2조 제3호의 결혼이민자와 국적법 제2조로부터 제4조까지의 규정에 따라 대한민국 국적을 취득한 자로 이루어진 가족
- 국적법 제3조 및 제4조에 따라 대한민국 국적을 취득한 자와 같은 법 제2조부터 제4조까지의 규정에 따라 대한민국 국적을 취득한 자로 이루어진 가족

그리고 '결혼이민자'란 다문화가족의 구성원으로서 다음 각 항목의 어느 하나에 해당하는 자(동법 제2조 제2호)를 말한다.

- 재한외국인 처우 기본법 제2조 제3호의 결혼이민자
- 국적법 제4조에 따라 귀화허가를 받은 자

(2) 다문화가족지원법의 주요 내용

다문화가족지원법의 주요 내용을 조문별로 살펴보면 다음과 같다(박주현 외, 2011).

① 다문화가족의 안정적 가족생활을 위한 국가와 지방자치단체의 책무(제3조)

국가와 지방자치단체는 다문화가족 구성원이 안정적인 가족생활을 영위할 수 있

도록 필요한 제도와 여건을 조성하고, 이를 위한 시책을 수립·시행하여야 한다.

② 다문화가족 지원을 위한 기본계획에 근거한 시행계획 수립과 시행(제3조의 3)

여성가족부장관, 관계 중앙행정기관의 장과 시·도지사는 매년 기본계획에 따라 다문화가족정책에 관한 시행계획을 수립·시행하여야 한다.

③ 국무총리 소속 다문화가족정책위원회 설치(제3조의 4)

다문화가족의 삶의 질 향상과 사회통합에 관한 중요 사항을 심의·조정하기 위하여 국무총리 소속으로 다문화가족정책위원회를 둔다.

④ 정책수립 화용을 위한 다문화가족 실태조사(제4조)

여성가족부장관은 다문화가족의 현황과 실태를 파악하고, 다문화가족 지원을 위한 정책수립에 활용하기 위하여 3년마다 다문화가족에 대한 실태조사를 시행하고, 그 결과를 공표하여야 한다.

⑤ 생활정보 제공과 한국어교육 등의 교육 지원(제6조)

국가와 지방자치단체는 결혼이민자 등이 대한민국에서 생활하는 데 필요한 기본적 정보를 제공하고, 사회적응교육과 직업교육·훈련 및 언어소통 능력 향상을 위한 한국어교육 등을 받을 있도록 필요한 지원을 할 수 있다.

⑥ 평등한 가족관계의 유지(제7조)

국가와 지방자치단체는 다문화가족이 민주적이고 양성평등한 가족관계를 누릴 수 있도록 가족상담, 부부교육, 부모교육, 가족생활 교육 등을 추진하고, 문화의 차이 등을 고려한 전문적인 서비스가 제공될 수 있도록 노력하여야 한다.

⑦ 가정폭력 피해자에 대한 보호·지원(제8조)

국가와 지방자치단체는 결혼이민자 등이 가정폭력으로 혼인관계를 종료하는 경우 의사소통의 어려움과 법률체계 등에 관한 정보의 부족 등으로 불리한 입장에 놓이지 아니하도록 의견 진술과 사실 확인 등에 있어서 언어통역, 법률상담, 행정지원 등 필요한 서비스를 제공할 수 있다.

⑧ 의료와 건강관리를 위한 지원(제9조)

국가와 지방자치단체는 결혼이민자 등이 건강하게 생활할 수 있도록 영양·건강에 대한 교육, 산전·산후 도우미 파견, 건강검진 등의 의료서비스를 지원할 수 있다.

자료 5-1

▌EBS, 다문화가족 위한 한글교육사이트 개설
한국어, 영어, 중국어, 베트남어 서비스

EBS가 15일 다문화가족을 위한 무료 한글교육사이트 '두리안(durian.ebs.co.kr/www.ebsd.co.kr)'을 개설한다. 한국어, 영어, 중국어, 베트남어 등 4개 국어로 서비스되는 이 사이트에서는 한국어 강의 프로그램을 비롯해 '뽀로로' 등 유아교육 애니메이션과 '최고의 요리비결', '지식채널e', '세계테마기행' 등 문화교양프로그램을 통해 한국어와 한국문화를 배울 기회를 제공한다. 사용자가 별도의 로그인이나 회원가입 절차 없이 다시보기 이용이 가능하며 사이트 이용안내도 다국어로 탑재해 놓았다. 또한, 사이트 자체에 사전기능을 실어, 모르는 낱말도 사이트 내에서 의미를 찾아볼 수 있도록 편의를 제공한다.
두리안의 메뉴는 한국어를 공부할 수 있는 '한국어 배움터', 아이와 함께 영어를 공부할 수 있는 '우리 아이 놀이터', EBS의 교양프로그램을 시청할 수 있는 '문화나눔터', 나라별 소통을 할 수 있는 '커뮤니티', 한국 거주에 필요한 생활정보 등을 공유할 수 있는 '자료실' 등으로 구성된다. EBS는 14일 "두리안은 한국에 살고 있는 다양한 국적의 외국인과 귀화자들이 언어소통의 어려움으로 인해 한국사회에 적응하기 어려웠던 점에 착안해 그들에게 도움을 주고자 오픈하게 됐다."라고 밝혔다. 이어 "사이트의 이름인 '두리안'은 동남아시아를 대표하는 과일로, 겉모습은 울퉁불퉁하지만 맛은 일품이라 '과일의 왕'이라는 별명을 갖고 있다."라며 "무료 한글교육 사이트 두리안도 겉모습과 상관없이 누구나 교육을 통해 알찬 지식을 담고 꿈을 키워나갈 수 있다는 의미를 담았다."라고 전했다.

출처: 연합뉴스(2011. 7. 14).

⑨ 아동 보육·교육(제10조)

국가와 지방자치단체는 다문화가족 구성원인 아동의 초등학교 취학 전 보육과 교육 지원을 위하여 노력하고, 그 아동의 언어발달을 위하여 한국어교육을 위한 교재지원과 학습지원 등 언어 능력 제고를 위하여 필요한 지원을 할 수 있다.

⑩ 다국어에 의한 서비스 제공(제11조)

국가와 지방자치단체는 다문화가족에 대한 지원 정책을 추진함에 있어서 결혼이민자 등의 의사소통의 어려움을 해소하고, 서비스 접근성을 제고하기 위하여 다국어에 의한 서비스 제공이 이루어지도록 노력하여야 한다.

⑪ 다문화가족지원센터의 지정(제12조)

여성가족부장관은 다문화가족 지원 정책의 시행을 위해서 다문화가족 지원에 필요한 전문인력과 시설을 갖춘 법인이나 단체를 다문화가족지원센터로 지정할 수 있다. 그리고 다문화가족지원센터는 다음의 업무를 수행한다.

- 다문화가족을 위한 교육·상담 등 지원사업의 시행
- 결혼이민자 등에 대한 한국어교육
- 다문화가족 지원서비스 정보제공과 홍보
- 다문화가족 지원 관련 기관·단체와의 서비스 연계
- 일자리에 관한 정보제공과 일자리의 알선
- 다문화가족을 위한 통역·번역 지원사업
- 그 밖에 다문화가족 지원을 위하여 필요한 사업

3. 다문화가족지원법 시행상의 문제점

다문화가족지원법의 제정과 시행은 현재와 앞으로 우리 사회의 중요한 가족의 한 형태로 자리하게 될 다문화가족이 우리 사회에 잘 적응하고 통합될 수 있도록 사회적·정책적 지원을 제도적으로 규정한 법적 근거를 마련했다는 점에서 매우 고무적인 일이라 할 수 있다. 그러나 다문화가족과 관련된 우리의 현실을 고려할 때 몇 가지 측면에서 다문화가족지원법 시행상의 문제점을 생각해 볼 수 있다(이선행·임춘희, 2009).

1) 다문화가족 지원 사업비 지출의 효과성

최근 결혼이민자로 구성된 다문화가족이 급증하면서 결혼이민자 여성과 그 가정에 대한 정부 각 부처의 예산 또한 크게 증가하였고 중복 지원의 경향까지 나타나 다문화가족을 위한 사업비 지출 대비 사업 효과 면에서 다소 회의적인 시각과 우려가 나타나고 있다. 다문화가족지원법에서는 다문화가족지원센터의 비용(제12조 제④항)뿐만 아니라 다문화가족 지원사업을 수행하는 단체나 개인이 필요한 비용(제16조)에 대해서도 국가와 지방자치단체가 그 비용을 보조할 수 있도록 정하고 있다. 이와 같은 중앙정부와 지방자치단체의 다문화가족을 위한 예산의 편성은 당연하고도 중요하지만, 최근 나타난 정부부처 간의 중복 지원, 과다 지원의 비효율성을 줄이고, 더욱 적정한 예산으로 다문화가족 정책이 효율적으로 시행될 수 있도록 현실적이고 구체적인 방안을 모색해야 할 것이다.

2) 다문화가족지원센터 전담인력의 부족

다문화가족지원센터 운영과 관련하여 지역센터의 조직이 센터장과 전담인력 2명으로 구성되어 사업을 진행하는 것으로 되어 있는데, 이는 다문화가족지원법에 따라 매년 운영지침에서 정한 사업을 수행하기에는 현실적으로 부족한 인력이다. 제한된 인력으로 많은 사업을 진행할 때, 다문화가족지원센터 종사자의 만성적인 업무 과중을 비롯하여 근무환경과 조건이 악화될 우려가 있다. 그러므로 다문화가족지원센터 종사자의 근무 환경과 조건을 배려하고 인력을 증원하여 사업을 운영할 필요가 있다.

3) 다문화가족 전담인력의 전문성

다문화가족지원센터의 설치와 업무 수행, 전담인력과 관련하여 현재 우리나라 다문화가족 관련 업무는 결혼이민자가족지원센터, 건강가정지원센터, 기타 외국인노동자인권단체 등의 시민단체에서 담당하고 있다. 이렇게 진행되어 온 다문화가족 관련 사업은 다문화가족지원센터의 설치나 명칭 변경을 통한 단일 창구화가 바람직하다. 따라서 다문화가족지원센터 전담인력은 다문화가족에 대한 전문적이고 체계적인 지식과 관점을 가져야 한다. 그래야 사업 내용을 깊이 있게 이해하고 원만하게 수행할 수 있을 것이다. 그러나 현재 다문화가족 관련 전문인력의 양성은 만족스럽지 못하다. 다문화가족지원법 시행규칙에서 명시한 지원센터의 종사자 자격으로서 사회복지사나 건강가정사의 자격을 취득하기 위한 현행 교육과정에는 다문화나 다문화가족과 관련된 기초과목이나 전공과목이 아직 대부분 개설되어 있지 않다. 따라서 건강가정사나 사회복지사 자격취득 관련 과목에서는 앞으로 다문화 이해와 다문화가족과 관련된 교과목을 필수적으로 포함시켜야 할 것이다.

4. 다문화가족 지원정책의 문제와 방향

다문화가족 지원정책은 2006년 4월 국정과제회의에서 범정부 차원의 '여성결혼이민자가족 사회통합 지원대책'을 수립하고 추진하기 시작한 이래, 2007년 12월 여성가족부 가족통합팀 신설로 중앙부처 차원의 다문화가족 업무 전담부서가 설립되었다. 그리고 2008년 3월 보건복지가족부의 다문화가족과에서 전담하여 추진하기 시작했다. 현재 정부의 다문화가족 지원사업은 여성가족부를 주무부서로 하고, 다문화가족지원센터를 서비스 전달체계로 하여 다문화가족을 위한 복지 서비스를 제공하고 있다.

그런데 다문화가족이 가진 특수하고 복합적인 특성과 잠재적인 문제로 말미암아 정부의 여러 부처에서 다양한 측면으로 다문화가족 관련 지원사업이 이루어지고 있다. 가령 법무부에서는 외국인정책을 총괄하고, 여성가족부에서는 다문화가족 지원을, 노동부에서는 외국인 노동자정책을, 그리고 교육과학기술부에서는 다문화가족의 학교교육을 지원하고 있다. 또한, 중앙정부와 방향을 같이하면서도 지자체마다 각 시·도, 시·군·구 단위로 다문화가족 지원사업을 직접 다양한 방식으로 수행하고 있는 실정이다.

이와 같은 다문화가족에 대한 범정부적 차원의 정책은 긍정적으로 평가할 수 있으나, 이제까지의 다문화가족을 위한 지원정책에서는 다음과 같은 많은 한계점을 드러내고 있는 것으로 나타났다(보건복지가족부, 2008). 첫째, 다문화가족을 위한 정책과 서비스의 내용에서 정책 대상이 결혼이민자 여성 개인에게만 치중되어 가족 전체를 대상으로 한 통합적 정책이 미흡하며, 서비스 내용이 한국어교육에만 집중되어 지역·출신국별 다양한 욕구를 반영하기에 부족하다. 특히 지원의 성격이 일시적인 시혜성 지원에 집중되어 있다.

둘째, 사업 추진체계 면에서 여러 가지 문제점을 노출하고 있는 것이 한계로 지적되고 있다. 구체적으로 중앙부처와 지자체 차원의 다문화가족 지원사업이 중복으로 시행되고 단편적으로 집행되고 있다. 또한, 정부부처 내 사업 간의 연계가 미흡하고, 지자체에는 전담조직이 없거나 담당 인력의 전문성 부족 등 사업 추진체계가 미숙하다고 할 수 있다. 덧붙여 다문화가족 지원을 위한 서비스 전달체계가 아직 분산적이고 지역적 격차가 심해 지역·서비스별 사각지대가 있다고 할 수 있다.

셋째, 사회 전반적인 여건이 미숙하다는 점이다. 즉, 결혼이민자와 다문화 사회에 대한 사회 전반적인 인식이 여전히 부정적이다. 사실상 다문화사회로 진입하는 시점에서 우리 사회는 무엇보다 다문화를 존중하는 국민의식이 필요하며, 결혼이민자와 같은 다른 민족, 다른 인종에 대한 편견을 불식하는 것이 필요하다.

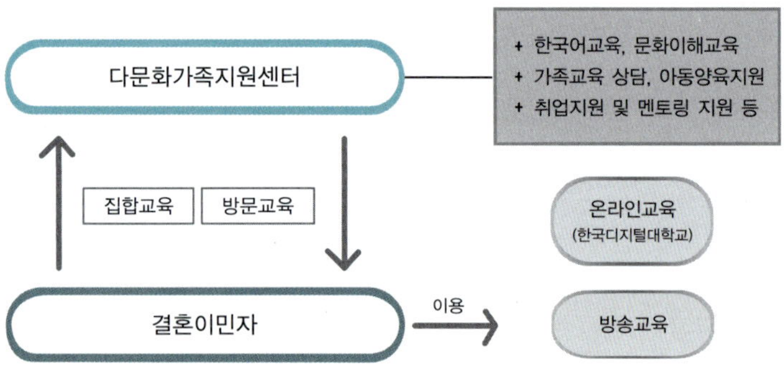

출처: 여성가족부 홈페이지(2011. 6. 30).

[그림 5-1] 다양한 매체를 통한 교육체계도

이상과 같은 다문화가족 지원 관련 현황과 지원정책의 한계점을 고려하여, 여성가족부는 정책과제로 '생애주기별 맞춤형 서비스'를 제시하기에 이르렀다. 생애주기별 맞춤형 서비스의 기본방향은 다문화가족을 위한 가족교육·상담·문화 프로그램 등 서비스 제공을 통해 결혼이민자의 한국사회 조기적응과 다문화가족의 안정적인 가족생활 지원이다. 이러한 생애주기별 맞춤형 서비스 정책과제를 근간으로 하여 다문화가족지원센터를 비롯한 관련 기관의 다문화가족을 위한 사업 방향을 정하고 있다. 다문화가족을 위한 생애주기별 맞춤형 서비스의 내용은 ① 국제결혼 과정의 인권보호와 교육프로그램 시행, ② 결혼이민자의 조기적응과 안정적 생활지원, ③ 다양한 매체를 통한 한국어교육, ④ 위기개입 및 가족통합교육, ⑤ 다문화가족 자녀의 양육·교육 지원, ⑥ 결혼이민자의 경제·사회적 자립 지원, ⑦ 대국민 인식개선과 홍보, 그리고 ⑧ 다문화가족 실태조사 등이다. 이를 구체적으로 살펴보면 다음과 같다.

(1) 1단계: 입국 전 결혼준비기(국제결혼 과정의 인권보호와 교육프로그램)

- 국제결혼중개업 등록제 시행(2008년)
- 결혼중개업 표준약관 제정, 중개업자의 신상정보 사전제공 의무화 추진(2010년)
- 결혼중개업자 전문지식과 윤리의식 향상교육 시행: 결혼중개업제도, 인권보호, 소비자보호, 상담실무 등을 교육
- 입국 전 현지 오리엔테이션 프로그램 시행: 베트남, 캄보디아, 몽골 등 현지에 사전교육 프로그램 운영과 콜센터 설치(2010년)
- 한국인 예비배우자 결혼준비교육 시행

(2) 2단계: 입국 초 가족관계 형성기

① 결혼이민자의 조기적응과 안정적 생활지원

- 한국어교육, 문화이해교육, 가족통합교육, 상담 등 종합 서비스 제공
- 다국어판 생활·정책정보 매거진(Rainbow+, 연4회, 8개 언어, 회당 7만부), 한국생활 가이드북, 소비자 정보안내 책자 발간·배포, 다문화가족 포털 '다누리' 운영 등 한국생활 정보제공
- 의사소통 지원을 위한 통·번역 서비스 제공: 한국어가 유창한 결혼이민자(210명, 12개 언어)가 다문화가족지원센터에서 직접 통·번역 서비스 제공

② 다양한 매체를 통한 한국어교육

- 집합교육: 언어별·수준별로 세분화된 교육프로그램 시행, 전국 다문화가족지원센터에서 초1,2/중1,2/고급교육(5개반) 시행
- 방문교육: 다문화가족지원센터에서 '찾아가는 서비스 시행, 2009년 한글교육지도사 1,264명, 9,200 가정 지원
- 온라인교육: 한국디지털대학교와 2008년 1월 협약 체결
- 방송교육: 방송매체를 활용한 한국어교육 시행

③ 위기개입과 가족통합교육 시행

- 가정폭력 피해 상담·보호를 위해 이주여성 긴급전화 및 전용쉼터, 법률구조기관 등 관련기관 간 연계 강화: 이주여성긴급지원센터(1577-1366) 9개 언어 24시간 지원, 이주여성쉼터 18개소 운영
- 다문화가족지원센터와 방문교육지도사의 남편교육·상담기능 강화
- 결혼이민자·배우자·시부모·부부관계·부모자녀 등 가족관계 증진을 위한 가족통합교육 추진

(3) 3단계: 자녀양육 및 정착기

① 다문화가족 자녀의 양육·교육 지원

- 부모의 자녀 양육 능력 향상을 위해 아동양육 가정방문지도 시행
- 다문화가족 자녀 언어발달 지원: 언어발달 진단, 교육 프로그램 제공 (언어발달지도사 100여 명), 센터 내 다문화 언어교실 개설과 보육시설 파견서비스 제공
- 보육시설에서 사회정서증진 프로그램 등 다문화 프로그램 시행
- 다문화가족 자녀 이중언어 역량 개발
- 어릴 때부터 이중언어 사용을 통해 글로벌 인재 육성

(4) 4단계: 역량 강화기(결혼이민자의 경제사회적 자립 지원)

- 결혼이민자의 직업교육·훈련 시행(정보화교육 등)
- 통·번역 요원과 다문화강사 등 결혼이민자 적합 직종 개발: 다문화강사를 양성해 지역 내 보육시설과 초등학교 등에서의 활동과 연계 지원, 원어민 외국어강사를 양성해 지역교육청과 연계하여 보조강사로 활동할 수 있도록 지원, 통·번역사 등 이민자적합 직종을 개발
- 국가별 결혼이민자 자조모임 지원

(5) 전 단계: 다문화역량 강화

① 대국민 인식개선과 홍보

- 다문화가족 모니터링단 운영
- 다문화가족 포털사이트 '다누리' 운영
- 다문화 인식개선을 위한 콘텐츠 개발과 보급

② 다문화가족 실태조사 시행

- 전국규모의 다문화가족 실태를 조사·분석해 정책수립에 필요한 기초통계자료 확보와 맞춤형 서비스 개발
- 조사항목
  - 성별, 연령, 학력, 취업상태 등 가족구성원의 일반특성에 관한 사항
  - 소득, 지출, 자산 등 가족의 경제상태에 관한 사항
  - 자녀양육, 가족부양 등 가족행태 및 가족관계에 관한 사항
  - 의식주, 소비, 여가, 정보 이용 등 생활양식에 관한 사항
  - 가족갈등 등 가족문제에 관한 사항
  - 다문화가족 지원 관련 교육·상담 등 서비스 수요에 관한 사항
  - 그 밖에 다문화가족의 현황 및 실태파악에 필요한 사항

5. 다문화가족지원센터

다문화가족지원센터는 다문화가족 지원정책의 시행을 위하여 여성가족부장관이 지정한 지원센터를 말한다. 국제결혼가정과 우리나라에 체류하는 이주노동자 수가 늘어남에 따라 우리 사회는 다인종·다문화사회로 재편되는 과정에 있다. 다문화가족지원센터는 다문화가족지원법에 의거, 종전의 결혼이민자가족지원센터에서 다문화가족지원센터로 그 명칭을 변경하였다. 다문화가족지원센터는 2011년 6월 현재 전국에 171개소가 설치되어 있으며, 2012년 200개소로 확대될 예정이다. 여기에서는 여성가족부(2011)의 '2011년 다문화가족지원센터 운영가이드북'을 살펴본다.

1) 사업주체별 기능과 역할

다문화가족지원센터의 사업 추진체계는 2008년도까지 보건복지부에서 중앙건강가정지원센터로 다문화가족 지원사업을 위탁했던 것과는 달리, 2009년 1월 1일부터는 중앙건강가정지원센터 대신에 '전국다문화가족사업지원단'이 그 역할을 대신하게 되었다는 점이 큰 변화라 할 수 있다. 2009년부터 시행된 다문화가족지원센터의 사업 추진체계를 살펴볼 때, 전국 170여 개소 다문화가족지원센터를 비롯하여 다문화가족 지원사업을 총괄하는 여성가족부를 중심으로 시·도 및 시·군·구, 전국다문화가족사업지원단, 거점센터 그리고 지역센터로 이루어져 있다. 각각의 기능과 역할은 다음과 같다(여성가족부, 2011).

▸ 여성가족부
- 다문화가족 지원사업 총괄
- 센터 지정 및 운영관련 사업 안내 마련
- 시·도별 국비 배정 및 센터 설치 때 시·군 선정
- 센터 관리 및 거점센터 지정 및 관리

▸ 시·도

– 거점센터 추천, 운영 지원

– 센터 설치 시·군 추천

– 센터 지정 또는 지정권한 재위임

– 센터 운영 시·도비 및 운영 지원

▸ 시·군·구

– 센터 지정(시·도에서 권한 위임 시)

– 센터 운영 시·군·구비 및 운영 지원

▸ 센터지원단

– 거점센터, 지역센터에 대한 업무 및 지원 및 사업연계 도모

– 업무 매뉴얼 개발 및 보급

– 센터 사업 평가

– 사업 종사자 또는 다문화가족 지원 활동가 등 교육

– 지역센터 실적관리

– 사업 홍보, 정보제공 사업, 관련 홈페이지 운영 및 관리

– 기타 여성가족부에서 센터지원단에 요구하는 사항

▸ 거점센터

– 다문화가족 방문교육사업(한국어교육 및 아동양육 지원), 지도사 교육(양성·보수 교육) 지원

– 신규 센터 사업 및 운영 지원

– 센터 기본·특화 사업의 지역별 우수모델 개발 및 보급

– 거점지역 내 센터와 관련 기관 간의 네트워크 구축 및 운영

– 기타 여성가족부와 센터지원단이 방문교육 및 신규 센터 사업지원과 관련하여 요구하는 사항 등

▸ 지역센터

– 지역 다문화가족의 욕구조사 결과 및 지역 특성을 고려한 서비스 제공

– 방문교육 지도사 모집·파견·관리, 방문교육 대상자 시·군·구 추천

2) 다문화가족지원센터의 운영

(1) 다문화가족지원센터의 조직

다문화가족지원센터의 조직은 센터장과 전담인력 2명으로 구성되며, 거점센터에는 전담이력이 1명 추가된다. 센터장은 센터 운영과 사업을 총괄한다. 전담인력은 센터장의 지시를 받아 센터를 운영하고 사업을 담당하는데, 1명은 교육과 상담 등의 사업을 담당하고, 다른 1명은 홍보, 회계, 네트워크, 육아정보 나눔터 등을 담당 운영하게 되어있다.

(2) 시설기준

다문화가족지원센터의 시설기준은 우선적으로 공공 또는 법인·단체 소유의 시설을 활용하되 이용자 접근성을 고려해야 한다. 다문화가족지원센터에 필요한 시설로는 사무실(최소한의 전용공간 확보 33㎡)과 상담실 및 교육장, 그리고 육아상담·교육, 육아정보 제공, 센터 이용 시 자녀 일시 보호 등을 위한 육아정보 나눔터가 있다. 2009년부터 다문화가족지원센터는 육아정보 나눔터 공간을 반드시 확보해야 한다.

(3) 종사자 자격기준

다문화가족지원센터에서 근무할 수 있는 종사자는 센터장과 전담인력으로 나누어 볼 수 있는데, 그 자격기준은 다음과 같다.

▸ 센터장

– 관련 학과 석사학위 이상 소지자로서 실무경력 2년 이상인 자
– 관련 학과 학사학위 이상 소지자로서 실무경력 3년 이상인 자
– 실무경력 5년 이상인 자
– 자치단체 소속 5급 이상 공무원(직영에 한함)
(여기서 관련 학과란 가정학, 사회복지학, 여성학, 상담학 등 센터 운영과

관련이 있는 학과를 말하고, 실무경력이란 관련 업무인 사회복지, 가족지원, 가족상담 등에서의 종사 경력을 말한다.)

▸ 전담인력

- 건강가정사, 사회복지사, 가족상담사 자격요건을 갖춘 자
- 유사 자격요건(가족상담사를 제외한 상담사, 보육교사, 교원자격, 가정복지사 등)을 갖춘 자로서 실무경력 1년 이상인 자

3) 다문화가족지원센터의 사업

다문화가족을 위한 가족교육·상담·문화 프로그램 등 서비스 제공을 통해 결혼이민자의 한국사회 조기적응과 다문화가족의 안정적인 가족생활을 지원한다.

(1) 사업 개요

다문화가족의 안정적인 정착과 가족생활을 지원하기 위해 한국어·문화교육, 가족교육·상담, 자녀지원, 직업교육과 다문화인식개선 등 다양한 프로그램을 통합적으로 제공, 연계하는 원스톱 서비스를 시행한다.

(2) 주요 사업

① 방문교육사업

경제적 어려움이나 지리적 접근성의 문제로 집합교육에 참석하기 어려운 결혼이민자와 그 가족 대상으로 전문지도사를 양성, 가정으로 파견한다. 한국어지도사 혹은 아동양육지도사가 대상가정을 주 2회 2시간씩 방문, 지원하며, 구체적인 내용은 〈표 5-1〉과 같다.

〈표 5-1〉 방문교육사업 내용

사업명	사업내용
다문화가족 한국어교육	다문화가족의 언어소통 어려움으로 한국생활 조기정착 어려움을 해소하기 위하여 한국어교육 지도사를 파견하여 전문 상담을 통한 맞춤형 서비스 지원
다문화가족 아동양육지원	12세 미만의 아동을 양육하는 결혼이민자에게 아동양육 전반에 걸친 교육 및 상담서비스를 통해 아동양육 능력제고를 통한 가족통합 지원
임신 · 출산 지도 서비스	출산을 앞둔 결혼이민자에게 산전준비 및 산후 아동양육에 필요한 단기간의 출산 전후 서비스 제공

주: 2010년 다문화가정에 대한 서비스 제공기간은 총 10개월(2~6월, 8~12월).

② 통·번역서비스 사업

결혼이민자를 통·번역 전문인력으로 채용하여 의사소통이 어려운 결혼이민자에게 통·번역 서비스를 제공한다.

- 사업내용
  - 가족생활, 국가 간 문화차이 등 입국초기 상담
  - 결혼이민자 정착지원, 국적·체류 관련 정보제공과 사업 안내
  - 임신·출산·양육 등 생활정보 안내·상담 및 교육과정 통역
  - 가족 간 의사소통 지원, 위기 대응을 위한 통역 파견
  - 유치원·초등학교 등 알림장 번역, 학교 상담 시 통역 파견
  - 행정·사법기관, 병원 진료 등에 필요한 통역 파견
  - 기타 위기상황 발생 시, 전화·이메일 통·번역 업무 처리 등
- 서비스 이용방법: 해당 다문화가족지원센터 방문, 전화·이메일 신청
- 2009년 5월 현재 전국 38개 센터 58명 활동 중

③ 다문화 가족 자녀 언어발달 지원

다문화가족의 자녀에 대한 체계적이고 전문적인 언어발달지원을 통해 이들이 건강한 사회 구성원, 나아가 글로벌 인재로 성장할 수 있도록 지원한다.

▸ 사업내용

– 다문화가족 자녀 언어발달 전문인력인 다문화언어지도사를 다문화가족지원센터로 파견하여 서비스를 제공한다.

- 센터내방 자녀에 대한 자체 프로그램 운영
- 센터 인근 보육시설로 파견하여, 보육시설 원아인 다문화가족 자녀에 대한 언어교육 시행
- 2010년 4월 현재 전국 91개 센터에서 99명 활동 중

④ 이중언어교실 운영

결혼이민자 주요 출신국 언어수업을 통해 초등 및 미취학 아동들이 다문화 감수성을 지닌 글로벌인재로 성장하도록 지원한다.

▸ 사업내용

– 유치원~초등학교 재학생(1개반 당 10명 내외) 및 부모를 대상으로 베트남어, 중국어, 몽골어 등 이중언어교실 운영

▸ 2010년도 52개 센터에서 운영 중

(3) 센터프로그램

다문화가족지원센터의 프로그램은 〈표 5–2〉와 같다.

〈표 5–2〉 다문화가족지원센터의 프로그램

종류	사업명	사업내용 (목적, 대상, 내용 등)	비고 (사업예 등)
기본사업	한국어 교육	– 체계적인 한국어교육을 실시하여 결혼이민자들의 한국사회 적응을 돕고 안정적 조기정착 지원 – 결혼이민자 대상 수준별 반편성을 통한 단계별 한국어교육 시행(5단계 과정: 초급1 · 2, 중급1 · 2, 고급)	집합교육 방문교육 온라인교육 방송교육 병행
	다문화사회 이해교육	– 결혼이민자들이 가정, 지역사회 및 한국생활 전반에 대해 쉽게 적응할 수 있도록 지원 – 결혼이민자 대상 우리나라의 법률 및 인권, 결혼과 가족의 이해, 다문화가족생활교육 등을 강의 · 체험 방식 등을 병행하여 진행	

기본사업	가족교육	– 의사소통 미숙 및 부재로 인한 가족 간 갈등을 예방하고 가족구성원 교육을 통해 가족 내 역할 및 가족문화에 대한 이해력 향상 – 다문화가족 대상 가족전체 통합교육, 시부모교육, (예비)배우자교육, 자녀지원 프로그램 운영 등 다양한 교육 프로그램 진행	
	가족개인상담	– 결혼이민자와 그 가족의 문제를 파악하고, 심리 · 정서적 지원 – 부부 · 부모 · 자녀 · 성 · 경제문제 등 결혼이민자와 그 가족들의 문제를 파악하고, 심리 · 정서적 지원 및 정보제공	
	취 · 창업지원	– 결혼이민자의 사회 · 경제적 자립 등을 지원하기 위하여 인력양성 및 취업연계 등 맞춤형 취 · 창업 지원 – 취 · 창업능력 향상 교육프로그램 제공, 해당지역의 일자리제공 기관과 결혼이민자 연계 활동 등	
종류	통 · 번역서비스 자조모임	– 서비스 수요분석에 기반을 둔 센터 내 기존 프로그램 및 외부기관과의 연계를 통해 멘토 양성 · 활동 – 센터와 지자체 협력을 통해 법률지원, 가사도우미 등 서비스 영역별로 지역사회 인적자원을 활용하여 다문화가족 자원봉사단 구성 · 운영	
	멘토링, 자원봉사단 등 지역사회민간자원 활용 프로그램	– 결혼이민자들과 지역사회 구성원들이 다양한 문화를 체험하는 기회를 통해 서로에 대한 이해를 높이고 공동체의식 함양	
	다문화 인식개선 사업	– 결혼이민자들과 지역사회 구성원들이 다양한 문화를 체험하는 기회를 통해 서로에 대한 이해를 높이고 공동체의식 함양	
	지역사회 협력 네트워크 강화	– 지역사회 내 다문화가족 지원사업이 통합적, 체계적, 효율적으로 추진될 수 있도록 서비스 전달체계 구축 및 서비스제공기관 연계	

(4) 센터 이용 및 상담 관련 문의

① 대표전화: (국번없이)1577－5432(가까운 다문화가족지원센터로 연결)

② 홈페이지: http://liveinkorea.mogef.go.kr/mfsc.center

• 자료 5-2 •

▌경상남도이동다문화가족지원센터, 전국최초 도서지역 찾아가는 서비스 실시

경상남도다문화가족지원센터(운영법인 경남대학교) 이동다문화가족지원센터는 경남 도내 다문화가족지원센터 부재 지역 및 센터와 지리적으로 멀어 서비스에 소외된 다문화가족을 찾아가 가족교육, 자녀지원교육, 법률상담, 가족상담, 통·번역서비스, 이동도서관 등의 프로그램을 진행하고 있다. 이동다문화가족지원센터는 전국 최초이며 전국 유일한 센터이다.

이동다문화가족지원센터는 2010년 8월 개소 이후 경남 도내 다문화가족에게 다양한 서비스를 진행하고 있으며, 시범적으로 2011년 4월부터 매월 1회 통영시 섬지역인 한산면에 찾아가는 서비스를 제공하고 있다. 통영시는 섬이 많은 도서지역으로, 거주하고 있는 결혼이민자 및 다문화가족들이 교육의 사각지대에 놓여 있어 다문화가족 서비스에 소외되었으며 이에 이동다문화가족지원센터가 찾아가는 서비스를 실시하게 되었다.

이동다문화가족지원센터는 매월 1회, 한사면사무소 2층 회의실에서 한산면에 거주하는 결혼이민자 8명과 남편 및 가족들이 교육에 참여하고 있다. 적은 인원이지만 도서지역의 다문화가족이 지리적 접근성의 문제로 서비스에 소외되는 것을 최소화하며 다문화가족의 건강한 삶과 행복한 가족생활을 위해 앞으로 계속적으로 이동다문화가족지원센터에서 찾아간다.

출처: 경남우리신문(2011. 7. 13).

4) 다문화가족지원센터의 사업 방향

2007년도 다문화가족지원센터의 운영결과를 보면(중앙건강가정지원센터, 2007), 센터를 이용한 결혼이민자의 국적은 베트남, 중국, 필리핀, 일본 순으로 이 4개국 출신 참가자들이 총 이용자 수의 80%를 차지하였다. 기타 출신국은 카자흐스탄, 말레이시아, 인도, 호주, 캐나다, 미국 등으로 나타났다. 그리고 상담사업을 제외한 사업별 만족도는 다문화 인식개선사업이 가장 높았으며, 다음으로 한국어 교육, 가족 통합교육과 문화 정서사업, 자녀지원사업, 찾아가는 서비스 순이었다.

2008년도 다문화가족지원센터의 운영결과(보건복지가족부·중앙건강가정지원센터, 2008)를 보면, 연인원 60만 7,361명이 센터를 이용하였으며, 센터 사업 이용자의 약 51%가 한국어교육에 참가하여 모든 센터에서 한국어 교육이 가장 비중 있게 진행되었다. 그다음으로는 정서지원, 역량강화, 상담, 가족교육, 자조 모임, 우리 사회 이해교육 사업 순으로 사업을 이용하였다. 센터를 가장 많이 이용한 사람은 결혼이민자들이었으며, 다음으로 배우자, 자녀, 시부모 순이었다.

2009년에서 2015년까지 다문화가족지원센터의 중장기 발전 방향에 대하여, 보건복지가족부와 중앙건강가정지원센터(2008)는 다음과 같은 의견을 제시하였다(이선형·임춘희, 2009; 박주현 외, 2011).

- 다문화가족지원센터의 위상 제고를 위한 홍보활동, 정부부처 간의 업무 통일을 통한 일원화된 사업지침 마련과 언론 홍보
- 도시와 농촌 등 지역에 맞는 직업훈련과 기술교육 시행, 역량강화를 통한 창업과 취업 지원
- 결혼이민자 대상의 일회성 프로그램을 탈피하고 가족단위의 프로그램으로 특화사업 시행
- 다문화가족지원센터 중심의 지역사회 기관과의 네트워킹으로 대상자 요구에 맞는 전문기관으로 연계해 주는 역할 정립
- 결혼이주여성 자녀의 체계적인 이중언어 교육 활성화를 통한 다문화가족 자녀의 사회성 증진
- 일선 현장 실무자들의 사업의 비전과 목표에 근거한 분명한 역할 정립을 통해 지역주민을 대상으로 하는 인식개선사업과 네트워크 형성의 활성화
- 센터의 특색과 다문화가족의 특성에 맞는 서비스 지원, 장기적인 사업진행을 통한 서비스 지원

다문화가족지원센터는 정책 담당자와 센터 종사자들의 헌신적인 노력에 힘입어 비교적 단기간에 많은 사업성과를 내었다. 앞으로도 센터는 결혼이민자를 대상으로 한 한국어교육과 다문화사회 이해교육을 기본으로 하여 다문화가족을 대

상으로 한 가족 교육과 상담, 그리고 다문화가족을 위한 직업교육을 지속적으로 수행해 갈 것으로 예상한다. 또한, 2009년 1월에 발족한 전국다문화가족사업지원단을 본부로 하여 다문화가족을 위한 지역사회의 핵심적인 지원 전달체계로 자리잡아 가면서 다문화가족의 적응과 안정을 돕고 우리 사회가 건강한 다문화사회로 나아가는 데 디딤돌이 될 것으로 전망된다.

C · H · A · P · T · E · R 06

대한민국 다문화가정

1. 국제결혼가정의 현황과 어려움

1) 국제결혼가정의 형성

일반적으로 다문화가정에서 말하는 국제결혼가정은 모든 국제결혼가정을 의미하는 것은 아니다. 엄밀하게 말하면, 1990년대 이후 농촌 총각 장가보내기로 시작된, 결혼이주여성을 배우자로 맞이하여 가정을 이루고 자녀를 키우는 경우를 말한다. 최근 들어서 국제결혼가정은 농촌에 한정된 문제가 아니라 도시에서도 이제 빈번하게 접하게 될 정도로 많아졌다. 통계적으로 볼 때, 본격적으로 외국인 결혼이주민(특히 여성 결혼이주민)이 늘어난 시기는 1995년이고, 그다음 다시 한 번 급격하게 늘어난 시기는 2003년이다. 이 이후 한국에서 외국인 아내를 맞이하는 국제결혼은 전체 결혼 중 거의 10% 수준을 유지하고 있다.

배우자를 구하는 데 있어서, 오랫동안 지켜왔던 '단일민족 신화'를 버리기는 아까웠는지, 아니면 문화적 적응에 유리하다고 생각했는지 몰라도 2000년대 들어 행해진 국제결혼에서 외국인 아내의 국적은 대부분 중국 출신 조선족이다. 그다음으로 많은 국적은 베트남인데, 요즘 들어 베트남 신부의 비율은 조금 줄었고,

대신 캄보디아 신부가 늘어나고 있다. 이에 비해 한국인 아내가 만난 외국인 남편의 국적은 일본, 중국, 미국이 전체의 80%를 차지한다(구정화 외, 2010).

2015년 기준으로 한국 여성과 결혼해 살고 있는 외국인 사위(남성)가 총 2만 명을 훌쩍 넘는 것으로 조사됐다. 이 중 한국계중국인(조선족)이 3명 중 1명꼴이었다.

보건복지부(2015)의 '2015 보건복지통계연보'에 실린 '결혼이민자의 출신국별 현황'을 분석한 결과 2015년 기준 외국인 사위는 총 2만 2,801명이었다. 국가별로는 조선족이 7,446명으로 가장 많았다. 이어 중국 4,642명, 기타 3,945명, 미국 2,325명, 일본 1,223명, 캐나다 1,121명, 영국 683명 순이었다. 러시아와 우즈베키스탄 출신은 각각 78명, 72명으로 조사됐다. 인원이 가장 적은 국가는 8명인 한국계러시아인이었다. 외국인 사위의 국가별 비중은 최근 3년간 큰 변화가 없었다.

결혼이민자 중 외국인 사위는 2012년 2만 958명에서 2013년 2만 2,039명, 2014년 2만 2,801명으로 소폭 늘어나는 추세다. 외국인 사위는 다른 나라에서 온 외국인 며느리 12만 8,193명의 5.6분의 1 수준이다. 출신 국가도 3명 중 2명꼴로 중국이나 베트남 출신인 며느리와 달리 북미 비율이 비교적 높은 편이었다.

외국인 아내를 맞은 남성 10명 중 7명은 도시에서 살고, 3명은 농촌에서 살고 있다. 또한, 설동훈 등(2005)을 따르면, 결혼이주여성 75% 정도가 고졸 이상이고 결혼 이전에 10명 중 9명 정도가 취업 경험이 있으며 결혼한 남편의 직업은 전문경영인(25.7%), 사무직(12.2%), 서비스직(14.6%) 순으로 나타났다. 통계청(2008)에 따르면, 외국에서 온 신부를 맞이한 남성 10명 중 4명은 재혼하는 경우이고, 6명 정도가 초혼이다. 2000년만 해도 외국인 신부를 맞이하는 남성 10명 중 8명이 초혼이었으나, 2003년부터 재혼이 더 많아졌다(구정화 외, 2010).

2) 국제결혼가정의 자녀

국제결혼가정의 특징 중 하나는 출산율이 다른 가정에 비해 높다는 것이다. 유엔(국제연합)에서 2000년대 들어 전 세계로 결혼 이주한 여성의 합계출산율을 조사한 것을 국적별로 보면, 몽골은 4.45명, 필리핀은 3.22명, 우즈베키스탄은 2.70명, 베트남은 2.32명으로 대부분 2명 이상의 높은 출산율을 보여준다. 한국보건사회연구원 자료를 보면, 한국으로 온 결혼이주여성들도 보통 2~3명 정도의 자녀를 원하고 있어서 한국의 다른 가정에 비해 자녀수가 많은 편이다(구정화, 2009). 이에 따라 국제결혼가정의 자녀수는 지속적으로 증가하여 2011년에 외국인 자녀수가 15만 명을 넘어섰다. 행정안전부가 발표한 2011년 지방자치단체 외국인 주민현황에 따르면, 외국인과 한국인 부모 또는 외국인 부모 사이에서 태어난 미성년자는 모두 15만 1,154명으로, 2010년 12만 1,935명보다 23.9% 늘어났다. 3년 전(5만 8,007명)과 비교하면 2.6배나 증가했다(박주현 외, 2011).

학교에 다니는 국제결혼가정의 자녀(2008년 3월 기준)는 18,769명으로 2007년과 비교하여 39.6%가 증가하였다. 이들을 학교 급별로 보면, 초등학교에 84.2%, 중학교에 11.7%, 고등학교에 4%가 재학하고 있어서 초등학교 재학생 비율이 월등히 높다. 유치원의 경우 파악이 안 되어서 그렇지만, 현재와 같은 국제결혼가정의 자녀 증가 비율을 보면 그 비율이 매우 높을 것이다. 이들이 사는 지역별 비율을 보면 경기(20.7%), 서울(12%), 전남(10%), 경남(8.2%), 충남(7.9%) 순이며, 전체 국제결혼가정 자녀 중 56.4%가 시 지역에 살고, 읍·면지역에 사는 경우는 43.6% 정도이다.

결혼 이주민의 국적별 비율을 보면 일본(41.0%)이 가장 많고, 그 다음으로 중국(22.3%), 필리핀(14.3%) 등이다. 현재 국적 비율과 관련하여 일본인이 높은 비율을 차지한 것은 1990년대 초기의 국제결혼가정이 통일교라는 특정 종교 단체에 의해 이루어지면서 일본인 여성과의 결혼이 많았기 때문이다. 2000년대 들어 결혼이주여성의 국적이 중국과 베트남, 캄보디아 등으로 바뀌고 있다는 점에서 조만간 유치원 학령기 아동과 초등학생의 어머니 국적의 비율은 일본보다는 중국과 베트남, 필리핀, 캄보디아 등이 더 많아질 것이다. 또한, 국제결혼가정의 자녀수가 지속적으로 늘어나기에, 현재는 전체 학생 대비 0.1%를 조금 넘은 수준이지만, 2000년 들어 급격하게 국제결혼이 늘어난 점을 고려할 때 2010년대가 되면 전체 초등학생의 10%까지 될 것이며, 농촌지역은 30% 수준까지 도달할 가능성이 있다(구정화 외, 2010).

3) 국제결혼가정의 문제

(1) 문화적 차이로 말미암은 부부간 문제

국제결혼은 대부분 배우자에 대한 깊은 만남 없이 이루어지는 것이 현실이다. 보건복지부 자료를 보면, 결혼이주여성 중 남편과 한 번도 만나지 않고 결혼한 비율도 10명 중 1명꼴이나 된다. 국외로 가서 맞선을 보니 많은 돈이 들어가는 상황에서 오래 천천히 만날 수 없기 때문이다. 모든 다문화가정의 결혼이 그런 것은 아니지만 '외국 며느리를 얻을 수 있는 집은 그나마 부잣집'이라는 이야기가 공공연할 정도로 결혼 비용이 꽤 들어가는 편이다. 이 비용 부담을 줄여주고자 일부 지방자치단체에서 국제결혼을 하는 경우 300~ 500만 원 정도의 비용을 지원하는 조례를 발의했지만, 매매결혼을 합법적으로 지원하는 행위라는 비판을 듣기도 했다.

이러한 결혼 과정으로 말미암아 결혼이주여성이 제일 듣기 싫어하는 말은 "너는 내가 돈을 주고 사왔으니 내 말을 잘 들어야 한다."라는 것이다. 이처럼 국제결혼은 매매혼이라는 이야기를 들을 정도로 불평등 결혼 양상을 보인다. 그러나 결혼할 때 신부 측에 돈을 지불하는 많은 문화권의 사례를 보더라도, 그것을 지불하는 이유는 신부의 노동력을 더 이상 활용하지 못하는 처가에 대한 보상이거나 그것을 통해 양가족의 관계를 더 공고히 하고자 하는 것이지, 신부를 사왔으니 함부로 다루어도 된다는 것을 의미하는 것이 아니다. 그러나 가부장적인 한국의 문화에서는 이러한 문화를 이해하기 어렵다(구정화, 2009).

국제결혼가정에서 생기는 문제는 일부분 결혼이주여성의 출신국가와 우리나라

가족제도와 문화가 달라서 나타난다. 중국은 문화혁명을 통해 남녀평등 사회로 거의 전환되었고, 베트남과 필리핀, 인도네시아, 캄보디아 등의 국가는 가부장제인 한국과 달리 양변제(兩邊制) 가족제도가 대부분이다. 양변제는 부계와 모계를 모두 같이 존중하는 것으로 가족 안에서 부부가 상대적으로 평등하며 상보적인 역할을 한다(김민정, 2002). 또한, 양변제 가족제도에서는 부모와 자식 간에 강한 유대감이 있으며 형편이 어려운 형제자매에 대한 책임의식도 강한 편이다. 가족 내에서 부모 봉양은 아들보다 딸에게 더 책무를 강하게 주며, 이로 말미암아 딸도 성장하면 일자리를 찾는데, 이때 자신의 행복보다는 부모에 대한 책무를 더 강하게 생각한다.

이러한 양변제 국가 출신의 결혼이주여성은 대부분 가족을 위해 헌신하다가 혼기를 놓쳐서 경제적으로 더 나은 국가의 신랑을 선택한 경우이거나, 결혼 상대가 자신의 가족에게 경제적 도움을 줄 것이라는 약속에 따른 것이거나, 그 약속이 없더라도 한국에서 자신의 가족을 위해 자신이 일할 수 있을 것이라는 생각을 하는 경우가 대부분이다. 그러나 가부장제로 말미암아 전통적으로 결혼 후에 처가의 경제적 형편을 책임지는 일을 거의 하지 않는 한국에서는 이러한 신부의 생각을 이해하기 어려운 경우가 많다(윤형숙, 2004). 더구나 결혼했으면 한국 시댁의 문화를 따라야 한다는 가부장적 사고에 따라 결혼이주여성의 문화는 전혀 이해하지 않으려는 한국의 문화도 결혼이주여성을 힘들게 한다.

• 자료 6-1 •

▌국제결혼 3쌍 중 1쌍은 헤어져

고양에 사는 몽골출신 국제결혼이주여성 A씨(31)는 한 가정법률상담소에서 이혼상담을 받고 있다. 2004년 결혼한 한국인 남편(47)이 지난 4월 집을 나가라며 6살 난 아들과 함께 쫓아냈기 때문이다. 월수입이 100만 원이 채 되지 않는 남편은 결혼 초부터 생활비를 제대로 갖다 주지 않는데다 폭력과 폭행을 일삼아 왔다고 A씨는 말한다.

A씨는 "벨트, 프라이팬 등으로 머리, 얼굴을 마구 때리면서 경찰에 신고한 적도 있다."라며 "참고 살려고 했지만, 내쫓기까지 하는데다 아들에게도 폭행을 가하면서 이혼하기로 결심했다."고 말했다.

또 8년 전 한국인 남편(50)과 결혼한 베트남여성 B씨(26)는 가정폭력에 시달리다 못해 현재 이혼소송을 진행 중에 있다. 남편이 재혼하면서 데려온 아들(22)까지 폭행에 가담해 이혼에 이르게 된 것이다.

경기도 국제 결혼 및 이혼 건수

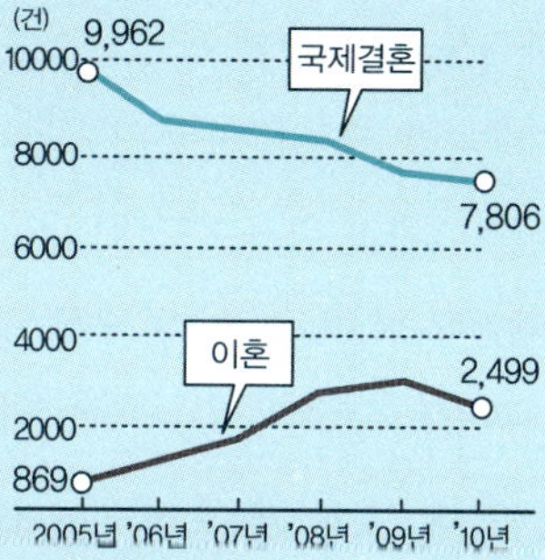

이처럼 외국인과 가정을 꾸린 다문화 가정이 늘어나면서 이혼도 급증하고 있다. 특히 연평균 국제결혼 건수가 늘지 않고 있는 상황에서 외국인 배우자 이혼건수는 크게 늘면서 대책 마련이 시급하다는 지적이다.

20일 경기도와 통계청에 따르면 현재 경기지역 결혼이민자는 4만 9천 800여 명으로 지난해 7천 800여 명의 외국인이 한국인 배우자와 결혼하는 등 최근 6년여간 해마다 7천~9천여 다문화가정이 꾸준히 생겨나고 있다.

이에 비해 이혼은 크게 증가, 지난 2005년 869건이었던 것이 지난해에는 2천 499건을 기록하면서 5년 새 3배 가까이 늘어났다. 지난해를 기준으로 할 때 국제결혼한 부부 3쌍 중 1쌍이 이혼하는 셈이다. 실제 수원가정법률상담소에서는 월평균 이혼상담 건수 400여건 중 10% 정도가 다문화가정 이혼상담인 것으로 나타났으며, 안산 다문화가족행복나눔센터에서도 이혼상담자 중 매달 3명 안팎이 이혼소송을 밟는 것으로 확인됐다. 이처럼 다문화가정 해체가 느는 데 대해 상담자들은 결혼이주여성을 인격체가 아닌 무시하는 풍조를 주(主)요인으로 꼽고 있다. 박윤선 수원가정법률상담소 소장은 "외국인과 결혼한 한국 남성이 결혼하며 드는 비용을 따져 결혼이주여성을 '사왔다'라고 여기는 등 인격적 모독을 서슴지 않는 경우가 많다."라며 "이들의 잘못된 인식을 개선하고, 문화차이, 소통문제를 극복할 수 있는 교육프로그램 등이 마련돼야 한다."라고 말했다.

출처: 경기일보(2011. 6. 21).

더구나 언어가 달라서 제대로 된 대화가 잘 이루어지지 않는 상태이다 보니, 국제결혼가정 중에서는 종종 문화적 갈등과 소통의 부재 등으로 말미암아 아내폭력 등의 문제가 제기된다. 2005년 보건복지부의 조사에서 결혼이주여성 4명 중 1명이 신체적 폭력을, 그리고 성 학대를 당했다. 여성가족부의 2007년 조사에서는 다문화가정의 부부폭력이 47.7%로, 비(比)다문화가정의 부부폭력 발생률보다 7.4%나 높았다. 이들이 경험하는 위험은 폭력에 그치지 않고, 종종 목숨까지 위험한 사건도 일어난다.

우리나라 다문화가정 인구는 2020년에는 74만 명 이상이 될 것으로 예상하는데, 이러한 추세와 함께 다문화가정의 이혼율 또한 이와 비례해 늘어나고 있다. 통계청의 2009년 혼인·이혼 통계를 살펴보면, 2009년 외국인과의 이혼은 1만 1,692건으로 총 이혼(12만 3,999건)의 9.4%를 차지했다. 2004년 국제결혼가정의 이혼 비율이 2.4%에 그친 것에 비하면 급속히 증가한 수치다. 이에 비해 2010년 혼인·이혼 통계를 보면, 2010년 총 이혼은 11만 6,900건으로 2009년보다 5.8%(7,100건) 오히려 줄어 감소하는 추세를 보이고 있다. 이주여성긴급지원센터에 따르면, 2010년 1~6월 전국적으로 접수한 상담 이유 중 '생활' 상담 다음으로 '이혼' 상담이 많은 건수를 차지했다. 그러나 모든 국제결혼가정이 다 이렇게 불행하고 문제를 가진 것은 아니며, 일부 가정은 경제적 어려움 없이 잘 지내고 있다(박주현 외, 2011). 사실 국제결혼가정 내부에서의 문제보다는 어쩌면 그들 자녀와 결혼이주여성 자신이 사회적으로 경험하는 다양한 어려움이 이들을 더 어렵게 만든다고 할 것이다.

(2) 자녀 양육과 교육의 문제

전통적으로 자녀 양육과 교육의 상당 부분을 엄마가 책임을 지는 한국에서 한국문화와 언어를 잘 이해하지 못하는 국제결혼가정의 엄마는 자녀의 양육과 교육에서 많은 어려움에 봉착한다. 한국인 남편은 출근을 하고 결혼이주여성이 자녀의 양육, 교육, 교우관계 전반을 책임지고 있는데 의사소통의 어려움으로 병원 진료를 받거나 교육기관과 대화하기 어렵다. 자녀가 말을 하기 시작하면서부터 결혼이주여성은 위기의식을 느끼며 한글공부에 매진하지만 부부갈등, 생활고, 양육과정에서 발생되는 돌발 상황 등으로 학습효과는 크게 기대하기 어렵다(이해령, 2005).

> "아이들이 문장 쓰기나 문장 이해하는 능력이 많이 떨어져요. 그건 전적으로 저의 영향이 크죠. 한국 온 지 17년이 되었어도 나도 한글 제대로 잘못 쓰니까. 일기를 쓰는데 도움을 못 주는 거예요. 그러니까 쓸 수 있는 만큼만 쓰고 쓰지 말라고 하죠. 독후감 같은 것도 그래요. 제가 봐 줄 수 있는 부분이 아니니까 어려서부터 대충 쓰는 흉내만 내다보니까 아직도 문장을 제대로 자신 있게 쓰질 못하는 것 같아요. 큰 애가 고등학교 1학년인데 걔는 아직도 그럽니다."(오성배, 2005a)

이렇게 어린 시기부터 체계적인 문장이해력과 작문 교육을 받지 못하여 생기는 언어 능력의 저하는 결혼이주여성의 자녀에게 이차적인 새로운 문제를 갖게 한다. 의사소통의 불명확성 문제는 자녀의 유아교육기관 취학률과 공교육 미취학 또는 중도탈락률, 유아기 가정교육 전체에 영향을 미친다. 설동훈 등(2005)의 연구를 보면, 결혼이주여성의 경우 자녀에 대한 설문에서 '미취학 자녀를 누가 주로 돌보는가?'에 대하여 37.6%가 '본인, 남편 또는 기타 가족'이라고 답하였고 '시설기관'에 맡긴다는 비율은 27.5%에 불과하였다. 이는 우리나라 가정의 5세 이하 미취학 자녀를 시설기관(유치원 또는 보육기관)에 맡기는 비율인 42.4%와 비교하여 현저히 낮은 수준이다(오성배, 2005a). 또한, 초등학교와 중·고등학교에서의 중도탈락률도 상대적으로 국제결혼가정 자녀가 매우 높아서 10%대를 웃도는데, 이 이유 또한 한국어 이해 부족인 경우가 많다.

언어 문제는 학교급이 올라가면서 더 문제가 된다. 오성배(2005b)는 한국어 소통이 원활하지 않은 어머니로 말미암아 자녀의 초등학교 입학 이후 자녀의 학업을 도와주지 못하는 문제에 부딪히며, 이와 더불어 기초학력 미달 비율도 전체 학생보다 5~7배 높은 것으로 나타나면서 교육에의 접근과정에서 기회 배분의 격차가 교육성취의 격차로 이어지고 있다고 주장한다. 결국, 이러한 교육성취 격차의 문제는 앞으로 학력 격차로 나타날 것이고 직업선택에서 차이를 가져올 것이며 종국에는 사회적 지위 격차로 연결될 것이다.

• 자료 6-2 •

▌피살 베트남여성 아기 결국 보육시설로

국제이혼 연 1만 건…, '다문화 기아' 사회 문제! 한국인 남편에게 살해된 베트남 여성의 갓난아기가 남은 가족의 외면으로 보육시설에 맡겨져 주위를 안타깝게 하고 있다. 이 남자 아기는 지난 5월 경북 청도에서 한국인 남편 임모(37)씨에게 살해당한 베트남 아내 황모(23)씨 옆에서 울고 있는 채 발견됐다. 당시 아기는 태어난 지 19일밖에 안됐다. 엄마 황씨는 결혼중개업체의 소개로 작년 4월 베트남에서 임씨와 결혼식을 올린 뒤 같은 해 8월 한국에 들어온 지 9개월 만에 부부싸움 끝에 비극적 죽음을 맞이했다. 사건 후 구치소에 수감 중인 아버지는 친권포기각서를 국선변호인에게 제출했으며, 친조부모도 아기를 양육할 의사를 보이지 않고 있다. 베트남에 사는 아기 외할머니는 후견인을 자청했지만, 자신이 직접 아기를 키울 형편은 아니어서 다른 친척에게 아기를 입양시키겠다는 의사를 표시한 것으로 알려졌다.

청도군다문화지원센터의 송근진 사무국장은 "미국에 사는 아기의 이모 할머니가 입양 의사가 있다고 전해 들었지만 경제적으로 어렵고 독신이어서 미국 제도상 입양 자격이 있는지 불확실한 상황"이라며 "어찌보면 남편과 아내가 서로 가해자이자 피해자지만, 이제 백일도 채 되지 않은 아이야말로 아무 죄 없이 가장 큰 피해자로 남아 있다."라고 말했다. 결국, 국제결혼 파탄의 희생자가 된 아기는 현재 보육시설에 맡겨져 있다. 아기의 친권포기 및 후견인 지정 소송을 돕고 있는 한 변호사는 "차라리 이 아이가 좋은 한국 가정에 입양될 수 있으면 좋겠다는 생각이 든다."라며 안타까워했다.

최근 다문화가정 증가와 함께 이들의 이혼도 늘면서 이 아기처럼 이렇게 버려지는 아동이 새로운 사회 문제로 등장하고 있다. 통계청의 '혼인·이혼통계'에 따르면, 한국인과 외국인 부부간의 이혼건수는 2000년에는 연간 1천 498건에 불과했지만 지난해에는 1만 1천 245건을 기록한 것을 비롯해 2008년 이후 매년 1만 건을 넘고 있다. 또 2000년 이후 작년까지 이들의 이혼 당시 미성년 자녀수는 총 8천 180명에 달한다. 이들이 모두 부모 양쪽 혈육에게서 버림받는 신세가 되지는 않았겠지만 버림받은 다문화가구의 아이가 늘어났을 것임에는 분명하다.

실제 서울시 아동복지센터에 입소했던 다문화가정 출신 보호 아동은 2008년 3명, 2009년 25명, 2010년 34명으로 매년 증가했고 올해 들어서도 지난달까지 이미

12명에 달했다. 이 센터의 이기영 소장은 “아직까지는 사회의 선입견이 커 다문화가정 출신 아동 중 입소 기간에 입양이 이뤄진 사례가 없었다.”라며 “이들은 모두 장기 양육시설에 넘겨지고 있다.”라고 설명했다. 대한변호사협회의 첫 다문화가정지원법률위원장을 맡은 김재련(38/법무법인 다온) 변호사는 “다문화가정의 아이도 거리낌 없이 입양하는 사회 분위기가 조성됐으면 좋겠다.”라고 바람을 피력했다.

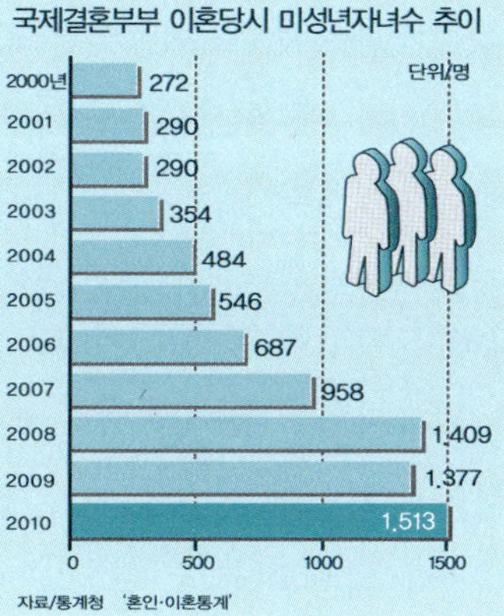

출처: 연합뉴스(2011. 8. 5).

(3) 사회적 차별과 정체성 문제

아이들의 언어 사용과 교육에서의 격차는 다른 문제도 만들어 낸다. 안 그래도 조금 다른 외모로 정체성 혼란에 빠지는 아이들은 교육의 격차로 말미암아 놀림을 받으면서 정체성 혼란을 더 경험한다. 그러나 국제결혼가정의 자녀가 경험하는 정체성 문제는 이뿐이 아니다. 인도네시아 출신의 어머니와 한국인 아버지 사이에서 태어난 성현이의 경우를 살펴보자. “왜 엄마는 인도네시아 사람이에요?”라고 묻는 성현이도 가끔 엄마가 다른 아이들처럼 그냥 ‘한국인 엄마’였으면 하는 생각을 한다. 그럼에도, 성현이는 인도네시아, 어머니의 나라에 대한 호기심과 애정을 억제하지 않았고, 그럴 수도 없다고 한다. 성현이는 인도네시아에서 열린 2007 아시안 컵을 열심히 시청하였고 그곳에 지진이 일어난 소식에 놀라며 인도네시아를 다룬 책과 텔레비전을 열심히 본다(서덕희, 2008). 성현이에게 엄마의 나라인 인도네시아는 또 다른 조국인 셈이다. 그러나 한국에서는 이러한 성현이의 정체성을 이해하지 않는다.

"엄마는 인도 사람이라 얼굴색이 갈색이라며 색칠하는 아들. 시내를 다닐 때마다 쳐다보는 따가운 시선이 너무 부담스럽다. 10년 전에 낯선 땅에 온 엄마는 아이들이 사람들의 시선에 상처받지 않고, 누구보다 강하고, 당당하게 살아갈 수 있기를 기원할 뿐이다."(서덕희, 2008)

그러나 이 기원은 이루어지지 않고, 코시안으로 구분되어 불리는 이 아이들은 다른 피부색으로 놀림을 받으면서 자신의 정체성을 고민한다. 다문화가정 자녀 중 사회적 차별의 시선에 의한 것이든지, 아니면 한국에서 이방인으로 있는 어머니 나라에 대한 어쩔 수 없는 관심 때문인지는 몰라도 한국인으로의 정체성에 혼란을 느끼는 비율이 높다. 보건복지부의 자료를 보면, 국제결혼가정 자녀 중에서 자신을 한국인이라고 인식하는 아이들은 단지 17%이고, 외국인이라고 생각한 아이들이 더 많아서 43%나 된다. 한국인이라는 인식보다는 외국인이라는 인식 비율이 더 높은 것을 보면, 한국에서의 편견과 차별이 국제결혼가정 자녀의 조국을 빼앗고 정체성 형성에 혼란을 주고 있는 셈이다.

특히 외국인을 바라보며 가난한 나라와 부자 나라 출신으로 구별하는 계층적 인식까지 담긴 차별적 시각은 대부분 인도네시아, 베트남, 캄보디아 등의 동남아시아 국가와 옛 소련 지역 독립국 출신의 어머니를 둔 아이들에게는 혼혈과 가난한 나라 출신이라는 이중적인 차별의 시선 때문에 더 고통을 겪는다. 동남아시아 출신인 결혼이주여성의 결혼에 관한 이야기를 접하고는 "너희 엄마는 돈으로 팔려왔다."라고 놀리는 아이들도 있다고 하니 그 자녀가 겪는 어려움은 짐작하기 어려운 경우가 많다. 더구나 피부색이 조금만 검어도 아프리카인 혹은 검둥이라고 부르며 놀리는 한국 아이들의 차별적 표현은 정체성 문제를 넘어 아이들의 학교생활과 같은 사회생활조차 어렵게 하는 요소이다.

(4) 법과 제도의 문제

결혼이주민의 가장 큰 법적인 문제는 국적취득과 관련한 것이다. 국적 관련 문제는 두 가지 측면에서 살펴보아야 한다. 그 자녀의 경우와 상대 배우자의 국적

취득의 문제이다. 기본적으로 부계혈족을 강조하는 한국에서 국제결혼의 배우자 중 아내가 외국인인 경우에 자녀의 국적 취득은 쉽지만, 남편이 외국인인 경우 그 자녀의 국적 취득은 1997년 이전까지는 불가능하였다. 그러나 1997년에 국적법이 개정되어 국적부여 방식을 부계혈통주의에서 부모양계혈통주의로 확대하면서 가능해졌다.

그러나 여전히 결혼이주민은 한국 국적을 가진 배우자와 결혼을 했다고 하더라도 쉽게 국적을 취득하는 것은 아니다. 2004년 국적법의 일부 조항을 개정하면서 혼인에 따른 귀화조건을 간소화하였다. 이전의 국적법에 따르면, 대한민국의 국민과 혼인한 외국인이 한국인으로 귀화하려면 혼인한 상태로 2년 이상 대한민국에 주소가 있거나 혼인 후 3년이 지나고 혼인 상태로 한국에 1년 이상 주소를 두는 경우에만 가능했다. 그러나 개정된 국적법으로는, 본인의 귀책사유 없이 혼인이 파탄된 경우와 미성년자를 양육하는 경우를 간이귀화요건에 포함함으로써 귀화 절차를 다소 완화하였다(박성혁, 2009). 그럼에도 여전히 국제결혼 후 몇 년간은 외국인으로 지내야 하는 문제가 남는다.

최근에는 몇 가지 새로운 법을 통해 결혼이주민을 도우려는 방안도 논의되고 있다. 우선 2007년에 만들어진 '재한외국인 처우 기본법'을 보면, 결혼 이민자와 그 자녀에 대한 조항을 설정하여 다음과 같은 내용을 제시하고 있다.

> 제12조(결혼이민자 및 그 자녀의 처우)
>
> ① 국가 및 지방자치단체는 결혼이민자에 대한 국어교육, 대한민국의 제도·문화에 대한 교육, 결혼이민자의 자녀에 대한 보육 및 교육 지원, 의료 지원 등을 통하여 결혼이민자 및 그 자녀가 대한민국 사회에 빨리 적응하도록 지원할 수 있다.
>
> ② 제①항은 대한민국 국민과 사실혼 관계에서 출생한 자녀를 양육하고 있는 재한외국인 및 그 자녀에 대하여 준용한다.

그러나 동법 제12조 제①항의 서술어가 "해야 한다."라는 의무조항이 아니라 "할 수 있다."라는 가능조항으로 규정되어 있어 법의 실효성에서 한계가 있다. 또한, 2008년 9월부터 시행된 '다문화가족지원법'은 결혼 이민자 및 그 자녀로 구성되는 다문화가족의 언어 및 문화적 차이에 따른 어려움을 줄이기 위한 것으로, 평등한 가족 관계의 유지, 가정폭력 피해자 보호·지원, 아동의 보육·교육에서는 아동의 언어발달을 위하여 한국어 교육에 대한 지원 규정(동법 제10조)은 있지만, 결혼이주민인 부모의 언어에 대한 교육 등을 지원하는 방안 등은 다루고 있지 않아서 여전히 문제가 된다.

자료 6-3

▌어긋난 국제결혼 원인은 돈, 해법은 비영리 결혼중개인데…

30일 서울 관악구 청룡동 명락사 내 명락빌리지에서 만난 한 중국 출신 이주 결혼 여성(32)이 한국인 남편과의 사이에서 난 딸(6)을 안고 우두커니 앉아 있다.

이 여성은 한국어가 서투르고 한국 문화에 적응을 못한다는 이유로 남편에게 이혼 요구를 당했다. 베트남인 A씨는 2008년 결혼정보업체를 통해 한국인 B씨(48)를 만났다. 당시 나이는 21세. 평소 TV드라마를 보며 한국을 동경해 왔던 A씨는 한국에 가면 형편이 어려운 부모님을 도울 수 있으리라 생각했다.
하지만, 현실은 달랐다. 재혼이라던 남편은 3번째 결혼이었다. 슈퍼마켓을 운영하며 넉넉하지 않은 살림에 아이도 4명이나 됐다. 방 2칸짜리 다가구 연립주택에서 시작된 신혼살림. 경제적 어려움은 견딜 만했지만 남편의 폭력이 시작되며 결혼생활은 파탄이 나버렸다. 집 밖에도 나갈 수 없었고 폭력도 지속됐다. B씨와의 사이에서 아들까지 낳았지만 그는 A씨와 아들에게 먹을 것도 주지 않고 감금했다. 밖에 나오지 않는 새댁을 이상하게 여긴 이웃의 신고로 경찰이 A씨를 구조했다. 병원에 간 아들은 영양실조에 걸린 상태였다.
법무부 자료를 따르면, 2010년 6월 현재 국내에 머물고 있는 결혼이민자는 모두 13만 7,000명으로 2003년 4만 4,000명에서 7년도 안 돼 3배 가까이 늘어났다. 그만큼 부작용도 커지고 있다. 얼마 전 베트남 여성 살해사건이 단적인 예다.

2층짜리 건물과 방 14개를 갖춘 이곳은 이혼으로 갑자기 거처를 잃은 결혼이민 여성 10여 명이 거주하고 있는 곳이다. 이곳에서 들은 국내 결혼이민 여성의 삶은 충격적이었다. 대부분의 경우 갈등의 원인과 시작은 돈이었다.

결혼중개업체를 통해 외국인 여성과 결혼하고자 하는 국내 남성들은 형편이 어려운 경우가 대부분이다. 반면 대부분 저개발국가 출신인 여성들은 어려운 가정형편에 도움을 주기 위해 한국행 비행기에 오른다. 첫 단추부터 잘못 꿴 채 결혼생활을 시작하는 부부가 많은 것이다. 결혼중개업체들이 받는 수수료는 갈등을 증폭시킨다. 남편들은 1,000만 원이 넘는 거금을 들였단 생각에 친정 생각이 가득한 외국인 부인이 마음에 들지 않는다.

국내 체류 중인 결혼 이민자 현황

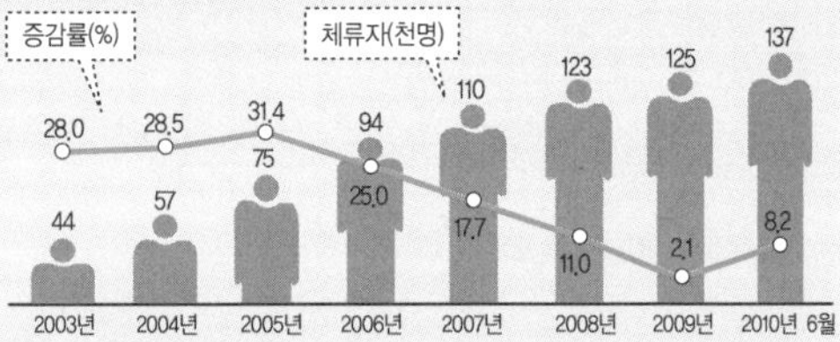

자료-법무부, 증감률은 전년 대비 수치임.

처음부터 돈이 연계된 결혼이니 애정이 깨지는 경우는 다반사다. 캄보디아에서 온 C씨(27)는 일사천리로 결혼이 진행됐지만 요즘 남편의 의심이 커졌다. C씨가 한국어를 배우고 일할 기술까지 배우면 도망갈 것이라는 생각 때문이다. 남편은 결혼 직후부터 아내 임신에 집착했고 학원에서 한국어를 공부하고 나오면 바로 집으로 데려왔다. 친구들과도 이야기를 못하게 했다.

베트남 여성 살해사건처럼 정신병력이 있는 남편과 결혼을 시키는 등 검증이 안 된 사람과의 결혼이 버젓이 이뤄지고 있지만 이를 막을 장치가 부족하다는 지적도 많다. 현재 국내에 등록된 국제결혼업체는 모두 1,250여 개로 수수료 챙기기에만 급급한 영세업체가 난립해 있다. 인성이나 병력 등의 문제는 우선 고려 대상이 아니다. 현지 브로커 사정은 더 심각하다. 동남아 지역은 결혼중개업 자체가 허가가 안 되기 때문에 개인 브로커에 의해 일이 진행되는 경우가 많다. 익명을 요구한 7년차 결혼이민자 D씨는 "시집 올 때 현지 중개업체에선 한국 영사관에서 무슨 질문을 해도 무조건 '예'만 하라고 교육시킨다. 비싼 돈까지 지불했는데 혹시 거절될 수 있다며 은근히 겁을 준다."라고 말했다. 정부는 11월부터 국제결혼 중개업자가 양쪽 결혼 당사자들에게 혼인 경력, 건강 상태, 직업, 범죄 경력 등 신상 정보를 제공하도록 하는 대책을 내놨지만 현재의 영리 목적 결혼 브로커가 존재하는 한 실효성이 작을 것이란 지적이 많다.

전문가들은 비영리 단체를 통한 결혼 중개가 필요하다고 지적한다. 김사무총장은 "대만도 과거 한국과 비슷한 문제로 고민을 하다 결국 비영리 사단법인이나 재단법인에만 국제결혼 중개를 허용하도록 했다"며 "한국에서도 고려해봄직한 대안"이라고 말했다.

이주 여성에 대한 보살핌도 중요한 부분이다. 명락빌리지를 운영하는 무원 스님은 "다문화 여성이 돈만 생각하고 결혼할 것이 아니라 한국어와 한국 문화에 대한 이해를 먼저 하는 것이 중요하다"며 "서로 문화를 이해할 수 있도록 언어와 문화를 배우는 법적·제도적 장치를 국가에서 만들어 줘야 한다."라고 말했다. 그는 "이주여성 결혼 문제가 불거지면 국제사회 위상도 저하될 수 있다."라며 "출입국 규제가 아닌 복지 차원의 접근이 필요하다."라고 말했다.

출처: 매일경제(2010. 7. 31).

2. 이주노동자가정의 현황과 어려움

1) 이주노동자 자녀 현황

한국의 이주노동자 자녀 현황을 제대로 이해하기 위해서는 실제로 한국에 이주노동자가 들어오기 시작한 1987년의 상황을 살펴보아야 한다. 이 시기에는 이주노동자에 대한 별다른 정책도 없었고 소수의 미등록 이주자들이 정착하는 것에 대하여 사회적으로 관심을 두지도 않았고 방관하는 상태였다. 그러나 정부의 방관은 곧 끝났으며 1991년 산업연수제도를 통해 공식적으로 이주노동자에 대한 외국 인력 정책을 내놓은 후 15년간 외국인 노동자에 대하여 이주 노동을 '불허'하는 정책을 고수하였으며, 2004년에 고용허가제를 통해 제한적인 방문 노동을 허가하는 외국 인력 정책을 수용하였다(오경석, 2007). 이런 한국의 외국 인력 정책을 단계별로 정리하면 다음과 같다.

이렇게 제도가 달라지는 과정에서 이주노동자뿐만 아니라 불법 체류자도 늘어가고 있다. 또한, 기본적으로 이주노동자 정책에서 '가족 동반 불허'를 내세우는 한국에서 이주노동자 중 가족을 형성하고 사는 가정도 생겨나고 있다. 이러한 정책으로 말미암아 국제결혼가정과 달리 이주노동자가정의 자녀수는 그렇게 많은 편이 아니다. 2008년 현재 교육과학기술부가 파악한, 학교에 다니는 이주노동자가정 자녀는 1,402명으로 2007년과 대비할 때 15.9%가 증가하였다. 기본적으로 국내법에 의해 보호를 받지 못하는 이주노동자의 형편으로 말미암아 이주노동자가정의 자녀 중에서 어느 정도의 비율이 학교생활을 하는지 파악하는 것도 어렵다. 다만, 현재 재학 중인 학생만을 대상으로 보면, 학교급별로는 초등학교 학생이 70.0%, 중학생이 22.4%, 고등학생이 7.6%이다. 지역별로는 서울(38.2%)과 경기(30.6%) 지역이 많아서 수도권에 거의 70% 정도가 몰려 있으며, 그다음으로 전북(8.0%)과 경남(7.7%)에 많은 편이다.

이들 부모의 국적을 보면 가장 높은 비율이 몽골(26.2%)인이고, 그다음으로 일본(22.0%)과 중국(20.3%) 등의 분포를 보인다. 현재 '외국인 근로자의 고용 등에 관한 법률'에 따르면, 고용허가제 대상 국가가 정해져 있는데, 기본적으로 필리핀, 몽골, 스리랑카, 베트남, 태국, 인도네시아, 우즈베키스탄, 파키스탄, 중국, 캄보디아, 방글라데시, 키르기즈스탄, 네팔, 미얀마 등이어서 일본과 미국을 비롯한 몇몇 국가 출신 이주노동자 자녀는 이주노동자의 '자녀 동반'이 금지되지 않은 다른 경우로 보아야 할 것이다. 이주노동자가정의 자녀 중 몽골 국적의 학생 자녀가 특히 많은 이유는 몽골은 가족 단위의 이주를 중시하는 점과 다른 민족에 비해 학교 교육열이 높다는 점이 복합적으로 작용한 것으로 추정된다(구정화 외, 2010).

2) 이주노동자가정과 그 자녀의 어려움

기본적으로 이주노동자의 경우 한국어와 한국문화에 익숙하지 않아서 생기는 소통의 문제가 있는 편이다. 그러나 이러한 소통의 문제보다 이들을 더 힘들게 하는 여러 가지 문제가 생각보다 많다.

(1) 사회적 인식의 문제

기본적으로 한국 사회에서는 불법체류자를 비롯하여 이들 이주노동자에 대해서 저임금 노동을 위해 입국시켰다는 사회적 인식으로 말미암아 이주노동자를 대한민국의 머슴으로 보는 시각이 많았으며, 이에 따라 심하게는 합법적인 현대판 노예제라는 비판을 받을 정도로 비인권적인 차별과 질시의 시선을 거두지 않았다(한건수, 2004). 이에 더하여 최근에는 한국 내 경제적 어려움으로 불법체류자를 비롯한 이주노동자가 한국인의 일자리를 빼앗아 갔다는 시선과 더불어 범죄에 연루된 외국인 사건을 공공연히 이야기하면서 한국에서 이주노동자와 그 가정을 보는 시선은 더 불편해졌다.

여아 성폭력 문제, 살인 사건, 심지어 중국의 조직폭력배들이 한반도를 근거지로 삼았다는 이야기 등으로 이주노동자의 범죄는 다양하게 뉴스로 또는 풍문으로 생산된다. 실제로도 외국인이 연루된 범죄는 조금씩 증가하는 양상이다. 법무부에 따르면, 2003년에서 2007년 사이 이주노동자는 67만 8,687명에서 103만 1,757명으로 1.52배 늘어났는데, 외국인이 저지른 범죄는 6,144건에서 1만 4,524건으로 2.36배 증가했다고 한다. 특히 외국인에 의한 여성의 성폭행 문제는 2003년 49건에서 2007년 114건으로 늘어나서 이 또한 2.3배 정도 증가했다. 그러나 실제로 2005년의 경우를 보면, 전체 범죄 중 외국인 범죄자는 0.42%였고, 우리나라 전체 인구 중 외국인이 1.05%라는 점을 비교하면 외국인 범죄의 비율이 높다고 할 수 없다(박경태, 2008).

이주노동자 범죄와 관련하여 그들이 왜 범죄를 저지르는가에 대해서도 사회적 논쟁이 있다. 이주노동자를 지원하는 견해에서는, 이주노동자들이 성폭행을 비롯한 범죄에 가담하게 되는 것은 이들이 당하는 차별과 가족과 떨어져 살아야 하는 환경적 특성 때문이므로, 가족 동반 체류를 허용하고 이들에 대한 사회적 차별을 개선해야 한다고 말한다. 그러나 다른 편에서는 외국인 범죄의 대부분은 불법체류자가 저지른 것인바 불법 체류자 단속을 제대로 하지 않은 결과로, 한국인 노동자의 취업도 어려워질 뿐만 아니라 범죄가 활개치는 것이므로 불법체류자를 철저하게 단속하여 뿌리 뽑아야 한다고 주장한다. 이렇게 이주노동자 중에서도 특별히 불법체류자를 범죄자와 같은 시각에서 보는 것은 이주민에 대한 계층적인 시각이 같이 개입되기 때문이다. 아시아 등지에서 온 이주노동자를 바라보는 차별적 시각은 그 자녀에게도 그대로 전이되는 경우가 많다(한건수, 2008).

> "한국에서 나쁜 거는 괴롭히는 거예요. 우리 집 위에 사는 형들이 이리 와보라고 해서 갔는데, 돈 있냐고 해서 없다고 하니까 때렸어요. 발로 막 차고요. 학교 다닐 때도 친구들이 괴롭혀서 선생님에게 말했어요. 선생님이 저 괴롭힌 한국 애들 반을 바꿨어요. 그리고 한국 학교 관뒀어요."(몽골, 남, 10세)

(2) 자녀 양육과 교육의 문제

기본적으로 이주노동자가정에서 자녀를 양육하고 교육하는 데 있어서 법적, 제도적으로 상당한 제한을 받는 어려움 이외에 현실적인 어려움도 많이 경험한다. 우선 이들이 한국에서 자녀를 출산하게 되면 현재의 국적법으로 말미암아 출생신고를 못 하고 아이는 무국적자가 되며, 이는 양육의 어려움으로 이어진다. 대부분 이주노동자는 부부가 같이 일하는데 자녀가 무국적자이기에 공공서비스 기관이나 교육기관에 아이를 맡기거나 입학시킬 수 없어서 아이 양육과 교육에 어려움이 수반되기 때문이다(우희숙, 2009a). 국제결혼가정 자녀와 달리 한국어 능력이 더 저조하고 대부분 자신의 나이보다 더 낮은 학년에서 공부해야 하는 등의 현실로 말미암아 학교생활에 잘 적응하지 못한다. 김정원 등(2005)의 연구에서 학령기 자녀를 둔 이주노동자 부모들이 바라는 점은 바로 자녀가 학교에 안정적으로 정착하는 데 기본적으로 필요한 한국어 교육, 한국 친구 사귀기, 숙제 및 교과 공부나 시험 준비에 대한 도움, 그리고 나이에 맞는 학년 배치 등이었다.

이주노동자가정의 자녀가 한국에서 학교생활을 하게 될 때 자녀가 한국어를 습득하면서 그나마 한국에서 살아가기가 쉬워진다고 긍정적인 평가를 하는데(우희숙, 2009b), 한국어를 배웠다고 하여 모든 것이 해결되는 것은 아니다. 실제로 그 자녀가 학교에서 학습하는 과정에서 다양한 문제가 나타난다. 교과서에 서술된 단일민족 논의나 국가주의적 관점에 따른 교과 내용 등으로 말미암아 수업시간에 작은 마찰이 일어나기도 한다. 삼별초 항쟁을 배우면서 경험한 몽골 이주노동자 가정 자녀의 이야기는, 한국 학교 교육의 내용과 방법에서 다문화적 관점의 필요성을 언급한다. 이주노동자가정의 자녀가 단순히 한국 학교에 다니는 방안을 고려하고 이들에게 그들 자신의 언어와 더불어 한국어를 모두 배우도록 하여 학교에 적응하도록 한다고 해서 이들의 교육문제가 끝나는 것이 아님을 알 수 있다(한건수, 2008).

"사회시간에 몽골에 대해 선생님이 말했어요. 몽골이랑 한국이랑 싸워서 몽골이 졌다고 하니까요. 애들이요. 몽골이 졌으니까. 음…. 그거 뭐라고 하지? 애들이 무시하고. 너희 몽골이 우리 한국보다 더 낮다고 그래요."(몽골, 여, 14세)

(3) 노동과 의료 등 인권적인 문제

2004년 외국인에 대한 고용허가제가 시행되면서 이전보다 임금 체납이나 비인간적인 근로 현장과 같은 나쁜 조건은 많이 개선되었지만, 이는 어디까지나 합법적인 이주노동자가 누릴 수 있다. 불법체류자는 여전히 어려운 상황에 놓여 있다. 이렇게 합법적으로 근로의 권리를 인정받지 못하는 현상은 이주노동자가정의 자녀가 청소년이 되어 학교에 다니기 어려워지면서 그 자녀에게 세습된다(설동훈 외, 2002; 한건수, 2008).

"시비를 거는 아이를 때렸다가 싸움이 커져서 학교를 관두고 집에서 놀다가 아르바이트를 하기 시작했다. 전단지를 붙이기도 하고 주유소에서 주유원으로 일하기도 했다. 지금은 OO회사에서 아침 9시부터 저녁 7시까지 일한다. 지퍼 만드는 공장인데 일이 힘들거나 위험하지는 않다. 한 달에 80만 원을 받는데 시다로 일할 때도 80만 원을 받았다. 일하는 시간이 늘었지만 월급을 더 주지 않는다. 일 시작할 때 사장님한테 열일곱 살이라고 말했는데 아무런 말이 없었다."(몽골, 남, 17세)

18세 미만인 청소년의 경우, 부모의 허가 없이 노동하는 것은 불법 행위이다. 우리나라는 청소년 보호를 위해 18세까지는 가능한 근로권을 제한하기 때이다. 더욱 문제인 것은 불법 노동에 따라 건강이나 의료에서 문제가 생기는 것이다. 고용허가제가 시행되고 나서는 합법적인 이주노동자는 의료나 산재보험을 받을 수 있음에도, 병원비 부담을 걱정하여 적절한 치료를 받지 못하여 병을 더 악화시키는 예도 있다. 이렇게 합법적인 근로자도 병원비 문제로 어려움을 겪는데, 불법체류자가 되어 버린 이주노동자 가정의 청소년은 합법적인 건강보험에 따른 보장이 불가능하다는 점에서 의료의 사각지대에 놓이게 된다. 특히 단순한 건강상의 문제뿐만 아니라 작업장에서 일어날 수 있는 산재도 보장받지 못하는 등 해결해야 할 문제는 아직도 많다.

(4) 법과 세도 문제

기본적으로 이주노동자의 도입에 근거가 되었던 산업연수제도는, 고용 회사의 측면에서 볼 때 이주노동자들이 실제로 노동을 하면서도 노동자로서 인정받지 못하는 법적인 모순을 경험했다. 그나마 그들의 노동을 '근로'로 보는 관점에서 '외국인근로자의 고용 등에 관한 법률'에 따라 2004년 시행된 고용허가제도 이런 문제를 완전히 해결한 것은 아니었다. 고용허가제는 3년간의 취업 기간을 보장하며 3년간의 의무 근로 기간이 끝나고 재고용확인서를 발급받으면, 1달간 출국하였다가 재입국해서 2년간 체류하는 '3년+2년 방식'으로 운용되어, 그들은 재취업을 위해 비용을 추가로 부담하여야 했다. 그러다가 지금은 입국일로부터 3년의 취업활동 기간이 끝나기 전에 사용자가 고용노동부 고용센터에 재고용을 요청하면 1년 10개월간 그 근로자의 취업활동 기간을 연장할 수 있다. 즉, 4년 10개월간 근무하고 나서 계약을 종료하는 것으로 법률이 개정되었다. 이는 합법적으로 5년 이상 체류 시 영주권 신청 기본 자격을 주기 때문에 정부는 고용허가제를 정책적으로 운용하고 있는 것이다.

이주노동자와 관련하여 가장 큰 법적인 문제는 20여 년이나 된 한국의 외국인 노동자 정책과 관련하여 변하지 않고 한결같이 유지하고 있는 '가족 동반 불허'의 원칙이다. 이 원칙은 사실 이주노동자가정 자녀와 관련하여 다양한 문제를 일으킨다. 가족 동반이 불법이기에 그 자녀의 경우 의료나 교육의 사각지대에 놓이게 되는데, 그나마 이를 바로잡아 주는 것이 국제법이다. 기본적으로 인종차별 금지와 외국인의 권리를 강조하는 협약 중 대표적인 것은 세계인권선언에 기초한 '경제적·사회적 및 문화적 권리에 관한 국제 조약([A 규약], 한국 1990년 비준)'이 있으며, '모든 형태의 인종 차별 철폐에 관한 협약(한국 1984년 비준)'과 '난민의 지위와 관한 협약(한국 1992년 비준)'이 있다. 또한, 다문화가정 자녀와 관련한 구체적인 협약은 '유엔아동권리협약(1991년 비준)'과 '모든 이주노동자와 그 가족의 권리보호에 관한 협약'이다. 그러나 이 모든 협약이 다 실행되는 것은 아니다.

1989년에 채택된 유엔아동권리협약에 한국은 1991년 가입하여 국내법과 동일한 효력을 가지게 되었다. 협약에서는 몇 가지 측면에서 다문화가정 자녀와 관련한 조항을 설정하고 있다. 가장 대표적인 조항은 '무차별의 원칙'이라고 불리는 제2조인데, 특히 제①항에서 "당사국은 자국의 관할 내에 있는 모든 아동에게 부모 혹은 법적 보호자의 인종, 피부색, 성, 언어, 종교, 정치적 혹은 다른 견해, 민족적, 인종적 혹은 사회적 출신, 빈곤, 무능력, 출생 그 외의 여타 신분에 관계없이 어떠한 차별도 받지 않고 이 협약에 규정된 권리를 존중하고 보장받아야 한다."라고 명시하여 한국 땅에 거주하는 다문화가정 자녀에게 어떠한 차별도 있어서는 안 됨을 명시하고 있다.

유엔아동권리협약에는 구체적으로 부모와 살거나 만날 권리를 통해 다문화가정(특히 이주노동자)의 자녀가 부모와 개인적인 관계를 유지하도록 하고 있다. 제10조 제②항을 보면, "부모가 타국에 거주하는 아동은 예외적 상황 이외에는 정기적으로 부모와 개인적 관계 및 직접적인 면접 교섭을 유지할 권리를 갖는다. 이러한 목적에 비추어 …… 당사국은 아동과 그의 부모가 본국을 포함하여 어떠한 국가로부터 출국할 수 있고 또한 본국으로 입국할 수 있는 권리를 존중하여야 한다"라고 명시하고 있다. 더불어 자녀의 교육과 관련하여 제28조 제①항 가목에서 "초등교육은 의무적이며 모든 사람에게 무료로 제공되어야 한다"라는 것을 강조하여 이주노동자가정의 자녀의 법적인 교육의 권리를 보장하고 있다.

이보다 좀 더 명확하게 이주노동자가정의 자녀 권리를 설명하는 협약은 모든 이주노동자와 그 가족의 권리보호에 관한 협약이다. 그러나 1990년 채택되고 2003년부터 발효된 이 협약에 한국은 아직 비준하지 않은 상태여서 한국 내의 국내법과 같은 효력을 발휘하지 못한다. 협약의 내용을 보면, 우선 제29조에서 "이주노동자의 자녀는 성명, 출생등록, 국적에 대한 권리를 가진다"라고 하였으며, 제30조에서 "이주노동자의 자녀는 그 나라의 국민과 평등한 처우를 기초로 교육을 받을 기본적인 권리를 가진다. 그 사람이 공립 유치원 및 학교에 입학할 것을 요구할 때 부모 중 어느 한 사람이 체류 내지 취업이 불법이거나 취업국에서 그 자녀가 불법임을 이유로 거부해서는 안 된다"라고 하고 있다. 또한, 이중언어교육 관련 사항도 규정하고 있는데, 제45조에서 다음과 같이 명시하고 있다: "2. 취업국은 필요한 경우에는 출신국과 협력하고 이주노동자의 자녀가 지역의 학교에 입학하고 특히 지역의 언어를 배우는 것을 용이하게 하는 정책을 수행하도록 한다. 3. 취업국은 이주노동자의 자녀에 대한 모국어 및 출신국의 문화교육을 촉진하도록 노력하고 출신국은 적절한 경우 언제든지 이에 협력하도록 한다."

그러나 모든 이주노동자와 그 가족의 권리보호에 관한 협약을 비준하지 않은 한국 정부는 이러한 내용 중 일부를 수용하여 학교 교육법 시행령 등을 개정하였다. 외국인이면서 등록이 되지 않은 상태인 이주노동자 자녀와 가족 동반 불허에 따라 밀입국 등의 방법으로 한국에 거주하게 되는 이주노동자가정 자녀는 법적으로 학교 입학의 어려움이 존재하는데, 이와 관련하여 한국 정부는 몇 차례의 초·중등 학교법 시행령을 수정하여 최소한의 의무교육을 받을 수 있는 길을 마련하였다.

구체적으로는 초·중등학교 교육법 시행령 제19조 제①항이 이 문제와 관련한 법적인 해결방안을 담고 있다. 이 조항은 2001년에 한 번 개정을 통하여, '재외국민 또는 외국인 자녀의 초등학교 입학에 관한 사항'을 통하여 외국인 자녀의 한국 내 학교 입학 가능성을 열었지만, 여전히 출입국관리소장이 발행한 증명서를 내게 하여 미등록 이주노동자와 불법체류 이주노동자의 자녀 입학 가능성을 배제하였다. 이에 따라 2006년과 2008년에 시행령을 다시 개정하면서 "재외국민 또는 외국인이 보호하는 자녀 또는 아동이 국내의 초등학교에 입학하거나 최초로 전·입학하는 경우에는 거주지를 관할하는 해당학교의 장은 전자정부법 제21조 제①항에 따른 행정정보의 공동이용을 통하여 출입국관리법 제88조에 따른 출입국에 관한 사실증명 또는 외국인등록 사실증명의 내용을 확인함으로써 제17조 및 제21조에 따른 입학 또는 전학 절차에 갈음할 수 있다. 다만, 그 재외국민 또는 외국인이 확인에 동의하지 아니하는 경우에는 출입국에 관한 사실이나 외국인등록사실을 증명할 수 있는 서류 또는 임대차계약서, 거주사실에 대한 인우보증서 등 거주사실을 확인할 수 있는 서류를 제출하도록 하여야 한다."로 내용을 완화하였다.

그러나 이로 말미암아 지정 서류를 공식적으로 요구하는 문제와 이주노동자 자녀의 하굣길을 따라가서 그들의 부모인 미등록 또는 불법 체류자인 이주노동자를 체포하는 등의 비인권적인 행위를 자행하기도 하였다. 따라서 이 조항이 불법 이주노동자를 추방하기 위해 체포하는 수단으로 악용되는 사례 등이 발생하면서, 여전히 다수의 이주노동자가정 자녀의 교육 문제가 법적으로 해결되지 못하고 있다. 또한, 이 규정은 이주노동자 자녀의 초등학교 입학 등에는 유효하지만 의무교육의 범위에서 벗어난 중·고등학생의 입학 등에는 유효하지 못하게 되어 있다. 이에 따라 이주노동자가정 자녀의 입학생 비율을 보면, 중·고등학생은 초등학생과 비교할 때 그 수치가 급격하게 줄어들면서 불법 노동의 공간으로 내몰리게 되는 문제를 갖는다(조혜정 외, 2007; 구정화 외, 2010)

3. 북한이탈주민의 현황과 어려움

1) 북한이탈주민과 그 자녀 현황

1990년 이전에는 소수로 입국하여 특별한 경우로만 여겨졌던 북한이탈주민은 1990년대 후반 들어 대규모로 입국하기 시작하였다. 특히 2000년대 접어들면서 한 해에 2,000여 명의 입국자가 생기기도 하였다. 1990년대 이전에는 혼자서 입국하는 경우가 많았지만 최근 들어서는 가족동반 입국이 많아질 뿐만 아니라, 이미 입국한 북한이탈주민이 북한에 잔류하던 가족을 입국시키는 사례도 늘어나고 있다.

입국자 수는 2012년부터 매년 1,500명 내외로 2015년에는 1,277명이 입국하여 2015년 12월까지 누적 입국자 수는 2만 8,796명이며, 이 중 70% 정도가 여성이다. 학교에 다닐 연령으로 볼 수 있는 20세 이전의 북한이탈주민의 비율은 전체의 약 15%로 약 4,500명 명 정도이나, 이들이 모두 학교에 다니는 것은 아니다.

북한이탈주민은 한국으로 입국한 후 정부에서 시행하는 일정한 교육을 받고 대부분 한국정부가 마련해 주는 지방의 임대 아파트로 분산되기 때문에 지역별로 다양하게 거주하며 이에 따라 그들의 자녀도 지역별로 다양한 분포를 보인다. 이에 따라 북한이탈주민의 자녀들이 다니는 학교도 전국에 걸쳐 있다. 그럼에도, 다른 다문화가정 자녀와 마찬가지로 서울과 경기에 있는 학교에 다니는 학생이 전제 학생의 반 이상이어서 북한이탈주민의 자녀가 가장 많이 있는 곳은 수도권이며, 그 다음으로 인천, 부산 등 대도시에도 많은 편이다.

통일부(http://www.unikorea.go.kr) 자료에 따르면, 2014년 기준 북한이탈주민의 경제활동 참가율은 56.6%, 고용률은 53.1%, 실업률은 6.2%, 월평균 소득은 147만 1,000원으로 나타났다.

2) 북한이탈주민 가정의 문제

북한이탈주민은 다른 다문화가정에 비해 한국과 가장 비슷한 문화와 언어로 말미암아 적응하기가 쉽겠다고 생각하겠지만, 미묘한 문화와 언어 차이, 그리고 사회 제체의 다름으로 생기는 문제가 적지 않다.

(1) 체제 부적응과 취업 문제

북한이탈주민은 한국에 입국하는 초기에 정부에서 주는 정착금과 정착 장려금을 지원받는데, 이로 말미암아 한국사회에서 취업을 통해 적응하려는 노력을 적게 한다는 이야기를 듣기도 한다. 이에 따라 일정기간 지원되는 정부의 지원금이 떨어지는 경우 삶의 막막함에 처하는 경우가 많다.

전국 50여 개의 고용안정소개소에서 북한이탈주민을 대상으로 취업을 위한 지원을 하지만 이들의 취업은 사실상 어렵다. 북한이탈주민을 취업시키기 위해 고용업체가 행하는 행정절차가 복잡할 뿐만 아니라 자신들이 살았던 북한과 다른 남한의 경제 체제에 잘 적응하지 못하는 경우가 생기기 때문이다. 이로 말미암아 북한이탈주민은 취업 후에도 한국사회와 직장생활에 대한 적응이 어렵다. 이에 따라 이들의 실업률도 높고 취업을 했더라도 주로 취업한 곳이 단순노무직이나 아르바이트 업종 등 안정적인 직업보다는 불안한 자리인 경우가 많아서 지속적으로 문제가 된다(평택대학교 다문화가족센터, 2008).

(2) 자녀의 교육 문제

다른 다문화가정 자녀에 비해 언어 문제가 없어 보이는 북한이탈주민 가정의 자녀도 다른 다문화가정의 자녀와 마찬가지로 언어적인 문제를 비롯하여, 교육에서 다양한 어려움을 경험한다. 북한 어투가 남아서 한국 학교의 아이들과 적절한 대화를 나누는 것이 그리 쉽지 않다(장문강, 2006).

> "처음에는 많이 시도했죠. 알아듣긴 알아듣는데 애들이 제 말을 다 못 알아듣는 거예요. 그래서 많이 바꾸려고 노력했어요."

그러나 이러한 언어의 문제만 있는 것은 아니다. 이주노동자가정의 자녀와 마찬가지로 학교 입학을 하게 되면 보통 자신의 나이보다 낮은 학년으로 배정되는 경험을 하게 되며, 학습 내용에 대한 이해부족으로 학교 부적응을 경험하는 비율은 매우 높다. 이에 따라 학교에서의 중도 탈락률도 매우 높다. 이는 언어의 차이, 정체성의 문제, 체제 혼란의 문제 등이 복합적으로 영향을 미친 결과이다. 교육인적자원부에서 발표한 2007년의 북한이탈주민 자녀의 학교 중도 탈락률은, 초등학생은 3.5%, 중학생은 12.9%, 고등학생은 28.1%로 학년이 올라갈수록 심해진다.

이렇게 중도탈락률이 높은 원인은 이들 자녀가 남북한의 사상과 문화의 차이, 교육과정과 학력수준의 차이, 탈북과정에서 겪은 문제, 남한에서 겪는 상대적 빈곤의 박탈감, 남한 사람들이 보여준 우월감 등이 복합적으로 작용한 데 있다(우희숙b, 2009). 따라서 다른 다문화가정과 달리 이들 자녀에 대해서는 정부체제의 차이에서 오는 문화와 정서적인 부분을 지원할 수 있는 교육적 지원이 필요하다.

(3) 정신적 적응의 문제

체제 적응의 문제는 다른 방식으로도 나타난다. 북한이탈주민 가정의 경우 북한체제를 반대하거나 북한에서의 경제적 어려움 때문에 북한을 이탈하였지만, 자신들의 생애 체험으로서의 북한생활 경험은 체제가 전혀 다른 남한에서의 생활 적응에 이중적으로 어려움을 던져 준다. 하나는 북한 이탈과정에서 받은 여러 가지 충격으로 말미암아 정신 건강의 문제를 호소하는 경우가 많다(박주현·변미희, 2008; 박주현, 2010)

[그림 6-1] PTSD로 힘들어하는 여성은 누구의 모습인가?

북한 이탈과정에서 가족과의 이별, 죽음, 발각과 체포의 두려움, 공개처형 목격 등과 같은 부정적인 경험이 정신 의학에서 말하는 외상 후 스트레스 장애(PTSD)로 나타난다. 또 다른 문제는 가족과 떨어져서 북한을 이탈한 경우 북한에 남은 가족에 대한 죄책감도 정신적 적응의 어려움에 일조하게 된다. 더불어 싫어서 스스로 이탈하였다고는 하지만, 자신이 살아온 삶과 그가 살아온 체제를 완전히 부정하고 남한에 적응해야 하는 문제도 정체성 혼란에 영향을 미치며 이 또한 적응의 문제에 부정적인 영향을 미친다. 이러한 정신적 적응의 문제는 북한 이탈과정을 같이 경험한 그 자녀에게서도 같게 나타난다.

4. 다문화가정과 자녀를 위한 다양한 지원

1) 다문화가정의 복지 욕구

한국 정부가 정책적으로 다문화정책을 위해 지원하는 다문화가정은 그 유형에 따라 상이(相異)한 문제를 가지며 개별 가정이 처한 상황에 따른 욕구도 다양하다. 일반적인 요구 내용을 보면 이주민 자체의 적응과 생활 개선에 관한 사항도 많지만, 상당히 많은 요소는 그들 자녀의 안정적인 교육과 성장을 위한 지원인 경우가 많다. 이와 관련하여 평택대학교 다문화가족센터(2008)가 제시한 다문화가정의 유형별 복지 욕구는 〈표 6-1〉과 같다.

〈표 6-1〉 다문화가정의 유형별 복지 욕구

다문화가정 유형	다양한 복지 욕구의 내용
국제결혼 가정	• 결혼이주여성을 대상으로 하는 한국어 교육(지역 내 학교 활용) • 결혼이주여성의 고유문화에 대한 가족과 주변 이웃의 관심과 이해 • 임신과 출산 및 의료 과정에서의 통역 및 지정 의료 서비스 • 자녀를 위한 이중언어교육 요원 투입 및 기초학력 증진을 위한 교육 지원 • 초혼, 재혼 등 다양한 결혼 형태에 따른 가족 상담 및 지원 • 결혼이주여성의 경제활동 준비를 위한 커리어 개발 지원 • 결혼이주여성 간의 지역 내 네트워크 형성 • 가족 내 폭력이나 성폭력 등의 문제에서 인권보호
이주노동자 가정	• 고용허가제도 변경을 통한 노동환경의 개선 및 고용안정 • 산재 및 의료보호, 외국인 노동자 대상 지정 의료시설 등 • 자녀 동반 거주를 통한 양육과 학교 취학을 통한 양육과 교육권 보장 • 기초자치단체 등 공공기관에서의 다문화 지원 서비스 접근성 확보
북한이탈주민 가정	• 안정적인 취업을 통한 자활요구 • 자활을 도울 수 있는 차별화된 지원정책 개선 • 지역과 민간 차원의 지원 체계 및 자녀 교육 정보 등 제공 • 체제 변화에 따른 정신건강 문제에 대한 지원

출처: 평택대학교 다문화가족센터(2008); 구정화 외(2010), 다문화교육의 이해와 실천, p. 98.

2) 다문화가정 자녀를 위한 지원

다문화가정 자녀는 연령상 학생인 경우가 대부분인데, 앞에서 살펴본 것처럼 이들은 다문화가정의 유형에 따라 각기 다른 어려움에 부닥쳐 있다. 그럼에도, 대다수가 겪는 문제는 학교에서의 부적응이나 탈락률이 높다는 점이다. 이렇게 학교 부적응이나 탈락률이 높은 것은 이들이 성장하여 성인이 되었을 경우의 삶에도 영향을 미친다. 따라서 이들 자녀가 현재 학교에서의 '방치'나 '탈락'과 같은 어려움을 해결할 수 있도록 하기 위한 지원이 필요하다. 이들을 지원하는 방법은 여러 가지가 있지만, 다수 집단인 한국거주민 학생을 대상으로 이들 다문화가정을 이해할 실마리를 제공하는 문화 간 이해교육이 필수적으로 수행되어야 하며, 다문화가정 자녀를 위해서는 그들의 문화 관점에서 그들을 이해하는 방법으로, 이중언어교육 등을 통한 정체성 교육과 다문화적 관점에 기초한 상담 등의 복지 지원이 필요하다.

(1) 문화 간 이해교육

서울 광진구에 소재한 몽골학교 같은 외국인 학교를 제외하고는 대부분의 다문화가정 자녀는 비(比)다문화가정 자녀가 대다수인 교실이나 학교에서 같이 수업을 받는다. 이 과정에서 문화 간 차이로 말미암은 차별이나 부적응을 경험하는데, 교사는 이를 없애기 위하여 전체 학생을 대상으로 문화 간 이해 교육을 시행할 필요가 있다. 여기서 말하는 문화 간 이해교육은 단순히 한국과 외국의 의식주를 비교하는 등의 문화의 차이를 설명하거나, 한국과 외국의 의식주를 경험하도록 하는 것은 아니다. 단순히 문화의 차이에 대해 이해하는 것에서 그치는 것이 아니라, 그러한 문화적 차이라는 것이 편견에 기초한 인식에 의해 갈등을 일으킬 수도 있으며, 그러한 인식은 대체로 사회적인 의미부여와 해석의 결과라는 것을 알도록 하는 것이 중요하다. 더불어 다문화에 대한 공존적(共存的) 이해를 통해 문화적 차별이 일어나지 않도록 하여야 한다.

(2) 정체성 확립 지원

국제결혼가정과 이주노동가정의 자녀는 한국에 적응하기 위하여 한국어 배우는 것을 중요하게 여긴다. 그러나 문제는 한국어를 잘하지 못하기 때문에 한국어를 비롯한 다른 학습이 어렵다는 점이다. 그리고 한국어 소통능력이 부족하다는 이유로 당하는 사회적 차별이나 무시 등을 경험하면서 자신에 대한 부정적 감정, “나는 도대체 누구인가?”라는 정체감 혼란에 빠질 수 있다.

이를 지원할 수 있는 한 방안으로 이중언어교육이 필요하다. 이중언어교육은 다문화가정 자녀가 가진 두 개의 언어(한국어/본국의 언어 또는 결혼이주민 부모 중의 언어) 능력을 갖출 수 있도록 하는 교육 또는 두 개의 언어를 가지고 행하는 교육활동의 의미를 같이 가진다. 이러한 이중언어교육은 다문화가정 학생에게 매우 다양한 의미가 된다. 하나는 소통의 자유로움을 익히는 수단이 되며, 다른 하나는 자신의 정체성 확립에 긍정적인 영향을 미친다는 것이다. 이중 언어로 교육을 받으면, 학습 내용의 이해를 높일 뿐만 아니라 자신의 가족 내에서의 소통도 좋아질 것이다. 더불어 한국어 이외의 언어와 또 하나의 모국인 나라의 문화와 역사까지 배우게 된다면 자신의 정체성 혼란을 극복하게 되는 데 일조할 것이다.

원진숙(2009)은 이와 관련하여 다문화가정 자녀를 위한 이중언어교육은 인지적 능력과 학업능력, 정체감 형성 등에 긍정적이며 사회적 적응력도 높다는 것을 다양한 다른 연구결과를 예를 들면서 설명하였다. 그러나 아직 한국에서는 동화주의적 다문화교육 정책으로 이 분야에서의 활동이 그렇게 활발하지는 않다. 다문화가정 자녀의 정체성 확립을 위해서 이중언어교육이 기본적으로 요구되지만, 이것이 모든 문제를 해결해 주지는 않는다. 다문화가정 자녀의 정체성 확립을 위한 교육내용의 구성과 교육방법에 대한 새로운 시도 등을 통해 그들의 고유한 문화(혹은 어머니 나라의 문화)에 대하여 긍정적인 인식을 할 수 있도록 교육체계를 구성하는 노력도 매우 중요하다.

(3) 다문화적 인식에 기초한 상담 지원

다문화가정 자녀는 자기 문화 정체성이 없거나 부정적인 상태에서 경험하는 다문화적인 사회에서의 삶이 상당한 스트레스를 동반하고, 이로 말미암아 새로운 문제를 경험할 확률이 높다. 이들을 위해서는 교육과정 운영 등을 통해 이들이 학교생활에 잘 적응하도록 하는 다양한 지원도 필요하지만, 다문화적 관점에서의 맞춤형 상담 지원이 필요하다. 한국어 사용이 어려운 부모를 대신하여 일상의 성인들이

하는 경험을 대신하게 되면서 겪는 스트레스도 다문화가정 자녀에게는 힘겨운 짐이 될 수 있다. 또한, 한국 사회에 적응하지 못하는 부모의 어려움으로 말미암아 경험하는 가족 내에서의 방치 등도 다문화가정 자녀를 힘들게 하는 요인이 된다.

이를 위해 교사를 비롯한 다문화가정 자녀의 주변 성인들은 다문화가정 자녀를 지지하고 지원하면서 사회적 적응성을 고양하고 정체성을 고취해 주는 방법을 익힐 필요가 있다. 이들을 담당하는 담임교사는 이들을 지도할 때, 특별한 관심을 기울여야 한다. 이를 위해서는 먼저 교사 등 주변의 어른들이 자신에게 문화적, 인종적, 민족적 차별이 없는지를 확인하고, 자기 개선을 통해 다문화가정 자녀와의 관계에서 진실성을 담보할 필요가 있다. 더불어 긍정적인 모델(예: 국제결혼가정 자녀에게는 하인스 워드, 오바마 대통령 등)을 활용하거나, 긍정적인 '나' 메시지에 기반을 둔 대화법(예: 네가 내일 학교에 나오면 선생님이 무척 기쁠 것 같아. 너는 내게 기쁨을 주는 존재야!)의 사용 등을 통해 적극적인 지지를 해주는 것도 좋은 방안이다(구정화 외, 2010)

3) 다문화가정을 위한 제도적 지원

다문화가정의 다양한 복지 욕구에 부응하면서, 다문화가정이 한국사회에 안정적으로 적응하게 하려고 2005년 이후부터 우리 정부는 여성가족부, 보건복지부, 법무부, 교육과학기술부 등을 중심으로 다문화가정을 위한 다양한 정책을 제공하고 있다. 특히 다문화가정을 위해 생애 주기별 지원책이나 국제결혼 희망자에 대해 사전교육을 하는 등의 정책을 추진하고 있다. 이들 정부 부서에서 다문화가정을 위해 행하는 업무와 지원체계를 보면 〈표 6-2〉와 같다.

〈표 6-2〉 다문화가정 지원을 위한 정부 부처의 역할 분담과 협조체계

업무내용	담당부처	
	주관	협조기관
국제결혼 당사자 보호, 언어 · 문화이해교육, 가족의 생활정착 지원, 가정폭력피해자 지원, 사회적 인식 개선, 전달체계(결혼이민자가족 지원센타) 구축	여성가족부	법무부, 문화부, 보건복지부, 지식경제부 등

업무내용	담당부처	
	주관	협조기관
국제결혼중개업체 관리 감독, 생계 · 의료지원 및 생활 정보 제공, 자원봉사활동 인프라 구축	보건복지부	법무부, 여성가족부, 지자체
인신매매 성격의 국제결혼 방지, 체류자격 불안정 해소, 탈법 행위 단속	법무부	여성가족부, 경찰청
자녀의 학교생활 적응 지원	교육과학기술부	보건복지부, 여성가족부, 지자체
일자리 알선 및 훈련 지원	고용노동부	여성가족부
불법 행위 단속	경찰청	법무부
업무관계자 교육	중앙인사위	전 부처, 지자체

출처: 최현미 외(2008), 다문화가족복지론, p. 27을 참고로 재구성.

우리 정부의 정책을 유심히 살펴보면 대부분 정책이 결혼이주민과 그 자녀를 대상으로 하고 있음을 알 수 있다. 이는 2006년 대통령 산하 차별시정위원회가 발표한 '혼혈인과 이주자에 대한 사회 통합지원안'에서 결혼이주민과 그들의 자녀인 한국 내 국제결혼가정의 자녀를 주된 대상으로 하여 다문화 정책을 세운 것에서 크게 벗어나지 않은 것이다. 2006년의 발표에 비해 인권적인 요소가 더 가미되기는 했지만, 여전히 결혼이주민과 그 자녀를 대상으로 하여 한국사회에 잘 적응하고 동화되도록 하여 한국인으로서 제 역할을 하도록 하는 데 초점을 두고 있다. 이런 점에서 정부의 정책은 다문화가정의 다문화적 권리를 보장하는 것이 아니라 한국인으로 동화시키려는 정책이라는 비판을 받기도 한다(김희정, 2007).

다문화가정을 대상으로 하는 지자체의 정책은 주로 지역사회에서 활동하는 '결혼이민자가족지원센터'나 '이주노동자센터' 등에서 이루어진다. 이들 다문화 관련 기관에서 시행하는 사업 대부분도 정부정책에서 크게 벗어나지 않아서 여전히 다문화주의나 통합주의적 관점보다는 동화주의적 관점이 많이 드러난다. 또한, 정책 대상자에서도 성인 이주민을 위한 지원 활동이 많아서 이들 자녀들이 경험하는 양육과 교육과정에서의 어려움을 지원해 주는 다양한 학업 지원이나 상담 등의 활동은 이루어지지 않고 있다.

P·A·R·T 03

세계의 가족과 체류외국인의 나라

C · H · A · P · T · E · R 07

세계의 가족

1. 다양성과 지속성[11)]

가족은 거주형태나 누구를 가족으로 간주하는가에서 나타나는 차이와 상관없이 전 세계 어디서나 중요하다. 세계의 가족은 현대사회의 변화에 적응하기 위해 노력하면서 비슷한 변화와 어려움을 경험하고 있다. 세계의 가족은 문화적·종교적 신념, 경제적 상황과 정부의 개입에 따라 결혼관계, 가족형태, 가족구성 등에서 상당한 다양성이 존재한다. 예를 들면, 여러 국가에서 여성들이 어린 나이에 결혼하고 10대를 벗어나기도 전에 출산한다(Jensen & Thornton, 2003). 또한, 출산에 의해서 뿐 아니라 생물학적 부모가 사망하거나 부모가 자녀를 일시적으로 혹은 영원히 돌볼 수가 없을 때 비공식적 입양을 통해 가족이 되기도 한다. 또 다른 가족구성원은 인류학자가 가상가족(fictive kin)이라고 부르는 사람들이다. 이들은 아마도 아주 먼 생물학적 연결이 존재할 수도 있는데, 애정이나 책임감을 통해 가족으로 합류한 '형제나 자매', '숙모나 삼촌'을 말한다. 1명의 남편이 동시에 2명 이상

11) 이 부분은 인골스비와 스미스(Ingoldsby & Smith, 2008)의 Families in Global and Multicultural Perspective(2nd ed.), 천혜정, 강진경, 권영인, 신수진, 유계숙, 전혜정 역, 『다문화적 관점에서 바라본 세계의 가족(2판)』(서울: 시그마프레스, 2009), pp. 5-54에서 발췌하여 구성하였다.

의 아내와 함께 사는 일부다처제는 아프리카와 중동, 아시아 지역에서는 흔한 일이다. 농촌과 도시 거주자 간 가족구성원의 유동적인 교환이 있음을 보여주는 연구도 있는데, 이런 때 가족은 양쪽 지역에 사는 모두를 포함한다. 또한, 가족이 자녀양육과 거주지를 제공하는 이웃·친족 연결망을 중심으로 밀집되어 있을 수 있다(Chant, 1997; Datta & McIlwaine, 2000; Leeder, 2004).

많은 지역에서는 가족들이 가난과 전쟁, 자연재해 등으로 말미암아 해체되고 있다(Huston, 2001). 예를 들면, 남편이 수개월 혹은 수년간 집에서 떨어져 광산이나 농장 등에서 위험하고 잔인한 노동을 하는 동안 아내는 농가에서 간신히 생계를 유지하고 있다. 또한, 극단적으로 가난한 어머니들이 다른 친족을 보살피기 위해 자녀 곁을 떠나기도 하고, 도시에서 하녀나 보모 일을 찾기 위해 불법으로 국경을 넘는다. 자녀를 다른 집에 보내기도 하고, 공장이나 혹은 거리에서 일하도록 자녀를 도시로 보내기도 한다. 어떤 아이들은 가족이 돌볼 수가 없어서 그냥 버려지기도 한다. 자기 스스로의 건강과 생산성이 제한된 조부모들이 가족에 대한 책임을 떠맡기도 하고, 부모를 인간면역결핍 바이러스/후천성 면역결핍 증후군(HIV/AIDS)으로 잃은 아이들을 전체 지역사회가 책임을 지기도 한다.

• 자료 7-1 •

인간면역결핍 바이러스/후천성 면역결핍 증후군(HIV/AIDS)이란?

후천성 면역결핍 증후군은 정상적으로 박테리아, 바이러스, 다른 병균들에 대항하여 신체를 보호하는 것을 돕는 백혈구의 한 그룹인 CD4(T-세포) 림프구를 파괴함으로써 신체의 면역 방어체계를 약화시킨다. 인간면역결핍 바이러스가 CD4 림프구를 파괴하면 신체는 많은 다른 종류의 감염들에 취약해진다. 이들 감염들은 면역 방어체계가 약해지면 신체에 침입하는 기회를 갖기 때문에 기회감염이라고 불린다. 인간면역결핍 바이러스 감염은 또한 어떤 종류의 암, 뇌와 신경계 질환의 발생과, 신체 소모, 사망의 위험을 증가시킨다.

인간면역결핍 바이러스(HIV) 감염에 의해 신체의 면역 방어체계를 손상시켰을 때 발생할 수 있는 증상들과 질환들을 총체적으로 일컬어 후천성 면역결핍 증후군, 즉 에이즈(AIDS)라고 한다. 에이즈가 새로운 질병으로 처음 인식되었던 1981년 이래로 과학자들은 어떻게 사람이 인간면역결핍 바이러스에 감염되는지에 대해서 많은 것을 연구해 왔다. 바이러스는 감염된 사람의 체액, 특히 혈액, 정액, 질 분비물과의 접촉을 통해서 전파된다. 일단 체내로 들어오면 인간면역결핍 바이러스는 CD4 림프구를 침범하고 세포가 가진 유전물질을 이용하여 수십억 개의 새로운 인간면역결핍 바이러스들을 만들어 낸다.

새로 만들어진 인간면역결핍 바이러스들은 감염된 CD4 세포를 터지게(융해) 한다. 그 다음 새로운 바이러스들이 혈액 내로 들어가서 다른 세포들을 감염시킨다. 인간면역결핍 바이러스에 감염이 되면 정상적인 CD4 세포의 수가 계속 감소하게 된다. 결국, 정상적인 CD4 세포의 수가 신체를 감염으로부터 방어하기 위해서 필요한 역치 수준 이하로 감소되면서 후천성 면역결핍 증후군이 발생하게 된다. 과거 의사들은 감염의 초기 단계와 에이즈로 진단되는 시기 사이에 인간면역결핍 바이러스가 비활성화(휴지기 또는 잠복기) 상태로 존재한다고 생각했다. 그러나 현재는 감염이 시작되는 때부터 에이즈로 진단되는 과정 내내, 그리고 진단된 이후에도 지속적으로 인간면역결핍 바이러스가 스스로 복제를 하고 CD4 세포를 죽이는 활성화 상태로 존재한다는 사실이 잘 알려져 있다.

지난 20년 이내에 전 세계적으로 약 6천만 명이 인간면역결핍 바이러스에 감염되었으며, 2천 5백만 명 이상이 인간면역 결핍 바이러스 감염으로 말미암아 사망하였다. 이들 중 90% 이상이 미개발 국가에서 살고 있는 사람들이다. 아프리카의 일부 지역에서는 성인 사망의 절반 이상이 인간면역결핍 바이러스 감염으로 말미암아 발생하며, 부모가 에이즈로 사망하면서 수백만 명의 아이들이 고아로 남게 되었다. 미국에서는 2005년 말 현재 6천 명 이상의 소아 환자들을 포함하여 98만 8천 명 이상의 에이즈 환자가 보고되었으며, 이들 중 53만 명 이상이 사망하였다. 인간면역결핍 바이러스 감염률은 소수 민족들 사이에서 가장 빠르게 증가하고 있다. 백인들과 비교하였을 때 아프리카계 미국인에서는 6배, 스페인계 미국인에서는 3배 더 흔하게 인간면역결핍 바이러스 감염이 발생한다.

출처: 건강백과(2011. 6. 30).

2. 가족의 중요성

가족은 비록 상당한 다양성이 존재하지만, 지속성 또한 존재한다. 지속성이란 항상 변하지 않는 핵심 가치관과 관례를 말한다. 대부분의 가족문화는 확대가족, 즉 핵가족 이외의 친족 집단의 중요성을 강조한다. 세계의 많은 지역에서 '전통적 가족'이라고 할 때에는 부모와 자녀, 조부모까지 포함하는 반면, 미국에서의 전통적 가족은 전형적으로 아버지와 어머니, 생물학적 자녀만을 말한다(Huston, 2001). 사실 대부분의 지역에서는 부부와 더욱 작은 핵가족보다는 더 광범위한 친족 집단을 우선순위에 둔다(Sastry, 1999; Obaid, 2003). 이런 체계하에서는 가족이 의사결정권에서 우선순위에 있고 개개인의 욕구는 후에 고려된다. 사실 개인은 혼전임신과 같이 가족에게 수치심을 주는 일을 했을 때 주목을 받는다.

가족구성원은 생존을 위해 서로에게 의시하며 집단의 필요를 충족시키기 위해 서로 협동한다. 농업사회에서 가족은 가계 소비와 판매를 위해 충분한 식량을 생산하려고 함께 작업했지만, 유목사회에서 가족은 가축을 돌보기 위해, 그리고 시장에서 재화를 교환하기 위해 자원을 모은다. 전통적인 관례와 종교적 신념은 개인의 가치보다는 가족의 책임을 강조한다. 연장자, 특히 남성 연장자의 말이 가장 중요하며, 노인의 지혜를 가치 있게 여긴다. 그리고 이들은 가족에게 중요한 결정 예를 들면, 아들이나 딸이 누구와 결혼할 것인가와 같은 문제를 결정하는 데 권위를 가진다. 이와 반대로 산업화한 사회에서는 개인의 자유에 높은 가치를 부여한다. 가족구성원은 자율적으로 행동할 것이 권장되는데, 교육이나 취업을 위해 원가족과 떨어져 사는 것도 장려된다. 이러한 맥락에서 노인을 젊은 가족구성원보다 더 많은 지혜를 가진 것으로 간주하지 않으며, 오히려 부담스러운 짐으로 간주하기조차 한다.

그러나 핵가족이 이상화됨에도, 산업화한 국가에서 확대가족은 항상 가족 일부로 여긴다(Coontz, 1997). 인종적·민족적 소수집단인 노예, 이민가족 등은 황폐한 만리타향(萬里他鄕)에서 살아남기 위해 집단적 힘을 강화함으로써 확대가족과 지역사회를 늘 강조해 왔다. 어디에서 살든 또는 어떤 형태를 취하든 가족이 중요하다는 것에는 의문의 여지가 없다(천혜정 외, 2009).

1) 가족 다양성

가족학자는 다세대가족, 한부모가족, 입양가족, 수양가족(收養家族) 등을 포함하여 거주형태에서 상당한 다양성이 존재한다는 것을 알고 있다(Kaslow, 2001; Erera, 2003). 많은 개발도상국에서 가구는 가족이 누구인지에 대해 유동적이며, 가족은 친족과 유사 친족 모두를 포함하고 있다. 또한, 이혼, 별거, 사망 등으로 남성이 없을 때 여성이 법률적으로 가장의 권리를 가지며, 남성 파트너가 함께 살지 않지만, 남성이 가계 유지에 도움을 줄 때에도 사실상 여성이 가장의 권리를 가진다(Datta & MaIlwaine, 2000). 생물학적 핵가족을 세계의 가족을 연구하는 데 판단의 근거로 사용하는 것은 미국의 가치를 나머지 국가에 주입하는 오만한 짓이다(Huston, 2001). 실제로 핵가족을 강화하려는 국제적 관심은 도움을 가장 필요로 하는 곳에 필요한 자원을 제공하는 것을 방해한다(Chant, 1997). 교묘하고 도달하기 어려운 규범을 찾기보다는 전 세계 가족들의 풍부한 다양성을 이해하려는 노력이 더욱 필요하다.

우리가 관심이 있는 것은 가족생활주기에 따라 나타나는, 그리고 사회적 조건의 변화에 대응하는 가족의 변화와 관련된 이슈들이다. 예를 들면, 가족학자들은 가족이 배우자 선택, 동거, 결혼 등을 통해 어떻게 형성되는지, 그리고 별거, 이혼, 유기 등을 통해 가족이 어떻게 해체되는지를 오랫동안 연구해 왔다. 고령화 및 노동시장에서의 변화와 함께 효 전통에서 나타난 변화, 그리고 맞벌이 부부가 그들의 노부모와 다른 친족들을 어떻게 돌보는지 등 새로운 질문을 제기하고 있다. 어떤 학자들은 가구(household)라는 용어가 구조와 기능을 포착하는 데 장점이 있다고 주장한다. 그러나 가족은 주요한 사회집단과 함께 공유하는 생활 주기상의 예측된 변화들을 통합한다.

2) 변화하는 세계의 가족

가족의 거주형태는 모든 국가에서 변화하는 부분이다(United Nations, 2000; Kaslow, 2001). 배우자 혹은 파트너가 따로 살기도 하고, 커플이 이혼이나 별거를 하며, 자녀는 가족과 떨어져 살기도 하고, 노인은 혼자 산다. 이러한 영역에서 전 세계적으로 가족생활에서 나타나는 몇 가지 중요한 변화는 여성가장가구 증가, 결혼생활 주기상에서 동거의 중요성 증가, 평균 수명 증가에 따른 노인 돌봄의 필요성 증가, 여성의 사회적 노동에의 참여 증가, 그리고 다른 형태의 가족으로서 동성가족의 등장 등이다. 특히 이혼의 증가와 빈곤의 급증과 같이 가족생활에서 나타나는 다른 변화들도 대단히 중요하다. 이 장에서는 선진국가, 산업화된 국가, 북반구, 그리고 서구라는 용어를 서로 혼용하여 사용한다. 전환경제국(transitional economies)은 최근 세계 시장에 입문한 동유럽지역을 가리킨다. 개발도상국, 제3세계, 그리고 남반구 또한 서로 혼용되는 용어들이다. 세계의 가족에 관한 문헌들을 살펴보면, 이러한 용어를 선택하는 데 어떤 특징적인 패턴이 나타나지는 않는다.

(1) 여성가장가구

세계 많은 나라에서 여성이 가장이 되는 비율이 증가하고 있다. 여기에는 몇 가지 이유가 있는데, 사별이라는 이유가 중요한 부분을 차지하고 있다. 인구가 증가하고 수명이 늘어나 많은 여성이 더 오래 살면서 여성가장이 될 가능성이 증가하였다. 또한, 전 세계적으로 이혼율이 증가하면서 두 번 이상 결혼한 커플이 50%를 넘어서고 있다(Huston, 2001). 자녀양육권이 주로 여성에게 주어지거나 여성이 자녀양육에 대한 책임을 자동으로 진다. 결혼 밖에서의 성행동이 사회적으로 수용되면서 혼외 출산이 증가하고 있다. 이것은 역사적으로 종교적 신념에 의해 혼외 출산이 낮았던 국가에서조차 그러하다. 게다가 남성이 취업을 위해 이주를 감행하면서 나머지 가족들을 본국에 남겨 놓음으로써 여성가장가구가 된다.

여성가장가구가 증가하는 또 다른 요인은 여성들이 경제적으로 자녀를 돌볼 수 있는 준비가 되었다는 점이다. 교육수준과 사회적 노동에의 참여가 증가하면서,

여성들은 가족을 스스로 부양할 수 있는 경제적 능력을 갖추게 되었다. 많은 경우 여성들은 남편에 대한 경제적 의존 때문에 불행한 결혼과 가정폭력을 더는 참지 않는다. '더 교육수준이 높고 더욱 자신만만한' 젊은 여성들은 학대적이고 파괴적인 결혼을 참으라는 부모의 압력을 받아들이지 않는다(Perdita Huston, 2001).

미국은 산업화한 국가 중 배우자가 없는 가족의 비율이 가장 높은 나라인데, 가족의 1/3이 배우자가 없는 가족이다. 대부분의 산업화한 국가는 이 비율이 20~22%이며, 이 비율이 가장 낮은 일본(5%)과 비교해 볼 때 매우 높은 수치이다. 캐나다는 1966년에 가족의 22%가 자녀는 있는데 배우자가 없는 가족이었으며, 1991년에는 이 수치가 19%였다. 배우자가 없는 가족의 80 ~90%가 여성이 가장이다(United Nations, 2000). 여성 한부모가구에 대한 자료도 있는데, 이것은 한부모가족과 항상 같지는 않다. 왜냐하면, 어떤 여성가장가구에는 성인남성이 존재할 수 있고, 다른 어떤 여성가장가구에는 자녀가 없는 경우도 있다. 이러한 자료들은 얼마나 많은 여성이 가계를 책임지고 있는지에 대한 중요한 지표를 제공한다. 여성가장의 비율은 지역에 따라 9~ 24%의 비율을 보이고 있으며 1971년과 1985년 사이에 수집된 자료에 근거해 보면, 전 세계적으로 약 20%의 가구가 여성가장가구이다(Chant, 1997). 남아프리카는 이 비율이 가장 높은데, 가구의 42%가 여성가장기구이며 카리브 해 지역은 36%의 가구가 여성가장가구이다(United Nations, 2000).

아프리카에서 여성가장가구가 증가하는 주요한 이유는 남성들의 취업 이민이 증가하고, 합의 결혼이 빈번하며, 부부간의 결합보다 모계가족구조에 대한 선호도 때문 등이다(United Nations, 2000). 사하라 아프리카 일부 나라는 여성가장가구가 증가하는 경향을 보이고 있는데, 이것은 8~12개의 국가에서 여성가장가구가 증가하고 있기 때문이다. 라틴아메리카는 6개의 국가 중 5개의 국가에서 여성가장가구의 비율이 증가하였다. 일부 나라에서 여성가장가구가 증가하는 이유는, 결혼연령이 늦어지고 있는 것, 합의 결혼에 대한 사회적 수용도가 증가하는 것, 군부 반란 때 강간이 증가하는 것, 그리고 학대적 관계를 끝내는 여성들이 증가하는 것 등이다.

산업화한 국가는 여성가장가구의 비율에 상당한 차이가 있는데, 스칸디나비아 국가는 40%에 이르고, 그리스나 포르투갈은 20%, 일본은 17% 정도의 비율을 보이고 있다. 산업화한 국가에서 여성가장가구의 높은 비율은 주로 노인 과부와 혼자 사는 젊은 비혼 여성의 증가때문으로 볼 수 있다.

가족을 이끌고 있는 많은 여성은 극도의 빈곤 속에 살고 있으며, 교육을 받지 못하고 외로운 여성들이 이용할 수 있는 자원은 거의 없다. 확대가족의 지원이 문화적으로 강제적인 경우조차도 확대가족이 가난할 때 지원이 제공되지 않는다. 또한 여성들 자신의 어머니가 빈곤한 다세대 가구에서 살고 있다(Huston, 2001; Akinsola & Popovich, 2002). 유럽과 미국에서, 여성 한부모가족에서 성장하는 아이들은 양부모 가족에서 성장하는 아이들에 비해 경제적으로나 교육적으로 불이익을 받는 경향이 있다(United Nations, 2000). 특히 여성가장가구는 바람직하지 않고, 여성가장은 '비도덕적'이며 자녀를 돌볼 수 없다는 왜곡된 관점이 지배적이다. 이것은 아버지가 없는 자녀는 학교에서 성취도가 낮고 법적으로도 문제를 일으키는 등 어떤 식으로든 정상이 아니라고 가정하기 때문이다. 여성가장가구에 부여된 이와 같은 낙인(stigma)과 비난은 이러한 가족이 형성된 환경 예를 들면, 남자친구, 친족, 또는 다른 사람에 의한 강간, 혼외관계나 신체적·성적 학대로 말미암은 별거, 남성의 취업 이민과 유기와 같은 환경을 고려하지 않은 것이다(Datta & McIlwaine, 2000). 많은 문화권에서 여성은 배우자가 무책임하고, 폭력적이고, 간통할 때조차도 기혼이라는 상태를 유지해야 하는데 그렇지 않으면 모든 것을 잃어버린다(Huston, 2001). 필리핀과 같이 결혼 해체를 극단적으로 수용하지 않는 사회에서는 여성가장가구가 그렇게 보편적이지 않다(Chant, 1997).

여성가장가구라는 상황에 대한 냉혹한 이미지는 모든 맥락에서 사실은 아니며, 여성가장가구가 항상 빈곤한 것도 아니다. 필리핀에서 수행한 챈트(Chant, 1997)의 연구에서는 여성이 비록 자발적으로 가장이 되는 것은 아닐지라도 일단 이러한 가구를 형성하면, 여성들의 삶은 더욱 냉정하고 덜 고통스럽다는 것을 확인하였는데, 그 이유는 여성들이 결혼에서의 갈등이나 부담에서 벗어나기 때문이다. 이러한 여성들은 더 좋은 어머니가 될 수 있으며, 자녀를 위해 더 많은 시간과 자원을 투자하는 경향이 있음을 주장하였다. 그래서 자녀가 더 좋은 교육을 받고 욕구를 충족시킬 수 있다. 사실 여성들이 지갑 줄을 쥐고 있을 때 자녀는 더 잘 먹고, 더 잘 교육을 받으며, 여자아이는 남자 형제와 같은 기회를 잡을 수 있다(Chant, 1997).

(2) 동거와 합의 결혼

동거란 법적으로 혼인하지 않고 같은 가구에서 같이 사는 이성애 커플을 말한다. 이 커플은 결혼을 계획할 수도 있고 결혼 전 서로 간의 적합성을 테스트하는 것일 수도 있으며, 결혼에 대한 대안으로 함께 사는 것일 수도 있다. 많은 경우 성적이고 정서적으로 친밀할 가능성이 있으며 법적 결혼 내외에서 장기간의 헌신에 대한 잠재성이 있음을 가정한다.

서구의 산업화한 국가에서 동거 비율은 지난 수 세기 동안 급격하게 증가했지만, 혼인 비율은 감소하였다(Katz, 2001). 이러한 현상은 지난 40년 동안 가족생활에서 나타난 가장 중요한 변화 중의 하나로 간주하는데, 결혼을 전제하거나 결혼을 대체함으로써 결혼 생애(生涯) 과정을 급격히 변화시켰다(Villeneuve- Gokalp, 1991; Casper & Bianchi, 2002; Dharmalingam, 2002). 유럽의 동거 비율에 대한 유엔의 자료를 보면, 스위스, 오스트리아, 뉴질랜드, 노르웨이, 프랑스, 네덜란드, 핀란드, 스웨덴에서는 20~24세 여성의 20% 이상이 합의 결혼 상태다. 동거는 최근에 나타난 전형적인 서구의 현상이라고 생각할 수 있지만, 합의 결혼은 세계의 다른 지역에서도 오랫동안 있었다(Castro Martin, 2002).

글레이저(Glaser, 1999)는 "합의 결혼이란 공식적으로 결혼하지 않은 커플이 가구를 공유하는 결합이다"라고 정의하고 있다. 합의 결혼은 스칸디나비아 국가에서 가장 보편적인데, 스웨덴은 젊은 여성의 44%가 설문 조사기간 중 합의 결혼 상태였으며, 노르웨이와 핀란드에서는 33%의 젊은 여성이 친밀한 파트너와 함께 살고 있었다(Dharmalingam, 2002). 오늘날 미국의 대부분 젊은 커플들은 결혼하기 전에 함께 사는데, 1990년대 초 시작된 이러한 결합의 반 이상이 동거로 시작되었다(Teachman, 2003). 서구의 산업화한 국가에서 어떤 커플들은 바로 결혼식을 하기도 하지만, 다른 커플은 전적으로 결혼을 거부하기 때문에 결혼이라는 것을 절대 하지 않는다. 부모와 동거 관계인 상태에서는 자녀가 존재하는 것이 보편적인데, 부모의 이전 결혼에서 출생한 자녀가 양육권자인 부모의 새로운 파트너와 함께 살거나 또는 최근 점점 더 보편적이 되어 가는 동거 관계인 부모가 자녀를 출산하는 것이다(Villeneuve-Gokalp, 1991; Dharmalingam, 2002).

역사적으로 볼 때 라틴아메리카, 특히 카리브 해 연안 국가들과 중앙아메리카 국가에서는 합의 결혼이 매우 흔한 일이었다. 그리고 이러한 형태는 라틴아메리카 지역 가족체계의 기본적인 부분이다(Glaser, 1999; Castro Martin, 2002). 기본적으로 합의 결혼은 국가의 증명이나 종교적 예식을 통한 인증은 없지만, 결혼에 대한 대안으로 사회적으로 수용되는 관계를 말한다. 아이티, 파나마, 코스타리카, 과테말라, 엘살바도르, 니카라과, 도미니크 공화국과 같은 나라에서는 합의 결혼이 정식 법적 결혼보다 더 많아 모든 관계의 50% 이상을 차지하고 있다(De Vos, 1999; Glaser, 1999; Castro Martin, 2002). 쿠바, 과테말라, 콜롬비아, 에콰도르, 파라과이, 페루, 베네수엘라에서는 결혼의 1/4에서 절반 정도가 합의 결혼이다. 칠레와 우루과이와 같은 나라에서는 합의 결혼이 전체 관계의 25% 이하를 차지한다(Castro Martin, 2002). 심지어 한 국가 내에서도 차이가 있는데 예를 들면, 어떤 지역은 더욱 높은 합의 결혼이 나타나는데 브라질과 코스타리카의 경우가 그러하다(De Vos, 1999; Glaser, 1999).

지난 30년간 수집한 센서스 자료를 보면, 이미 합의 결혼이 높은 비율을 차지하는 라틴아메리카는 그 비율이 유지되거나 약간 상승하였으나 과테말라만이 그 비율이 감소하였다. 합의 결혼은 15세에서 24세 사이의 젊은이들 사이에서 가장 많이 나타나지만, 생활주기의 후반부에서도 여전히 보편적이다(Castro Martin, 2002). 이러한 관계는 남성과 여성 모두에게 장점이 있다. 커플은 합의 결혼을 선택하여 서로를 더 잘 알 수 있게 되고 결혼과 같은 장기간의 헌신을 하기 전에 자신의 관계를 평가할 수 있다. 그래서 결혼보다 더 쉽게 관계를 종료할 수 있다(Galser, 1999). 전통적인 문화권에서는 신부 도둑이 나타나는데, 미래의 남편이 신부를 신부 부모로부터 훔쳐서 며칠 혹은 몇 개월 동안 함께 사는 것이다. 그러나 이 커플이 이러한 거주형태를 좋아하지 않으면 관계를 끝낼 수도 있다(Cardoso, 2002).

커플이 결혼을 할 것인가 말 것인가를 결정하는 데 특히 중요한 것은 경제적 상황인데, 빈곤한 상황은 정식 결혼을 가로막는다. 소득이 낮은 커플은 합의 결혼을 선택하는데, 왜냐하면 결혼 증명서를 위해 지불할 경제적 자원이 부족하거나 가족 간에 관습적으로 교환되는 재화가 부족하기 때문이다. 그러나 법적 결혼, 특히 교회에서 올리는 예식이 일반적으로 선호되는데, 왜냐하면 여성과 아이들에게 더 안정감을 제공하고, 항구적인 것으로 지각되고, 배우자와 친족의 지위라는 측면이 더욱 분명하게 규정되기 때문이다(Castro Martin, 2002).

최근 센서스 자료를 보면, 합의 결혼은 시골에서, 사회적·경제적으로 열악한 사람들에게서 더 보편적으로 발생한다. 합의 결혼을 한 여성들은 결혼한 여성과 비교해 볼 때 교육수준이 낮고, 파트너 역시 교육수준이 낮다. 높은 교육적 성취는 여성에게 자신이 원하는 관계를 유지하기 위한 더욱 강력한 협상권을 제공하며, 이것은 사회경제적 지위를 대리한다. 더욱더 많이 교육받고 더 부자인 여성은 재산이 많을 가능성이 있으며, 그들의 관계를 공식화할 필요를 인식한다(Glaser, 1999; Castro Martin, 2002).

경제적 능력이 없는 남성들은 가족을 지원할 능력이 없음을 느낀다. 또한, 관계가 끝나는 경우 파트너와 별거하는 남성은 자녀에 대해 더 적은 경제적 의무를 가지는데, 이것은 법적 결혼과 비교할 때 강제로 의무를 부과하기가 더욱 어렵기 때문이다. 코스타리카와 같은 국가에서는 법적인 보호가 있음에도, 합의 결혼이 해체되었을 때 여성은 관계 중에 축적한 재산이나 재화에 대한 권리를 거의 가지지 못한다. 게다가 별거 후 자녀에 대한 아버지의 지원과 책임이 법에 규정되어 있음에도, 남성들은 자신의 자녀를 여성에게 남긴 채 떠나기도 한다(Galse, 1999).

대부분 지역에서 결혼한 여성과 합의 결혼한 여성의 재생산 행동이나 태도는 유사하다. 합의 결혼한 여성들은 결혼한 여성보다 더 적은 수의 자녀를 가지지만 그 차이는 매우 적다. 결합 형태와 상관없이 여성은 같은 수의 자녀를 가지기를 원한다. 이러한 사실은 라틴아메리카에서는 합의 결혼이나 보편적인 결혼의 형태에서나 자녀출산은 유사하다는 점을 보여 준다. 사회적으로 인정되는 두 가지 친밀한 관계의 형태가 나란히 존재하며, 이 두 형태의 재생산 행동은 유사하다. 그러나 합의 결혼은 법적, 경제적, 정서적으로 법적 결혼보다 덜 구속적이며 법적 결혼만큼 오래 지속되지 않는다(De Vos, 1999; Glaser, 1999; Castro Martin, 2002). 합의 결혼은 법적 결혼보다 더 해체되는 경향이 있는데, 커플이 결국 결혼하거나 관계를 종료하기 때문이다. 그럼에도, 법적 결혼은 50~65% 정도가 10년 이상의 관계를 지속하는데, 합의 결혼은 그 비율이 30~45% 정도나 된다(Castro Martin, 2002). 불행하게도 얼마나 많은 합의 결혼이 결혼이나 별거를 통해 종료되는지에 대한 정보는 거의 없다.

간단히 말해서 세계에는 다양한 종류의 친밀한 관계 구조가 있는데, 이것은 결혼한 상태, 결혼하지 않은 상태와 같이 단순하게 이분화하는 것으로는 정확하게 파악할 수 없다. 이것을 통합해 보면, 우리는 결혼 이외 친밀한 관계라는 또 다른 형태를 추가할 수 있는데, LAT(living apart together) 가족이다. 이러한 관계는 커플이 분리된 가구를 유지하고, 미래에 거주지를 공유할 의도가 있을 수도 있고 없을 수도 있다는 점을 제외하고는 동거와 거의 유사하다. 이러한 관계는 프랑스, 캐나다(퀘벡 주), 스웨덴, 뉴질랜드와 같은 국가에서 증가하고 있는 것으로 보고되고 있으나 체계적 연구는 거의 수행되지 않았다. 젊은 커플들은 자신의 거주지보다 부모와 함께 살면서 파트너와 친밀한 관계를 맺는 경향이 있다. 이러한 관계 구조는 성적으로 친밀한 데이트는 관계와 유사하지만, 친밀한 관계로서 사회적으로 볼 때 부모로부터 더욱더 수용되는 것 같다(Leridon & Villeneuve-Gokalp, 1989; Dharmalingam, 2002; Trost, 2003).

지금까지의 내용을 요약하면, 지난 수 세기 동안 다양한 형태의 '친밀한 관계'가 산업화한 국가에서 더욱 빈번하게 나타났다. 이것은 여러 가지 요인에 의해 유발되었는데, 결혼 이외 성적 친밀성의 사회적 수용, 현대 피임기술의 발달, 결혼의 연기, 이혼율의 증가, 부모의 이혼이라는 자녀의 개인적 경험, 그리고 여성의 경제적 독립 등이다. 또한, 경제적 요인이 결혼보다는 동거하기로 하는 데 중요한 역할을 한다. 안정적인 직장을 갖지 못한 남성 또는 비숙련 직종에 종사하는 남성들은 가족을 부양할 수 없어서 동거를 더 선호하는 경향이 있다(Villeneuve-Gokalp, 1991; Raymo, 1998; Casper & Bianchi, 2002). 동거 혹은 합의 결혼은 개발도상국에서 친밀한 관계의 보편적인 형태로서 오랫동안 존재해 왔는데, 특히 라틴아메리카와 카리브 해 국가에서 그러하다. 이러한 합의 결혼에 대한 사회적 수용과 가난한 경제적 상황은 합의 결혼을 법적 결혼보다 매력적으로 만들었다.

여기서 우리가 본 것은 결혼 이외 친밀한 관계의 융통성과 유동성이 놀라울 정도라는 것이다. 동거나 합의 결혼조차도 동일한 패턴을 보이지 않는다(Villeneuve-Gokalp, 1991; De Vos, 1999; Castro Martin, 2002). 이러한 합의 결혼의 일부는 전통에 기초한 관습적일 수도 있고, 어떤 국가에서는 장기적 관계로서, 관습법에 의한 결혼은 법적 결혼으로 간주하기도 한다. 또한, 일정 기간 후 결혼을 계획하는 시험 결혼도 있다. 그리고 친밀한 관계에는 적어도 여섯 가지 형태가 있다; ① 일반인이 하는 결혼, ② 관습적 결혼, ③ 종교적 결혼, ④ 사실혼, ⑤ 계약 커플, ⑥ 방문형 커플(남성 파트너는 짧은 기간 여성의 집에 머물면서 자녀를 낳거나 함께 살지 않으면서 자녀만 공유하는 경우). 많은 커플이 결혼을 선택하지 않지만 이러한 커플들은 결혼을 할 수도 혹은 하지 않을 수도 있는 부부관계를 형성하고 있다(De Vos, 1999).

(3) 고령화와 노인 돌봄

유엔(UN, 국제연합)은 전 세계 인구의 고령화를 인류 역사상 전례가 없는 것으로 간주한 바 있다(United Nations, 2002). 21세기가 시작되면서 전 세계에는 6억 명의 노인들이 살고 있는데, 이것은 50년 전보다 3배나 많은 수이다. 1년에 2%씩 증가하면서 2050년에는 전 세계에 젊은 인구보다 노인 인구가 더 많아질 것으로 예상하고 있다(United Nations, 2002). 노인 인구의 끊임없는 증가는 일하는 젊은 생산 인구와 비교할 때 삶의 모든 측면에 실질적으로 주요한 함의가 있다. 고령화는 가족구조와 기능, 주택문제, 헬스 케어, 연금과 사회보장 혜택과 같은 경제적 지원 체계뿐 아니라 전반적인 경제 성장과 소비에 영향을 미친다. 평균수명이 급속하게 연장되고 노인 인구가 폭발하면서 국가는 이러한 상황을 준비할 시간이 없었다(Darkwa, 2000).

2000년에는 생산 인구 9명이 65세 이상의 노인 1명을 부양해야 하는 실정이었는데, 2005년에는 생산 인구 4명이 65세 이상의 노인 1명을 부양해야 한다. 1950년에 이 비율은 12명당 1명이었다. 일본이나 유럽과 같이 경제적, 정치적 권력을 가진 국가들도 인구가 고령화됨에 따라 국가 재정상의 위기에 직면할 수도 있다(Hewitt, 2004). 고령화는 전 세계에서 공통으로 나타나는 현상임에도, 노인 인구의 비율은 지역에 따라 큰 차이가 있다. 산업화한 지역에서는 2000년도에 인구의 1/5 정도가 60세 이상의 노인이었으며, 21세기 중반에는 아마 1/3 정도 될 것이다. 덜 산업화한 지역에서는 인구의 8%만이 60세 이상의 노인 인구이나 2050년에는 이 숫자가 거의 20%에 이를 것으로 추정하고 있다(United Nations, 2002).

게다가 중윗값 나이는 덜 산업화한 국가에서 더욱 빠르게 높아질 것이다. 미국의 중윗값 나이는 21세기 중반에 3세 정도 높아지나 다른 국가에서는 더 많이 높아질 것이다. 멕시코는 중윗값 나이가 20세 정도 증가하여 미국보다 더 늙은 국가가 될 것이다. 한국, 중국, 타이, 베트남 등과 같은 아시아 국가들 또한 2035년까지 미국보다 중위 나이가 더 높은 늙은 국가가 될 것이다. 일본은 저출산, 이민 감소, 평균수명 증가 등으로 이미 중위 나이가 41세로 가장 늙은 국가이며, 이탈리아, 독일, 불가리아, 러시아, 그리고 나머지 동유럽국가들 역시 급속한 고령화에 직면하고 있다(Hewitt, 2004).

더욱 산업화한 국가에서는 덜 산업화한 국가에서보다 남성과 여성이 노인이 된 후에 경제적으로 덜 활동적인 경향이 있다. 더욱 산업화한 국가에서는 남성 노인의 21%와 여성 노인의 10%가 경제적으로 활동적이지만, 덜 산업화한 국가에서는 그 비율이 각각 50%와 19%에 이른다(United Nations, 2002). 이것은 덜 산업화한 국가에서는 은퇴 후 보장이 제한되어 있고 수입이 적기 때문이다. 또한, 덜 산업화한 국가의 노인들, 특히 여성 노인들은 농민, 기술공, 상인과 같이 농업이나 비공식적 부문에 종사하는 경향이 있는데, 이러한 부문은 공식적 부문보다 소득이 낮고 덜 안정적이다. 이들은 사회보장 프로그램이나 연금 등을 거의 보장받지 못한다.

가장 빠르게 증가하는 집단은 80세 이상의 노인 집단이다. 이 집단은 현재 총 노인 인구의 1/10 정도를 차지하고 있지만 매년 3.8%의 비율로 증가하고 있으며,

2050년까지는 노인 인구의 1/5이 80세 이상의 노인이 될 것이다. 대부분의 80세 이상 노인은 여성들인데, 왜냐하면 여성의 수명이 남성보다 길기 때문이다. 가장 나이가 많은 노인에서는 여성이 남성보다 2배에서 5배 정도 많다. 실제로 80세 이상 노인의 65%가 여성이다(United Nations, 2002). 세계 어느 지역이든지 간에 노인은 일상생활을 수행하는 데 가족구성원에게 도움을 청한다. 허약한 노인은 음식을 준비하고 건강을 돌보는 일뿐 아니라 옷 입기, 머리 빗기, 목욕하기와 같은 개인적 일상생활에서 도움이 필요하다. 노인을 돌보는 사람은 노인의 문제를 도와주고 들어주는 정서적 지원도 제공한다. 산업화한 국가에서는 노인들이 함께 사는 경향이 있으며, 사별하였거나 이혼한 때는 혼자 사는 경향이 있다(Rosenthal, 1977). 종종 이것은 선택의 범위 밖이기는 하지만, 어떤 경우에는 노인에 대한 이해 부족이 빠르게 변화하는 노동 환경의 변화와 더불어 젊은 세대가 노인 돌보기를 꺼리게 만든다(Hui, 2000). 홍콩에서는 정부가 노인들에게 통합적인 서비스를 제공하고자 개입하였는데, 이 서비스에는 소득 지원, 특별한 주택 설계, 가족구성원과 함께 혹은 혼자 독립적으로 사는 데 도움을 주는 재가서비스, 헬스 케어, 사회서비스 등이 포함되었다(Hui, 2000).

2025년까지 세계 노인의 72%가 개발도상국에서 사는 노인이라는 사실에도, 개발도상국 노인들의 장기적인 돌봄에 대해서는 거의 알려지지 않았다. 대부분 지역에서는 가족이 주로 집에서 노인을 돌보고 있다. 가나(Republic of Ghana) 노인에 대한 연구에서 다크와(Darkwa, 2000)는 99%의 노인이 다른 가족구성원과 함께 다세대 주택을 공유하는 지역사회에 살고 있음을 보고하였다. 보츠와나(Republic of Botswana)에서 돌봄은 가능한 한 노인 자신의 집에서 행해지고, 노인을 단순히 방문하는 것에서부터 경제적 지원을 하는 것, 노인의 집을 손질해 주는 것, 목욕, 옷 입기, 용변 문제 등과 같은 매우 사적인 일에 도움을 주는 것, 세탁에 이르기까지의 돌봄이 포함된다. 가난한 가족은 매우 심각한 선택을 하도록 강요당하는데, 노인에게 필요한 자원을 제공하는 것과 자신의 가족을 위해 사용할 것인가와 같은 선택들이다(Shaibu & Wallhagen, 2002).

개발도상국의 가족 돌봄에 대한 연구는 제한되어 있지만, 도시화, 시골에서 도시로의 이주, 그리고 이외 다른 근대적 동인(動因)들은 가족이 노인을 위한 돌봄과 지원을 제공하는 능력을 약화시키고 있다(Darkwa, 2000). 어떤 지역의 가족은 노인 인구의 거대한 증가와 전통적인 가족생활의 변화와 함께 노인 돌봄의 위기에 직면하고 있다. 가족생활에서 노인의 뚜렷한 변화는 성인 자녀와 손자녀를 돌보는 것이 노인의 책임이 되고 있다는 것이다. 최근 조부모들은 자신의 성인 자녀가 약물이나 알코올 남용, 경제적 문제, 또는 신체적, 정신적 질병으로 자신의 자녀를 돌볼 수 없어서 손자녀를 돌보는 책임을 떠맡고 있다(Pebley & Rudkin, 1999; Shaibu & Wallhagen, 2002).

개발도상국에서 조부모가 보호자가 되는 주요한 이유는 인간면역결핍 바이러스/후천성 면역결핍 증후군의 전파이다. 이것은 수천 명의 부모와 1,600만 명의 15세 이하 아동들을 감염시켰다. 이러한 아동들은 고아가 되거나 아픈 한 부모에게 맡긴다. 이 숫자는 앞으로 10년 동안 4,000만 명으로 증가할 것이다(HelpAge International, 2003). 부모 모두가 사망할 때 노인과 어린이는 중간 세대의 도움 없이 서로 지지해야 하는 상태가 된다.

조부모는 어린 세대를 돌보지만 그들의 돌봄은 충분치 않다. 월드뱅크 그룹(World Bank Group, 세계은행[世界銀行])은 28개의 아프리카와 라틴아메리카 국가 중 20개 국가는 고아의 1/5이 조부모와 함께 사는 것으로 보고하였다. 남아프리카와 우간다는 특히 인간면역결핍 바이러스/후천성 면역결핍 증후군의 피해가 큰 곳인데, 고아의 40%가 조부모의 돌봄을 받고 있다. 짐바브웨는 이 수치가 50% 이상이다. 짐바브웨, 우간다, 탄자니아에서는 조부모가 돌보는 사람 중 가장 큰 수치를 차지하는 단일 항목이다(HelpAge International, 2003). 이것은 조부모에게 커다란 부담이며, 조부모의 경제적 자원, 신체적 능력과 자신의 건강을 고갈시킨다(Nyambedha et al., 2003). 고아를 기관에 보내는 것 또한 하나의 선택일 수 있지만, 아동은 가족이라는 환경 속에서 더 잘 자랄 수 있고 나중에 노인에게 정서적, 경제적 지원을 제공할 수 있다. 따라서 공공시설에 보내는 것은 양 세대에게 모두 부정적인 영향을 미칠 수 있다(HelpAge International, 2003).

어떤 경우이든지 간에 노인과 가족의 장기적인 헬스 케어와 가족 돌봄에 대한 다른 대안을 탐색할 필요가 있다(Darkwa, 2000). 로젠탈(Rosenthal, 1997)이 제안하였듯이 기본적인 질문은 "누가 노인 돌봄에 책임을 가져야 하는가?"이다. 산업화한 국가에서는 상황이 더 쉽다 하더라도 정부의 프로그램과 고용(사용)자 이득을 통해 가족 돌봄자에게 도움을 줌으로써, 노인이 자신의 집이나 가족의 집에서 지낼 수 있도록 하는 것에 대한 관심이 증가하고 있다. 개발도상국에서의 이 질문에 대한 해답은, 인구학적 특성, 남성의 이민 이주, 여성가장가구의 증가, 인간면역결핍 바이러스/후천성 면역결핍 증후군의 증가, 노인을 위한 국가정책과 기업지원의 부족 등으로 다소 복잡하다.

(4) 여성의 사회적 노동 참가

여성은 세계 거의 모든 지역에서 노동력의 상당 부분을 차지하고 있는데 거의 모든 지역에서 적어도 노동력의 1/3을 차지하고 있고(북아프리카와 서아시아를 제외하고), 어떤 지역에서는 거의 절반을 차지하고 있다. 지난 20년 동안 가장 많이 증가한 지역은 라틴아메리카인데, 노동력에서 여성의 비율이 중앙아메리카는 1/4에서 1/3로, 남아메리카에서는 1/4에서 2/5로 증가하였다(United Nations, 2002). 여성의 사회적 노동 참가는 서유럽과 다른 산업화한 국가에서도 증가하여 적어도 여성의 절반 정도는 집 밖에서 일하고 있다. 여성의 노동력 비율에서 증가가 없는 동유럽에서조차 여성의 절반 정도가 노동시장에 참여하고 있으며, 사하라 지역과 남아프리카에서는 약 40% 정도에 머무르고 있다. 게다가 전통적으로 여성의 취업률이 낮은 서아시아와 북아프리카조차 그 비율이 20%로 상승하였다.

이러한 변화에는 몇 가지 이유가 있다. 우선 여성이 출산에 대해 더 많은 통제권을 가지게 되어 학업이나 취업을 위해 출산을 연기하거나 제한할 수 있게 되었다. 또 다른 이유는 여성에게 주어지는 기회의 증가와 관련이 있다. 서비스 분야 -보육, 레스토랑, 호텔, 영업, 헬스 케어 등-가 확대되면서 여성의 취업 기회가 확대되었다. 세계의 거의 모든 지역에서 여성은 서비스 분야에서 일하고 있다. 예외가 있다면, 아프리카와 남아시아 여성이 주로 농업에 종사하고, 중앙아시아 여성은 서비스 분야와 농업 분야로 나뉘어 있다. 불행하게도 서비스 분야는 다른 경제 분야와 비교할 때 한결같이 임금이 낮으며 혜택이 적고 덜 안정적이다. 결과적으로 여성, 특히 저소득층 여성은 저임금 직업이라는 곤궁한 처지에 몰린다(United Nations, 2002).

아프리카에서 많은 여성은 증가하는 비공식적 분야에서 소규모의 자영업에 종사하는데, 이러한 자영업에서 여성들은 고용주이자 노동자이거나 다른 가족구성원이나 노동자를 고용하기도 한다(International Labor Organization, 2000). 예를 들면, 여성은 조리된 음식을 만들고 '고용된' 그들의 자녀가 시장에서 이 제품을 판다. 또는 맥주를 만들어 거리에서 지나가는 사람들에게 판다. 이것은 여성들이 직장과 가사의 책임 사이에서 균형을 이루도록 해주는데, 산업화한 국가에서는 여성들이 노동시간을 줄이거나 자영업을 선택하여 직장과 가사의 책임 사이에서 균형을 유지한다. 여성들은 가족부양을 위해 돈을 버는데도 자신의 기본적인 욕구를 충족시키지 못한다. 짐바브웨에서는 경제정책의 변화가 빈곤을 악화시켰다. 경제적 필요성 때문에 비공식적 분야에서 일하는 가족의 80%가 그들의 식사습관을 바꾸고 음식 섭취량을 줄였다. 도시 거주자의 반 이상이 점심을 거르고 우유, 고기, 빵 등을 덜 소비한다(Rukuni, 2000).

가정에 기반을 둔 노동은 중요하고 특히 여성에게 증가하는 취업 형태이다. 여성은 상품과 서비스를 제공하는 기업을 위해 일하지만, 작업은 가정에서 수행한다. 노동자는 나중에 조립과 판매를 하고 집에서 의복 일부를 바느질하는 등의 삯일이 그 예이다. 여성의 사회적 노동에의 참여 증가는 가족생활과 중요한 방식으로 긴밀하게 연결되어 있다. 수십 년 전 대부분 여성은 20대 초반에 노동시장에 참여하였고, 임신 기간에 직장을 그만두었다가 자녀가 학교에 들어가거나 집을 떠나 독립하면 노동시장으로 다시 돌아갔다. 20세기 말까지 여성은 임신과 자녀양육 기간에도 노동시장에 남아 있었다. 중단 없이 취업을 계속하는 이러한 변화는 유럽과 북아메리카에서 가장 보편적이다. 활동 비율은 낮지만, 라틴아메리카와 카리브 해 연안 국가들도 유사한 패턴을 보인다. 그러나 아프리카에서 여성의 노동시장 참여는 항상 높았으며 변화된 것이 거의 없다.

여성의 노동시장 참여가 더욱 수용적이고 많은 여성이 노동시장에 참여함에 따라 정부와 고용주는 일하는 부모들을 위한 지원을 더 많이 제공하고 있다. 예를 들면, 정부는 부모 휴가와 자녀양육을 지원하는 법률을 제정하였다. 북유럽국가는 관대한 패키지와 높은 수준의 소득 보상을 제공하지만, 종종 정책은 무보수를 요구하는데 오스트레일리아, 뉴질랜드, 미국이 그러하다. 몇몇 서구 국가에서는, 특히 은행과 같이 많은 수의 전문적인 여성 노동자가 있는 산업에서 고용주는 가족 혜택을 제공하기 시작하였다. 자녀 돌봄과 노인 돌봄을 위해 아버지와 어머니에게 제공되는 부모 휴가뿐 아니라 파트타임 작업, 직무 공유, 탄력적 근무 등을 포함한다(United Nations, 2000). 여성들의 노동시장 참여 증가는 여성들이 노인 가족구성원의 욕구와 직업에서의 요구를 다루면서 노인들에게 중요한 함의를 가진다. 결과는 노동자들의 장기결근 증가이다(Rosenthal, 1997). 미국의 가족 및 의료 휴가법 중, 큰 규모의 회사는 노인을 포함한 피부양자를 돌보기 위해 가족에게 무보수 휴가를 규정하고 있다. 또한, 2002년 미국에서는 25%의 고용주들이 노동자가 노인 가족구성원을 돌보는 데 도움을 제공하였는데, 1992년 이 비율은 11%에 불과하였다(Bond et al., 2002). 캐나다는 근로자의 돌봄 노동을 위한 국가정책이 없다. 그리고 미국에서처럼 고용주의 지원은 회사의 규모, 기업 문화와 공동체의 합의에 따라 매우 다양하다. 개발도상국에서는 국가와 기업의 정책이 가족구성원에게 혜택을 제공하지만 거의 이용이 어렵다((Rosenthal, 1997; Darkwa, 2000).

(5) 동성 가족

미국과 캐나다, 유럽에서의 동성애자 권리 운동은 게이(gay)와 레즈비언(lesbian) 가족들을 더 가시화시키는 계기가 되었다. 동성 가족이 존재한다는 사실은 Uran Institute에서 출간한 『인구센서스에서의 게이와 레즈비언 가족: 자녀가 있는 커플』(Gates, 2002)이란 책에 잘 나타나 있다. 2000년 미국 센서스 자료를 이용한 이 연구의 저자들은, 적어도 120만 명의 동성애자가 센서스 용어로 결혼하지 않은 파트너와 함께 사는 것으로 보고하였다. 게이와 레즈비언 커플은 미국 도시에 집중되어 있지만, 미국 카운티의 99%, 즉 거의 전 지역에서 실질적으로 발견된다(Primary Sources, 2004). 이성애 커플과 마찬가지로 게이와 레즈비언 커플은 평생의 헌신과 책임을 원하며 많은 경우가 자녀를 원한다(Benkow, 2003). 그들은 공식적이고 제도화된 지원이 부족함에도, 관계에 대해 강한 개인적 책임감을 갖고, 이러한 관계를 유지한다. 동성애 커플의 동거(서로 헌신적 관계이지만 법적으로 결혼할 수 없는)와 결혼한 이성애 커플의 그들의 관계에 대한 만족감은 놀랄 만큼 유사하다(Kurdek, 1998; Means- Christensen et al., 2003).

또한, 많은 게이와 레즈비언 커플은 자녀가 있는데, 센서스 자료는 동성애 커플의 25% 이상이 자녀를 양육하고 있음을 보여 준다. 이성애 커플과 마찬가지로 동성애 가족도 평균 2명의 자녀가 있다(Primary Sources, 2004). 어떤 경우에 자녀는 이전의 이성애 관계에서 낳은 생물학적 자녀이기도 하고, 또 다른 경우에는 입양이나 대리모, 인공수정 또는 공동 양육을 통한 자녀이기도 하다(Benkov, 2003). 동성애 가족은 결혼과 유사한 관계를 형성하고 자녀가 있음에도 불구하고 세계 대부분 지역에서 결혼이 허용되지 않고, 결혼한 커플이 받는 법적 보호를 받지 못한다. 중세 시대 이래 동성애 결혼의 역사적인 사례들이 조금 있으나(Partners Task Force for Gay and Lesbian Couples, 2004), 대부분의 이러한 가족은 사회적 승인과 법적 권리를 획득하기 위해 투쟁했다.

그러나 최근에는 몇몇 국가와 주(州)에서 게이와 레즈비언 커플에게도 결혼과 같은 법적 권리를 부여하는 입법이 통과되었다. 유럽의 스칸디나비아 국가와 캐나다에서는 법이 추진되고 있다(Sterling, 2004). 2001년 4월 네덜란드는 세계에서 처음으로 동성애 커플에게 법적 결혼과 완전히 같은 권리를 부여하는 첫 번째 국가가 되었다. 벨기에가 2003년 1월에 그 뒤를 이었다. 2003년과 2004년 사이에 캐나다 3개의 지역에서 동성애 커플에게 법적 결혼의 권리를 부여하는데, 2003년 6월에 온타리오, 2003년 7월에 브리티시 컬럼비아, 2004년 3월에 퀘벡이다. 미국에서 동성애 결혼과 법적 결혼을 같게 취급하는 유일한 주는 매사추세츠 주이다(Partners Task Force for Gay and Lesbian Couples, 2004). 스웨덴과 스페인 역시 동성애 결혼을 법제화하는 쪽으로 나아가고 있다(Ford, 2004).

다양한 형태의 합의 결혼이 결혼에 대한 대안적 법적 지위와 법적 보호 및 혜택을 받는 형태로 자리 잡고 있다. 등록된 파트너십은 결혼한 커플과 유사하게, 그러나 같지는 않은 지위와 혜택을 받고 있다. 이것은 덴마크(1989년 이래), 핀란드, 독일, 그린란드, 아이슬란드, 네덜란드, 노르웨이, 스웨덴, 그리고 미국의 버몬트 주에서 그러하다(Ford, 2004; Partners Task for Gay and Lesbian Couples, 2004). 프랑스에서는 결혼의 일부 법적 권리를 동성애 및 이성애 커플에게 보장하면서, 이를 해체하기가 결혼보다 쉬운 합의 계약이 있다. 오스트레일리아 일부에서도 유사한 조처가 있으며 영국은 이러한 형태의 파트너십을 인정하는 쪽으로 움직이고 있다(Ford, 2004; Partners Task Force for Gay and Lesbian Couples, 2004). 파트너십과 합의 결혼은 광범위한 지원을 얻고 있는 듯 보이지만, 어떤 국가에서는 법적, 정치적, 종교적 투쟁의 오랜 결과이다(예: 프랑스는 Ford, 2004를 참조).

게이와 레즈비언 결혼에 대한 승인은 동성애자와 이성애자 간의 공평성을 지원하는 사회적 태도의 변화에서 이미 예견되었다. 대부분의 개발도상국에서 동성애를 여전히 정신적 질병으로 간주하고 감옥에 보내거나 심지어 죽이기도 하며, 게이의 결혼은 생각할 수조차 없다(Sterling, 2004). 또한, 폭력과 공갈, 희롱이 난무한다(Sengupta, 2003). 예를 들면, 사우디아라비아에서 여성의 옷을 입고 섹스(변태적인 성행동)를 하였다고 고백한 9명의 남성이 2,000번 이상의 채찍질과 5년형을 선고받았고(Hays, 2000), 소말리아에서는 레즈비언 관계를 맺은 것으로 고소된 2명의 젊은 여성이 사형을 선고받았다(Somalia: Lesbian, 2001).

여러 나라에서 섹슈얼리티에 대한 공공 토론은 터부시된다(Ould, 2003). 국제인권위원회는 게이에 대한 기소에 주의를 기울이려고 노력하고 있지만, 보수적인 북미 연합회와 바티칸, 이슬람 집단들은 국제적 토론과 해결을 방해하고 있다(Sengupta, 2003). 이러한 분노와 두려움의 분위기를 볼 때 개발도상국에서 동성애에 대한 연구가 거의 없는 것은 놀랄 만한 일도 아니다. 산업화한 국가의 학자조차도 여성의 권리로서의 동성애를 무시해 왔으며, 이것은 개발도상국(남반구)에 가난한 레즈비언이 존재하지 않는다는 인상을 주고 있다(Swarr & Nagar, 2003).

특정한 사회경제적 맥락은 섹슈얼리티가 어떻게 표현되었는지를 결정하는 주요요인이다. 인도와 남아프리카의 비교사례연구에서, 레즈비언은 전 남편과 확대가족, 고용주와 동료, 그리고 다른 사람들로부터 공격을 받기 쉬운 것으로 나타났으며, 동성애 공포증은 인도와 아프리카 여성으로서의 전통적 기대를 따르지 않는 여성의 삶을 위협하고 있다. 이러한 여성들은 가족을 부양하기 위해 투쟁하면서도 경제적, 정서적으로 안정적인 미래를 꿈꾼다(Swarr & Nagar, 2003).

카르도주(Cardoso, 2002)는 산업화한 국가에서 지배적인 게이/이성애라는 이분법과는 상당히 다른 동성애에 관한 견해를 피력하였다. 그가 연구한 브라질 어촌의 어떤 남성들은 내놓고 게이라고 하며, 다른 사람들은 배타적인 이성애자이다. 그러나 북반구에서는 이성애 남성이 게이 남성과 성관계를 하는 모호한 성적 행동 또한 있다. 이럴 때 이성애 남성은 여전히 남성적이라고 간주하고 특정한 성적 행동과 사회적 역할을 따르는 한 게이로 간주하지 않는다. 다른 한편, 게이 남성은 이성애 남성과 동등하게 간주하지 않지만, 그 지역문화에서 무시당하지도 않는다. 결혼은 남성의 사회적 관계와 행동을 변화시키지 않았다. 카르도주는 다양한 형태의 남성 섹슈얼리티가 전 세계에 있음을 주장하였다. 그리고 북유럽에서 현재 산업화한 국가로 전수된 남성성은 '다른 지역에서는 실제로 들어 본 바 없으며' 더욱 유동적인 남성의 성적 행동이 승인된다는 점을 주장하였다.

지금까지의 내용을 요약하면, 전 세계의 게이와 레즈비언은 그들을 승인하고 그들이 존경받을 수 있는 곳, 그리고 파트너와 함께 가족생활을 할 수 있는 곳을 발견하기 위해 투쟁하고 있음을 알 수 있다. 게이 권리 운동은 친밀한 파트너십과 가족관계에 대한 토론을 공론화시킴에 따라 우리는 게이와 레즈비언 커플이 어떻게 가족을 창조하고 정의하는지를 알게 되었다. 개발도상국에서 게이와 레즈비언에 대한 연구가 부족하다는 것은– 섹슈얼리티와 경제적, 문화적 맥락이 서로 얽혀 있다는 사실을 알려 준다.

3. 세계의 가족이 직면한 절박한 이슈

가족구조와 성 역할, 가족생활주기에서의 변화라는 도전에 더하여, 세계의 가족은 자녀를 양육하고 노인을 돌보고 건강하고 친밀한 관계를 유지하는 데 상당한 영향을 미치는 절박한 이슈에 직면하고 있다. 이들 중 어떤 이슈는 특히 현대 사회에서 두드러진 것 같은데, 전쟁과 무장 갈등, 빈곤, 그리고 이주와 같은 이슈들이다.

이 중 전쟁과 무장 갈등에 대해 살펴보면, 지금 전 세계－시리아, 이라크, 이스라엘, 웨스트 뱅크와 가자지구, 파키스탄, 스리랑카, 수단, 대한민국 등－가 일촉즉발의 위기 상황에 직면해 있다. 어떤 국가에서는 무장 갈등이 수십 년 동안 지속하고 있다. 전쟁과 무장 갈등은 가족에게 파괴적인 결과를 가져온다. 미망인, 이혼과 별거, 혼외출산, 그리고 남성의 외국 이주 등이 여성가장가구의 고통을 일으키는 주요한 사유로 거론됨에도, 많은 여성은 남편들이 전쟁과 무장 갈등에서 전투를 벌이는 동안 혼자 가족을 부양하고 있다. 예를 들면, 스리랑카의 일부 지역은 타밀－모슬렘의 민족 갈등에 휩쓸려 있고, 여성가장가구의 비율은 국가 비율을 넘어섰다. 한 설문 조사 결과에 따르면, 이 지역의 4분의 3에 이르는 가구가 갈등의 결과로 여성가장가구가 되었다고 한다(Centre for Women's Research, 2004). 경제적 피폐함과 유일한 부양자로서 여성에게 의존하는 가족 때문에 갈등 상황은 여성에게 무거운 경제적, 정서적 부담을 지우고 여성에게 가장의 역할을 강제로 떠넘기고 있다.

그러나 모슬렘 여성으로서 그들은 전통적으로 가정 내로 활동범위가 제한되어 있으며, 교육과 기술, 소득을 창출하는 기회가 부족하다. 이것은 평생의 습관으로 변화시키기가 극히 어려우며 남성의 보호가 없는 상황에 적응하는 것 또한 어렵고, 공공 영역과 상호작용하는 것 역시 극히 어렵다(Centre for Women's Research, 2004). 이러한 여성들은 주거 문제, 빈곤, 은신처에 대해 필요가 절박한데, 왜냐하면 가족들은 갈등 중에 혹은 재정착 중에 재산을 잃어버렸기 때문이다(Centre for Women's Research). 어떤 경우에 여성은 심각한 정신적 질병에 걸리기도 하고 그들의 삶이 끝나기를 절망적으로 원한다. 많은 여성이 가족이 죽임을 당하고 장애인이 되고 행방불명이 되어 심리적, 정서적 상처를 경험한다. 뚜렷한 물적 증거 없이 여성은 남편이 사망했다는 사실을 수용하기가 어렵다. 게다가 '훌륭한' 미망인은 재혼이 자신감을 회복시키고 경제적 상황을 호전시키고 자녀의 안녕에 도움이 된다고 하더라도 재혼을 하지 않는다(Shanmugum, 1999; 천혜정 외, 2009).

4. 세계 가족의 다양성[12)]

1) 남아메리카와 아시아계 이민가족

과거 어느 때보다 현재 미국의 현실은 문화적 다양성에 직면하고 있다. 미국은 이민자와 그 가족들이 새로운 터전을 일굴 수 있는 장소로 여겨졌다. 현재 미국에서 아랍이나 이슬람계, 그리고 과거 소련이었던 러시아를 비롯한 유럽지역의 이민자들이 유입되는 흥미로운 경향을 찾아볼 수 있지만(Iskow et al., 2002; Cheng, 2003), 여기서는 지속적으로 이민 문제의 중심부에 있었던 두 부류인 아시아와 남아메리카 이민가족에 초점을 맞추고자 한다.

우리가 이 두 부류에 초점을 맞춘 데는 여러 가지 이유가 있다. 인구학적으로 볼 때 이 두 부류는 현대 이민 집단을 대표한다. 비록 최근 이민 인구가 과소 측정되었다고 여겨지지만, 이 두 집단을 이루고 있는 가장 큰 하위 집단에는 멕시코인, 중국인, 베트남인, 캄보디아인, 한국인 등이 대표적으로 포함된다(Lee, 1997; Becerra, 1998; Fong, 2000). 정치적으로 볼 때, 두 집단은 최근 들어 더욱 정치적 활동에 적극성을 띠고 있으며 공공의 목표를 위해 협력한다고 알려졌다(Saito, 2000). 학문적인 면에서 이들은 이민 아동에 관한 종단적 연구(Rumbaut, 2000)와 같은 주요 도시학(urban studies) 연구에서 함께 중요한 역할을 해 왔다. 하지만, 무엇보다도 두 집단은 모두 모범적인 이민자/외국인이라는 사회적으로 낙인된 이

12) 이 부분은 인골스비와 스미스(Ingoldsby & Smith, 2008)의 Families in Global and Multicultural Perspective(2nd ed.), 천혜정, 강진경, 권영인, 신수진, 유계숙, 전혜정 역, 『다문화적 관점에서 바라본 세계의 가족(2판)』(서울: 시그마프레스, 2009), pp. 295-434에서 발췌하여 구성하였다.

미지를 가지고 있다(Takaki, 2001). 우리는 이 두 집단의 깊은 연관성과 복잡한 차이를 설명하기 위해 이들을 함께 숙고해 보려 한다.

(1) 남아메리카와 아시아계 이민가족의 개요

비록 남아메리카 사람들과 아시아 사람들이 150년 전부터 미국에 이주하여 미국의 한 부분을 차지하여 왔지만, 미국의 문화적 풍경은 가장 최근에 나타난 이민 쇄도시기에 변화되었다(Becerra, 1998; Fong, 2000). 지난 몇 십 년 동안 이 두 집단에 속한 사람들의 수는 미국 전역에서 증가해 왔다. 대부분 멕시코와 중앙아메리카 계통의 이민자들은 미국 남아메리카계 인구를 3,800만 명까지 끌어올려(El Nasser, 2003) 그들을 미국 내 가장 큰 소수민족으로 만들었다. 동시에 1965년 이민정책(Immigration Act)을 시작으로 동남아시아 계통의 이민자들에 의해 주도된 몇 차례에 걸친 아시아 이민 쇄도는 아시아의 인구를 약 1,100만 명까지 끌어올림으로써(Yeu & Inose, 2002) 그들을 가장 빠르게 증가하는 소수집단으로 만들었다. 이민 온 남아메리카계 인구는 1,280만 명에 이르며, 이는 외국 태생의 미국인구 중 거의 반을 차지하는 수이다. 1990년 이후에 일어난 아시아계 인구 증가의 86%는 이민에 의한 것이며(U.S. Bureau of the Census, 2001, 2003), 반 이상의 아시아계 사람들은 본국 태생인 것으로 나타났다(Lee, 1997).

이 두 공동체는 흥미로운 지역적 특성을 가지고 있다. 전통적으로, 대다수의 남아메리카계 가족들은 역사적으로 남아메리카계 바탕의 주에 정착했다. 예를 들어, 멕시코나 라틴아메리카 사람들은 남서지역(캘리포니아, 텍사스, 애리조나, 뉴멕시코)에 정착했으며, 쿠바인, 푸에르토리카인 및 그 외 카리브 해 계통의 사람들은 플로리다와 뉴욕으로 이주하였다. 최근에는 이민자들이 남동쪽, 남쪽, 중부, 북서부 등을 포함한 미국 전역으로 퍼져 정착하고 있다. 예를 들어, 노스캐롤라이나에서는 1990년대에 걸쳐 남아메리카계 인구가 300%나 증가하였다고 보고하였다(Associated Press, 2001; U.S. Bureau of the Census, 2003). 미네소타, 일리노이, 위스콘신, 미시간, 오하이오를 포함한 오대호 연안의 지역에서도 20세기의 마지막 10년 동안 남아메리카 계통 인구의 유의미한 증가를 보고하였다. 대부분의 아시아 이민자들은 캘리포니아, 텍사스, 워싱턴, 뉴욕, 플로리다와 같은 해안지역이나 도시에 정착하였다(Aponte & Siles, 1997; Fong, 2000).

(2) 문화적 적응과 가족 역동

아시아와 남아메리카 이민가족의 체계에 성이나 세대 간 역동과 더불어 영향을 미치는 것은 동화와 동일시의 과정이다. 여기에서는 이러한 과정의 전반적 개요를 부부관계, 부모-자녀관계를 포함한 가족 역동에 초점을 맞추어 설명하고자 한다. 이러한 전반적 개요는 아시아와 남아메리카 이민가족에 집중하여 그들의 경험이 비(非)이주 아시아와 남아메리카 가족들이나 유럽계 주류가족들에 비교해서 어떠한가를 다룰 것이다.

① 문화적 적응

문화적 동일시와 적응에 관한 논의 중 중심이 되는 것은 아시아와 남아메리카 가족들이 넓은 미국문화의 태피스트리(tapestry)[13]에서 만들어 낸 사회적인 공간이다. 이것은 가족 역동에 초점을 맞추기 전에 문화적·역사적 배경으로 설명되어야 한다. 더 나아가 문화적 적응을 측정할 때 문화적 적응이 동일시까지를 포함할 수 있는 연속적 개념인지를 이해하는 것이 중요하다. 특히 문화적 적응의 기본적인 정의는 인종과 주류문화의 다양한 문화적 실타래가 서로 맞물려지는 것이며, 동일시의 정의는 장시간에 걸쳐 서서히 나타나는 한 가지의 문화적 특징이 대체되고 주류사회에 편입되면서 새로운 문화가 생겨나는 과정이다(McAdoo, 1999).

역사적으로, 멜팅 팟(melting pot, 용해)의 개념은 모든 사람이 민족적 배경은 중요하지 않은 듯이 주류사회에 동일시되는 경향에 초점을 맞추었다. 이러한 생각은 직선 동일시(straight-line assimilation)와 같은 맥락이다. 맥아두(Mc-Adoo, 1999)는 용해 개념과 그 제한점을 설명할 때 이러한 사회적 공간을 자세히 다루었다. 그는 미국 주류문화에 유럽계 미국인들처럼 용해되거나 동일시되지 않은 유

13) 태피스트리(tapestry)란 다채로운 색실로 무늬를 짜 넣은 직물을 뜻하는 것이나, 여기서는 미국의 다양하고 다채로운 문화를 의미한다.

색인 가족을 설명할 때, 용해 개념의 오류를 논의하였다. 그는 용해에 대한 생각이 아시아 사람들과 남아메리카 사람들과 같은 유색인종의 문화적 뿌리나 역사 및 그들이 겪은 차별을 고려하지 않음으로써 그 결함을 드러낸다고 주장했다. 또한, 그는 이러한 개념이 순수한 유럽계 출신들에게 더 적합하다고 설명했다. 아시아나 남아메리카 사람들 그리고 다른 소수민족들은 그동안 '잘 섞이지 않은 인종'으로 여겨졌다. 적극적으로 그들의 가족 문화를 심각하게 희소시킴 없이 주류사회의 가치와 믿음에 섞으려 하는 이와 같은 민족들은 종종 사회의 '샐러드 볼', '섞어 놓은 샐러드(tossed salad)' 또는 '볶음 요리(stir-fry)'가 되었다.

전통적 가족 문화와 주류사회의 가치가 서로 맞물리는 것 역시 '적응'으로 설명된다(McAdoo, 1999). 더 나아가 마거(Marger, 2003)는 오늘날 미국의 인종적 위계를 3개의 층으로 설명함으로써 이러한 논의에 사회적, 가족적 배경을 제공했다. 가장 위층은 여러 나라에서 건너온 유럽계 신교도 미국인들로 이루어졌다. 이들에게 민족은 그들의 층을 다른 층과 구분하는 것 이외에는 그리 중요하게 여기지 않는다. 두 번째 층은 남아메리카계를 제외한 여러 나라 출신의 가톨릭 신자들로 이루어진다. 유대인들과 몇몇 아시아계 민족들(일본계 미국인과 한국계 미국인)도 여기 포함된다. 이들에게 문화적 적응은 사회생활과 가족생활에서 본질적인 부분이다. 마지막 층에는 흑인과 남아메리카계 미국인, 아메리카 인디언과 다른 아시아계 미국인들이 포함된다. 이들에게 가족의 민족적 바탕은 사회적, 가족적 일상에 매우 큰 영향을 미친다. 테일러(Taylor, 2002)와 같은 다른 학자들 역시 미국 내 소수민족 가족의 문화·역사 배경을 설명한 문화적 동일시와 적응 패러다임 연구에 이바지한다.

이어서 맥아두(1999)는 민족에 관한 연구에 어떻게 주류사회를 동일시하는 데서 벗어나 문화적 다양성을 존중하는 방향으로 패러다임의 변화가 일어났는가를 설명하였다. 그러나 그는 미국사회가 문화적으로 다원화된 환경을 만들지 못했음을 지적하였다. 즉, 이러한 변화는 아직도 초기 단계에 머무르고 있으며, 여전히 문화적 다양화를 수용하는 데 있어서 상당한 반대가 따르고 있다. 이러한 배경은 아시아계와 남아메리카계 이민가족과 유럽계 미국인, 비이민 아시아계와 남아메리카계 미국인 등의 주류가족 역동성 비교에 대한 더욱 넓은 이해를 하기 위한 기초로 작용할 것이다.

② 부모-자녀관계

출처(사진): http://search.naver.com

[그림 7-1] 주트 슈터(Zoot Suiter)

세대 차이와 부모-자녀 상호 특성은 모든 가족에게 꽤 과격한 것일 수 있다. 벨스키(Belsky, 1984)가 주장한 바와 같이, 부모 역할은 많은 결정요인에 의해 영향을 받는다. 또한, 이민가족의 문화적 적응과 동일시는 부모-자녀관계에 매우 결정적인 영향을 미친다. 1930년대부터 이미 멕시코계 '주트 슈터(Zoot Suiter)[14)]'라고 불리는 젊은 청소년들(pachucos)은 입고, 말하는 방법에서 그들의 이민 1세대 부모들 및 주류사회 유럽계 가족들과 경계를 분명히 하였으며, 그들을 미국인으로 정의하였다(Acuna, 1972). 아시아계와 남아메리카계 아동·청소년들은 종종 민족적 정체성과 그들의 가족과 지역사회, 더 넓은 미국 주류사회 내에서의 역할로 말미암아 갈등한다. 아시아계, 남아메리카계 이민자들과 다세대에 걸친 아시아계, 남아메리카계 미국인들, 그리고 유럽계 주류 미국인들의 차이는 양분적이라기보다는 연속적인 것으로 볼 수 있다.

지금까지의 연구결과는 아시아계와 남아메리카계 이민 부모들이 자녀가 미국문화에 적응하고, 심지어 동일시될수록 전통적 가족과 문화의 가치를 잃는 것에 대해 두려워하는 경향이 있다고 설명하였다. 특히 다세대에 걸친 아시아계와 남아메리카계 부모들은 개인주의와 집단주의에 연결된 다양한 부모 역할과 가족 패턴을 보여 준다(Martinez, 1993; Lin & Liu, 1999). 하지만, 이러한 연구는 미국문화에 적응한 다세대에 걸친 아시아계와 남아메리카계 사람들은 유럽계 주류 미국

14) 주트 슈터(Zoot Suiter)란 주트 슈트(zoot suit)를 입은 사람을 뜻하는 것으로, 주트 슈트는 허리까지 올라오는 통이 넓은 바지와 두툼한 패드를 어깨 부위에 넣은 긴 코트를 입은 외양을 일컫는다. 이러한 옷 스타일은 1930~1940년 동안 아프리카계 미국흑인, 멕시코계 미국인, 이탈리아계 미국인, 필리핀계 미국인 사이에 유행했다.

인들보다 집단주의와 개인주의 사이의 균형을 찾는 경향을 보이며, 이로 말미암아 자신들을 이민자와 주류 유럽계 미국인 사이에 위치시킨다는 결과를 보여주었다(Vega, 1995; Hildebrand et al., 2000; Baca Zinn & Wells, 2001; Kitano & Daniels, 2001; Fong, 2002).

부모-자녀관계에서 또 다른 중요한 사실은 가족과 지역사회에 있어서 스트레스가 될 수 있는 이중언어의 사용 혹은 그 이상의 다중언어 사용에 가치를 두는 것이다. 비록 이중언어 혹은 다중언어 사용이 이민가족들에게 있어 매우 중요하다고 하더라도 부모들은 종종 자녀가 한 가지 이상의 언어를 사용할 때 차별을 당하지 않을까 두려워한다. 또한, 이렇게 이중 혹은 다중언어를 사용하는 것은 다세대에 걸친 남아메리카계와 아시아계 가정에서 나타나며, 미국 내 거주지에 전적으로 영향을 받는다고 볼 수 없는 말하기 패턴에 영향을 미쳤다. 다세대에 걸친 남아메리카계 가족들에게 나타나는 말하기 패턴에는 영어만 하기, 스페인어를 이해하지만 거의 영어만 말하기, 개인에 따라 차이는 있지만 유창하게 두 가지 언어를 구사하기, 혹은 영어와 스페인어를 섞은 '스팽글리시(Spanglish)'를 사용하기가 있다. 다세대에 걸친 아시아계 가족도 이와 비슷한 경향을 나타내며, 다중언어를 사용하는 경우는 이보다 더 복잡한 언어사용 패턴을 보인다(Cummins, 1976; Hakuta, 1986; Portes & Hao, 2002). 앞에서 논의한 직선 동일시 과정으로 말미암아 대부분의 주류 유럽계 미국인들은 한 가지 언어, 즉 영어만을 사용한다. 따라서 한 가지 이상의 언어를 사용함으로써 나타나는 발달적, 가족적, 사회적 문제는 이들의 부모-자녀관계에서 거의 보이지 않는다.

이와 더불어 이민부모들은 문화에 적응하는 과정에서 그들 자녀와의 관계가 멀어지지 않을까 걱정하며, 자녀가 위험 행동을 받아들일까 노심초사한다. 이러한 걱정은 아시아계와 남아메리카계 아동·청소년들이 미국문화에 더욱더 적응하고 미국문화를 더 수용할수록 마약, 피임하지 않은 섹스, 범죄 등의 위험 행동에 연루될 가능성이 크다는 연구결과에 따라 지지가 된다(Vega, 1995; Hildebrand et al., 2000; Kitano & Daniels, 2001; McArthur et al., 2001; Fong, 2002; Viramontez Anguiano, 2004). 또한, 이러한 연구결과는 또래관계(특히 청소년기의 또래관계),

사회경제적 지위, 교육, 다른 사회경제적 지위와 교육에서 비롯된 문제, 건강 문제, 그리고 그 밖의 사회적 요소를 포함하는 여러 가지 요인에 의해 영향을 받는다. 요약해 보면, 문화에 적응과 동일시하는 과정은, 가족 역동, 사회적 체계 및 세대적 현실로서의 성(性)과 연관되어 아시아계와 남아메리카계 가족이 다세대에 걸친 아시아계와 남아메리카계 가족, 그리고 주류 유럽계 가족에 대해 보이는 공통점과 차이점을 이해하는 기초를 제공한다.

2) 이슬람계 중동 가족

전 중동지역에 걸쳐 가족은 개인의 삶에서 매우 중요하고 중심이 되는 조직으로 여겨지고 있다. 비록 전형적인 중동의 회교도 가족에 대해 말할 수 없고, 정도 차이는 있겠지만 많은 가족이 역사와 종교, 문화적 영향과 연관된 특징을 보인다. 이 말은 이들 가족이 오랜 시간 동안 전혀 변화하지 않았거나, 세계의 압력에 전혀 영향을 받지 않는다는 뜻이 아니다. 전 세계의 다른 가족과 마찬가지로 회교도 가족도 여러 가지 방법으로 각기 다른 사회 계층이나 지역에 영향을 미치는 경제 상황이나 역사적인 요인에 의해 영향을 받는다. 최근 이 분야에서 이슬람 가족들의 역할에 대한 관심의 증가로, 여기서는 독자들에게 가족생활에서 회교도들의 금기나 그들이 개인의 사회적 위치에 따라 어떻게 다르게 대우하는지에 대한 개요를 제공할 것이다. 또한, 독자들이 가지고 있을 수도 있는 몇 가지 오해, 특히 여성의 역할에 대한 오해를 풀고자 한다.

중동지역은 지역, 경제와 정치, 사회적 현실에서 높은 정도의 이질성(hetero-geneity)을 보인다. 지역적으로 중동은 천 년 이상 다양한 사람이 이용하는 통로가 되어 왔다. 오늘날 존재하는 여러 지역과 경계는 계속 변화하는 정치적, 경제적 맥락뿐 아니라, 여러 직업과 식민지화에 의한 산물이다. 그러나 북아프리카의 거주자들과 중동의 거주자들은 문화적 전통과 종교적 전통을 공유한다. 즉, 유대인, 기독교인, 이슬람교인 모두 그들의 시작을 구약에서 찾으며, 예루살렘과 같은 중동의 중앙지역을 성지로 여긴다. 이들의 공통적인 문화와 종교적 전통은 가족생활에서 공통점으로 나타난다. 예를 들어, 전 중동지역에 걸쳐 가족은 끊임없이 사회생활에 중요한 위치를 차지하고, 이슬람교도와 유대교에서의 여러 결혼서약이 일치하며, 이슬람교가 아닌 여성이라 할지라도 베일을 쓰는 것과 같은 의식을 행한다.

(1) 중동의 정의

중동과 북아프리카는 모로코부터 이란에 이르는 지역에 걸쳐 있으며 약 3,400마일에 이르는 지역을 포함한다. 중동에 대한 정의는 여러 가지가 있으며, 정의에 따라서는 북아프리카의 몇 지역(모로코, 알제리, 리비아, 튀니지, 이집트)과 중동의 중앙부(레바논, 시리아, 요르단, 이스라엘, 분쟁지역, 사우디아라비아 반도, 이라크, 이란) 및 터키, 파키스탄, 아프가니스탄을 포함한다(Eickelman, 1981). 북아프리카와 중동 대부분 지역은 사막지대이거나 반건조 기후를 보인다. 또한, 도시지역이 많고, 관개농업이 행해지며 유목민들이 많지만, 전 지역이 자연적 국경으로 분명하게 나뉘지 않았다. 이 지역의 일부분은 사하라 남쪽의 아프리카 및 인도-파키스탄 대륙으로부터 산과 사막에 의해 분리되어 있다. 그러나 옛 소련의 이슬람교 공화국들과 맞대고 있는 북쪽 경계는 지형적 경계가 아닌 정치적인 경계이다.

흥미로운 점은 이 지역의 사람들이 비슷한 종교적, 역사적, 언어적 특성이 있다고 하더라도, 같은 성격은 아니라는 것이다. 이 문제는 다양한 인구, 시골/도시지역의 차이, 그리고 중동과 북아메리카 지역에서 행해지는 이슬람교와 다른 종교에 대한 다양한 해석에 대한 지식 부족으로 말미암아 서쪽 국가들에 의해 종종 간과된다. 예를 들어, 대부분의 터키 사람이 회교도이며 아랍 국가들과 역사적인 연계가 있음에도, 지난 반세기 동안 터키는 이웃 회교국가들보다 유럽과의 연계를 공개적으로 강조했다. 역사적 상황과 지형적 위치로 말미암아 파키스탄과 아프가니스탄은 남아시아의 성격을 많이 지니고 있어 종종 중동지역에 포함되지 않는다.

언어는 대부분 지역이 아랍어를 사용하지만 많은 사투리로 말미암아 의사소통이 쉽게 이루어지지 않는다. 예를 들어, 모로코 사람이 이라크 사람을 이해하는 것은 비록 성문 아랍어는 비교적 비슷하지만, 여러 가지 형태의 구어로 말미암아 사실상 불가능하다. 또한, 이스라엘에서는 말하고, 읽고, 쓸 때 히브리어를 사용하며, 이란에서는 페르시아어가 지배적으로 사용된다. 중동은 또한 세계 주요 석유 생산국으로 세계 석유의 70% 정도가 적어도 중동지역의 중앙부에서 생산된다. 석유사업의 독점은 이 지역 사회와 가족들의 세계화에 지대한 영향을 미친다.

이 지역에 거주하는 개인들이 받는 지형적인 영향은 절대로 간과될 수 없다. 중동지역 가족들은 이집트나 레바논과 같이 경제적으로 낙후된 국가들뿐 아니라 사우디아라비아와 아랍에미리트와 같은 석유 부국에 거주한다. 또한, 도시 거주와 시골 거주, 농업 종사와 유목민 생활 등에 의해 이들 사회 내의 개인의 삶의 방식에는 매우 큰 차이가 생겨나며 다른 차이도 존재한다. 가족들은 독재정권, 군주제 외에도 프랑스의 모델을 따른 형태 등 여러 가지 정치적인 체계 내에서 삶을 영위한다. 중동의 인구는 또한 아프리카 사람, 백인, 아시아 사람 등의 여러 인종을 포함한다. 이러한 이질성은 이 지역 가족들의 같은 특성을 논하는 것을 어렵게 만든다. 그럼에도, 이 지역의 공통적인 문화나 역사적 기반, 세계화의 영향 속에서 공통으로 겪는 경험에 대하여 설명할 수 있다.

(2) 이슬람교의 역할

세계 다른 지역 사람들이 느끼는 것에 비해 북아프리카와 중동에 존재하는 종교적, 문화적, 계층적 다양성이 크지만, 회교도의 가치는 이 지역 여러 사람의 사회생활에 다양한 영향을 미친다(여기는 회교도가 아닌 사람들도 포함된다). 이슬람이라는 말은 아랍어로 "신의 의지에 복종한다."라는 의미이다. 이슬람교를 섬기는 그 누구라도 회교도라 이름 붙인다. 비록 이슬람교가 인류사에 있어 가장 최근에 생긴 종교 중 하나이지만(시작 연도는 622년이다), 가장 빠르게 성장하고 있는 종교이다. 이슬람교는 현재 약 13억 명이 추종하고 있으며, 이 중 대부분은 북아프리카와 중동이 아닌 파키스탄, 인도, 남동 아시아 지역에 거주한다.

이슬람교는 유일신 사상을 가진 종교로 유대교나 기독교와 매우 유사하다. 모든 회교도는 하나의 신이 존재한다고 믿으며 구약과 신약성서를 신(알라)으로부터의 계시로 여긴다. 대부분의 인간 행동에서 이슬람교, 유대교, 기독교는 공통적인 윤리적 법률을 가지고 있다. 하지만, 주요한 차이는 이슬람교는 기독교에서 주장하는 삼위일체나 하나님의 아들인 예수 그리스도의 존재를 인정하지 않는다는 것이다. 대신, 이슬람교에서 예수는 마지막 예언자인 무함마드(Muhammad) 이전의 예언자로 여긴다. 다시 말해, 무함마드를 가장 중요한 예언자로 여긴다는 것이다. 또한, 이슬람교에는 수니파(Sunni Islam)와 시아파(Shi'a Islam) 2개의 주요한 가지가 존재하며, 이들의 차이는 무함마드 사망 이후에 계승에서의 혼란에서 비롯되었다.

이슬람교는 믿음이나 의식, 그 이상이다. 이슬람교는 예언자 무함마드가 신으로부터 내려받은 사상의 체계와 행동의 규칙을 알려 주며, 이 규칙은 개인의 모든 측면에서의 생활을 알려 주는 일련의 명령으로 이해된다. 따라서 모든 독실한 회교도들은 다섯 가지의 '이슬람교의 교리'를 충실히 지킨다. 이 교리에는 ① 알라 외에 다른 신이 없다는 사실과 무함마드가 신의 예언자라는 사실에 대한 선언, ② 메카(Mecca) 방향을 향한 하루 5번의 기도, ③ 일출부터 일몰까지 1달 동안 먹고 마시는 것이 금지되는 라마단(Ramadam) 동안의 단식, ④ 관대한 자선, 그리고 ⑤ 회교도는 누구나 일생에 1번은 성지 메카에 참배해야 하는 메카 순례가 있다. 또한, 회교도들은 온건해야 하며, 돼지고기나 술을 먹어서는 안 되고, 도박해서도 안 된다.

코란(Qur'an, Koran)에 나와 있는 이 명령은 신의 계시로 여겨진다. 그 명령은 1번 계시가 되었으며, 다시는 어떤 형태로든 바뀔 수 없다. 신의 뜻은 또한 이슬람교의 전통과 무함마드의 말을 담고 있는 순나(Sunna)를 통해서도 나타난다. 이슬람교의 교회법이나 샤리아(Shari'ah)는 코란뿐 아니라 순나에 의해 이루어진다. 순나는 코란의 명령을 현대사회에 적용하기 위한 기본적 해석을 제공한다. 샤리아의 주요한 부분은 가족 문제, 특히 결혼, 이혼, 상속에 대한 법률이다. 따라서 가족 역할과 책임은 법률에 설명되어 있다고 볼 수 있다. 법률과 종교, 신의 뜻 사이의 관계는 왜 모든 북아프리카와 중동국가들에서 개인 상태에 관한 법률의 변화가 이에 대한 관심이나 침해를 일으키는지를 알려 준다.

• 자료 7-2 •

▌이슬람의 성법(聖法)인 샤리아(Shari'ah)

샤리아란 이슬람의 근본적인 개념, 즉 이슬람력으로 2~3세기(AD 8~9세기)에 체계화된 이슬람의 성법(聖法)으로, 다음의 4가지 근원(uṣūl)에 따른다; ① 코란, ② 전승 혹은 하디스(Hadīth: 언행록)에 기록된 마호메트의 순나(Sunna: 관습) ③ 이즈마(ijmā: 공동체의 합의), ④ 키야스(qiyās: 유추를 통한 추론법). 이 중 이즈마는 코란과 순나의 의미를 밝히는 데(이슬람교도 공동체의 교리와 관습을 공식화하는 데) 실질적으로 가장 중요한 요소였을 것이다. 그러나 이즈마 자체는 이상하게도 가장 불명확한 이슬람의 종교제도로서 남아 있다. 이즈마의 전체적인 특징과 함축된 의미들은 중세 이슬람이나 현대 학문에서 결코 정확히 분석된 적이 없다.
여기에서 다음의 2가지 중요한 점을 명심해야 한다. 첫째, 개념 자체가 본래 그러한 것은 아닌데도 근대 이전의 이슬람에서 이즈마는 항상 가깝거나 먼 과거와 관계된 것일 뿐, 그 당시의 합의를 나타내는 것이 아니라는 사실이다. 그러나 현대 이슬람교도들에게 이 말은 전통적인 권위와 반대되는 민주적 제도를 의미하게 되었다. 둘째, 이즈마는 유일한 기준을 나타내는 일원화된 원칙이 아니라 이슬람 내의 서로 다른 전통들을 수용하는 원칙으로 작용하게 되었다는 점이다.
샤리아 공식화의 4번째 근원인 키야스는 이슬람에서 독자적 해석과 판단(ijtihād)의 진정한 기초가 되며, 진보적인 이즈마를 가능하게 하는 것이다. 개인적인 사고와 견해(ray)는 키야스 이전의 형태인데, 이것은 여러 전통적인 권위자들로부터 '독단적인 것'으로 비판받아왔다.
샤리아학으로 알려진 학문에는 4가지의 분야가 있다. 즉, 무함마드의 언행록(하디스), 코란 주석학(타프시르), 신학(칼람), 법학(피크) 등이다. 앞의 2가지는 신학과 법학의 기본이다. 일찍이 이슬람 초기의 두 세기 동안에 형성된다. 하나피·말리키·샤피이·한발리 등 4대 법학파는 비록 신학이 당시에는 단지 교의를 서술한 것에 불과했으나, 그래도 법학과 신학은 분리할 수 없는 단일체로 보았다. 샤리아학이 점차 다른 종교들의 체계에 노출되면서 법률과 교의 사이에는 분열이 일어나게 되었다. 그리고 교의를 자기 전제로 삼은 법률은 독립적인 학문으로 되었을 뿐만 아니라 스스로를 탁월한 샤리아의 학문이란 이름으로 불렸고 나아가 샤리아 자체와 동일시되기조차 했다. 따라서 원래 신앙의 모든 영역을 이해하는 것을 의미하는 피크(figh)는 법학에만 적용되게 되었다.

샤리아는 근본적으로 서양의 법률과 다르다. 샤리아는 이론적으로 인간이 만든 것이라기보다 신의 계시에 근거한 것이다. 오늘날 이슬람교 국가들 중에서는 사우디아라비아가 종교적인 동시에 세속적인 국가 법률로 샤리아를 유지하고 있지만, 대부분 이슬람교 국가의 서양화된 민법전은 불가피한 경우 샤리아의 법칙과 달라졌다.

(3) 가족의 기본이 되는 결혼

서양과는 달리 모든 회교도 남성과 여성은 결혼에 대해 기대를 하고 있으며, 결혼은 복잡한 절차 및 사회적 규칙에 따라 지배 받는다(Sherif, 1999). 종교적으로, 사회적으로 회교도 가족의 기초는 보증된 교환, 결혼서약으로부터의 법적 서약, 이로 말미암은 가족의 완성 개념에 바탕을 둔다. 모든 회교도 법 규정에서는 결혼을 남녀 간의 합법적 성관계를 주요 기능으로 하는 계약으로 본다. 확고한 회교도 결혼의 기초적 조건은 ① 부인의 동의, ② 법적 보호자(Al Wali)의 동의, ③ 두 법적 증인, 그리고 ④ 마흐르(혼인 계약금 혹은 찬조금)이다. 계약에 동의함으로써 여성은 남성으로부터 마흐르와 적절한 주택, 생계유지 물품(음식, 옷, 선물 등), 그리고 부분적 유산을 받는다(Sherif, 1999). 회교도 법에 따르면, 여성은 남편이나 남성 친척들이 지급하는 비용이나 소비를 나누어 부담하지 않아도 되고, 가정 밖에서 일하지 않아도 된다. 반면, 남성들은 재정적 책임에 대한 대가로, 가장으로서의 권위뿐 아니라 여성의 성적 그리고 출산능력에 대해 결정하는 권리를 가진다.

법적 요소 외에도, 결혼은 종교적 책임으로 여겨지며 많은 윤리적 금지사항을 가지고 있다. 어떤 종류의 혼외 성관계는 간음을 의미하는 지나(zina)라고 여기며, 심각한 처벌의 대상이 된다. 더 나아가 이슬람교에서는 독신 생활을 비난하며 권장하지 않는다. 이러한 이유로 결혼은 종교적인 영역에 속하게 되며, 신이 만들어 준 테두리 안에서 성적인 만족을 느끼는 것은 도덕과 정숙함을 보존하는 길이 된다. 회교도 법관들은 결혼의 의미를 종교적 의무의 수준까지 올려 생각하기도 한다(Sherif, 1999). 다음의 코란(Pickthall, Trans., 1976)에 나와 있는 문장도 이러한 개념을 지지한다. "당신의 노예나 하녀와 같이 고립되고 경건한 사람과 결혼하라

(And marry such of you as are solitary and the pious of your slaves and maid servants, 24:32).” 이 말은 대개 ‘종교를 완성하기 위한 결혼’을 지지하는 것으로 해석된다. 주로 남성들에 의해 여전히 인용되고 있는 하디스(Hadith)에 따르면, “결혼한 남성의 기도는 70명의 미혼 남성의 기도와 같다.” 따라서 모든 개개인은 결혼에 대해 기대를 하고 있으며, 가족의 평판과 같은 사회적 규정에서는 미혼으로 지내는 것을 권하지 않는다. 남성과 여성 모두에게 결혼은 집에 거주하는 것을 받아들일 만한 유일한 대안이 된다. 이러한 과정에서 원 가족과 결혼한 가족은 모두 회교도들의 일상에 중요한 역할을 한다.

서양 사람들은 종종 일부다처제가 중동지역에서는 규범처럼 여겨지며, 이를 코란에서 허용하고 있다고 생각하지만, 실제로 중동에는 일부다처제가 그리 흔하지 않다. 코란에는 남성이 부인을 4명까지 얻을 수 있다고 허용하고 있지만, 만약 남성이 이렇게 하는 것을 선택할 때는, 모든 부인을 평등하게 대해야 한다고 주장하였다. 그러고 나서 코란은 실제에서 이를 실현하는 것이 불가능하다고 경고한다. 많은 부인을 거느린 회교도 남성에 대한 서양인들의 고정관념과는 반대로 민속지학상의 증거들은 오늘날의 경제 상황에서 남성들은 1명의 아내를 먹여 살리는 데 있어서의 어려움을 호소하며, 설사 그들이 실행 가능한 선택사항으로 일부다처제를 고려하고 있다고 하더라도 강력한 사회적 관습에 부딪히게 된다고 지적하고 있다(Sherif, 1996). 몹시 가난하거나 아주 부유한 남성이 드러나지 않게 여러 아내를 거느리고 있다는 사실을 증명하는 증거가 있기는 하지만(서양에서 말하는 첩의 개념과 유사할 수 있다), 이는 중동 전역에 걸쳐 대부분 사람에게 권장하지 않는 방식으로 여겨진다.

일부다처제의 문제는 이집트와 같은 나라를 대상으로 사례연구를 함으로써 가장 잘 이해될 수 있을 것이다. 1979년 이집트의 ‘지한의 법(Jihan’s law)’에 대한 남성과 여성 모두의 의견을 살펴볼 필요가 있다. 이 법은 남성의 선택사항인 일부다처제를 금지해야 한다고 포고한 사다트의 현대적인 부인의 이름을 땄다. 이 법은 개인의 지위에 대한 법률(Personal Status Laws) 및 이들과 샤리아에 관하여 종교적, 비종교적 엘리트 사이에서 뿐만 아니라 미디어에서도 꽤 많은 논란을 일으켰다. 실제로 1985년에는 부분적인 절차상의 개정이 있었다. 하지만, 그해 6월에 1925년과 1929년 법안을 개정한 것과 유사한 법안(100조)이 상정되었으며 지금까지도 지속하고 있다(Karam, 1998). 새로운 법안은, 일부다처제 가족은 첫 번째 부인이 남편과 이혼할 권리를 갖지만, 이것이 더는 그녀의 자동적 권리가 아님을 규정하고 있다. 대신, 그녀는 남편의 두 번째 결혼이 그녀에게 물질적 혹은 정신적으로 불이익을 준다는 것을 증명해야 한다. 또한, 첫 번째 부인은 새로운 일부다처제 결혼에서 처음 1년 동안만 법적으로 고소할 수 있는 권리를 가진다. 하지만, 앞에서도 언급했듯이 이집트를 비롯한 중동지역에서 일부다처제 가족을 찾는 것은 아주 드문 일이다.

(4) 부모-자녀관계

자녀는 이슬람 가족의 생각에서 특별한 위치를 차지한다. 코란은 모든 남성과 여성에게 결혼할 것과 자녀를 갖는 것을 권장하고 있으며, 이를 축복으로 결론짓는다. 이슬람교는 가족을 이루고 출산을 통해 사회구성원을 재생산하는 일을 강조한다(Koran 24; 32; 2:221). 혼인관계 외의 성적 접촉을 금지하고 있기 때문에, 재생산은 가족의 틀 안에서만 이루어질 수 있다. 자녀에 대한 바람은 중동사회에서 매우 현저한 현상이다(Sherif, 1996). 많은 부부가 결혼 후 1년 안에 자녀를 갖기 원하며, 코란이 남아와 여아 중 한쪽만을 선호하는 것을 분명히 금하고 있음에도(Koran 42:29−50), 남자아이를 선호하는 문화는 전 사회 계층의 남성과 여성 모두에게 여전히 지배적으로 남아 있다. 여성은 권위를 얻기 위해 남아 갖기를 선호하며, 남성은 자신의 이름과 가족의 명성을 유지하기 위해 남아를 선호한다. 이슬람 사회의 사회구조에서는 종교적, 사회적, 법적으로 아동이 중요한 위치를 차지하며, 아동은 매우 중요한 세대 간 연결고리로 여겨진다. 이러한 아동의 중요한 역할에 대한 견해는 전통적인 이슬람교의 문학이나 종교적인 설교에서 그 기원을 찾아볼 수 있다(Degand, 1988).

코란과 수나에서는 수정된 순간부터 태아가 성숙할 때까지 어머니와 아버지가 태아의 보호에 대해 매우 신경을 쓰고 있다. 이슬람교는 부모가 자녀에게 가지는 권리와 의무, 자녀가 부모에게 가지는 권리와 의무를 강조한다. 또한, 이슬람교의 법적인 측면은 가족 내에서 혹은 부모가 이혼하거나 사망한 경우 자녀의 사회경제적 상황에 대해서도 다루고 있다(Schacht, 1964). 법에 따르면, 부모-자녀관계는 특정한 사회적 의미가 있지만, 결혼에 의해 형성된 권리 및 의무와 유사하다. 샤리아에서는 코란이 소수 아동과 고령 부모들에 대하여 취하고 있는 매우 보호적인 태도를 반영하는 전문적인 주제를 발전시켜 왔다. 특히 부모-자녀 간의 우선적인 법적 관계는 의존적인 아동과 도움이 필요한 부모에 대한 적절한 보호에 관한 문제의 핵심이 된다. 아동의 경제적, 사회적 복지는 부모의 주된 책임이며, 이러한 책임은 이슬람교 법률에 따라 강제로 부과될 수 있다(Fluehr-Lobban, 1987). 반대로, 경제적이나 사회적으로 노령의 부모를 돌보는 법적 책임은 자녀에게 있다. 민속지학상의 증거에 따르면, 대부분의 중동 가족에게 있어서 아이와 고령 인구의 복지는 확대가족의 능력에 대한 중심문제로 여겨진다(Sherif, 2005).

이슬람교 법에 따르면, 모든 회교도 영아는 아이의 신체적, 정서적 욕구의 충족을 의미하는 하다나(hadana)라 칭해진다(Degand, 1988). 여기에는 아이를 돌보고 보호하는 일 외에도 아이의 사회화 및 교육이 포함된다. 아이는 출산하는 순간부터 하다나라고 불린다. 샤리아에 따르면, 아이의 양육권은 아이가 보호를 받아야 할 나이까지 법적인 권리를 가진 여성에 의해 돌보아지는 것이라고 정의된다(Nasir, 1990). 하다나는 두 가지 측면을 가지고 있다. 첫 번째 특징은 출산 시부터 아이가 인식할 수 있는 시점에 이르기까지 아이의 성적인 면에서의 독립이다. 첫 번째 특징 바로 다음에 오는 두 번째 특징은 아이의 성에 따른 인생 시기의 차이이다. 남아의 하다나는 아이가 성적인 성숙을 이루고 독립적인 인생을 영위할 수 있는 사회적 성숙에 도달했다고 여겨지는 성인기에 도달하면서 끝난다. 그러나 여아의 상황은 이와는 다르다. 여아의 하다나는 그들이 결혼할 때까지 지속한다. 이러한 차이의 주요한 이유는 여성 보호에 대한 생각에서 찾아볼 수 있다(Degand, 1988).

하다나 법칙은 아동의 다양한 발달 단계에 의해 규정지어지며, 어른들의 관심사가 개입되지 못하도록 보장된다. 인생의 첫 번째 단계에서 아이는 어머니나 유모에 의해 돌봄을 받아야 하며, 이 경우 비용에 대한 책임은 아버지가 지게 된다. 코란의 규칙에 따르면, 이 시기는 개인의 상황에 따라 약간 다르지만 약 2년간 지속한다. 양육자와의 영구적인 정서적 관계 발달은 젖을 뗀 다음 단계에도 매우 중요하게 작용한다. 아이가 필요로 하는 돌봄, 사랑, 자상함은 대개 엄마로부터 채워진다. 하지만, 엄마가 신체적 혹은 정신적 이유로 말미암아 자녀양육에 책임을 못지고, 아이를 돌볼 수 없다면 그녀는 이 임무를 다른 여자 친척이나 고용된 유모에게 대리시켜야 한다. 하지만, 아이의 초기 양육을 맡은 사람이 누구이든 간에 이 시기에 아이의 복지를 넓힐 수 있는 신체적, 심리적 요소를 만족하게 해야 한다. 비록 어린아이를 돌보는 데 있어서 여성의 '타고난' 성향을 강조하는 경향이 있지만, 흥미롭게도 역사적으로 이 문제에 대해 기술한 고대 법률 전문가들은 여성이 생계를 담당하고 남성이 아이를 돌봄으로써 성 역할이 뒤집어지지 못할 것이 없다고 설명하였다(Degand, 1988). 이는 성 역할이 생물학적 요소뿐 아니라 때로는 사회적 요소에 의해 결정될 수도 있다는 역사적 사실을 보여 준다.

초기 사회화–개인적 건강상태: 걷기, 먹기, 입기–과업이 실행되고, 아이의 지적 발달이 자율성을 이룰 시점에(약 5~7세) 아이의 성장과 복지는 성인의 흥미와 부딪히게 된다. 어른의 주된 흥미는 남아와 여아가 미래의 성 역할에 대해 준비를 하도록 하는 데 있다. 남자아이를 미래의 생계담당자와 보호자 역할을 할 수 있게 준비시키는 것은 아버지와 남자 친척의 몫이고, 여자아이는 그 밖의 여자 친척들에 의해 아내, 주부, 어머니로 키워진다. 이 사회화 단계에서 아이의 복지에 대한 거의 모든 책임은 여전히 어머니에게 있다. 상황에 따라 생물학적인 부모가 사회적 부모로 대체될 수는 있으며, 사회적 부모는 아이를 키우는 데 도움을 주지만 법적으로 입양할 수는 없다(Sherif, 1996).

여기서 중요하게 인식해야 할 것은 부모만 자녀에 대한 책임이 있는 것은 아니라 자녀도 부모에 대한 책임이 있다는 것이다. 이러한 책임은 코란과 샤리아 두 곳 모두에 언급되어 있다. 특히 아들과 딸 모두를 포함하는 성인 자녀는 부모가 필요로 한다면 부모에 대해 경제적인 부양책임을 가진다(Sherif, 2005). 자녀는 ① 가족응집의 중요성, ② 회교도 사회에서 무엇보다도 강조되는 부모에 대한 존경이라는 두 가지 이유에서 부모를 돌볼 책임을 지게 된다. 이러한 가치는 어느 정도 현재 사회에서도 중요시되며, 이 중 어떤 형태의 가족 책임은 이 지역 서구화의 증가(예: 개인주의의 증가)에 대한 예측과는 모순되게 규범으로 남아 있다.

3) 사하라 남부 아프리카 가족

여기서는 동아프리카 가족에 특히 초점을 맞추어 사하라 남부 아프리카 가족에 대해 살펴본다. 가족에 대한 전통적 입장과 보편적인 가족형태는 아프리카 전역에 걸쳐 적용 가능하며, 현재와 앞으로 등장할 시각은 동아프리카 가족의 추세–과거, 현재, 미래–에 초점을 맞추고 있다. 전통적인 동아프리카 가족에 대한 개념은 남편, 아내, 자녀로 구성된 핵가족과 비교해 더욱 넓은 집단으로 확대된다. 따라서 이 가족은 정확하게 '확대가족'으로 설명된다. 이 정의에는, 가족구성원에는 부모, 손자녀, 조부모, 형제, 이모, 고모, 삼촌, 사촌 및 다른 혈연, 결혼, 입양으로 연결된 가까운 친척들이 포함된다. 여러 방면에서 이것은 확대가족 특성인 권력과 권위의 기초가 되는 상호 책임 위에 만들어진 (가족)구조이다. 하지만, 특성은 혈연, 결혼이나 입양 이상의 것이다.

동아프리카 가족에는 아직 태어나지 않았지만, 앞으로 가계에 공헌하게 될 가족을 비롯한 생존하는 친척들, 기억되고 있는 사망한 친척들(즉, 현재 살아 있는 사람들)까지 포함된 사사(sasa: 즉, 현재로부터 앞으로)의 모든 사람이 포함된다(Mbiti, 1969). 확대가족체계는 특권, 권리, 자아의 공유라는 상호 간의 지지체계를 위해 여러 친척을 함께 묶는 관계로 상호의존적이고 다면적 네트워크라고 볼 수 있다. 비록 결혼과 가족은 분명히 구분되지만, 이 두 가지 조직은 복잡하게 얽혀 있다. 결혼은 아이를 생산하고 기르는 의미로 크게 정의한다. 또한, 결혼은 출생으로부터 시작되어 계속되는 가계 내에서의 과거, 현재, 미래의 세대와 연결되는 비자발적인 결합으로 이해될 수 있다.

사회적 조직으로서의 확대가족이 갖는 장점은 가족구성원들이 서로에 대해 상호간의 책임감을 가짐으로써 관계 네트워크를 제공하는 것이다. 여기에는 개인이

가족조직의 공공 물품에 있어 의미 있는 공헌을 하고, 지역사회 구성원들의 소속감과 결합을 공고히 하는 공공의 장을 제공하는 이름 짓기, 출생신고, 결혼, 출산, 양육, 장례, 유산, 승계, 상속(즉, 가족체계 내 위치) 등의 가족 행사 및 의식에 가족구성원들이 공식적으로 참여하는 분위기 조성하기가 포함된다. 또한, 확대가족체계에서는 과부, 고아, 노년층, 장애인, 병약한 사람, 그리고 죽어가는 사람들과 같이 도움이 필요한 사람들을 서로 도움으로써 지지관계망을 만들어 낸다(Bitrus, 2000; Unah, 2002).

사하라 남부 아프리카 확대가족에서는 집단주의가 종종 개인의 요구나 흥미를 능가하고 우선된다. 즉, 가족주의가 개인주의를 능가한다. 가족은 집단적 자아와 긴장 모두에 있어서 자원이 된다(Madhavan, 2001). 하지만, 가족은 공동 모델(communal model)보다는 연합 모델(associative model)에 의해 가장 잘 대표된다. 이는 특히 출생에 의한 혈족과 친족관계의 경쟁적인 충성을 해결해야 하는 요구를 고려할 때 더욱 그러하다. 아프리카 가족의 개념을 유나(Unah, 2002)는 '전체 공동체를 묶기 위한 혈연관계의 네트워크 및 남편(sic), 부인 혹은 부인들, 그리고 자녀를 넘어선 혈족관계'라고 정의하였다. 이는 인간 공동체가 개인과 그들의 직계가족에 영향을 미치는 상호작용을 하고 서로에게 깊숙이 스며들어 있는 인생의 집합체로 여겨지기 때문이며, 이는 또한 전체 집단의 실존적인 조화에 영향을 미치기 때문이다.

하지만, 확대가족체계를 기본으로 만들어진 가족의 사회구조는 초급 가족(즉, 엄마와 자녀)과 그 안에 속한 가족구성원 개인들의 희생 없이는 불가능하다. 예를 들어, 확대가족 중심의 사회조직은 의존성을 지지하다. 즉, 생산적이지 못하거나 덜 생산적인 가족구성원들이 비교적 더 생산적인 가족구성원에게 의지할 수 있으며, 이러한 경향은 한 세대에서 다음 세대로 전수될 수 있다. 여기서는 모든 사람이 연결되어 있고, 도움이 필요한 모든 친척은 정당하든 그렇지 않든 간에 다른 친척에게 도움을 받을 권리가 있고, 모든 사람이 연결되어 있기 때문에 개인에 따라 이러한 형식이 부담될 수도 있다. 이것은 단지 문화적인 필요 때문만은 아니다. 이는 경제 상황, 그리고 특히 잘 발전된 혜택이 포함된 공적 혹은 사적 복지체계에 의해 더욱 악화된다. 도움은 음식, 옷, 머물 쉼터와 같은 기본적인 필요 물품 제공부터 교육이나 건강관리와 같이 비용이 요구되는 것까지 넓은 범위에 걸쳐 있다. 이러한 지속적인 요구는 종종 개인 및 핵가족의 필요비용이나 생활 수준에 의해 채워진다.

확대가족체계는 가족 갈등의 범위를 넓힌다. 즉, 두 가족구성원 사이의 긴장은 다른(확대가족의) 친척에게 옮겨지고 때로는 전체 가족에게 옮겨지기도 한다(즉, 한 조상에게서 나와 혈연으로 연결된 큰 친척집단). 대개 사돈들과의 문제, 특히 같은 집에 사는 시어머니와 며느리 관계에서의 문제는 더 넓은 범위의 가족 혹은 문중의 다른 부분까지 확대될 경향이 있다. 또한, 유산 및 상속 문제에서 확대가족의 권리라는 명목하에 사유 재산을 악용할 가능성도 있다. 예를 들어, 대부분의 전통직 부계체계에서는(동아프리카 사회는 다른 오래된 형식들은 변화해 왔지만, 부계체계는 계속하여 유지해 왔다) 여성과 딸은 재산을 소유할 수 없고, 양쪽 원가족 모두, 혹은 출산으로 생성된 가족에게서 상속받을 수 없다. 비록 현재 법에서 관례적 원칙에 대한 변경을 반영하고 있다고는 해도, 만약 남성이 사망한 경우 그의 아들이 아버지의 재산을 상속받으며, 만약 아들이 없는 경우 생존하는 부인이나 딸들과 상의 없이 그의 형제들이 고인의 재산을 상속받는다.

마지막으로 성인식 및 결혼과 같은 문화적으로 구속력 있는 실천은 가족에 의해 통제되며, 이러한 실천은 개인의 권리나 선호에 우선된다. 아동 약혼, 여성 생식기 절단(FGM)[15], 여아 결혼, 부모에 의한 약혼, 일부다처제, 그리고 과부 상속권(widow inheritance) 등의 문화와 집단주의가 개인의 권리와 선호보다 우선됨을 보여주는 몇몇 실천은 확대가족체계가 가족구성원들에게 지우는 비용이라고 할 수 있다. 하지만, 상호의존의 원칙은 개인에 대한 상호 책임감이라는 보상을 제공

15) 여성 생식기 절단(Female Genital Multilation)은 여성의 성년의식 중 하나로 여성 성기의 음핵 표피만을 제거하는 시술에서 표피, 음핵, 소음순, 대음순 등을 모두 제거하는 시술까지 방식이 다양하다. 세계보건기구가 발표한 바로는, 여성 할례는 아프리카와 중동의 28개국에서 행해지고 있다고 한다. 수단에서는 전체 여성의 90%, 이집트는 80%, 소말리아는 89%, 에티오피아는 90%, 지부티는 98%, 나이지리아는 50% 이상의 여성들이 할례를 받는다. 아프리카를 포함한 22개국에서 1억 3천만 명이 넘는 여성들이 할례를 받은 것으로 파악되고 있다. 매년 시술을 받는 여성들의 수는 200~300만 명이며 하루에만 6,000명 정도의 여자아이들이 할례를 받다 죽음의 위기에 내몰리고 있다.

하기도 한다(즉, 확대가족이 이에 책임이 있다).

동아프리카 사회에 영향을 미치고 있는 빠른 문화적, 사회경제적, 정치적, 기술적 변화는 확대가족체계에도 영향을 미친다. 지난 세기 동안 아프리카 외 세계와의 접촉은 확대가족체계를 강화시키기보다는 약화시켰다(Bitrus, 2000). 개인주의적 가족체계 조직을 집단주의보다 선호하게 하는 요인에는 서구문화와의 접촉, 비토착 종교의 유입, 유럽식민지 시대부터 도입된 가치, 농촌에서 도시로의 이주, 고등교육과 취업의 증가, 이동과 통신기구의 증가, 인간면역결핍 바이러스/후천성 면역결핍 증후군의 파급, 그리고 국제결혼을 가능하게 하는 모국어 및 외국어 사용 증가까지도 포함된다. 이러한 무수한 요인은 동아프리카의 삶의 방식에 영향을 미친다.

(1) 가족 보편성과 다양성

동아프리카 가족체계의 보편적인 특성은 확대가족이다. 하지만, 여러 민족 공동체 사이에 가족의 성립과 구조를 둘러싼 관습에는 큰 차이가 있음을 명심해야 한다. 예를 들어, 케냐에는 42개의 서로 다른 민족이 존재하며, 각 민족은 고유한 언어와 문화를 가지고 있다. 현대 아프리카에서 민족적 자아는 여전히 깊이 배어 있다. 특정 민족 공동체에서 태어난 사람은 자신이 다른 민족집단으로 입양된 경우일지라도 자신의 민족적 소속을 바꿀 수 없다. 음비티(Mbiti, 1969)를 따르면, 아프리카의 여러 민족 공동체에는 다섯 가지 특유의 특징이 있다. 첫째, 각 집단은 단지 방언이라고 만은 할 수 없는 그들 특유의 언어를 가지고 있다. 둘째, 각 집단은 그들만의 지역적 거주지를 소유하고 있으며, 그 크기는 그들이 유목생활을 하는 목축민인지, 토착 생활을 하고 농업에 종사하는 사람들인지에 따라 다양하게 나타난다. 셋째, 각 집단은 특유의 문화, 역사, 관습, 도덕성, 윤리, 사회적 행동을 공유하고 있다. 넷째, 각 집단은 가족생활, 연령 집단, 결혼관습, 전통적인 정부형태에서 다른 집단과 구분되는 그들 고유의 사회적, 정치적 조직이다. 마지막으로, 각 집단은 그들 특유의 종교적 체계를 보여준다. 특정 사회에서 태어난 사람은 그 사회의 전체 종교적인 삶에 참여하게 되는 것이다.

당연히 동아프리카 가족은 엄청나게 다양한 민족과 관습으로 특성화되며, 우리는 단지 공동체마다 가지고 있는 매우 넓은 보편적 요소들만을 분석할 수 있다. 이러한 요소들에는 부계 혈연체계, 확대가족체계, 아동기에서 성인기로의 입문, 결혼의 집단적이고 관습적인 특성, 일부다처제, 신랑의 가족이 신부의 가족에게 지급하는 지참금, (여러 사회에서 보이는) 과부 상속, 그리고 출산과 대가족에 대한 강한 기대가 있다(Mair, 1969; Mbiti, 1969; Phillips, 1969; Watson, 2000; Wilson et al., 2003). 아프리카 가족에게 있어서는 개인, 핵가족, 그리고 크게는 지역 공동체에까지 시사점을 주는 몇 개의 매우 차별적인 특성이 있다. 이 특성 중 가장 중요한 특성은 ① 부계 중심 혈연체계, ② 확대가족체계, ③ 결혼의 집단주의적, 조직적 특성, ④ 일부다처제 결혼, ⑤ 신부 지참금 지급, ⑥ 과부 상속, ⑦ 자녀양육 등이다.

(2) 현대 가족생활

동아프리카 사회의 가족생활은 집단 간의 차이점보다는 공통점에 의해 특징지어진다. 확대가족은 서로 가까운 곳에 거주하며, 일부다처제가 현대 동아프리카에서 일어날 때, 가족들은 대개 같은 집(한 가족이 소유하고 있는 집과 주변의 토지)에 거주한다. 가족생활에서 가장 눈에 띄는 점은 공동의 가족목표 달성을 강조하는 집합적인 생활방식이다. 부계체계 내에서 가장으로서 남성의 권위는 지배적이다. 하지만, 어머니와 자녀로 이루어진 기초 가족에서는 어머니를 가장으로 여긴다. 결혼한 성인남성이 재산을 소유하고, 재산의 생성이나 분배를 결정한다(Ngige, 1993).

4) 라틴아메리카 가족

라틴아메리카는 멕시코, 라틴아메리카, 카리브 해를 포함하며 북반구에서 남반구로 뻗어 있다. 이 지역은 수십 개의 언어와 방언을 사용하며, 소규모 가족농장에서부터 대기업의 플랜테이션, 첨단기술과 별장산업으로 경제활동을 하고 있다.

또한, 일부 지역에서는 여전히 토착문화의 전통적 생활방식을 고수하고 있으나, 대도시지역에서는 문화와 가족의 삶이 변화하고 있다. 여기서는 히스패닉 문화의 가족생활에 대해 살펴보고자 한다. 라틴아메리카는 매우 방대하고 다양하므로 필요에 따라서는 폭넓은 시각으로 논의할 것이다. 주요 논제는 라틴아메리카 각국의 배우자 선택과 가족의 이상이다. 라틴아메리카 가족에 막대한 영향을 미친 두 가지 요소는 빈곤과 가부장적 규범이다. 빈곤은 라틴아메리카에 만연해 있다. 라틴아메리카 가족의 약 40%는 기본적인 욕구충족이 어려운 소득으로 생활하고 있으며, 28% 정도가 '근로빈곤층(working poor)'에 속한다(David, 1987). 따라서 대부분의 연구는 가족이 직면한 경제적 어려움과 가족의 부양에서 여성의 역할에 초점을 두고 있다.

스페인 정복자들이 미대륙에 도착한 이후, 이들의 가족상(가부장, 일부일처, 핵가족)은 토착민에게 많은 영향을 미쳤다(Munoz, 1983). 그 이전까지 라틴아메리카 가족은 일부다처, 사촌 혼, 확대가족, 우리에게 더 익숙한 가부장 권력, 엄격한 성 역할 분업 등 다양한 생활양식을 유지하고 있었다(Boremanse, 1983). 빈곤과 가부장제의 관련성은 가족을 부양하기 위해 미국 등 다른 나라로 이주하는 남성에게서 잘 나타난다(Wiest, 1983). 이들이 이주하여 직업을 얻게 되면, 가족의 삶은 여유로워질지 몰라도 아버지의 부재로 말미암은 긴장이 가족관계에 발생하게 된다. 그러나 이렇게 부부가 장기간 별거함에도, 여성은 남편의 폭력이나 유기에 대한 두려움으로 혼외관계를 거의 갖지 않는다. 또한, 여성이 자녀양육에 대한 책임이 있더라도 최종 의사결정권은 부재중인 아버지에 있기 때문에 남편이 돌아올 때까지 모든 것을 보류해야 한다. 이는 멕시코 등지에서도 잘 나타나는데, 가부장적 의식은 여성의 활동을 제한하며, 여성이 자신의 생계를 책임지는 것을 어렵게 한다(Chant, 1993). 여성이 경제적 부양을 위해 남성 파트너를 자주 바꾸며, 여성들도 남성과 마찬가지로 부재한 남편뿐만 아니라 스스로 생계를 책임질 수 있게 되면서 남성들이 과거처럼 존경을 받지 못한다.

가부장제의 또 다른 예는 멕시코의 보건 분야에서도 나타난다. 대다수 멕시코인은 '진정한 어머니'가 되기 위해서는 여성이 출산의 고통을 참아야 한다고 믿는다. 따라서 출산 시 종종 마취를 꺼리는데, 이는 자연분만에 대한 찬반 의견과 관련 있는 것이 아니라 슬픔 속에서 자녀를 출산해야 한다는 기독교적 가치관에 영향을 받은 결과이다. 한편, 일부 사람은 유산 등 출산 관련 문제의 원인을 도깨비가 주고 간 병(susto) 때문으로 돌리기도 한다. 여성은 자신의 건강상 문제가 생기더라도 출산을 중시하는 문화로 말미암아 피임을 하지 않는다. 그뿐만 아니라 남성 연장자와 지역사회규범의 압력으로 말미암아 자녀출산을 남편의 정력과 동일시하고, 남편이 피임하면 부인이 혼외관계의 유혹에 빠질 수 있다고 믿는다(Haffner, 1992).

많은 연구를 통해 라틴아메리카 청소년들의 알코올, 담배, 기타 약물사용 행동이 증가하고 있다는 결과가 보고되었다. 우르수아(Urzua, 1993)는 칠레인의 70%가 고등학교 졸업 때까지 알코올을 소비하며, 1/3은 다양한 약물을 사용한다고 보고하였다. 그는 이러한 현상의 원인을 부분적으로 현대화로 말미암은 사회·문화적 변화로 보고 있으며, 청소년들의 약물사용으로 말미암아 학업과 직업훈련과 기회 간에 단절이 발생한다고 지적하였다. 이 밖에도 별거나 이혼 등 가족 불안정성 증가, 가족 간 상호작용과 의사소통의 감소도 알코올 등 약물사용의 원인으로 지적하였다. 그는 가족의 별거나 질병도 10대 위험 행동의 증가와 정적 상관관계가 있다고 발표하였다.

(1) 배우자 선택

라틴아메리카 특유의 배우자 선택은 소수의 연구에서만 논의되었다(Styles et al., 1990; Gibbons et al., 1996). 한 연구에서는 과테말라, 멕시코, 아이슬란드, 미국의 10대에게 이상형으로 중시하는 특성 10가지를 작성하도록 하였는데, 이 순위에는 각 문화의 집단주의나 개인주의가 반영될 것으로 가정하였고 연구결과 가설이 입증되었다. 미국 10대들은 경제력, 유머와 섹시함, 신체적 매력 등 개인주의적인 특성을 우선시하였지만, 과테말라의 10대들은 '아이를 좋아하는 것'과 같은 집단주의적 특성을 중시하지만 '매력'은 덜 중시하는 경향을 보였다. 그리고 아이슬란드와 멕시코의 10대들은 지적 능력, 친절함, 정직을 가치 있는 것으로 여기는 동시에 외모도 중시하는 혼합된 결과를 보였다.

베네수엘라의 출산과 결혼에 관한 연구결과에서는 배우자 선택과정이 미국과 상당히 유사함을 발견하였다(Jaffe & Chacon-Puignau, 1995). 즉, 여성들은 학력·직업·연령·국적이 유사한 남성과 결혼하고자 한다. 평균 초혼연령은 여성이 20세, 남성이 22세로 부부 중 70%가 남편이 연상이다. 미혼 커플에서 여성들은 남성의 아버지 기질보다 신체적 특징에 더 큰 비중을 두지만, 기혼 커플에서는 남녀 모두 외모보다 학력 등 사회적 특징에 더욱 초점을 두는 경향이 있다. 에콰도르의 부부 형성에 관한 연구(Schvaneveldt & Inglodsby, 2003) 결과에서도 미국 등 다른 국가와 유사한 경향이 나타났다. 즉, 에콰도르의 젊은이들도 사랑의 결실로서 결혼하고, 매력적이고, 경제력이 있으며, 건강하고, 정서적으로 안정된 사람을 선호한다. 반면, 성격 문제, 건강상의 문제, 비만, 성격적 결함 등은 상대방의 매력을 떨어뜨리는 특징으로 지적했으며, 혼전동거는 문제 삼지 않았다.

최근 라틴아메리카의 많은 사람이 도시로 이주하고 있다. 펠드만(Feldman, 1994)은 대도시로 이주한 페루, 멕시코의 농민들이 계속해서 동향 출신과 결혼하는 경향이 있음을 발견하였다. 같은 지역 출신에 기초하여 소속감을 갖는 도시지역에서 경제적 연합이 형성되고, 결국 이 조직이 사회적 상호작용의 기반을 형성하여 배우자 선택을 하도록 한다.

북아메리카에서 성 역할의 변화는 라틴아메리카에서 나타났으며, 이는 실제 부부 형성 과정에 영향을 미쳤다. 콜롬비아 보고타에서 여성의 취업이 부부 형성에 미치는 영향을 분석한 로젠버그(Rosenberg, 1993)의 연구결과에 따르면, 취업여성과 전업주부를 면접 비교했을 때 취업여성은 전업주부보다 2년 정도 늦게 결혼하고, 더 적은 수의 자녀를 갖는 경향이 있었다. 히튼과 폴스(Heaton & Forste, 1998)는 혼인과 출산 패턴의 변화를 살펴보기 위해 콜롬비아, 페루, 볼리비아의 대규모 샘플로부터 조사 자료를 분석하였다. 결과는 교육 수준이 높은 여성일수록 만혼화의 경향이 나타났고(교육수준이 낮은 여성의 2/3가 20세 이전에 결혼), 피임을 더 많이 하며, 더 적은 수의 자녀를 갖는 것으로 나타났다.

라틴아메리카에서 동거가 확산하고 있다는 연구결과도 있다(De Vos, 1999). 골

드만과 페브리(Goldman & Pebley, 1986)에 따르면, 콜롬비아, 코스타리카, 멕시코, 페루 농촌지역에서는 커플의 1/3 이상이 합의로 동거하고 있다. 그러나 연령과 교육수준이 높고, 가톨릭 신자인 여성일수록 동거보다는 합법적인 결혼을 하는 것으로 나타났다. 흥미로운 사실은 동거 커플의 혼전임신이 합법적 결혼을 증가시키지는 않는다는 것이다. 더욱이 이들의 피임률은 매우 미미했다. 자녀가 혼외자가 되는 것을 우려하는 사람들에게서 동거 대신 합법적 혼인을 선택하는 것으로 생각한다. 미국의 동거에 관한 연구결과에 따르면, 혼전동거 부부의 이혼 가능성이 상승하고 있음을 알 수 있다. 그러나 라틴아메리카에서는 동거와 이혼의 관련성이 약하며 일부 연구에서는 오히려 동거가 결혼 안정성을 증가시키는 것으로 나타났다. 이는 동거 후 결혼하는 여성은 나이가 많고, 만혼이 결혼 안정성과 관련 있기 때문이다. 한편, 동거가 이혼율을 상승시킨다는 연구결과도 있다(De Vos, 1999). 이상과 같이 라틴아메리카에서 혼전동거와 이혼 간의 상관관계가 분명하지는 않지만, 혼전동거가 일반적이며 역사적으로 오래전부터 행해져 왔다.

카스트로 마틴(Castro Martin, 2002)에 따르면, 합의를 본 동거는 수 세기 동안 라틴아메리카 가족체계의 일부분이었다. 빈곤층 커플의 상당수가 높은 결혼비용으로 말미암아 합법적 결혼을 연기한다. 대부분의 중앙아메리카 국가에서 혼전동거가 차지하는 비율이 합법적 결혼에 비해 높고, 남아메리카의 북부지역 국가에서는 25~50%를 차지하며, 멕시코, 브라질, 남부원추 지역의 동거율은 25% 이하이다. 동거율은 연령의 증가에 따라 감소하는데 이는 동거가 지속되면서 관계를 공식화하는 경향 때문이다.

프라이스(Price, 1965)는 잉카제국 이래로 안데스 인들에게 '실험결혼(trial marriage)'은 결혼으로 가는 첫 단계라고 하였다. 콜럼버스(미대륙 발견) 이전의 시기에 페루의 고산지역에서는 혼전 성관계가 일반적이었고, 사회적 승인도 받을 수 있었다. 실험결혼을 '악마의' 관습으로 치부한 것은 피사로(Pizarro)가 도착한 직후인 1539년으로 거슬러 올라간다. 프라이스에 따르면, 오늘날 케추아(Quechua) 지역에서는 가톨릭식 결혼식 전에 실험결혼이 이루어진다. 이들의 구애 행동에는 성적 자유, 유희적 싸움, 선물 교환 등이 포함된다. 배우자 선택에 대한 자유가 존재하지만 대개 동질 혼이며, 사실상 모든 부부가 결혼 전 10마일 이내에 거주한 사람들이다. 와타나키(watanaki)로 불리는 부처제 동거기간에 남녀는 1년간 함께 산다. 젊은 남성이 부모에게 자신이 특정 여성과 함께 들어가 살 것을 알리게 되면, 남성 측 부모가 이를 승인하고 여성 측 부모를 만난다. 여성 측 부모는 대개 놀라움과 분개심을 가장하다가 남성 측의 제안에 동의한다. 현대식 결혼을 치른 토착민 중 약 7%만이 실험결혼을 하지 않는 것으로 나타났다.

지금까지의 내용을 요약하면, 라틴아메리카의 부부 형성에 관한 선행연구는 이 지역에서 혼전동거가 일반적이며 문화적으로 수용되고 있음을 나타낸다. 또한, 라틴아메리카에서는 미국보다 더 이른 나이에 결혼하고, 동질 혼 비율이 상대적으로 높다. 여성의 초혼연령이 남성보다 2살 아래로 이는 북아메리카와 유사하다. 교육수준이 높은 여성이 만혼 경향이 있고 자녀수도 적은 것 또한 미국과 유사하다. 반면, 배우자 선택 시 신체적·개인주의적 특성보다 성격이나 내면적 특성에 더 초점을 둔다.

(2) 가족의 이상

라틴아메리카 가족의 전형적인 특징은 무엇일까? 초기 연구를 따르면(Ingoldsby, 1980), 라틴아메리카 가족에서는 심리적 친밀감에 미국만큼 높은 가치를 부여하지 않는다. 미국과 콜롬비아 부부를 비교 연구한 결과로는, 미국 부부의 높은 결혼만족도는 배우자 간 높은 수준의 애정 표현에서 잘 나타난다. 이는 콜롬비아 부부에게서는 나타나지 않는데, 이들은 애정 표현의 수준이 높든, 중간이든, 낮든 관계없이 서로 유사한 수준의 표현을 하는 부부의 결혼만족도가 높았다. 또한, 콜롬비아 남성과 여성은 상호 유사한 수준으로 자신의 감정을 표현하였고, 애정 표현의 수준은 미국 남성과 같았다. 미국의 여성은 남성집단보다 더 많은 애정 표현을 하는 것으로 나타났다.

에콰도르의 최근 연구(Ingoldsby et al., 2005)에 따르면, 라틴아메리카 부부의 애정 표현의 양은 증가하지 않았으며, 여성들은 오히려 과거보다 더 감소한 것으로 나타났다. 그러나 오늘날 애정 표현은 결혼만족도와 높은 상관관계를 하고 있다. 부부가 분노를 누르고 서로 긍정적인 감정을 공유하는 것은(특히 남편이 그럴수록) 행복한 부부관계에 기여도가 크다. 이는 최근 결혼한 부부들이 우애적 결혼(companionate marriage)에 더욱 가치를 부여하는 것에서도 나타난다. 그러나 히스패닉 가족에 대한 선행연구에서는 이러한 이슈에 대해 심도 있는 연구를 하지 않았으며, '이상적인 가족 유형'이라 불리는 주제에만 연구의 초점을 두었다. 그 첫 번째는 친밀하고 애정적이며 종교적인 가족을 나타내는 중요한 문화적 이상으로서 '가족주의(familism)'라고 부르며, 두 번째는 마치스모(machismo)라는 남성우월주의 문화이다.

5) 일본 가족

동화나 민간설화는 보편적인 이슈를 반영하는 주제를 다루며, 또한 그 이야기가 만들어진 문화의 독특한 구성요소에 대한 통찰을 제공한다(Kawai, 1996). 유럽이나 미국의 이야기는 금기(금지된 음식, 무서운 방 혹은 위험한 숲)를 규정하는 뛰어난 인물(종종 아버지)과 그러한 금기를 깨고 벌을 받는 인물을 전형적으로 포함하고 있다. 남성 영웅은 종종 금기를 깨는 사람이기도 한데 보물을 획득하기 위해 뱀, 거인 또는 흑기사와 전투를 벌인다. 이 보물은 아름다운 처녀이고 결혼은 성스러운 최종 목표이며, 이 커플은 이후 행복하게 사는 것으로 그려진다. 일본의 이야기 또한 금기(예: 아름다운 방 혹은 강물 금지)를 규정하는 금지자/영웅(종종 여성)이 포함되지만, 금기를 깼을 때 이에 대한 직접적인 벌은 없다. 슬픔에 빠져 사라지는 것(예: 새로 변하는 것)은 금기가 깨지는 것을 본 금지자이며 금기를 깬 자가 부끄러움을 느끼도록 내버려 둔다. 일본 동화나 민간설화의 영웅은 강력한 의지와 강한 자아, 목적을 가진 강한 여성이다. 그들의 인성은 동시 다중층과 복잡성을 반영한다. 그러나 남성적 인물은 이 목표를 위해서는 거의 등장하지 않으며, 대부분은 커플이 결혼하면 비극적인 이별이 있으며 행복한 결말이 아니다. 서구의 동화나 민간설화에서 금기를 깨는 것은 영웅의 모험을 이끄는 반면, 일본의 동화나 민간설화에서 금기를 깨는 것은 모든 것을 잃어버리는 것으로 이어진다.

가와이(Kawai, 1996)는 융 학파(Jungian)의 관점에서 다음과 같은 점을 논의하였는데, 인물의 성별은 신체적 의미가 없으며 단지 영혼의 반영이고, 여성적 인물은 자아와 다중층 의식을 반영한다는 것이다. 그러나 이러한 동화들은 문화 내 가족에 대한 어떤 것을 우리에게 알려 주고 있다. 부부관계 외에도 부모 자녀관계를 강조한다. 일본의 동화에서 엄마와 딸의 유대감은 가장 강력하며, 심지어 수정과정 전에서부터 나타난다. 남성(아버지나 남편)에 의해 방해받을 때조차 여성 간의 근본적인 결합은 부활하고 남성의 방해는 제거된다. 그리고 동화는, 어머니와 딸의 관계는 마치 아무 일도 없었다는 듯한 상태로 끝난다. 일본 동화에서 아버지와 딸의 유대감 역시 강력하나 서구 동화에서 가장 강력한 유대는 아버지와 아들 간이다. 아마도 학자들은 일본 문화의 독특성을 과장하였을지도 모른다. 그러나 동화가 문화적 가치관과 신념을 반영한다면 일본과 유럽 및 미국의 가족체계 간에는 차이점이 있다.

일본의 지역적 위치는 일본의 가족체계의 본질에 영향을 미쳤을 수 있다. 일본은 4개의 주요한 섬과 약 3,900개의 작은 섬들로 이루어진 나라이다. 일본은 초기 정착기 이래 다양한 영향을 경험하였지만 제2차 세계대전 이후 외부인에 의해 제한된 지배를 받았다. 그래서 일본은 고유한 가족체계를 유지하였으며 외부인의 영향에 직면할 때마다 기존의 모델과 새로운 철학을 통합하는 방식을 발견하였다. 외부의 작가들은 전통적인 일본의 가족과 현대 일본 가족을 대조시켰지만, 전통적 가족은 수십 년간 진행된 가족의 진화과정에서 단 하나의 단계만을 대표한다. 일본 역사 전체에 걸쳐서 외부의 철학과 관례는 가족생활과 통합되었으며, 그때마다 현재의 그리고 토착적인 가족체계 내에서 적응되고 접지되었다.

(1) 초기 일본 가족

가족의 구조와 역할은 일본의 오랜 역사 속에서 많은 변화를 겪어 왔다. 가장 초기의 역사적 설명에 따르면, 기원후 100년 전에는 조상에 대한 의례를 거행하는 지배계층 가족이 있는 분화된 사회였음을 암시하고 있다(Hendry, 2003). 가족은 일부다처제였다. 남성과 여성은 동등관계였는데, 남편이 아내의 집에 머물고 언젠

가는 그녀와 함께 살았다. 자녀는 아내의 집에서 양육하였다(Kaku, 1999). 7세기에는 중국이 일본의 유교적 관습, 불교 이론, 통합된 국내법과 같은 관료체계, 그리고 가부장제에 영향을 미쳤다. 구(舊)와 신(新)의 통합의 예는 헤이안 시대(794–1185) 동안에 찾아볼 수 있다. 비록 남편이 아내의 가족과 결혼하는(muko–iri) 모계 주거체계 내에서 존재하였지만(Sougou joseishi kenkyuukai, 1992), 남편이 가족의 가장이 되어 중국의 가부장제 개념과 일치하였다. 이혼과 재혼은 흔히 일어나는 일이며, 결혼은 법적 지위라기보다는 일종의 관행이었다. 결혼식은 지배계급의 가족만 하였고 결혼 전 성행동은 규범이었다.

통합된 관료제도가 비효율적이라는 것이 증명됨에 따라 중국식 접근법에서 물러나서 더욱 지역적 봉건체계로 이동하였다(Hendry, 2003). 평민들 사이에서도 결혼이 하나의 의례가 되었다. 남편의 가족과 결혼하는 아내가 남편이 마련해 준 집에서 거주하는(종종 첩이나 다른 아내들도 있긴 했지만) 일부일처제를 향한 움직임도 있었다.

지방에서 거대한 투쟁이 있었던 16세기는 유럽의 탐험가와 선교사들이 처음으로 도착한 시기와 일치한다. 투쟁이 끝났을 때 기독교는 위협으로 간주하여 거의 모든 유럽인이 추방되었고, 일본인들은 외국 여행이 금지되었으며 직업에 기초한 관료적 계급체계가 확립되었다. 새로운 법률은 가족에게 지역의 절에 등록하는 것을 의무화하였다. 에도 시대(1603–1868)의 일본은 나머지 다른 세계에서 고립되었음에도 유교와 기독교적 사상은 일본인의 가족생활에 점점 더 영향을 미쳤다. 결국에 아내는 자신의 가족을 떠나 남편과 남편의 가족과 함께 살지 않으면 안 되게 되었다. 아들은 딸보다 더 소중하게 여겼는데, 아들이 첩의 자식이라도 그러하였다. 그리고 여성의 외도는 법으로 금지되었다. 사무라이 계급에서는 중매결혼을 하였지만 평민들은 종종 자신의 배우자를 스스로 선택하였다.

(2) 이에(家)

고립정책은 메이지 시대(1868–1912)에 끝이 나고 다양한 유럽의 정부체계가 시도되었다. 자유로운 선택에 기초한 결혼 개념과 사랑이 재도입되었고, 전통주의자들은 이러한 외부의 이념이 사회적 붕괴를 가져올까 두려워하였다. 1898년에 민법 등 일련의 새로운 법률이 만들어졌는데, 이러한 법률은 전통주의자들(예: 원주민, 도교주의자, 유교주의자)과 국제적 영향을 원하는 사람들 간의 타협이 반영된 방식으로 '가족체계'를 설명하였다(Ishikawa, 2001; Hendry, 2003). 이러한 가족모델은 17세기에서 19세기까지의 사무라이 가족이라는 토착적인 일본의 체계에 기초하고 있으며, 이것은 오늘날까지 가족뿐 아니라 기업과 조직에까지 그 효력을 발휘하는 법적·사회적 지배력(Maree, 2004)으로 이어지고 있다.

1989년의 민법에서 결혼은 법적 체계가 되었고, 가족은 절이 아니라 지방 정부에 등록하는 것이 의무화되었다. 아내와 남편은 같은 가족 성(姓)을 가지고, 결혼은 남편의 가족(yomeiri)과 결혼하는 것을 의미하였다(Kaku, 1999; Ko--dama & Fukuda, 2000). 중매결혼은 모든 계층에 보편화하였다. 1990년대 초기에 남성은 30세 이상, 여성은 25세 이상이 되어야 부모의 동의 없이 결혼할 수 있었다. 민법에서 법적 체계가 된 가족체계의 토착적인 용어가 이에(ie)이다. 이에는 가(家, house)라는 유럽의 귀족가족과 유사성을 가지고 있는데, 상속인을 생산하기 위해 각 세대를 필요로 하는 연속적인 혈통이 있다는 것이다(Hendry, 2003). 이에 체계의 결정적인 측면은 연속성을 강조하는 것이다. 이에 체계의 구성원은 오래전에 사망하여 기억에서 사라진 조상, 최근에 사망하여 아직 기억에 남아 있는 조상, 그리고 아직 태어나지 않은 후손들까지 포함한다. 기존에 생존해 있는 구성원들은 조상을 기억하고 자신의 죽음 이후에도 이에가 계승될 수 있도록 하는 의례를 통해 이에의 연속성에 대한 책임감을 가지고 있다. 원래 사무라이 가족 모델에서 이에 그 자체는 재산을 소유한 단위이다. 1898년도의 민법하에서 재산은 이에를 대표하는 특정 개인에게 등록되는데 이 개인은 가장으로 봉사하고 대소사를 관리한다. 그리고 가장이 이에의 연속성을 해친다는 가족회의의 결정이 있을 시 가장의 위치를 빼앗을 수 있다.

이에는 특별한 거주권과 관련이 있으며, 이에의 연속성을 위해 가능한 어떠한 방식으로든 각 가족구성원은 그 거주권에 이바지한다. 구성원들은 가장에 복종해야 하는데, 나이와 성별, 가장 지위에 대한 기대에 기초한 계급이다(Ishikawa,

2001). 충성과 자비라는 유교와 도교의 원리가 관계에 영향을 미쳤다. 좀 더 젊은 가족구성원은 나이 든 구성원에게 보호와 배려라는 빚을 지고 있으며, 필요할 때에는 나이 든 구성원을 돌보아야 한다. 이러한 관계 유형은 개인을 존중하는 철학에 기초하지 않으며, 더욱 중요한 것은 개인이 이에의 연속성에 이바지하는 존재라는 점이다.

법률은 장자를 상속자로 규정하고 있지만, 연속성의 규칙은 그 연속성을 성취하는 방법보다 더 중요한 것으로 간주한다. 혈연으로 맺어진 연결이 바람직하지만, 필수적인 것은 아니다. 그러므로 형이 없는 경우 동생, 조카, 새로운 배우자, 첩의 아들, 입양된 친족, 심지어 입양되었지만 친족이 아닌 사람도 상속자가 될 수 있다. 중매결혼을 기대하는데, 왜냐하면 이것이 이에의 연속성을 증가시켜 주기 때문이다. 만약 장자의 아내가 아기를 낳을 수 없거나 부적합하다고 생각되면, 아내를 자신의 원 가족으로 돌려보낸다.

(3) 전후 일본과 이에(家)

제2차 세계대전이 끝난 후 연합국(특히 미국)에 의해 외국의 영향이 유입되었고, 재건 노력의 일부로 많은 변화가 도입되었다. 민주주의에 기초한 새로운 헌법이 만들어졌다. 토지 개혁으로 말미암아 가족은 자신의 토지를 사들일 수 있게 되었고, 일부다처제가 금지되었으며, 여성에게도 투표권이 부여되었다. 또한, 아버지는 한 가정의 가장으로 규정되었고, 혼외관계는 범죄가 아니라 사회적 문제로 간주하였으며, 실질적으로 이에라는 가족체계를 부수는 입헌 조항이 만들어졌다(Shikata, 1999; Ishikawa, 2001). 예를 들면, 모든 자녀는 똑같이 상속받는 것이 전제되었고 부모를 돌보는 데도 똑같은 책임을 가졌다. 그러나 실제로 토지나 재산의 규모가 워낙 작아 토지나 재산을 분배하는 것은 현실적이지 않았다. 이에는 전쟁의 재앙에 대해 책임을 져야 했다. 왜냐하면, 이에는 극도의 국가주의를 만들어내는 모든 제도와 체계를 지배하는 모델로 여겨지기 때문이다. 이 가족형태는 봉건시대의 유물로서 민주주의라는 새로운 시대와는 맞지 않는 것으로 간주하였다. 그러나 과거와 마찬가지로 가족은 새로운 법률과 그들 자신의 신념 간에 발생한 불일치에 적응하는 방식을 발견하였다.

그리하여 이에와 관련되는 원칙과 관습은 오늘날의 핵가족에도 존재하고 있다(Hendry, 2003). 집에는 여전히 불교식 제단(butsudan)이 있는데, 이 제단에서 조상에 대한 기억을 보존하고 이에의 존재와 영속성을 확인하였다. 전쟁 후 국가조직은 이에의 영속성을 장려하였다. 왜냐하면, 가계의 기록과 가재도구를 관리하는 1명의 가족구성원은 종교적 의례를 행해야 할 필요가 있었기 때문이다. 새해 첫날 혹은 여름 축제(お盆, Obon) 동안 가족은 조상을 기리기 위해 친족과 불교식 제단을 방문한다. 수 세대에 걸쳐 상속된 집의 경우, 그 집에 여전히 사는 가족구성원은 이에로서 집을 개념화한다. 가족이 토지를 소유하고 있거나 이에 주거권이 있는 경우 특히 그러하다. 도시 가족은 서로 가깝게 살고 있으며, 은퇴 주택(inkyo-ya)은 주된 집 가까이 세워진다. 시골의 가족은 다양한 형태로 함께 살고 일하지만 이에의 계승 구조는 여전히 그 자리에 있다(Tsutsumi, 2001). 도시지역에 사는 많은 일본인에게 세대를 거쳐 내려오는 물리적인 이에 주거는 존재하지 않기 때문에 이에가 존재하지 않는 것처럼 보인다. 이에의 어떤 요소들이 현대 일본에 어느 정도 영향을 미치는지 혹은 존재하고 있는지에 대한 논쟁이 있다.

(4) 이에(家), 자기비판과 가족강점

가족을 연구하고 이해하는 것은 그 연구가 행해지는 문화를 반영한다. 자존감, 칭찬, 긍정적인 자기 평가, 행복, 성취 등과 같이 개인에 대한 서구적인 문화의 강조는 '가족강점'이라는 연구주제에 반영되어 있다. 강점 관점에서는 단점이나 부족한 점을 밝히고 강조하는 것을 가족 안녕에 해가 되는 것으로 생각한다. 대조적으로 일본의 문헌들은 잠재적 약점, 문제들, 비판적 평가, 부정적인 특성 등을 강조하고 있다(Kitayama et al., 1997; Heine et al., 1999; Karasawa, 2001). 서구인들은 일본에는 긍정적인 자존감이라는 보편적인 욕구가 없어 보인다는 사실에 놀랄 수도 있다. 일본 문화에서 중요한 초점은 개인과 가족에 대한 더욱 독자적인 관점에 있다. 실패에 대해 더 중요한 반응을 하고(Heine et al., 2001) 기존의 강점을 밝히는 것보다 나아지기 위한 과정을 더 강조한다. 자기비판과 부정적인 정보는 낮은 자존감을 표시하는 것이라기보다 미래 사회적·심리적 결과를 향상하는 데 도움을 주는 것으로 간주한다.

생의 초기에서부터 일본 어린이들은 자기 자신에 대한 부정적인 측면에 주의를 기울이도록 가르침을 받는다. 왜냐하면, 상호의존적인 정체성을 형성하는 것이 필수적이기 때문이다(Kitayama et al., 1997). 가족생활을 개선하는 것은 부정적이거나 바람직하지 않은 특징을 제거하는 것이기 때문에 매우 중요하다. 기존의 긍정적 특성에만 의존하는 것은 이기적인 것으로 간주한다. 실패에 집중하고 행동에 숙달하는 것은 가족에 대한 자신의 소속감을 확인해 준다. 여기서 제시된 정보가 일본 가족의 부정적인 측면에 초점을 두고 있을지라도, 이것은 일본 가족 관련 문헌들과 일치하고 있다. 왜냐하면, 이러한 부정적인 측면들이 가족 내 개인의 합리성과 사회 내 가족의 합리성을 증진해 주기 때문이다. 자기비판은 미덕이며 비판적 관점이 부족한 것은 다른 사람의 눈에는 거만한 것으로 보인다. 그리하여 이에의 개념은 가족구조뿐 아니라 일본에서 연구를 위해 선택한 가족의 특성에도 영향을 미친다.

(5) 가족역할과 가족관계

여러 다른 나라와 마찬가지로 일본에서도 결혼의 주요 목적은 자녀를 생산하고 양육하기 위한 구조를 제공하는 것이다. 의존적 개인을 돌봐 주고 경제적 안정과 신체적 안전, 복지를 제공하는 것이다. 시가다(Shikata, 1999)는 가족의 많은 기능이 상실되었는데, 왜냐하면 다른 제도(소방서, 경찰, 학교, 종교 등)가 많은 욕구를 충족시켜 주기 때문이라고 주장하였다. 오늘날의 제한된 기능은 성욕 충족, 자녀 양육과 보호, 인간 종족의 영속성, 애정 교환, 그리고 휴식처 제공 등을 포함한다. 이에의 주요 목적은 가족의 영속성을 확인하는 것이지만 오늘날 핵가족의 구성원들은 그들의 관계가 전통적 욕구(예: 경제적 안전 생산, 영속성)와 현대적 욕구(예: 사랑, 충족, 동료애)를 통합한 모든 욕구를 충족시키리라 기대한다.

C · H · A · P · T · E · R 08

대한민국에 거주하는 외국인 나라의 이해

1. 중국

- 공식명칭: 중화인민공화국(People's Republic of China)
- 인구: 1,324,681,000명
- 면적: 9,572,900㎢
- 수도: 베이징
- 정체 · 의회형태: 인민공화제, 일당제, 단원제
- 국가원수/정부수반: 국가주석/총리
- 공식 언어: 중국어
- 독립년월일: BC 1523년
- 화폐단위: 위안(yuan/Y)
- 국가(國歌): Yiyongjun Jinxingqu("March of the Volunteers")

아시아 동부에 있는 세계에서 3번째로 큰 나라로, 수도는 베이징(北京)이다. 동서 길이는 5,000km, 남북길이는 5,500km이며, 국경선은 총 길이가 2만km이다. 남쪽으로는 베트남·라오스·미얀마, 남서쪽으로는 인도·부탄·네팔·파키스탄·아프가니스탄, 북쪽으로는 타지키스탄·키르기스스탄·카자흐스탄 및 러시아, 몽골과 접해 있으며, 둥베이(東: 옛 이름은 만주) 지역 남쪽으로 북한과 경계를 이루고 있다. 북쪽에서부터 황해(서해), 동중국해, 타이완(臺灣) 해협(중국과 타이완 사이의 약 160km 너비의 해협), 남중국해로 둘러싸인 해안선은 1만 4,000km에 이른다. 1949년 이래 타이완의 국민당 정부는 중국 본토를 자신의 영토 일부로, 중국은 중국대로 타이완을 자신의 영토 일부로 주장하고 있다. 타이완 섬을 중국의 23번째 성(省)으로 보는 데에는 두 정부의 의견이 일치한다. 중국은 세계에서 가장 인구가 많은 나라이다.

전국은 중앙정부에 직속된 31개의 행정구역으로 나뉘는데 이 가운데 성이 22개, 소수민족 자치구가 5개(네이멍구[內蒙古]·광시좡족[廣西壯族]·닝샤후이족[寧夏回族]·신장웨이우얼[新疆維吾爾]·시짱[西藏: 티베트]), 직할시가 3개(베이징·상하이[上海]·톈진[天津]), 특별행정구가 1개(홍콩)이다. 당대(唐代: 618~907) 이래 현재와 같은 경계를 유지해온 성은 통일국가의 가장 중요한 면모로 존재했다. 중국의 성 하나가 다른 큰 나라 또는 중간 크기의 나라와 규모 및 인구가 비슷하며, 성은 국가 다음가는 행정단위로서 중요한 역할을 담당한다. 인구의 90% 이상이 한족이다. 종교는 토속 신앙과 불교·그리스도교·이슬람교·도교를 주로 믿지만, 법적으로 종교 활동이 허용되지 않는다. 화폐는 런민비(인민폐)를 사용하며 단위는 위안(Y)이다.

중국은 지리적으로 몇 가지 지형적 특징을 가진다. 남서부지역에는 티베트 고원을 포함한다. 고원의 평균 해발은 4,000m 이상이고, 중심지역의 평균 고도는 5,000m가 넘는다. 이곳은 '세계의 지붕'으로 불리며, 아시아의 주요 강들의 수원(水源)을 공급한다. 북부의 쿤룬 산(崑崙山脈)과 남부의 히말라야 산맥으로 이루어진 국경은 고원지대보다 높다. 중국의 북서부지역은 아프가니스탄에서 북동부의 둥베이(東北) 평원까지 뻗어 있다. 톈산 산맥(天山山脈)은 중국의 주요한 2개의 내륙 분지인 타림 분지(塔里木盆地)와 준가얼 분지(準噶爾盆地)를 양분한다. 타림 분지에는 타클라마칸 사막이 있으며, 몽골 고원에는 고비 사막의 최남단 지역이 포함된다. 스촨 분지(四川盆地)가 포함되는 동부지역의 저지대에는 양쯔 강(揚子江)이 흐른다. 양쯔 강은 동부지역을 남북으로 가른다. 타림 강(塔里木河)은 중국의 북서 지역을 흐르는 주요한 강이다. 중국 내륙을 흐르는 또 다른 강으로는 황허 강(黃河), 시장 강(西江), 쑹화 강(松花江), 주장 강(珠江)을 비롯해 동남아시아에서

메콩 강으로 불리는 란창 강(瀾滄江) 등이 있다. 중국의 정치형태는 단원제, 일당제, 인민공화국이다. 국가원수는 주석이고 정부수반은 총리이다.

1927년 저우커우뎬의 동굴에서 베이징 원인(北京原人, Homo erectus pekinensis)의 화석이 발견되었다. 이것은 중국에 인간이 정착하여 살기 시작한 시기가 구석기시대로 거슬러 올라감을 의미한다. 중국 문명은 황허 강 유역에서부터 퍼졌을 것으로 추측된다. 분명한 역사적 자료가 있는 최초의 왕조는 BC 17세기경의 은(殷 또는 商) 왕조라고 할 수 있는데, 그들은 문자체계와 달력을 가지고 있었다. 은 왕조의 지배를 받던 주 왕조는 11세기 중반에 은 왕조의 지배층을 무너뜨리고 BC 3세기까지 통치했다. 도교와 유교가 이 시대에 확립되었다. 전국시대(戰國時代)라 불리는 갈등의 시대가 BC 5세기부터 BC 221년까지 지속하였다. 그 후 진(秦) 왕조가 세워졌다. 차이나(China)라는 영어 이름은 진에서 기원한 것이다. 그 후 진 왕조는 주변 국가들을 정복하며 중국을 통일했다.

206년에 세워진 한(漢)은 AD 220년까지 중국을 지배했다. 다시 혼란의 시기가 이어진 후에 581년에 수(隋)가 건국되었고 중국의 재통일을 이루었다. 618년에 수에 이어 당(唐)이 들어섰다. 960년에 송(宋)이 설립된 후, 북쪽의 침입을 피해 수도를 남쪽으로 옮겨야 했다. 1279년 송은 붕괴하였고 몽골의 지배가 시작되었다. 그 시기에 마르코 폴로가 쿠빌라이 칸을 방문했다. 몽골 통치에 이어 세워진 명(明)은 1368년에서 1644년까지 지속하였다. 이 시기 명나라는 반외세 감정이 강하여 세계 다른 나라들과 담을 쌓는 통상수교거부정책을 폈다. 1644년 만주족이 명나라의 중국을 침략했고, 청(淸)을 세웠다. 청은 서양과 일본으로부터 통상압력과 잦은 침략을 받았다.

이것은 19세기에 아편전쟁, 태평천국운동, 청일전쟁으로 이어졌고, 이 모든 사건은 청을 기울게 했다. 청은 1911년에 무너졌고, 1912년에 쑨원(孫文)에 의해 공화국 정부가 선포되었다. 하지만, 지역 군벌들의 권력 투쟁이 공화국을 약화시켰다. 장제스(蔣介石)는 1920년대에 어느 정도의 전국 통일을 이루었다. 그 후 장제스는 공산당 세력과 갈라섰고, 이들 공산당 세력은 자신들의 정부와 군대를 조직했다. 1937년에 일본은 중국의 북부지역을 침략했고, 1945년까지 지속하였다. 중국공산당은 대장정(1934~1935)을 통해 농민들의 지지를 얻었고, 대장정 과정에서 마오쩌둥이 그들의 지도자로 등장했다.

제2차 세계대전 말 일본이 항복하자, 국민당과 공산당 간의 격렬한 내전이 시작되었다. 1949년 이 내전에서 패배한 국민당은 타이완으로 달아났고, 공산당은 중화인민공화국의 수립을 선포했다. 1976년 마오쩌둥(毛澤東)의 사망 후 무정부 상태, 테러, 경제적 마비 상태가 나타났다. 곧 덩샤오핑(鄧小平)이 집권하여 온건 노선을 추진했다. 덩샤오핑은 경제개혁을 단행했고 서방국가와 중국의 외교관계를 새롭게 정립했다. 1970년대 후반 이후 경제는 중앙계획경제를 탈피하기 시작했고, 제조업과 서비스업 분야의 국영기업들이 국가 소유와 민간 소유를 혼합한 형태로 바뀌었다. 이를 통해 급속도의 경제 성장과 중국 사회 변화에 진전을 이루었다. 1989년에 발생한 톈안먼 사건(天安門事件)은 1980년대 이후 차츰 안정되는 정치적 변화에 대한 도전이었다. 1997년 홍공이 중국에 반환되었고, 1999년에는 마카오가 반환되었다.

1) 기후

중국은 국토가 매우 넓고 지형이 복잡하여 지역에 따라 기후의 차이가 크다. 동쪽 낮은 지대에는 계절풍의 영향을 받아 온대와 아열대, 냉대 기후가 나타나고, 서쪽 높은 지대에는 초원과 사막 기후가 나타난다. 화남 지방은 겨울에도 월 평균 기온이 18℃가 넘는 따뜻한 아열대 몬순 기후이고, 화중 지방은 온대 몬순 기후이며, 화북 지방은 온대와 냉대의 중간 기후이다. 그리고 둥베이 지방은 겨울이 매우 추운 냉대 기후를 보인다. 연평균 강수량은 남부 해안의 화남 지방이 2,000mm 정도인데, 내륙과 북부로 갈수록 적어져서 내몽골과 신장 지방에서는 250mm 이하로 사막이 되는 곳도 있다. 중국은 기온과 강수량이 지역에 따라 차이가 크기 때문에 농목업도 아열대 농작물의 재배로부터 벼농사, 밭농사, 유목 등이 다양하게 나타난다.

2) 종교

도가사상은 유교사상과 더불어 2,000년 동안 중국과 그 주변국의 생활과 사상을 형성해온 중국 고유의 종교철학이다. 도가사상의 특징은 실용주의적인 유교와는 달리 현실세계에 대한 신비주의적이고 형이상학적인 이론에 있다. 도가에 대한 엄격한 정의에는 3가지 측면이 있다. 즉, 도가철학은 노자(老子) 또는 도덕경, 장자(莊子)·열자(列子) 등과 같은 경전의 사상, '도'를 숭배하는 종교로서의 도교, 도가를 모두 포함한다. 도가사상은 중국문화의 광범위한 범위에 걸쳐 스며 있다. 종교로서 도교는 국교인 유교와 비정형적인 민간신앙의 중간에 위치한다. 도가사상과 도교는 중국문화의 영향을 받은 아시아의 한국·일본·베트남 등지로 퍼져 나갔다.

한대(漢代: BC 206~AD 220)를 전후하여 이전의 위대한 도가사상과 이후의 미신적인 도교로 구분하기도 한다. 사실상 도교는 형성 때부터 고래(古來)의 주술사상과 관련이 깊다. 그러므로 여기에서 도교를 철학과 종교로 구분하는 것은 단지 서술의 편의를 위한 것뿐이다. 오늘날에 와서는 도가사상과 유교를 엄격하게 구분하지 않는 경향이 있다. 양자는 고대의 전통 속에서 인간·사회·군주·하늘·우주에 대해 많은 사상을 공유하고 있다. 이러한 공유점 위에서 유교는 중국의 도덕과 정치체제에 관심을 두었고 도교는 보다 개인적이고 형이상학적인 부분에 관심을 나타내었다. 한편, 불교는 개인의 자아를 부정하고 현실세계의 허망함을 주장하기 때문에 도교와 극히 대립적이다. 그러나 경쟁적인 포교과정 속에서 양자는 많은 유사성을 갖게 되었다. 송대(宋代) 이후 민간종교에서 도교와 불교는 명확한 구분 없이 공존했다.

2. 베트남

▌공식명칭: 베트남사회주의공화국(Socialist Republic of Vietnam)

▌인구: 88,537,000명

▌면적: 331,212㎢

▌수도: 하노이

▌정체·의회형태: 사회주의공화제, 단원제

▌국가원수/정부수반: 주석/총리

▌공식 언어: 베트남어

▌독립년월일: 1945. 9. 2.

▌화폐단위: 동(dong/VND)

▌국가(國歌): Doan quan Viet Nam di chung long cuu quoc("Soldiers of Vietnam, we are advancing")

인도차이나 반도 동해안을 따라 자리 잡고 있는 동남아시아의 나라로, 서북쪽에서 동남쪽까지 최대길이는 약 1,650km이고 동서 간의 최대너비는 북부 550km, 남부 340km 가량이다. 북쪽으로는 중국, 서쪽으로는 라오스·캄보디아와 국경을 접하고 있으며 남서쪽으로는 타이 만, 남쪽과 동쪽으로는 남중국해와 통킨 만에 접해 있다.

BC 3세기 중국의 남쪽으로의 영토 확장이 베트족에까지 이르렀을 때, 홍 강 삼각주에 거주하는 베트족이 역사에 등장했다. 그때부터 베트남 역사의 주요 흐름은 베트남 고급문화의 원천이 되어온 중국과의 상호작용이었다. 베트남은 938년 중국의 통치에서 벗어난 뒤 조공을 바치는 국가로서 중국 황제에게 칠기, 피륙, 상아, 열대 산물을 바쳤다. 그리고 그 대가로 철학·행정·문학 서적들을 받았다. 중국 문화는 베트남 사회 깊숙이 침투했으나, 그것은 하층민들보다는 귀족과 고위 지배층에 더 많은 영향을 주었다. 농촌의 하층민들은 베트남의 독특한 관습과 신념, 언어, 생활습관, 남녀의 사회적 역할 등을 그대로 유지했다.

베트남의 왕들은 중국 황제들을 본보기 삼아 베트남 변경에 있는 소수 인종집단으로부터 공납을 거뒀고, 중국의 왕실에 조공을 바치지 않을 때는 그들 자신을 황제라 불렀다. 베트남의 왕실과 지역사회 간에 존재하는 문화·공간적 격차가 중국과 베트남만큼 크지는 않았지만, 국가의 통치력이 수도에서 멀리 떨어진 지역까지 미치기에는 역부족이었다. 베트남의 인구와 국토 면적은 중국의 성(省) 하나와 비슷하다. 대나무 울타리에 둘러싸인 농촌공동체에 대한 통치의 어려움은 "황제의 칙령은 마을 입구에서 멈춘다."라는 격언에 잘 드러나 있다.

베트남은 지배문명과 연계를 하고, 오랫동안 자국의 목적에 맞게 중국 문명의 사상과 제도 및 기술을 변형시켜 왔다. 이러한 연계와 변형의 양태는 일찍이 중국과 베트남의 역사적 관계에서 분명하게 드러났다. 전통을 거부하고 식민화에 싸우는 공산주의를 채택한 것에서 중국 문화의 영향을 강하게 받은 일면이 다시 확인되었다. 그 대응양식은 사회적 개혁을 촉진하기 위해 서양의 제도들을 적극적으로 수용했던 20세기에 다시 명백해졌다. 그리고 1980년대 이후 그 양상은 베트남 공산당이 자유경제주의를 받아들이고 세계 경제로 통합되는 이면의 원동력이 되었다. 그런 전략적 흡수와 적절한 변형은 베트남이 세계 최대의 인구과밀 국가 중 가장 빠른 성장을 이루어 낸 시장경제 국가가 되도록 했다.

수도인 하노이는 나라의 북쪽에 위치한다. 반면, 베트남에서 가장 큰 도시인 호치민시티(이전의 사이공)는 남쪽에 있다. 베트남은 20세기 중반에 길고 지루한 전쟁의 결과, 1954~1975년에 분단을 겪었다. 북베트남이라고 알려진 베트남 민주공화국과 남베트남이라고 불리던 베트남 공화국으로 나뉜 분단은, 처음에는 군사적 성격이 짙었으나 이후에는 정치적인 것으로 굳어졌다. 1975년 4월 통일되었고 1976년 7월 베트남 사회주의 공화국이 수립되었다.

1) 기후

열대계절풍으로 5월부터 10월까지는 남서몬순이 불어 많은 비를 몰고 오며, 11월부터 4월까지는 동북몬순으로 건조기가 된다. 북부 일부 지역은 사계절이 나타나지만, 남부지방은 일 년 내내 습도가 높으며 여름에 비가 집중적으로 내린다. 중부지방에는 베트남에서 가장 건조한 지역과 가장 습한 지역이 자리 잡고 있다. 산악지방은 삼각주나 해안 저지대보다 대체로 기온이 낮고 비가 더 많이 온다.

2) 종교

베트남의 종교로는 불교, 유교, 로마 가톨릭, 개신교 등이며, 제일 많이 믿는 종교는 불교, 로마 가톨릭, 개신교 순이다. 그 외에 신흥종교도 있는데, 양대 신흥종교는 까오다이교와 호아하오교이다. 까오다이교는 1926년 베트남 남부의 터이닌에서 응오반쩨우에 의해 창시된 불교, 로마 가톨릭교, 개신교와 토속종교가 혼합된 유일신 신앙이며, 호아하오교는 베트남 남부에서 기원한 불교에 바탕을 둔 신흥종교이다. 1939년 후인 푸 소가 창시하였다. 발원지인 메콩 강 삼각주 지역을 중심으로 대략 200만 명의 신자가 있다고 추산된다. 베트남은 과거에는 종교의 자유가 없었지만, 예로부터 베트남에서 가장 많이 믿는 종교가 중국, 인도의 영향을 받은 불교였기 때문에 불교나 유교만은 탄압하지 못했다. 현재는 제한적인 종교활동은 허용하고 있는데, 집회는 사전 신고를 하여야 하고 선교는 불법이다. 이는 공산주의 국가의 종교정책이 탄압정책에서 종교를 실용적으로 활용하는 실용정책으로 변경되었기 때문이다.

3. 필리핀

- 공식명칭: 필리핀공화국(Republic of the Philippines)
- 인구: 91,983,000명
- 면적: 316,294㎢
- 수도: 케손시티/마닐라
- 정체·의회형태: 중앙집권공화제, 양원제
- 국가원수/정부수반: 대통령/대통령
- 공식 언어: 필리핀어·영어
- 독립년월일: 1946. 7. 4.
- 화폐단위: 피소(piso/P)
- 국가(國歌): Land of the Morning

아시아 대륙 남동 해안에서 약 800km 떨어진 지점에 있는 7,100여 개의 크고

작은 섬들로 이루어진 나라로, 수도는 마닐라이며, 행정수도는 케손시티이다. 필리핀인들은 주로 말레이 혈통이며, 중국계나 미국인, 스페인계도 소수 있다. 공용어는 필리핀어와 영어이며, 세부아노어·일로카이노어·힐리가이노어·비콜어도 쓰인다. 종교는 그리스도교를 주로 믿는데, 로마 가톨릭 신자가 가장 많고 개신교 및 기타 그리스도교, 이슬람교도도 있다. 화폐단위는 필리핀페소(Philippine peso)이다. 필리핀은 약 7,100개 섬으로 이루어져 있다. 남북으로 최장길이는 약 1,850km이며, 동서로 가장 넓은 곳은 약 1,125km이다. 태평양에 둘러싸여 있으며, 동쪽은 필리핀 해, 남쪽은 술라웨시 해, 남서쪽은 술루 해, 서쪽은 남중국해와 접한다. 2개의 주요 섬은 북부에 있는 면적 10만 4,688㎢의 루손 섬과 남부에 있는 면적 9만 4,630㎢의 민다나오 섬이다.

필리핀 중부의 비사야 제도는 필리핀 중심부에 있으며 파나이·네그로스·세부·레이테·사마르 섬으로 구성되며, 민도로 섬은 루손 섬 바로 남쪽에 있고, 팔라완 섬은 서부에 외따로 떨어져 있다. 다양한 지형 조건을 갖추고 있으며, 큰 섬에는 대부분 휴화산과 산맥들이 있다. 경제는 주로 농업과 경공업, 서비스업에 기반을 두고 있다. 필리핀은 양원제를 채택한 공화국이며, 국가원수와 정부수반은 대통령이다. 1521년 페르난두 마젤란이 처음 발견한 이후 대부분의 섬은 스페인 식민지가 되었으며, 미국-스페인 전쟁이 끝나고 1898년 스페인이 필리핀을 미국에 양도할 때까지 스페인의 지배를 받았다. 1935년 필리핀 연방을 수립하고 정치적·경제적 독립을 준비했으나, 제2차 세계대전과 일본의 침략으로 지연되었다.

필리핀은 1944~1945년 미국군에 의해 해방되었고, 1946년 미국의 정부형태를 따른 필리핀 공화국이 수립되었다. 1965년 페르디난드 마르코스가 대통령에 선출되었다. 마르코스는 1972년 계엄령을 선포했으며, 이는 1981년까지 지속하였다. 20년간의 독재를 이어오던 마르코스는 1986년 권력을 빼앗기고 물러났다. 뒤이어 대통령이 된 코라손 아키노는 민주통치를 시행하며 다음 대통령선거까지 임기를 유지했다. 정부는 남서쪽 민다나오 섬 및 그 주변 섬에 민다나오 이슬람 자치지역을 세우면서 이슬람 독립투쟁 세력과 타협하기 위해 노력해왔다.

1) 기후

열대성이며 몬순과 태풍의 영향을 많이 받는다. 1년 내내 기온이 높은 마닐라의 연평균 기온은 27도이다. 몬순은 6월부터 10월까지는 남서에서, 11월부터 3월 말까지는 북동에서 불어온다. 계절은 우기와 건기로 나누어지며 군도의 동쪽과 서쪽에서는 건기와 우기가 서로 엇갈린다. 태풍은 7월에서 10월까지의 시기에 내습하는데 특히 루손 섬은 매년 태풍의 통로가 되고 있다.

2) 종교

인구의 약 80%가 로마 가톨릭 신자인데 이는 스페인 통치의 유산이다. 약 15%의 회교도는 기본적으로 민다나오 지역에 거주하고 있다. 인구의 나머지는 개신교, 성공회, 불교이다.

4. 인도네시아

- 공식명칭: 인도네시아공화국(Republic of Indonesia)
- 인구: 234,342,000명
- 면적: 1,860,360㎢
- 수도: 자카르타
- 정체 · 의회형태: 중앙집권공화제, 다당제, 양원제
- 국가원수/정부수반: 대통령/대통령
- 공식 언어: 인도네시아어
- 독립년월일: 1945. 8. 17.
- 화폐단위: 인도네시아루피아(Indonesian rupiah/Rp)
- 국가(國歌): Indonesia, tanah jang mulia("Indonesia, our native land")

약 1만 3,670개의 섬으로 이루어진 동남아시아의 섬나라로, 수도는 자카르타이며 서쪽의 수마트라 섬에서 동쪽의 뉴기니 섬까지 약 5,100km, 남북으로는 약 1,600km에 걸쳐 펼쳐져 있다. 동쪽으로는 파푸아뉴기니와 아라푸라 해, 남쪽과

서쪽으로는 인도양, 북서쪽으로는 안다만 해, 북쪽으로는 믈라카 해협, 남중국해, 술라웨시 해, 태평양 서부 해역과 이웃한다. 세계에서 4번째로 인구가 많은 나라이기도 하다.

1) 기후

인도네시아의 섬들이 적도를 중심으로 북위 5°에서 남위 10° 사이에 있으므로 완전한 열대성 기후를 나타내며 동남아시아 계절풍대의 전형적인 특징을 보인다. 일반적으로 연중 높은 기온을 나타내 거의 전 지역이 평균기온 25~27℃를 기록하며 적도변의 중앙지대에서는 월별 변화가 거의 나타나지 않는다. 강수량은 몬순의 영향을 크게 받아 중심부에 해당하는 적도 부근의 연중 강우 지역을 제외하면 대체로 건기(乾期)와 우기(雨期)의 구별이 뚜렷하다. 주요지역의 연평균 강수량은 폰티아낙(보르네오 섬) 3,175mm, 파당(수마트라 섬) 4,172mm, 자카르타(자바 섬) 1,755mm이며, 소순다열도의 동쪽은 훨씬 더 건조하다. 자카르타의 기후는 열대성 기후로서, 높은 기온과 많은 강우량이 특징적이며, 이에 따라 습도도 연평균 75~85%로 상당히 높다. 연평균 기온은 26.9℃로 연교차가 1℃에 불과하지만, 1월과 2월에는 20℃ 이하가 되는 날도 있다.

2) 종교

인도네시아는 헌법 제29조에서 5개 종교(개신교, 로마 가톨릭, 불교, 힌두교, 이슬람)의 신앙의 자유를 보장하며, 종교가 없는 사람은 공산주의자로 간주하기 때문에 신분증에 반드시 종교가 명시되어야 한다. 대부분의 인도네시아 사람들이 이슬람교를 믿지만, 발리 섬에서는 힌두교가, 술라웨시 섬 북부에서는 로마 가톨릭이 우위이다. 인도네시아 기독교는 1960년대 크게 성장하는데, 그 이유는 인도네시아 공산당의 당원들을 교우로 받아들여서 정부와 극우파들의 박해와 학살로부터 보호했기 때문이다. 2000년 인도네시아 정부의 통계를 따르면, 이슬람교 80%, 개신교 5.9%, 로마 가톨릭 3.1%, 힌두교 1.8%, 불교 0.8%, 기타 0.2%이다.

이슬람교도의 인구는 1억 7,000만 명 이상으로 세계 최대의 이슬람교 인구가 많은 나라이다(사실 인도네시아는 이슬람교가 다수일 뿐 세속 국가이며 전형적인 이슬람 국가는 아니다).

5. 일본

- 공식명칭: 니혼(Japan)
- 인구: 127,674,000명
- 면적: 377,873㎢
- 수도: 도쿄
- 정체·의회형태: 입헌군주제, 양원제
- 국가원수/정부수반: 국왕/총리
- 공식 언어: 일본어
- 독립년월일: BC 660년
- 화폐단위: 엔(yen/￥)
- 국가(國歌): Kimigayo ("His Majesty's Reign")

아시아의 가장 동쪽에 있는 섬나라로, 일본어로 '니혼' 또는 '닛폰'이라고도 한다. 홋카이도(北海道)·혼슈(本州)·시코쿠(四國)·규슈(九州) 등 4개의 큰 섬과 수많은 작은 섬으로 구성된다. 일본의 영토는 동해를 사이에 두고 아시아 대륙과 떨어져 있다. 일본 국민은 단일 아시아계 민족이 압도적이다. 공식 언어는 일본어이고, 주요 종교는 신토·불교·그리스도교이다, 화폐 단위는 엔(yen/￥)이다. 일본은 가장 활발한 지진 활동 온도대에 위치한 관계로 화산 폭발 및 지진을 겪는다. 전체 지표 면적의 4/5가량이 산악지대이고, 가장 높은 산은 후지 산이다.

세계에서 가장 큰 경제 규모를 가진 나라 가운데 하나인 일본은 주로 제조업과 서비스업을 바탕으로 한다. 수출은 전자 및 전기 설비, 자동차, 화학제품, 철 및 철강 제품 등을 포함한다. 금융업에 대한 정부 개입은 공공부문과 영리부문 사이의 독특한 협력관계를 만들어냈다. 일본은 중요한 해양 어업 구역을 가진 원양어업국이다. 양원제를 운용하는 입헌군주제를 채택하고 있다. 국가의 상징은 천황이고, 정부 수반은 수상이다. 일본 열도에서 사람이 살았던 흔적은 최소 3만 년 전으로 거슬러 올라가는 것으로 받아들여진다.

야마토 조정은 4~5세기에 최초의 통합된 일본 국가를 수립했고, 그 기간에 불교가 한국을 통해 일본에 전달되었다. 수 세기 동안 일본은 중국 문화로부터 상당히 많은 부분을 받아들였으나, 9세기에 이르러서는 대륙과의 연결을 차단하기 시작했다. 후지와라가(家)는 11세기를 지배했던 가문이었다. 1192년에 미나모토 요리토모(源頼朝)는 일본 최초의 바쿠후(幕府) 혹은 쇼군을 세웠다. 무로마치(室町) 시대(1338~1573)는 강력한 가문 간의 전쟁으로 특징지을 수 있다. 통일은 16세기 후반과 17세기 초기에 오다 노부나가(織田信長), 도요토미 히데요시(豊臣秀吉), 도쿠가와 이에야스(徳川家康)의 통치력으로 이루어졌다. 도쿠가와(에도) 시대(1603~1867)에 정부는 고립정책을 폈다.

메이지 천황의 통치(1876~1912) 아래 일본은 헌법을 제정하였고(1889), 현대화와 서구화 프로그램을 시작하였다. 일본 제국주의는 청일전쟁(1894~1895)과 러일전쟁(1904~1905)을 일으켰고, 이어서 한국(1910)과 중국의 동북 지역을 합병(1931)했다. 제2차 세계대전에 일본은 하와이 및 필리핀의 미군기지를 공격(1941)했고, 아시아의 동남부 지역의 유럽 식민지를 점령했다. 1945년 미국은 히로시마와 나가사키에 원자탄을 투하하였고, 일본은 연합군에게 항복하였다. 새로운 민주적 헌법이 전후 미국의 점령기간에 작성되었다(1947). 또한, 일본은 새로운 기술을 이용하여 폐허로 변한 산업기반을 재건하기 시작했다. 놀랄 만한 경제 회복이 이어졌고, 일본은 세계에서 가장 부유한 국가가 되었다. 이런 힘은 오랜 기간의 경제적 침체에도 무역에서의 양호한 균형을 유지하게 했다.

1) 기후

난세이 제도를 포함한 일본 열도는 남북으로 5,000km에 이르며 냉대 기후에서 열대 기후까지 걸쳐있는 데다가 복잡한 지형과 해류의 영향이 크기 때문에 지역별 기후의 차이가 현저하다. 연평균 기온은 남쪽 오키나와 현의 나하 시가 섭씨

22.7도를 기록하고 또 야에야마 제도의 이시가키 섬은 섭씨 24도로서 열대 우림 기후에 속한다. 규슈 지방의 가고시마 시는 섭씨 18.3도, 오사카 시는 섭씨 16.5도, 도쿄 도의 구 지역은 섭씨 15.9도이다. 북쪽 홋카이도의 네무로 시가 섭씨 6.1도로 최저를 기록한다. 그러나 홋카이도와 오키나와 현의 야에야마 제도, 도쿄 도의 오키노토리 섬, 미나미토리 섬을 제외하면 대부분 지역은 온대 기후에 속해 온난한 기후이고 사계절 구분이 뚜렷하다.

태평양 연안 지대는 여름이면 남동 계절풍이 불어 매우 무덥고, 겨울에는 건조하고 맑은 날이 많아진다. 한편, 동해 쪽에서는 겨울에 시베리아 계절풍으로 말미암은 강설이 많아 니가타 현을 포함한 호쿠리쿠 지방은 세계적인 다설 지대로 손꼽혀 4~5m에 이르는 눈이 쌓이는 곳도 있다. 홋카이도를 제외한 지역에서는 6월 초순부터 7월 중순에 걸쳐 고온다습한 장마가 내리며 8월부터 10월에 걸쳐 일본 열도 남서부 지역은 태풍의 영향을 심하게 받아 풍수해 대부분을 가져온다. 일본의 대부분 지역에서 가장 좋은 계절은 봄과 가을로, 남북으로 길게 늘어진 일본 열도의 특성상 봄과 가을이 오는 시기가 다른데, 특히 봄이 오는 시기를 알려 주는 지표인 벚꽃은 오키나와에서는 보통 1월 말에 피고, 홋카이도에서는 5월 말에 개화하기 때문에 '벚꽃 전선'이라는 용어가 사용되기도 한다. 가을 시기의 지표인 단풍은 홋카이도 방면에서 제일 먼저 생겨 오키나와 방면으로 갈수록 점점 늦게 생긴다.

2) 종교

일본에서는 헌법 제3장 제20조에 따라 종교의 자유가 보장되고 있기 때문에 특별히 지정된 국교(國敎)는 존재하지 않고, 국가의 행사 또한 종교와는 전혀 관련이 없다. 따라서 학교에서도 강제 종교 교육을 하지 못하게 되어 있다. 일본의 주된 종교들은 신토와 불교이며 일본인들의 90% 이상이 신토를 믿는다. 대체로 일본인들은 종교에 대해서 관대하여 둘 이상의 종교를 가지고 있는 경우가 있어 종종 탄생이나 결혼 의식은 신토식으로 치르고 장례식은 불교식으로 행하는 예도 있다. 그 밖에 그리스도교(기독교)가 있는데, 로마 가톨릭 교회, 일본 성공회, 일본 기독교회(장

로교), 감리교, 루터교회, 구세군, 정교회 등이 있다. 20세기에 이르러 대한민국에도 알려진 텐리교나 불교의 일파인 창가학회 같은 일파도 신흥하였다. 1990년대에 이슬람교를 포함한 종교도 많이 들어왔지만, 아직 이들은 소수로 남아 있다. 일본에서는 2개 이상의 종교를 믿는 사람들도 많아서 신앙 마찰도 발생한다. 옴진리교의 도쿄 사린 사건이나 신흥종교인 통일교도 납치 사건 등이 대표적인 사례이다.

6. 타이

- 공식명칭: 타이왕국(Kingdom of Thailand)
- 인구: 65,998,000명
- 면적: 513,120㎢
- 수도: 방콕
- 정체·의회형태: 입헌군주제, 양원제
- 국가원수/정부수반: 국왕/총리
- 공식 언어: 타이어
- 독립년월일: 1350년
- 화폐단위: 타이바트(Thai baht/THB)
- 국가(國歌): Prathet Thai ruam nua chat chua Thai("Thailand, cradle of Thais wherever they may be")

동남아시아 인도차이나 반도 서부 지역에 있는 국가로, 수도는 방콕이다. 남북으로 1,500km, 동서로 800km가량 뻗어 있다. 북서쪽으로 미얀마, 북동쪽으로 라오스, 남동쪽으로 캄보디아와 타이 만, 남쪽으로 말레이시아, 남서쪽으로 안다만해와 접해 있다. 인구 대부분이 타이족이며, 그 밖에 중국인, 크메르인, 말레이 반도의 소수 민족으로 구성된다. 공용어는 타이어이며, 주요 종교는 불교와 이슬람교이다. 화폐단위는 타이바트(Thai baht/B)이다. 타이는 숲이 우거진 언덕과 산, 짜오프라야 강 삼각주, 북동부의 고원에 둘러싸여 있다. 주로 서비스업, 무역, 경공업에 기반을 둔 시장경제체제로, 농업이 많은 노동력을 수용한다. 타이는 텅스

텐과 주석의 주요 산지이다. 주요 농산물은 쌀·옥수수·고무·콩·파인애플이다. 생산품으로는 옷·통조림·전자장비·시멘트 등이 있으며, 관광업도 중요한 산업분야 중 하나이다. 타이는 양원제에 입각한 입헌군주국이다. 국가원수는 왕이고 정부수반은 총리이다.

타이 지역에는 2만 년 동안 사람이 거주해왔다. 이곳은 몬족의 소유였으며 9세기부터 크메르 왕국에 속했다. 타이어를 사용하는 사람들은 약 10세기에 중국에서 이주해왔다. 13세기에 2개의 타이 민족국가가 등장했다. 수코타이 왕국은 1220년경 크메르(캄보디아)에 대항하여 반란을 성공하고 세워진 나라였고, 치앙마이 왕국은 1296년 몬족을 물리치고 세워진 나라였다. 치앙마이 왕국은 수도를 치앙마이로 삼고 란나 왕국으로 발전했다. 1351년 아유타야 왕조가 수코타이 왕국을 계승했다. 미얀마는 아유타야 왕국의 가장 강력한 경쟁국이었는데, 미얀마 군대가 16세기에 잠시 아유타야 왕국을 점령했으며, 1767년에 왕국을 멸망시켰다. 1782년 짜끄리 왕조가 권력을 잡아 수도를 방콕으로 옮기고 말레이 반도를 거쳐 라오스와 캄보디아까지 영토를 확장했다. 1856년에 시암이 왕국의 공식 이름으로 정해졌다.

19세기에 서구의 영향력이 커지긴 했으나, 시암의 통치자들은 유럽 국가들에 이권을 주면서 식민화되는 것을 막았다. 시암은 동남아시아에서 식민통치를 받지 않은 유일한 나라였다. 1917년 시암은 연합군 편으로 제1차 세계대전에 참전했다. 1932년 군사혁명 이후 입헌군주국이 되었고, 1939년 국명을 타이로 바꾸었다. 타이는 제2차 세계대전 당시 일본에 점령당했다. 또한, 국제연합(UN) 지원군의 회원 자격으로 6·25전쟁에도 참전했으며, 베트남 전쟁에서 남베트남과 동맹을 맺었다. 이후 타이는 빈부 격차의 증가와 에이즈 창궐 등 심각한 사회문제가 드러났지만, 동남아시아 지역 경제의 주도세력이 되었다.

1) 기후

동남아시아의 다른 여러 나라와 마찬가지로 열대몬순 지대에 속한다. 수도 방콕의 가장 더운 4월의 평균 기온이 섭씨 29.5도이며, 가장 시원한 12월의 평균 기온은 섭씨 25.3도이다. 연교차는 4.2도이다. 이러한 단조로운 기후에 변화를 가져오는 것이 몬순이다. 5월부터 10월까지는 남서몬순이 부는 우기로, 연간 강우량 거의 전부가 이 시기에 쏠린다. 11월부터 4월까지는 동북몬순이 불어 아시아 대륙의 건조한 대기의 영향을 받아 건조기가 된다.

2) 종교

타이의 종교로는 불교, 이슬람, 중국종교, 기독교가 있다. 타이는 불교의 나라이자 사원의 나라이다. 주민의 95% 이상이 불교 신자이다. 또한, 타이에는 아름다운 왕궁과 많은 불교 사원들이 있다. 타이는 왕실에 대한 믿음과 존경이 대단한 나라이다. 조상에 대한 존경은 타이의 정신적 관습의 중요한 한 부분이다. 축구가 무어이 타이(킥복싱)를 대신하여 인기를 얻고 있으며 이제는 타이에서 가장 인기 있는 스포츠이다. 타이의 고전무용은 콘과 라콘, 라밤 등 세 종류가 있는데 수많은 장식품을 사용한 화려한 의상과 우아한 춤동작이 특징이며 타이의 중요한 관광자원이자 자랑거리이다. 해마다 11월이면 유명한 코끼리 몰이 축제가 열려 다양한 코끼리 묘기를 펼친다. 타이의 음식은 다섯 가지 기본적인 맛(단맛, 향이 강한 맛, 신맛, 쓴맛, 짠맛)이 어우러져 있다. 타이는 전통적인 관광유적과 현대 첨단 문명이 잘 맞물려 현대적인 발전을 추구하면서도 푸른 하늘 아래 황금빛으로 빛나는 수많은 사원, 과거의 영광을 증언하는 관광유적들이 그대로 보존된 곳이다.

7. 몽골

- 공식명칭: 몽골(Mongolia)
- 인구: 2,704,000
- 면적: 1,564,160㎢
- 수도: 울란바토르
- 정체·의회형태: 중앙집권공화제, 다당제, 단원제
- 국가원수/정부수반: 대통령/총리
- 공식 언어: 할하몽골어

▌독립년월일: 1921. 3. 13.
▌화폐단위: 투그리크(tugrik/Tug)
▌국가(國歌): Darkhan manai khuvsgalt uls("Our sacred revolutionary republic")

북쪽의 시베리아와 남쪽의 중국 사이에 있는 내륙국으로, 수도는 울란바토르이다. 몽골의 지형은 길쭉한 타원형이다. 동쪽에서 서쪽까지 길이는 2,393㎞에 달하지만, 남북의 길이는 가장 긴 곳이 1,259㎞로 훨씬 짧다. 몽골의 북쪽 국경은 러시아와 남쪽 국경은 중국과 접하고 있다. 해양에서 멀리 떨어져 동아시아 내륙 안에 깊숙이 위치한 몽골은 길고 추운 겨울과 짧고 무더운 여름을 보이는 전형적인 대륙성 기후이다. 몽골의 놀랍도록 다양한 자연경관은 대개 고지대 초원, 준사막, 사막으로 이루어져 있다. 울창한 삼림으로 이루어진 북쪽과 서쪽의 높은 산맥 지역에서는 건조하고 점점이 박혀 있는 호수의 분지들이 교대로 나타난다. 몽골은 평균 고도가 해발 1,585m에 이르는 고지대 국가이다.

몽골에서 가장 높은 산봉우리들이 있는 산맥은 알타이 산맥이다. 몽골의 서쪽 끝, 알타이 산맥에 있는 해발 4,374m의 후이텐 봉이 몽골에서 가장 높은 산봉우리이다. 몽골은 국토의 80%가 목초지로 이루어져 있어 방대한 가축 떼를 방목할 수 있다. 그 나머지 지역은 삼림과 황무지 사막이 반반이다. 아주 일부 지역에서만 농경할 수 있다. 총인구가 270만 명을 약간 넘는 몽골은 세계에서 가장 낮은 인구밀도를 가진 나라 가운데 하나이다. 하지만, 1950년대 이후 높은 자연 인구 증가율을 보이는 아시아 국가가 되었다.

몽골은 오랜 선사시대와 주목할 만한 역사를 갖고 있다. 그들의 조상은 BC 3세기부터 1세기까지 중앙아시아에 살았던 훈족이었다. 단일한 몽골 봉건국가는 13세기 초에 이르러서야 유목 종족들이 모여 형성되었다. 13세기에 국가의 지도자, 칭기즈 칸과 그의 후계자들은 중국 및 러시아, 중앙아시아 대부분을 포함하는 거대 제국을 통치했다. 중국과 러시아 사이에 있는 몽골의 지리적 특성 때문에 몽골은 1691~1921년 계속하여 다른 민족의 지배를 받았다. 처음에는 중국, 그 다음에는 러시아의 지배를 받았으나 주로 중국인들의 지배를 받았다. 현대 몽골의 민족적 영웅인 담디니 쑤흐바타르는 1917년 러시아의 10월 혁명에서 큰 영향을 받았고, 후에 구소련의 지원을 받아 백러시아인과 중국인들을 몰아냈다. 쑤흐바타르의 군대는 1921년 7월 11일에 권력을 획득했다. 이날은 몽골의 건국일로 기념되고 있다.

1921년에 몽골은 중국으로부터 독립하면서 1980년대 말까지 구소련과 밀접한 유대관계를 유지했다. 몽골은 구소련으로부터 기술적·경제적·군사적 지원을 받았고, 포괄적으로 국내외적인 정치·문화적 문제들에 대해 구소련의 지도를 따랐다. 1940년대에 전통 몽골 문자를 러시아 알파벳의 키릴 문자에 기반을 둔 새로운 문자로 교체한 것은 문화 및 사회 변화에 있어서 대단히 상징적이었다. 하지만, 1990~1992년에 몽골은 공산당에 의한 정치적 권력의 독점에서 자유로운 복수정당 선거, 연합정부, 새로운 헌법, 문화·종교적 자유로 옮겨갔다. 이러한 방향은 시장경제의 일부 요소를 추구하는 것이었을 뿐만 아니라 몽골의 민족성을 더욱 강조하고 국제 관계에서 중립적 태도를 보이려는 의도였다. 1990년대에 학교에서는 전통 문자를 다시 교육했고, 상점 간판들에서는 키릴 문자와 전통 문자가 모두 나타났다.

1) 기후

몽골은 지리적으로 동아시아에 속하기도 하며 또한 중앙아시아에 속하기도 한다. 국토는 4가지 성격의 지대로 나뉜다. 서쪽은 알타이, 항가이라고 하는 큰 산맥지대, 남쪽은 중앙아시아 고비사막 지대, 동쪽은 아무것도 없는 초원 지대, 그리고 북쪽은 시베리아 남쪽 산림 지대로 이루어져 있다.

'파란 하늘의 나라'로 알려진 몽골은 연중 250일 동안 해가 비치는 맑은 날을 즐길 수 있다. 여름은 따뜻하고 겨울은 극도의 추운 날씨를 보이며, 사계절이 뚜렷한 편이나 겨울이 10월부터 다음 해 4월까지로 제일 길며 봄, 여름, 가을이 모두 합해서 5개월 정도밖에 안 된다. 11월에서 3월까지는 평균기온이 냉점 이하인 24℃로 떨어지고, 여름은 평균기온이 20℃에 이르러 계절 간 기온 차도 매우 큰 편이다.

연평균 강수량은 254mm로 매우 적어 전형적인 대륙성 기후를 지니고 있다.

2) 종교

몽골인의 주된 종교는 티베트 불교로 역사적으로는 티베트와의 관계가 깊다. 하지만, 1992년 선거로 민주화된 이후 개신교가 선교사들에 의해 유입되고 있으며, 그 이전부터 러시아의 영향으로 정교회 신자들이 존재하고 있었다. 불교 50%, 이슬람교 4%, 토속종교 4%, 기독교 2%, 무종교 40% 등이다.

8. 우즈베키스탄

- 공식명칭: 우즈베키스탄공화국(Republic of Uzbekistan)
- 인구: 27,606,000명
- 면적: 447,400㎢
- 수도: 타슈켄트
- 정체 · 의회형태: 공화제, 다당제, 단원제
- 국가원수/정부수반: 대통령/대통령
- 공식 언어: 우즈베크어
- 독립년월일: 1991. 8. 31
- 화폐단위: 숨(sum, 복수형 sumy)

중앙아시아에 있는 나라로, 1991년 소련에서 독립했다. 북쪽과 서쪽으로 카자흐스탄, 동쪽과 남동쪽으로는 키르기스스탄과 타지키스탄, 남서쪽으로는 투르크메니스탄과 접해 있고, 남쪽으로는 아프가니스탄과 짧은 국경선을 맞대고 있다.

우즈베크인들의 역사적 기원은 13세기 몽골족에서 시작한다. 13세기경 칭기즈칸의 손자인 시바 칸은 시르다리야 북쪽, 즉 서쪽으로는 우랄 산맥과 동쪽으로는 이르티시 강 사이의 영토를 유산으로 받았다. 시바 칸이 이끄는 몽골족은 '황금군단'(Golden Horde: 몽골 제국 서부)의 일부분을 형성하고 거의 100개의 주요 투르크 부족을 지배했다. 이 부족들이 결국 몽골족들과 혼인하여 우즈베크인들과 중앙아시아의 다른 투르크계 민족들이 되었다. 우즈베크라는 이름은 14세기 칸 우즈베크라는 인물에서 유래한 것으로 보이는데, 그의 통치하에서 '황금 군단'은 전성기를 누렸으며, 약 1340년 이후 그가 통치했던 영토는 '외즈베그(또는 우즈베크)의 땅'으로 알려지게 되었다. 아부 알 하이르 칸(1468년 사망) 통치 시대에 몽골-우즈베크인들은 남동쪽으로 이동해 시르다리야 북쪽 강안에 다다랐다. 아부 알 하이르의 손자인 무하마드 샤이바니 칸 통치 시대에는 16세기 초 우즈베크인들이 결성한 부족 연맹이 부하라와 사마르칸트의 정착 지역을 침입해 점령했고, 나중에는 우르겐치와 타슈켄트 지역까지 점령해 티무르 왕이 세웠던 옛 제국을 무너뜨렸다. '트란속사니아(옥수스를 넘어서)'로 불리는 이 지역은 우즈베크인들의 영구적인 고향이 되었다.

1) 기후

우즈베키스탄은 사막형 대륙성기후에 속하기 때문에 국토 대부분이 연중 매우 건조하며 대체로 길게 지속하는 여름은 건기로서 열대공기의 영향으로 매우 뜨겁고 건조하며 비가 거의 내리지 않는다. 여름에는 하늘에서 비가 내리다가 미처 땅에 도달하기도 전에 말라버리는 마른 비가 내린다. 반면, 겨울에는 우기로 비와 눈이 자주 내리면서 비교적 습도가 높고 강수량이 많은 편이지만 바람이 없어 한국과 같은 매서운 추위는 드물고 그냥 차가운 날씨라고 보면 된다. 수도 타슈켄트는 우즈베키스탄 기후의 특성을 잘 나타내 준다.

2) 종교

주민의 9%가 동방정교이고 88%가 이슬람교도이다. 이슬람교도 중 70%는 수니파이고 30%는 시아파이다. 원래 불교와 조로아스터교의 영향을 받았으나, 8~9세기경, 이슬람 제국의 침략으로 이슬람화가 되었다. 1991년 독립 이후에는 이슬람 부흥 운동으로 자발적인 이슬람 교육과 여성들의 베일 착용이 증가하였다.

9. 러시아

▌공식명칭: 러시아연방(Russian Federation)
▌인구: 141,841,000명
▌면적: 17,075,400㎢
▌수도: 모스크바
▌정체·의회형태: 연방공화제, 다당제, 양원제
▌국가원수/정부수반: 대통령/총리
▌공식 언어: 러시아어
▌독립년월일: 1991. 12. 8.
▌화폐단위: 루블(ruble/Rub)

소련을 구성했던 공화국의 하나로, 현재 독립국가연합(CIS)을 주도하는 연방공화국으로, 1991년 12월 소련이 해체되면서 독립국이 되었다. 소련의 체제하에서 러시아 소비에트 사회주의 공화국연방(Russian Soviet Federated Socialist Republic)으로 불렸던 러시아는 세계에서 가장 큰 국가로 면적이 미국이나 중국의 2배이다. 인구는 중국·인도·미국·브라질·인도네시아의 뒤를 이어 세계 6위이며, 국민의 대부분이 러시아인이지만 소수민족 집단도 약 70개에 달한다. 인구 대부분이 러시아의 서부인 유럽의 거대한 삼각지대에 집중되어 있지만 지난 3세기에 걸쳐서, 특히 20세기 동안 인구가 동쪽의 아시아권(시베리아)으로 계속해서 이동하고 있다.

북쪽은 북극해, 동쪽은 태평양에 접해 있으며, 서쪽은 노르웨이·핀란드·폴란드(한때는 동프로이센 일부였다가 1945년 러시아에 합병된 후 현재는 다시 분리된 주로, 예전에는 쾨니히스베르크라 불렸던 칼리닌그라드 주와 접해 있음)를 비롯해 에스토니아·라트비아·리투아니아(칼리닌그라드와도 접해 있음)·벨라루스 등과 경계를 이루고 있다. 남쪽은 중국·몽골·북한을 비롯해 우크라이나·그루지야·아제르바이잔·카자흐스탄 등과 경계를 이룬다. 아시아 북부 전체와 동부 유럽, 북동부 유럽의 많은 지역을 차지하고 있는 러시아는 북극권을 따라 동서 길이가 최고 7,700km에 이르며 너비는 남북으로 2,000~ 2,880km에 달한다. 수도는 모스크

바이며, 이전에는 소련의 수도였다. 1917년 러시아 10월 혁명(신력은 11월)이 발발하자마자 러시아 공화국이 수립되었으며, 1922년 12월 17일(신력은 12월 30일) 소련에 속한 연방공화국이 되었다. 1991년 소련이 해체되자 소련을 구성했던 다른 공화국들과 연합하여 독립국가연합(Commonwealth of Independent States: CIS)을 수립했다.

역사적으로 유럽권 러시아는 러시아 제국의 중심이 되었으며 13세기 몽골족 침입을 시작으로 제2차 세계대전 때 나치 독일의 침입에 이르기까지 수많은 외세의 공격을 받아왔다. 이 같은 역사적인 특성과 함께 대규모 산업경제의 발전을 가능하게 해준 광활한 영토와 풍부한 천연자원으로 러시아는 소련의 여러 공화국 가운데서도 주도적인 위치를 차지하게 되었다. 또한, 사색하기에 적합한 자연환경과 혁명 전 사회가 안고 있던 복합성이 정신적 자극제가 되어 문학과 음악에서 안톤 체호프, 알렉산드르 푸시킨, 레프 톨스토이, 표트르 일리치 차이콥스키와 같은 세계적인 거장이 탄생했다. 1917년의 10월 혁명과 혁명이 몰고 온 광범위한 사회변혁은 소설가 막심 고리키, 미하일 숄로호프, 알렉산드르 솔제니친을 비롯해 시인 블라디미르 마야콥스키, 작곡가 드미트리 쇼스타코비치와 세르게이 프로코피예프 등 유명한 예술가들의 작품 속에 잘 반영되어 있다.

1) 기후

러시아의 기후는 그 위치·면적·지형 등에 따라서 크게 달라진다. 광대한 영토 대부분이 중위도 또는 고위도에 있고 한랭한 지역이 많을 뿐 아니라 해양의 영향도 많이 받고 있다. 러시아의 서부에는 산지가 없고 대서양의 난류, 멕시코 만류의 수증기와 열이 편서풍(偏西風)으로 옮겨져 내륙 깊이 도달하기 때문에 기후의 대륙성은 서쪽에서 동쪽으로 감에 따라 증대한다. 그래서 러시아의 기후는 위도(緯度)에 의한 태양에너지의 입사조건(入射條件)의 차이로 북쪽에서 남쪽으로 변화할 뿐 아니라, 서쪽에서 동쪽으로 변화한다. 러시아는 동서로 길 뿐 아니라 남북의 폭도 극히 넓어 남북의 기온 차도 현저하게 크다. 예를 들면, 흑해 연안의 소치는 1월의 평균 기온이 3.7℃이지만, 최북단의 첼류스킨 곶 지방은 더운 날이 거의 없다. 특히 베르호얀스크에서는 기온이 −67.8℃까지 내려간 일이 있어 북반구의 한극(寒極)이라 일컬어지고 있다.

2) 종교

러시아의 주된 종교는 1,000년이 넘는 유구한 역사를 자랑하는 러시아정교회다. 러시아가 정교분리를 원칙으로 천명하고 있으며, 종교의 자유를 법으로 보장하고 있지만, 사실상 러시아에서 정교회는 마치 국교와 같은 존재다. 한 통계조사에 의하면, 전체 국민의 80%가 자신을 정교회 신자로 자처하고 있다. 그러나 그들 중에는 신의 존재를 인정하지 않는다는 사람들이 무려 22.3%가 된다는 사실이다. 이는 정교회 신자 가운데 신앙이 무엇인지 조차 모르는 사람들이 상당수 된다는 뜻이다. 실제로 정교회 신도는 54%, 이슬람 8%, 유대교 0.3%, 무신론자 22.3%, 개신교 비율은 0.2% 미만으로 나타나고 있다.

사실 러시아정교회가 러시아 역사와 국민에게 끼친 긍정적인 영향은 실로 막대하다. 러시아인들의 모든 문화와 전통 속에는 보이게 보이지 않게 러시아 정교회의 영향이 깃들어 있을 정도로 정교회는 러시아인들의 정신적 지주인 셈이다. 사실상 러시아 정교회가 개방 이전에는 전혀 우리에게 알려지지 않았기 때문에, 서방교회에 익숙해 있던 우리에게는 예전이나 신학에서 생소한 면이 없지는 않으나, 신학적으로는 오히려 서방교회보다 더 깊은 영성과 학문적 깊이와 정통성을 보존해 온 것으로 알려졌다(적어도 혁명 이전까지는).

10. 말레이시아

- 공식명칭: 말레이시아(Malaysia)
- 인구: 27,468,000명
- 면적: 329,876㎢
- 수도: 쿠알라룸푸르/푸트라자야

▌정체·의회형태: 입헌군주제, 양원제
▌국가원수/정부수반: 국왕/총리
▌공식 언어: 말레이어
▌독립년월일: 1957. 8. 31.
▌화폐단위: 말레이시아달러(Malaysian dollar/RM, 링깃[ringgit]으로도 부름)
▌국가(國歌): Negara-Ku("My Country")

동남아시아에 있는 나라로, 남중국해를 사이에 두고 650km 떨어져 있는 서말레이시아와 동말레이시아 두 지역으로 이루어져 있다. 말레이 반도의 남쪽 절반을 차지하는 서말레이시아(면적 13만 1,598㎢)는 길이 약 800km, 폭 325km이며 북쪽은 타이, 남쪽은 싱가포르, 서쪽은 믈라카 해협, 동쪽은 남중국해를 경계로 한다. 보르네오 섬 북서부를 차지하는 동말레이시아(면적 19만 8,160㎢)는 길이 약 1,075km, 폭 384km로 사라왁 주와 사바 주로 이루어져 있으며 북서쪽은 남중국해, 동쪽은 술라웨시 해, 남쪽은 인도네시아령 보르네오 섬과 접한다. 사라왁 주의 영토 안에는 영국 보호령이던 이슬람 왕국 브루나이가 있다.

말레이시아는 세계 주요 항로 중 하나인 믈라카 해협과 맞닿아 있기 때문에, 매우 다양한 인종 분포를 보인다. 말레이인과 중국인들이 가장 큰 인종집단을 형성하며, 두드러진 소수 종족으로는 여러 부족의 토착민들과 남아시아계가 있다. 공용어는 말레이어이고 중국어와 오스트로네시아어·인도유럽어 계통의 언어가 사용된다. 국교는 이슬람교이고 불교, 그리스도교, 힌두교 및 몇몇 지역 종교들이 있다.

말레이 반도는 주로 산악 지형이다. 동말레이시아에는 해안 평야가 펼쳐져 있는데, 이 평야는 언덕 쪽으로 높아지다가 산악지형의 중심에 다다른다. 말레이시아는 대부분 열대우림으로 덮여 있다. 수목작물, 특히 고무와 야자유는 가장 중요한 수익작물이다. 쌀도 주요한 산물이다. 석유 채굴 및 생산과 주석 채굴은 제1의 외화 획득원으로서 매우 중요하다. 시멘트와 전자·고무·철강제품을 생산하는 제조업 역시 국가 경제에 큰 영향을 미친다. 정치체제는 양원제를 운용하는 입헌군주제이다. 국가원수는 국왕이고 정부수반은 총리이다.

말레이 반도에는 적어도 6,000년 동안 사람들이 계속 거주해왔다. 2~3세기경에 작은 말레이 왕국들이 있었으며 그때 인도의 모험가들이 이 지역에 들어왔다. 1400년경 수마트라 추방자들이 도시국가 믈라카를 세웠다. 이 도시국가는 1511년 포르투갈인들에게 점령당하기 전까지 교역과 이슬람교의 중심지로 황금기를 맞았다. 1641년 네덜란드가 믈라카를 점령했다. 1819년 영국은 싱가포르 섬에 식민지를 건설하고 1867년 해협식민지(믈라카, 싱가포르, 페낭 섬)의 지배권을 획득했다.

19세기 후반에는 중국인들이 말레이 반도로 이주하기 시작했다. 1941년에는 일본이 말라야를 침공하고 1942년에는 싱가포르를 점령했다. 1945년 일본의 패전 이후, 영국의 지배 정책에 대한 반대 움직임은 1946년 말레이 민족기구연합(United Malays National Organization: UMNO)의 결성으로 이어졌다. 그리고 1948년 페낭 섬이 말레이 반도에 합류했다. 말레야는 1957년 영국으로부터 독립했다. 말레야·싱가포르 및 영국의 이전 식민지들이면서 보르네오 섬에 있는 사라왁과 사바가 1963년 말레이시아 연방으로 합류했다. 말레이시아는 1970년대 후반부터 경제적으로 번영하기 시작했다. 1990년대 중·후반 지역적 경제 침체를 겪기도 했지만 이후 다시 회복되었다.

1) 기후

말레이시아는 적도와 가까워서 4계절이 없고 우기와 건기가 있는 고온다습한 열대성 기후에 속한다. 열대지역에 속하는 말레이시아의 기후는 연중 고온 다습한 편이다. 연평균 기온이 21~32℃로 연평균 강우량 2,000~2,500mm, 평균 습도는 63~80%이다. 최저 기온과 최고 기온의 기온 차는 9~12℃ 전후로 낮에는 30℃를 웃돌다가도 저녁과 밤에는 매우 선선한 기후를 유지한다. 건기와 우기는 지역마다 차이가 있으며, 우기라도 일시적인 열대성 소나기의 횟수가 증가하는 것이다.

2) 종교

말레이시아의 국교는 이슬람교이지만, 실제로는 여러 종교가 혼재하는 다종교 국가이다. 일반적인 종교는 이슬람교, 불교, 도교, 힌두교, 그리고 기독교 등이 있다. 2000년 정부 인구조사 통계를 따르면, 전체의 60.4%가 모슬렘(수니파, 시아파 전부)이며, 불교 신자가 19.2%, 힌두교 신자가 6.3%, 기독교인이 9.1%(이 가운데 대부분은 동말레이시아에 거주)를 차지한다. 말레이시아에서는 이슬람교가 국교이며, 종교의 자유는 허용되지만 국민, 특히 이슬람교도에 대해 선교활동은 할 수 없다. 이슬람을 위한 모스크, 불교 신도를 위한 절, 힌두교의 힌두사원, 그리고 교회와 성당까지 쉽게 찾아볼 수 있음은 물론 각 종교의 축제마다 다른 종교인들은 물론 관광객들도 함께 초대하여 즐기는 '오픈 하우스(Open House)'라는 행사를 개최한다. 종교 관련 축제시기에 말레이시아를 방문하는 여행객들은 말레이시아 특유의 성숙한 관용의 문화를 실제로 관찰할 수 있다.

11. 캄보디아

- 공식명칭: 캄보디아왕국(Kingdom of Cambodia)
- 인구: 14,494,000명
- 면적: 181,035㎢
- 수도: 프놈펜
- 정체 · 의회형태: 입헌군주제, 양원제
- 국가원수/정부수반: 국왕/총리
- 공식 언어: 크메르어
- 독립년월일: 1953. 11. 9.
- 화폐단위: 리엘(riel/KHR)
- 국가(國歌): Jham kraham cral("Bright red blood was spilt")

동남아시아의 인도차이나 반도 남서부에 있는 나라로, 수도는 프놈펜이다. 남북 최대거리 450km, 동서 최대너비 580km이다. 서쪽과 북서쪽은 타이, 북동쪽은 라오스, 동쪽과 남동쪽은 베트남, 남서쪽은 타이 만(灣)과 접하고 있다. 넓은 평원과 여러 개의 큰 강으로 이루어진 캄보디아는 중국과 인도 및 동남아시아를 잇는 주요 육상로 및 수로 가운데 위치한다. 프랑스와 미국의 영향 및 여러 아시아 문화의 영향이 수도인 프놈펜에 다양하게 나타난다. 프놈펜은 대부분이 농촌으로 이루어진 나라에서 볼 수 있는 중심지 모습을 띠고 있다.

2,000년 동안 캄보디아는 인도와 중국으로부터의 영향을 흡수했으며, 그 흡수한 문명을 다른 동남아시아로 전파했다. 1~8세기에 푸난과 첸라의 힌두교-불교 왕조에서부터 9~15세기 앙코르 시대를 통해, 캄보디아는 지금은 타이, 베트남, 라오스 일부가 된 영토를 지배했다. 캄보디아의 크메르 제국은 12세기에 왕조의 전성시대를 누렸다. 이 시기는 앙코르와트, 바욘, 그리고 제국의 수도인 앙코르톰으로 알려진 거대한 사원 건축물 시대로 특징지어진나. 400년에 걸친 쇠퇴기 후에 캄보디아는 프랑스 식민지가 되었고, 20세기 동안에는 전쟁의 혼란을 경험했다. 그후 일본의 식민지가 되었다가 제2차 세계대전 이후에 독립했고, 그 이후 다시 정치적 불안정을 겪었다. 1975~1979년 나라는 농촌에서 공산주의 게릴라 운동을 펼치던 크메르루즈의 집권으로 황폐해졌다. 크메르루즈 집권기 동안 최소한 150만 명에 달하는 캄보디아인들이 피살되었거나 사망했다.

캄보디아는 베트남의 지원을 받은 캄푸차 인민공화국 정권 아래서 회복을 위한 과정을 밟기 시작했다. 1990년대 이 나라는 정치적 자치를 회복했고 헌법에 기초한 정부를 재수립했다. 이어서 보통선거를 시행했다. 캄보디아 경제는 꾸준히 개선되었고, 이 나라는 “미래를 겁내지 말고 과거 때문에 슬퍼하지 마라.”라는 캄보디아의 격언대로 살고 있는 것처럼 보인다.

1) 기후

캄보디아 기온은 10℃~38℃에 이르며, 열대 몬순 기후이다. 10월~1월은 30℃ 정도이며, 2월~5월은 32℃~35℃에 이른다. 5월~10월에 내륙으로 불어오는 남서 몬순이 타이 만과 인도양에서 습한 바람을 몰고 온다.

2) 종교

캄보디아 종교는 90% 이상이 소승 불교이다. 그 외 모슬렘, 로마 가톨릭, 개신교, 힌두교가 소수 있다.

12. 페루

▌공식명칭: 페루공화국(Republic of Peru)
▌인구: 28,534,000명
▌면적: 1,285,198㎢
▌수도: 리마
▌정체·의회형태: 중앙집권공화제, 다당제, 단원제
▌국가원수/정부수반: 대통령/대통령
▌공식 언어: 스페인어·케추아어·아이마라어
▌독립년월일: 1821. 7. 28.
▌화폐단위: 누에보솔(nuevo sol/S/.)
▌국가(國歌): Somos libres, seamoslo siempre("We are free, let us always be so")

남아메리카 대륙에서 3번째로 큰 국가로, 수도는 리마이다. 남위 0~19°(북서에서 남동방향으로 2,132km), 서경 68~82°(917km)에 걸쳐 있다. 북서쪽으로 에콰도르, 북동쪽으로 콜롬비아, 동쪽으로는 브라질·볼리비아, 남쪽으로는 칠레, 서쪽으로는 태평양에 인접해 있다.

페루에는 적어도 BC 8000년경부터 사람이 거주하기 시작했다. 13세기 중반부터 발달한 다양한 문화가 페루 각지에서 꽃피었다. 1438년 잉카 제국이 50년에 걸친 정복사업을 시작했으며, 결국은 지금의 페루, 볼리비아, 칠레, 에콰도르, 아르헨티나 북부에 해당하는 지역을 장악했다. 1524년 프란시스코 피사로가 처음 페루를 탐험했다. 그는 1531년 소규모 군대를 이끌고 다시 와서 잉카 제국을 정복하고 , 잉카의 왕인 아타우아이파를 죽였다. 스페인은 페루 지역에 대한 통치권을 강화했고, 약 300년간 페루는 스페인이 통치하고 있었다. 19세기 초 독립운동 당시도 페루는 스페인 국왕에게 충성을 지키고 있었다. 페루의 독립운동은 다른 스페인 식민지들이 전쟁을 통해 독립을 쟁취한 것에 힘입어 일어났다. 아르헨티나의 해방자 호세 데 산마르틴 장군이 1821년 리마를 점령한 후 페루는 독립을 선포했다.

1) 기후

안데스 산맥의 봉우리에서 여러 페루의 강이 발원한다. 페루는 다른 적도 국가와 달리 열대 기후만 있는 것은 아니며, 안데스 산맥과 훔볼트 해류의 영향과 국내에서도 기후 변화가 다양하다. 해안 지방은 날씨가 온화하고 강수량이 적고 북쪽 산자락을 제외하면 매우 습한 편이다. 산지 지방에서는 여름에 비가 잦으며 고도가 올라갈수록 기온과 습도가 떨어져서 안데스 산맥의 봉우리는 얼음이 있다. 정글 지방에서는 비가 아주 많이 오고 날씨도 무덥지만, 남부 끝 지역은 겨울이 춥고 계절에 따라 비가 온다. 지형과 기후가 다양하여 페루는 2003년 기준 21,462종의 동·식물이 보고되었고, 이 중 5,855종은 이 지역 고유종이다. 페루 정부는 생태 보존을 위하여 보호 구역을 몇 곳 지정하였다.

2) 종교

로마 가톨릭이 81%이다. 페루 문화는 주로 아메리카 토착민과 에스파냐 전통에 뿌리를 두고 있으며, 아프리카, 아시아, 유럽의 여러 민족의 영향을 받았다. 페루의 예술 전통은 잉카 이전 문화의 세련된 도기, 직물, 보석, 조각으로 거슬러 올라간다. 잉카는 마추픽추 등 건축이나 기술상의 발전을 이루었다. 식민지 시대에는 토착 전통을 변형한 것이나 바로크가 지배적이었다. 이 시대 예술은 대개 종교와 관련한 주제에 초점을 맞추었는데, 당대 여러 교회와 쿠스코 화파의 회화가 대표적이다. 독립 이후 예술은 침체를 겪다가 20세기 초 토착주의(Indigenismo)가 등장하였다. 1950년대부터 페루의 예술은 외국과 지역 예술 조류에 따라 형성되고 절충하였다. 페루 문학은 콜럼버스 이전 문명의 구전 전승에서 시작되었다. 16세기 에스파냐 사람들은 글쓰기를 도입하여, 식민지 시대 문학으로는 연대기나 종교 문학이 있다. 독립 이후 풍속주의(Costumbrismo)와 낭만주의가 주된 흐름을 이루었으며, 리카르도 팔마의 작품이 그 예이다. 20세기 초 토착주의 운동으로 시로 알레그리아, 호세 마리아 아르게다스, 세사르 바예호 등의 작가가 나왔다. 20세기 중반 이후 페루 문학은 라틴아메리카 문학 붐을 이끈 마리오 바르가스 요사와 같은 작가 덕분에 널리 알려지게 되었다.

페루 요리는 아메리카 토착민과 에스파냐의 요리가 섞인 것으로, 아프리카, 아랍, 이탈리아, 중국, 일본의 영향도 강하게 받았다. 일반적인 요리로는 안티쿠초스(anticuchos), 세비체(ceviche), 파차만카(pachamanca) 등이 있다. 페루의 다양한 기후 때문에, 여러 가지 동·식물이 요리에 쓰인다. 페루 요리는 재료와 요리법이 다양하여 최근에 인정받고 있다. 페루 음악은 안데스, 에스파냐, 아프리카에서 기원하였다. 에스파냐 사람이 오기 전 시대에 음악적 표현은 지역마다 달랐으며, 케나(quena)와 팅야(tinya)가 널리 쓰인 악기였다. 에스파냐의 정복으로 기타나 하프 같은 새로운 악기가 도입되었으며, 차랑고(charango)처럼 혼합된 악기가 발전하기도 하였다. 페루 음악에서 나타나는 아프리카의 영향으로는 그 리듬과 타악기 카혼(cajón) 등이 있다. 페루의 민속춤으로는 마리네라(marinera), 톤데로(tondero), 우아이노(huayno) 등이 있다.

13. 스리랑카

- 공식명칭: 스리랑카민주사회주의공화국(Democratic Socialist Republic of Sri Lanka)
- 인구: 19,394,000명
- 면적: 65,610㎢
- 수도: 행정수도 콜롬보, 입법·사법 수도 스리자예와르데네푸라코테
- 정체·의회형태: 중앙집권공화제, 다당제, 단원제
- 국가원수/정부수반: 대통령/대통령
- 공식 언어: 싱할라어·타밀어
- 독립년월일: 1948. 2. 4.

▌화폐단위: 스리랑카루피(Sri Lanka rupee/SL Rs)

인도양에 있는 섬나라로, 팔크 해협을 사이에 두고 인도 반도의 남동 해안과 마주 보고 있다. 수도는 콜롬보이다. 섬의 형태는 대체로 서양 배(梨) 모양이며 북위 5~10°(남북길이 약 437km), 동경 79~82°(동서 길이 약 225km) 사이에 자리 잡고 있다.

스리랑카는 지형상 중부 고지와 남서부, 동부, 북부 저지의 4개 지역으로 나누어진다. 평균 고도 1,500m 이상인 중부 고지가 섬의 중심을 이룬다. 이 지역은 높은 산과 고원들, 좁은 협곡들, 깊은 하곡들로 이루어져 있으며, 중심 부근에 스리랑카에서 가장 높은 피두루탈라갈라 산(2,524m)이 솟아 있다. 남서부지역 역시 산악지대로 중부 고지의 라크와나 산맥 줄기가 이어져 내려온다. 동부지역은 잔구들이 곳곳에 산재하는 파랑상(波浪狀)의 평원이다. 북부 저지지역은 평평하고 넓은 비옥한 평야로 이루어져 있다. 스리랑카에서 가장 큰 강은 중부 고지 북쪽을 향해 동쪽으로 흐르는 마하웰리 강이다.

1) 기후

열대 하계 소우 기후는 쾨펜의 기후 구분에서 열대 기후에 속하며, 기호는 As이다. 겨울이 건조한 사바나 기후와는 달리 여름이 건조한 것이 특징이다. 식생은 사바나 기후와 크게 다르지 않다. 산악 지형 등으로 말미암아 만들어지는 기후로, 매우 협소한 지역에서만 발견된다. 또한, 주변 지역은 반대로 겨울이 건조한 사바나 기후가 될 확률이 높다. 이 기후가 주로 나타나는 지역은 아시아에서는 스리랑카 북부, 남아메리카에서는 브라질 북동부 해안 지역 등이 있다.

스리랑카는 적도 기후지대로 연평균기온이 27~28℃에 이르며 대부분 지역에서 상대습도가 매우 높다. 그러나 인도 대륙이 가까이 있고 사방이 바다로 둘러싸인 섬이라는 입지조건으로 말미암아 강우가 고르지 않은(적도 몬순 기후) 수정 적도기후의 특징을 나타내며, 연평균강우량은 북부와 동부 건조지대의 1,000mm 이하에서 남서부 습지대의 5,000mm 이상까지 다양하게 분포한다.

2) 종교

스리랑카는 소승 불교를 믿는 불교 신자들이 대다수(69.1%)이며, 힌두교(15%), 이슬람교(7.6%), 기독교(6.2%) 신자도 존재한다. 스리랑카의 대부분 기독교인은 포르투갈의 영향으로 로마 가톨릭신앙을 갖고 있으며, 영국과 네덜란드의 영향으로 성공회와 개신교 신자들도 있다. 힌두교 신자는 주로 인디아출신의 노동자들이다.

14. 방글라데시

- 공식명칭: 방글라데시인민공화국(People's Republic of Bangladesh)
- 인구: 156,051,000명
- 면적: 147,570㎢
- 수도: 다카
- 정체 · 의회형태: 중앙집권공화제, 다당제, 단원제
- 국가원수/정부수반: 대통령/총리
- 공식 언어: 벵골어
- 독립년월일: 1971. 3. 26.
- 화폐단위: 방글라데시타카(Bangladesh taka/Tk)
- 국가(國歌): Amar Sonar Bangla, ami tomay bhalobashi("My golden Bengal, I love you")

중앙아시아 남부에 있는 나라로, 수도는 다카(Dhākā: 옛날에는 Dacca라고 썼음)이다. 북위 20° 34～26° 38′, 최북단과 최남단 사이의 거리가 약 625km이고 동경 88° 01～92° 41′, 동서 길이는 약 305km이다. 남쪽은 벵골 만에 면하며 남동쪽은 미얀마와 경계를 이룬다. 인도와는 서쪽과 북쪽으로 서벵골 주, 북동쪽으로 아삼·메갈라야 주, 동쪽으로 트리푸라·미조람 주와 접해 있다. 인도 아대륙의 북동쪽에 있는 파드마 강(갠지스 강)과 자무나 강(브라마푸트라 강)의 삼각주 지역에

위치한다. '벵골의 땅'이라는 의미의 방글라데시는 세계에서 가장 인구밀도가 높은 국가 중 하나이며, 국민의 대다수는 이슬람교도이다. 벵골이라는 역사적 지역의 동쪽 부분으로서, 그 지역은 이후 인도의 웨스트벵골 주를 따라 영국령 인도에서 벵골 지방을 형성했다. 1947년에 인도가 분리되면서 나라는 파키스탄의 동벵골 지방이 되었다가 나중에 동파키스탄으로 이름을 바꾸었다. 이것은 파키스탄의 5개 지방 중 하나로, 인도의 다른 4개 지방으로 구성되는 인도 영토로부터 1,800㎞가량 떨어져 있다. 1971년 국가는 방글라데시라는 독립국이 되었다.

1) 기후

방글라데시는 세계에서 가장 비가 많이 오는 지역 중 하나로, 기후와 강우량은 계절풍에 큰 영향을 받고 있다. 6~10월의 5개월 동안 벵골 만으로 방출되어 나가는 수량의 80%에 달하는 비가 내리는데, 이는 연간 총 강우량의 75%를 차지한다. 치타공 고지대는 카르나풀리 저수지를 이루는 캅타이 댐에 발전소가 있는 곳으로 국내 수력발전용량 대부분을 생산하기 때문에 수리학적(水理學的)인 중요성이 특히 크다. 연강우량은 서부 고지대에서 1,000~2,000mm, 북동부의 실헤트 구릉지대에서는 3,810mm로 다양하게 나타난다. 기온은 겨울 최저 21℃, 여름 최고 35℃ 사이에 분포한다. 4~5월의 초여름과 우기가 끝나갈 무렵에는 시속 160km가 넘는 바람과 6m를 넘는 파고를 동반하는 사이클론을 비롯한 강한 폭풍이 불어 닥쳐 방대한 해안 저지대가 침수되는 경우가 잦다. 태풍에 대한 기록이 보존되기 시작한 18세기 초 이래로 100만 명 이상의 사람들이 폭풍으로 목숨을 잃었다. 그중 1737, 1876, 1970년 3차례의 폭풍으로 81만 5,000명이 사망했다. 국토의 2/3 이상이 경작 가능한 지역으로 주로 저지대에 자리를 잡고 있으며, 그 가운데 1/5은 관개시설이 갖춰져 있다. 국토의 1/6은 삼림으로 덮여 있으며 동·식물이 풍부하고 다양하나, 귀한 종인 벵골 호랑이, 타이완 표범, 아시아 코끼리 등은 모두 멸종 위기에 처해 있다.

2) 종교

종교는 이슬람교가 89.7%, 힌두교가 9.2%, 기타가 1.1%이다. 방글라데시는 모슬렘 인구가 세계에서 두 번째로 많은데, 그 수는 모슬렘이 소수인 인도의 모슬렘 인구보다 조금 적다. 기타 종교에는 불교, 로마 가톨릭, 개신교, 방글라데시 성공회, 부족 종교가 포함된다. 이 나라의 종교 분쟁은 심각하여 같은 모슬렘인데도 비하리 부족은 방글라데시 시민권을 거부하여 차별받고 있다. 또한, 이슬람에서 기독교로 개종한 기독교인 등의 소수 종교인도 방글라데시 국민이지만 사회에서 차별을 받고 있다.

P·A·R·T 04

다문화교육의 이해

C · H · A · P · T · E · R 09

다문화교육의 역사와 필요성

1. 다문화교육이란 무엇인가?

다문화교육에 대한 정의는 다문화교육 학자들과 교육기관마다 추구하는 중심 내용과 교수·학습방법론, 그리고 교육의 대상이 되는 집단에 따라 다양하다. 그럼에도, 이들이 공통으로 주장하는 다문화교육의 근본이념과 핵심 내용에 따라 일반적으로 통용되는 다문화교육의 개념적 정의와 의미가 존재한다. 특히 미국 다문화교육 연구와 이론의 선구자로서 뱅크스(Banks, 2001)의 다문화교육에 대한 정의와 개념화는 다른 학자들과 교육자들이 다문화교육을 이해하고 의의를 실천하는 데 초석이 되고 있다(Gay, 2004).

뱅크스는 다문화교육이란 '학교교육제도의 구조적 변화를 통해 인종, 민족, 성별, 종교, 언어, 문화적으로 다양한 배경을 지닌 학생들이 동등한 교육 기회와 학업성취 기회를 잡는 것을 목표로 하는 교육개혁운동이자 이념'이라고 하였다(Banks & Banks, 2001). 그리고 니에토(Nieto, 1996)와 고스키(Gorski, 2002)가 제시한 다문화교육에 대한 더욱 구체적이고 포괄적인 개념도 널리 사용되고 있다.

다문화교육은 복합적인 학교 개혁과 모든 학생을 위한 기본교육 확립을 위한 과정이라 할 수 있다. 다문화교육은 인종차별과 기타 모든 학교와 사회에 존재하는 차별과 억압의 형태에 도전하고 거부하며 학생, 교사, 지역사회를 대표하는 인종, 민족, 언어, 종교, 성, 경제적 다양성을 추구한다. 다문화교육은 학교 교육과정과 교수법에 적용될 뿐만 아니라 학교에서 일어나는 모든 교사와 학생, 부모의 상호관계와 학교의 교수·학습의 근본개념에까지 널리 영향을 미친다. 특히 행동에 중점을 둔 비판적 교수법(critical pedagogy)을 사용하여 사회정의와 민주주의의 근본이념을 실현하고자 한다(Nieto, 1996).

다문화교육은 현재 학교 교육의 단점, 실패, 차별적 관행을 다각적인 차원에서 다루고 비판하는 교육 개혁을 위한 진보적인 접근법으로, 사회정의, 교육 평등, 그리고 모든 학생이 다양한 교육 경험을 통해 자신의 역량과 잠재력을 최대한으로 발휘하고 개인, 지역, 국가, 세계적 차원에서 활발하게 활동할 수 있는 자질을 기르기 위한 교육적 이상에 근거를 두고 있다. 그러므로 다문화교육은 학교가 사회를 변화시키고 사회적 불평등과 억압을 없앨 수 있는 초석이라고 가정하고 사회 변화와 개혁에 그 목표를 둔다. 다문화교육의 사회 변화의 목표는 다음의 세 가지 차원으로 나눈다(Gorski, 2002); ① 학교 교육의 개혁, ② 교육자의 개혁, ③ 사회의 개혁.

이외에도 다른 학자들이 다문화교육을 여러 가지 의미로 정의하였는데, 유의할 점은 다문화교육 학자들은 다문화주의(multiculturalism)와 다문화교육의 개념을 엄격히 구분하고자 한다는 점이다. 뱅크스(2007)와 슬리터(Sleeter, 1995)는 다문화주의는 다문화교육 학자들과 연구자들이 거의 사용하지 않는 개념이라고 강조하고, 다문화교육 학자들과 교육자들이 '다문화교육'이라고 부르는 개념을 다문화교육을 비판하는 사람들이 '다문화주의'라고 잘못 인식하거나 혼용하며, 혼용된 개념으로 말미암아 다문화교육이 비판받는 것을 경계해왔다. 뱅크스와 슬리터를 따르면, 일반적으로 다문화교육을 비판하는 사람들이 다문화주의가 서양 중심의 고전이나 민주주의적 전통에 반대되는 개념이라고 간주하고 다양성에 대한 사회적 인정을 받아들이지 않고 비판할 때 다문화주의를 언급한다는 것이다.

게이(Gay, 2004)와 뱅크스(2007)는 이들이 공통적으로 주장하는 다문화교육의 근본이념과 핵심 내용을 종합·분석하여 개념·이념·철학, 개혁운동, 과정이라는 세 가지 범주로 다문화교육의 개념을 나누어 제시하고 있다(전숙자 외, 2009).

① 개념 · 이념 · 철학으로서의 다문화교육

개념·이념·철학으로서의 다문화교육은 개인의 정체성, 사회적 경험, 삶의 다양한 방식, 그리고 개인, 집단, 국가의 교육기회를 구성하는 문화·민족적 다양성과 중요성을 인정하고 강조하는 믿음과 그에 대한 개념 체계이다. 이는 기술적이고도 규범적인 정의라 할 수 있다. 기술적 차원은 한 사회의 인종·민족·문화적으로 다양한 사회구조와 이것의 한 국가의 제도, 가치 체계, 권력관계와의 관계를 설명한다. 규범적 차원은 다양한 집단에 균등한 교육기회를 부여하고 공평하게 다루기 위한 다문화교육의 역할과 의무를 의미하는데, 많은 학자는 공통으로 자유, 다양성에 대한 인식과 존중, 교육 평등, 시민성 교육과의 연계 등을 민주사회 다문화교육의 주요 요소로 제시한다(Banks, 1992; Barber, 1992; Gay, 1994).

② 개혁 운동으로서의 다문화교육

개혁 운동으로서의 다문화교육은 한 사회의 문화, 인종, 민족, 언어, 종교적 다양성의 요소를 반영하는 교육제도와 가치 체계를 변화시키고 개혁하는 움직임을 강조한다. 개혁운동으로서의 전통은 뱁티스트(Baptiste, 1979)의 문화적 다양성의 철학을 교육 체계 내에 제도화시키는 과정으로서의 다문화교육에 대한 개념화에서 출발하여 오늘날 학교 교육의 제도적 변화를 추구하는 스리터(1991), 골닉과 친(Gollnick & Chinn, 1998), 니에토(2000)와 같은 학자들의 다문화교육에 대한 개념정의로 이어지고 있다.

특히 프레이저(Frazier, 1977), 골닉과 친(1998), 뱅크스와 뱅크스(2001)는 다문화교육의 이념을 인종과 민족적 다양성뿐만 아니라 사회계층, 성, 종교, 언어와 같은 다양한 집단을 포함하며, 영역과 범위를 넓혀왔다. 이러한 학자들은 학교에서 모든 학생에게 교육적 혜택을 같게 부여하고 협동학습과 사회참여, 정치참여 기능을 발달시킴으로써, 학교와 사회를 변화시키고 개인에게 자유의지와 자아존중감을 부여할 수 있다고 주장한다.

• 자료 9-1 •

▌자아존중감 기른 두 여학생

◆잘 할 수 있다는 믿음으로 나쁜 상황 극복

채영주(경기도 김포시 분진중 2)양은 청소년골프 선수다. 지난해 하반기부터 성장가도를 이어가며 유망주로 촉망 받고 있다. 채양의 아버지 채명식(45)씨는 "스스로 실천하는 자율성을 갖게 됐다."라며 채양의 변신에 칭찬을 아끼지 않았다. 지난해 초만 해도 채양은 불만이 더 많은 아이였다. 다부지고 날씬한 몸매인 데도 친구들과 비교하며 만족해하지 못했다. 사소한 일에도 곧잘 화를 냈다. 그 때마다 채씨가 "그러면 너만 더 힘들어질 뿐"이라며 "침착한 마음을 기를 것"을 조언했다. 하지만, 채양에겐 마음을 조절한다는 게 쉽지 않았다.

골프 경기 중이었다. 실수가 잇따르면서 OB(Out of Bounds, 공이 골프 코스를 벗어나 벌점을 받는 규칙)가 세 번이나 발생했다. 경기가 뜻대로 되지 않자 골프채를 내던졌다. 그날 성적은 하위권에 머물렀다. 이후 아버지에게 등 떠밀려 한 청소년교육기관에서 자아존중감을 기르는 교육을 받았다. 자신의 장점을 발견, 이를 활용해 목표를 이뤄가는 교육과정이다. 이를 위해 참가자들과 함께 서로 장점 발견하기, 칭찬하기, 나쁜 습관 목록을 적고 고쳐나가기 등을 훈련했다. 화가 난 마음을 다스리는 법도 배웠다. 특히 안 좋은 상황에서 생각을 긍정적으로 바꾸는 연습을 반복했다.

"이젠 경기가 안 풀리면 '과거는 잊자. 앞으로 잘하자. 난 잘 할 수 있다.'를 되뇌며 스스로에게 최면을 걸어요. 닮고 싶은 애니카 소렌스탐, 신지애 등을 떠올리며 마음도 추스려요."

그 결과 채양은 지난해 여름 이후 각종 학생골프대회에 6번 출전해 4번 우승하는 성과를 거뒀다. 2년 전엔 4번 출전해 1번 우승에 그쳤었다. 75점이던 국어 성적도 96점으로 올렸다. "이젠 골프를 연습할 때 부모님이 더 이상 지켜보지 않아요. 제가 스스로 집중하며 훈련한다는 걸 아시니까요."

◆친구 마음 헤아리며 대화하니 성적도 올라

이주은(서울 대림중 3)양은 친구들 사이에서 코미디언으로 불린다. 재치어린 말솜씨로 친구들을 웃게 만들기 때문이다. 이양의 어머니 강한숙(43)씨는 "늘

나와 말싸움을 벌이던 딸이 '엄마 고마워요'라는 말을 해 감동했었다."라는 말로 딸의 변신에 대한 칭찬을 대신했다.

이양은 지난해까지만 해도 신경질적인 아이였다. 일찍 귀가하라는 엄마의 지적에 툴툴대거나 일부 친구들의 행동이 거슬리면 버럭 화를 냈다. 친구들은 이양에게서 점점 멀어져 갔다. 지난해 여름 강씨는 이양에게 한 청소년교육기관의 리더십 교육에 참가할 것을 권했다. 이양이 타인에 대한 배려가 부족하고 자신을 소중하게 생각하는 마음도 덜하다고 판단해서였다. 이양은 교육을 받으며 여러 번 당황했다. "한번은 공부하는 이유와 장래희망을 써보라는 거예요. 특히 하고 싶은 일 100가지를 쓰라는 드림 리스트(Dream List) 종이를 받고 속상했어요. 옆 친구들은 술술 적어내려 가는데 난 하나도 못썼거든요." 되돌아보니 이양은 자아에 대해 진지하게 생각해본 적이 한 번도 없었다.

이양은 며칠을 고민했다. '내가 진정 즐겁고 좋아하는 게 뭘까' 고민을 거듭한 끝에 요리사와 사진작가로 결정했다. 엄마와 함께 요리할 때, 사진기를 만질 때 행복해하던 자신의 모습을 떠올린 것이다. 이양은 어머니에게 달려가 감사의 인사를 전했다. 학교 성적도 올랐다. 사회·과학이 30점대에서 70, 80점대로, 수학·영어가 50, 60점대에서 90점대로 껑충 뛰었다. "이젠 친구의 입장을 헤아리는 마음을 갖게 됐어요. 친구들과의 대화가 즐거워요."

◆자아존중감을 높이는 법

- 다양한 활동에 참여해 자신이 어떤 분야에 흥미와 재능을 갖고 있는지를 탐색·발견한다.
- 봉사활동에 자주 참여한다. 남에게 도움을 베풂으로써 사회에 필요한 사람이란 마음을 기른다.
- 작은 성취감부터 맛보는 연습을 한다. 이때 부모나 친구가 격려·칭찬하면 도전하는 자신감을 심어 줄 수 있다.
- 결과를 만들어 낸 자질을 칭찬한다. 시험점수가 아니라 성적을 내기까지의 끈기와 의지를 발휘한 학습태도를 칭찬하면 더 좋은 성과로 이어진다.
- 열등감을 일으키는 요인들을 정리한다. 이를 하나씩 고쳐나간다. 마음속에 감추기보다 끄집어 내면 두려움을 없앨 수 있다.

출처: 중앙일보(2011. 7. 25).

③ 과정으로서의 다문화교육

과정으로서의 다문화교육은 교육의 결과가 아니라 과정의 중요성을 강조하는 접근법이다. 게이(2004)는 과정으로서의 다문화교육은 교육환경의 지속적이고 영속적인 성격을 강조하기 때문에 다문화교육을 위한 장기적이고 구체적인 시간계획과 교수·학습 자료의 개발이 필요하다고 주장한다. 그랜트(Grant, 1978)도 각 교과목 예를 들어, 사회, 도덕, 음악에서의 다문화교육의 개별 교육과정을 개발하기보다는 총체적이고 통합적인 교육적 노력의 과정으로서의 다문화교육의 이념과 실천을 강조하였다. 이와 같은 접근법의 영향을 받아 미국 캘리포니아, 아이오와, 미시간, 미네소타 주(州)의 교육정책은 다문화교육을 단일 프로그램이나 학습활동으로 보는 것이 아니라 간(間)학문적 접근과정이라고 규정하고 학생들의 다양한 사고와 경험이 교육과정과 학교 교육 프로그램에 통합되도록 구성할 것을 권고하였다.

자료 9-2

▌다문화보다 '문화 간 관계' 더 중요

결혼 이주 여성이 한국 생활 초기에 어려움을 의논하거나 여가생활을 함께할 상대가 없이 고립되는 경우가 많은 것으로 나타났다. 이에 따라 이들과 사회 통합을 이루려면 문화의 다름을 인정하고 문화 사이에 관계를 확충하는 '상호문화' 또는 '간문화주의(間文化主義, interculturalism)'가 필요하다는 주장이 나왔다. 김이선 한국여성정책연구원 연구위원은 11일 한국여성정책연구원이 서울 중구 남대문로 대한상공회의소에서 '다문화사회의 미래와 한국사회의 통합: 새로운 소통의 지평을 위하여'라는 제목으로 연 여성 정책 포럼에서 이같이 밝혔다.

김 연구위원은 '한국사회를 마주한 결혼 이민자: 사회적 관계 형성과 정책적 함의'라는 발제를 통해 "상당수 결혼 이민자는 개인적, 가정적 어려움을 의논하거나 여가를 즐기고 경조사에 함께 참석할 상대가 없어 사회적으로 고립될 가능성이 크다."라고 지적했다. 김 연구위원이 보건복지가족부가 지난해 실시한 실태조사 결과에 따르면, 결혼 이주 여성은 어려움을 의논할 상대로 "아무도 없다"(15.3%), '모국인'(39.2%)이라고 답한 비율이 반을 넘었고 '한국인'(35.9%) 또는 '모국인과 한국인'(9.7%)인 것으로 나타났다고 밝혔다. 아울러 여가나 취미

생활을 함께할 상대도 "아무도 없다"(23.2%), 경조사에 함께 참석할 상대에서도 "아무도 없다"(17.3%)는 작지 않은 비율인 것으로 나타났다.

김 연구위원은 "도시지역에 살거나, 한국사회 생활 초기에, 임신 및 출산시기의 사회적 고립의 정도가 심각하다."며 "몽골이나 캄보디아 출신 여성의 경우 '아무도 없다'고 답한 비율이 타국 여성보다 높아 고립가능성이 더 큰 것으로 나타났다."라고 말했다. 그는 "다문화 사회가 사회 통합을 이루려면 특정 대상을 지원하는 방식에서 벗어나 포괄적인 관계를 형성하도록 이끄는 게 중요하다."라며 "우리 사회가 타문화에 대한 관심을 높이고, 차별과 편견을 금기로 여기는 태도를 먼저 갖춰야 한다."라고 주장했다.

김 연구위원은 "결혼 이주 여성을 사회 부적응 집단으로 간주할 게 아니라 다문화 사회의 주체로 세워야 한다."라며 "다문화 축제나, 가정 결연, 멘토링 등 이벤트를 통해 한국인-이주민 공동 참여 프로그램을 늘려야 한다."라고 제안했다.

한편, 같은 연구원의 민무숙 선임연구위원은 '이민자를 마주한 한국사회: 인식, 태도 그리고 과제들'이라는 발제를 통해 "결혼 이주 여성이나 이주 노동자, 탈북자 등을 통해 사회적 다양성과 관계성을 높이려면 피상적 인식에서 벗어나고 국가별 생활방식과 문화를 정확히 이해하려는 노력이 필요하다."라고 말했다.

출처: 연합뉴스(2010. 10. 11).

2. 다문화교육의 역사

다문화교육을 이해하는 데 있어 한 국가와 사회의 다양한 집단이 어떻게 교육과정을 통해 다루어져 왔고, 이들이 자신들과 관련된 문화와 역사를 학교 교육에 반영시키기 위해 어떠한 노력을 기울여왔는가를 역사적 흐름을 통해 살펴보는 것은 중요하다. 다문화교육의 역사적 흐름과 발전과정을 통해 현재 다문화교육의 발전을 이해하고, 다문화주의적 내용과 쟁점을 다루는 학교 교육을 재구조화할 수 있기 때문이다(Banks & Banks, 2004). 예를 들어, 다문화교육은 1940~1950년대에는 간(間)집단교육 운동, 1960~1970년대에 민족연구교육, 다민족교육 운동의 흐름에 이어 오늘날 다문화교육으로 발전해 왔다. 각 시대의 교육운동 흐름이 어떠하고, 간(間)집단교육 운동이 실패로 이어지고 다민족교육 운동으로 나아가게 된 원인은 무엇인지, 오늘날 어떻게 다문화교육으로 이어지게 되었는지를 살펴봄으로써, 오늘날 다문화교육을 반성하며 높여 볼 수 있다(Banks & Banks, 2004).

미국에서의 다문화교육은 20세기 미국의 이민과 이주 역사와 함께 시작되었다. 이 시기에는 제1차 세계대전(1914~1918)과 제2차 세계대전(1939~1945) 전후(前後)의 인종·민족 집단 간 갈등과 이를 없애기 위한 초기의 집단 간문화(間文化)교육의 등장에 뿌리를 두고 있다. 1900년대 초기의 미국은 동·서부 유럽으로부터의 새로운 이주민의 대량 유입으로 미국사회 자신을 '멜팅 팟(melting pot)'으로 인식하고 미국화와 동화주의적 가치를 표방한 단일 문화적 관점이 지배적인 시기였다(전숙자 외, 2009).

여기서 멜팅 팟이란 다양한 인종이나 문화 등의 여러 요소가 하나로 융합 혹은 동화되는 현장이나 장소를 의미한다. '인종의 용광로'라고도 한다. 미국의 다민족 문화가 멜팅 팟의 대표적인 예다. 흔히 미국을 멜팅 팟(여러 가지가 녹아있는 냄비)이라 불렀다. 그 이유는 미국에 이민 온 이민자들의 문화나 언어가 미국이란 아주 큰 그릇에 담겨 녹아버려 새로운 문화를 창조한다고 생각했기 때문이다. 1970년 이후 다문화주의자들이 멜팅 팟에 대해 이의를 제기했다. 그들은 사회 안에서 문화적 차이는 소중하고 지켜져야 한다고 했다. 그래서 '샐러드 볼(salad bowl, 샐러드 그릇 한 그릇에서 여러 음식이 조화를 이루어 맛을 낸다는 것에 착안함)'이라는 대안 은유를 내놓았다. 이것은 다른 문화가 섞여 있지만, 뚜렷한 별개는 남아 있다는 뜻이다.

당시 미국의 진보주의 교육학자들은 이와 같은 20세기 전반기를 문화 개선의 시기라고 부르며(Crocco, 2002), 새로운 이민자들의 구식 생활방식과 관행을 개선하고 문화적 결핍에 대한 해결책을 제시하며, 이들을 더욱 나은 미국시민으로 동화시키기 위한 교육적 노력을 기울였다. 따라서 이 시기에는 백인 앵글로-색슨족의 문화가 주류 문화의 기준이 되고, 미국사회의 소수민족, 특히 유색인종의 가치와 관습, 역사를 배제한 교육, 이들이 미국사회에 동화될 수 있는 입문을 제시해주는 교육이 주를 이루었다.

여기서 앵글로 색슨(Anglo-Saxons, 문화어: 앵글로색손)은 게르만 민족의 일파인 앵글족과 색슨족의 병칭(倂稱)이다. 그들은 덴마크 제도(諸島)·유틀란트 반도·북독일 방면에서 도래(渡來)하여, 제7왕국 시대를 거쳐서 에그버트 왕에 의하여 통일 왕조를 건설했다. 잉글랜드라든가 이스트 앵글리아라든가 하는 명칭은 앵글의 이름에서 유래된 것이다. 또한, 웨식스, 서식스 등의 명칭은 색슨의 이름에서 나온 것이다. 그러나 양자는 지역적·문화적으로 구별하지 않고, 양 부족이 이주 전에 이미 동화되어 한 민족을 형성했다는 설도 적지 않다. 오늘날의 잉글랜드인들이 이 혈통에 해당한다.

이로부터 약 20~30년 후, 동화주의적 접근법은 흑인 정치가들과 교육자들 사이에서 유색인종 학생들에게 부정적인 교육적 효과가 일어난다는 이유로 비판을 받기 시작하였다. 듀보아(Dubois)와 우드슨(Woodson)과 같은 동화주의 교육으로 말미암은 흑인의 정신과 정체성의 훼손을 경계하였다. 여러 학자는 멜팅 팟과 동화주의적 관점의 교육을 대신할 수 있는 대안적인 교육 비전을 제시하게 된다. 크로코(Crocco, 2004)는 문화적 상대주의와 흑인의 역사와 사회에 대한 내용과 여성의 역사 등이 점차 미국사회의 주요 사상으로 자리를 잡아서, 1920~1930년대부터 학교 교육과정과 교과서도 이러한 내용을 반영하기 시작했다고 주장했다.

미국교육은 점차 동화주의적 처지에서 벗어나 다양성에 눈을 돌리기 시작하였다. 학교 교육과정은 다양한 인종과 민족 집단을 다루는 내용을 포함하고, 이들의 사회 적응을 강조하였다(Crocco, 2008). 여기에는 인종, 민족, 성의 다양성에 관한 내용이 주를 이루었다. 특히 본질적으로 자아정체성이 취약하다고 여겨져 왔던 소수인종 민족 집단의 학생들을 위해 문화적 다양성을 사회과목과 같은 학교 교육과정에 포함해야 한다는 시각이 당시 교육을 지배하였다.

본격적으로 현재 다문화교육의 이론과 이념의 바탕이 되는 다문화교육이 발전하기 시작한 것은 1950~1960년대 미국 민권운동 시기라고 할 수 있다(Banks, 2007). 당시 민권운동은 미국 흑인들을 중심으로 그동안 제2시민으로 무시되고 소외되어왔던 자신들의 권리와 인권을 존중받기 위한 사회운동으로써, 이를 바탕으로 기타 유색인종뿐만 아니라 여성과 장애인 등 다양한 집단에 대한 교육, 거주, 고용에서의 차별을 없애기 위한 거대한 흐름이었다. 민권운동이 미국사회 내 다양한 인종민족 집단을 위한 교육에 커다란 영향을 미쳤음은 당연한 결과였다. 이들 집단은 자신들의 역사와 문화적 특징, 사회적 공헌을 학교 교육내용에 포함해 달라고 요구하였다. 또한, 교과서와 교육과정에 자신들의 역사를 이해하는 시각과 역사적 경험을 반영하여 개정할 것을 주장하였다. 아울러 유색인종의 교사와 학교행정가들을 더욱 많이 고용하여 학생들을 위한 성공적인 역할 모델이 되어 줄 것을 강조하였다.

간문화교육 운동도 이 시기의 사회정의와 문화적 다양성을 반영하는 교육을 실천하기 위한 움직임으로서 주요한 역할을 하였다. 당시 미국학교의 정규과정과 방과 후 교육 프로그램들은 미국사회의 문화적·종교적 다양성을 반영하는 데 주목하였다. 예를 들어, 홀로코스트(Holocaust)를 교육과정의 주요 내용으로 포함해 다른 집단에 대한 편견을 배제하는 교육을 위해 활용하거나, 뉴욕 할렘에서는 지역사회와 학교 교육의 상호연관성을 강조하여 흑인문화를 학교교육에 적극적으로 반영하고자 하였다. 타바(Taba), 듀보아(Dubois), 킬패트릭(Kilpatrick)과 같은 사회과목 교육학자들이 대표적인 간문화교육 운동의 선구자들이다(Crocco, 2004).

• 자료 9-3 •

▌홀로코스트(유대인 대학살)와 아돌프 히틀러(Adolf Hitler)

홀로코스트(Holocaust, 유대인 대학살)는 제2차 세계대전 동안 나치(Nazi) 독일이 유대인을 전멸시키려는 목적으로 자행하였다. 히브리어로는 쇼아(ha-Shoah, השואה)라고 하는데, 구약성서의 레위기에 나오는 제사를 가리키는 단어이기도 하다. 나치 독일은 유대인 외에도 공산주의자, 동성애자, 집시, 정신박약장애인을 포함한 장애인, 소련의 전쟁포로, 여호와의 증인과 프리메이슨 등 여러 '원치 않는 부류'를 유대인과 함께 죽이는 만행을 저질렀다.
이들은 대부분 집단수용소에 옮겨져 조직적으로 학살되었으며, 장애인은 의사에 의해 안락사(安樂死)시키는 방법으로 5만 명이나 학살했다. 홀로코스트로 말미암아 사망한 유대인의 수는 대략 6백만 명 정도이며, 나치의 탄압에 의해 죽은 비유대인을 포함하면, 총 사망자 수는 9백만에서 천만까지 올라간다.

히틀러(1889~1945)와 나치당(NSDAP)이 왜 이렇게 많은 유대인을 학살했는지에 대해서는 단지 히틀러가 내세운 '반유태주의' 때문이라고만 사람들은 알고 있다. 히틀러가 반유태주의자가 된 이유에는 다양한 요인들이 설명된다. 지그문트 프로이트의 심리학까지 동원되고, 어머니가 어느 유대인의 정부였다는 설까지 있다. 그러나 히틀러는 현실적인 권력을 지향하는 정치인이다. 제1차 세계대전 당시 참호전의 경험은 단순한 몽상이나 이상주의보다 현실적인 생존에 대한 욕구와 그럴 수 있는 능력을 요구했다. 그런 사람이 단지 어머니의 정부에 대한 어린 시절의 기억만으로 반유태주의자가 되었다는 것은 설득력이 부족하다. 히틀러의 반유태주의와 극우민족주의는 청년 시절에 실업자로 빈(Wien)을 헤매던 시절에 형성된 것으로 볼 수 있다. 아시아에서는 일본에 의해 대량 학살이 이루어져서 일본의 대학살을 아시안 홀로코스트라고 하기도 한다.

출처(사진): 위키백과(2011. 6. 30).

미국사회의 평등과 사회정의를 추구하는 민권운동의 영향과 이를 바탕으로 한 다양한 민족과 문화에 관한 연구 및 학교 교육의 변화에 힘입어 베이커(Baker, 1977), 뱅크스(1973), 게이(1971), 그랜트(1973, 1978) 등의 학자들은 초기 다문화교육의 흐름과 발전을 주도하였다. 이들은 초기 흑인 민족연구교육 운동과 유색인종 학자들의 연구에 주로 영향을 받아 다문화교육이 본격적으로 성립하기 이전부터 흑인 민족연구와 교육에 힘써왔다.

코테즈(Corte's, 1973, 2002)와 미국 인디언 원주민을 연구해온 포베즈(Forbes, 1973), 아시아계 집단 및 이들의 상담과 심리연구를 연구한 수(Sue, 1981) 등이 더욱 다양한 시각을 반영하였다. 또한, 여성에 대한 연구와 차별반대의 노력이 교과서와 학교 교육과정의 개정을 요구하며 다양하게 이루어졌고(Trecker, 1973), 장애인에 대한 교육적 평등권을 주장하고 차별을 반대하는 목소리도 점차 늘어나는 등 많은 학자와 교육자가 다양한 사회적 소수자와 억압받는 집단을 고려한 연구를 통해 다문화교육의 발전과 성립에 공헌해 왔다. 이러한 사회적 흐름과 여러 학자의 다문화교육 성립을 위한 노력에 기초하여 1960년대 민권운동 이후 본격적인 다문화교육의 발전과 흐름을 다음의 네 단계로 나누어 볼 수 있다(Banks, 2004. 2006; 전숙자 외, 2009).

(1) 제1단계: 단일민족 교과

1960년대 중반 미국의 흑인 민권운동은 흑인과 기타 소수민족 집단이 학교와 다른 사회제도가 자신들의 사회적 요구와 열망을 적절하게 반영하고 인정해주기를 주장하면서 시작되었다. 이러한 움직임과 함께 미국 학교와 대학에는 흑인 역사와 문학, 멕시코계 미국인의 역사와 문학과 같은 특정 민족 집단의 문화와 역사를 다루는 과목들이 생겨나기 시작하였다. 이와 같은 단일민족에 대한 교과목의 발달을 다문화교육 발전 1기라고 할 수 있다. 당시 특정 민족 집단을 다루는 교과목은 반드시 같은 인종, 민족, 문화, 언어적 배경을 지닌 교사가 가르쳐야 한다고 인식하였고, 백인에 의한 인종차별 또는 역사적으로 백인이 다른 소수민족 집단을 어떠한 방식으로 억압해왔는가에 대한 내용에 중점을 두었다. 또한, 흑인의 역사와 문학은 흑인 학생들을 위해, 아시아의 역사와 문학은 아시아계 학생들만을 대상으로 해야 한다고 인식하였다.

(2) 제2단계: 다민족연구 교과

미국사회 내에 더욱 다양한 민족 집단이 생겨나고 유대인, 폴란드계 미국인처럼 백인과 같은 피부색을 가졌음에도 민족적 특성을 달리하는 집단들이 등장하면서 학교 교육과정에 자신들의 문화와 역사에 관한 내용을 포함하고 독립된 교과목을 개설해 달라고 요구하는 집단도 늘어나게 되었다. 이에 미국 공립학교들과 대학은 다양한 민족 집단의 문화와 역사를 가르치는 과목을 비교주의적 관점을 통해 구성하여 개설하였다. 소수민족음악, 미국 소수집단의 역사와 문화 등, 이 시기의 민족연구와 교육적 관점이 단일민족 교과의 시기와 다른 점은 다양한 민족에 대한 연구가 특정 소속 학생들뿐만 아니라, 모든 학생을 위해 필요한 교육이라는 점을 인식하기 시작했다는 점이다. 많은 학자와 교육자는, 모든 사람은 다른 인종, 문화, 언어적 배경에도 공통적인 삶의 경험을 공유하고 있으며, 비교적 관점을 통해 이들의 문화와 삶을 학습하는 것을 다문화교육을 위한 유용한 개념과 이론의 설립을 돕는다는 사실을 깨우쳤다.

(3) 제3단계: 다민족교육

민족연구가 점차 널리 퍼지고 국제화됨에 따라 더 많은 학자와 교육자는 학교와 대학에서 여러 민족에 대한 과목을 가르치는 데 그칠 것이 아니라, 더욱 효과적으로 교육이 변화되어야 할 필요성을 느끼기 시작하였다. 단순히 흑인, 라틴계, 인디언 원주민의 역사와 문화를 가르치고 교과목에 포함한다고 해서 이들의 학업성취 수준이 높이지기나 효과적인 교육적 성과를 거두지는 못하고 있다고 판단하였다. 학자들도 백인 중산층 학생들의 지능지수(IQ)나 학업성취도 수준이 다른 민족 집단의 학생들보다 높으며, 영어 이외의 기타 언어를 모국어로 사용하는 소수민족 집단의 학생들은 언어적 차이로 말미암아 학교에서 학업실패의 경험을 하는 경우가 많다는 연구결과를 제시하였다(August & Hakuta, 1998; OPvamdo & Collier, 1998).

또한, 다양한 사회·문화적 배경을 지닌 학생들에 대한 부정적인 태도를 보이고 있거나 다민족교육에 대한 이해가 부족한 교사가 준비 없이 다양한 민족의 언어와 문화, 역사에 대해 가르쳤을 때 오히려 저소득계층 학생들이나 유색인종 학생들이 부정적인 학습태도와 학업성취 결과를 보인다는 연구결과도 제시하였다.

이로 말미암아 교육자들은 단순히 소수민족 집단에 대한 학습 내용을 교과에 포함하는 차원의 교육은 소수집단 학생들에게 교육적으로 평등한 기회와 내용을 제공하지 못할뿐더러 다문화 사회에 적합한 교육적 변화를 가져오기도 어렵다는 판단을 내리게 되었다. 그리고 단순히 교과내용을 추가시키는 차원이 아닌, 학교 전체적인 환경의 변화와 민족연구와 교육 자체에 대해 재개념화를 해야 한다고 주장하였다. 즉, 교사의 교수·학습전략이나 학습자료, 학교조직과 운영의 차원 등 전체적이고 통합적인 교육의 변화를 주장하게 되었다. 이러한 재개념화된 교육적 변화를 다민족교육이라고 할 수 있다(Banks, 2001).

(4) 제4단계: 다문화교육

다민족교육의 흐름에 이어 많은 학자와 교육자는 유색인종과 저소득계층의 학생들을 위한 교육뿐만 아니라 여성, 종교, 장애인, 사회 계층적 다양성의 배경을 지닌 학생들이 가진 교육문제를 해결하고, 이들을 고려한 교육적 변화를 추구하려는 노력을 기울이기 시작하였다. 그랜트(1999)와 뱅크스(2006) 등과 같은 학자는 이 시기를 다문화교육의 시기라고 불렀다. 다문화교육은 공립학교뿐만 아니라 대학과 기타 여러 사회교육기관에서 반드시 추구해야 할 교육이념이자 변화의 노력으로 인식하였다. 왜냐하면, 다문화교육은 특정 피부색이나 민족 집단의 소속 여부에만 국한되는 것이 아니다. 다문화교육은 다양한 범주의 집단과 전통적으로 소외당하고 차별받았던 사람들에 대한 고려와 이들을 위한 교육적 변화의 노력을 추구하기 때문이다.

1999년 미국 교사교육인가위원회는 교사교육을 위한 기준을 제시하였는데, 미국 대학의 교사교육 프로그램은 다문화교육을 반영한 내용과 다양한 교육과정 프로그램이 되도록 권고하였다. 이처럼 다문화교육은 오늘날 세계화·다원화의 국제적 흐름과 추세에 따라 필수적이고 중요한 교육이념으로 널리 인식되고 있다. 하지만, 뱅크스(2006)는 다문화교육이라는 의미가 광범위하여 어떤 교과에서 어떻게 가르쳐야 하고, 교육과정을 어떻게 구성해야 하는가에 대한 더욱 구체적인 연구와 이론적 정립이 필요하다고 주장한다.

이상의 내용을 바탕으로 미국 다문화교육의 역사적 발전과정을 정리하면 〈표 9-1〉과 같다.

〈표 9-1〉 다문화교육의 역사적 발전과정

용어	시기	내용
단일문화교육	1900년대 이전	• 동화주의 정책 표방 • 미국사회의 소수민족, 특히 유색인종의 가치와 관습, 역사를 배제
간문화교육	1940~ 1960년	• 미국 이민자들의 민족문화적 배경과 사회 공헌에 대한 인식 • 그러나 여전히 인종분리평등정책 시행
민족연구교육	1960~ 1970년	• 차이를 인정하고 소수집단의 자아정체감 발달을 존중하려는 의도 • 다양한 인종문화집단의 역사와 전통을 교육과정과 내용에 반영
다민족교육	1970년대	• 소수민족집단의 학생들을 위한 다문화교육이 아니라 모든 학생을 위해 다양한 문화를 교육한다는 목표 설립
다문화교육	1970년대 이후	• 다른 집단을 이해하기 위하여 그들의 문화적 배경, 신념, 가치를 포괄적으로 고려해야 함 • 종교, 나이, 성, 계층, 언어, 신체, 정신적 장애 유무에 따른 다양성까지 포함하는 개념으로서의 다문화교육으로 발전

출처: 전숙자 외(2009), 다문화 사회의 새로운 이해, p. 59.

1980년대 후반, 더 많은 국가와 다양한 인종·민족·언어·문화적 배경을 가진 이민자들의 유입과 이들의 2세 자녀수의 증가와 함께 더욱 다양한 시각과 관점을 반영한 다문화교육에 대한 연구가 활발히 진행되었다. 페미니즘과 다문화교육에 대한 연구는 기존 학교 교육과 지식의 구성에 비판적 시각을 도입하여 서구중심의 고전과 남성 중심적 시각에 의해 쓰인 교육과정과 교과서를 분석하였다. 그 결과, 선택된 지식과 성과 인종차별에 대한 억압적 구조의 지식형성의 과정에 대해 비판하였다(Crocco, 2004).

1990년대 이후, 다문화교육은 탈식민지주의 이론에 근거하여 학교 교육과정과 교과서에 나타난 헤게모니(hegemony)적 관점에 비판을 제시해 왔다. 21세기를 전후로 다문화교육 학자들은 미국 역사와 승리주의적 처지를 배제하고, 사회를 구성하는 다양한 목소리와 다양한 집단의 역사와 삶을 반영하고자 노력하였다. 특히 뱅크스를 중심으로 한 다문화교육 학자들과 여성학자들은 학교 교육에서의 지식과 지식형성에서 패러다임의 변화를 추구하였다. 또한, 더는 다양한 사회집단에 대한 이벤트성 교육이나 이들 역사의 일부분을 교과서에 포함하는 수준의 교육이 아니라, 교육과정 전체에 다문화적 관점을 반영하는 복합적이고 통합적인 교육을 위해 노력해야 한다고 주장하였다.

지난 20세기 다문화교육의 발전방향에 대해서 학자마다 다양한 해석을 내리고 있다. 뱅크스(2004)는 1960년대부터 1990년대 후반까지의 시기를 미국 역사상 가장 다집단·다문화교육에 대한 연구가 활발히 이루어진 시기라고 해석하였다. 반면, 호워드(Howard, 2003)와 크로코(2004)는 학교 교육과정과 교과서 등 다양한 측면에서 사회적으로 소외된 집단에 대한 내용을 더 잘 반영하고, 이들의 목소리에 주목해 온 것은 사실이나 여전히 그 수준은 명목적 변화에 불과하다고 주장하였다. 래드슨빌링(Ladson-Billing, 2003)과 같은 비판적 인종이론가들은 여전히 학교 교육에는 인종차별이 존재하며, 인종과 인존문제를 학교 교육을 통해 반드시 학습해야 한다고 주장한다. 이와 같은 다문화교육의 역사적 발전과정에 대한 학자들의 평가는 앞으로 다문화교육의 발전과 변화의 방향에 따라 달라질 수 있을 것이다. 미국 사회의 변화와 다문화교육의 역사적 발전과정은 [그림 9-1]과 같이 그릴 수 있다.

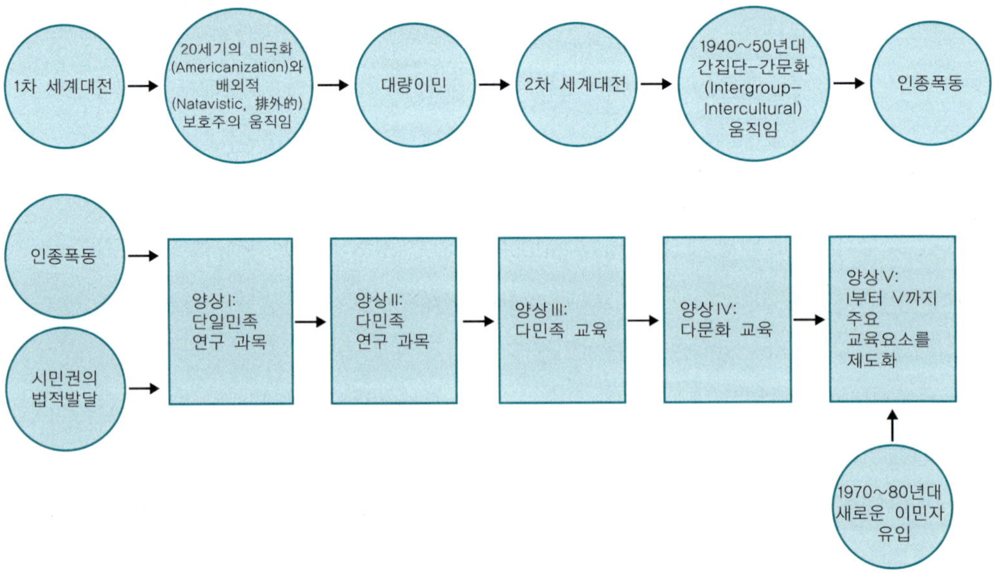

출처: Banks(2006); 전숙자 외(2009), 다문화 사회의 새로운 이해, p. 61.

[그림 9-1] 미국 사회의 변화와 다문화교육의 역사적 발전과정

3. 다문화교육의 필요성

1) 다문화사회의 도래에 대응

뱅크스(Banks) 등 다문화교육과 관련한 많은 학자의 연구를 따르면, 다문화 사회에서 소수문화 집단에 속한 개인이 느끼는 인식의 과정과 주류문화 집단에 속한 개인이 느끼는 인식의 과정은 다문화적 상황에 노출된 처음 시기에서는 차이가 나타나지만, 시간이 지날수록 공존의 상황을 인식하는 방향으로 변화하고 있음을 지적하였다(Bennett & Bennett, 2004; Banks, 2006; Sue et al., 2008). 요컨대, 한 개인에게 다문화적 상황에 노출된 첫 단계에서는 속박, 고립, 부정, 부조화 등 문화사대주의나 자문화중심주의의 특징이 나타나고 있으나, 점점 다문화적 상황을 경험하면서 문화상대주의적인 관점을 갖게 된다는 것이다.

이처럼 다문화사회 환경에 노출된 개인의 발달이 문화사대주의나 자문화중심주의에서 문화상대주의적인 관점으로 진행되는 것처럼, 한 사회나 집단도 다문화 사회에서 주류문화를 중심으로 하는 인식에서 다양한 문화의 차이에 따른 인정과 문화의 평등성을 인식하는 방향으로 문화 정체성을 확장하다가 드디어는 다양한 문화의 공존을 통해 문화 간의 연대적 이해가 가능하게 되는 상황으로 변화하게 될 것이다. 그러나 한 사회가 다문화 사회가 되어가는 과정에서 문화적인 공존과 세계 보편적인 가치에 도달하는 과정으로 나아가는 길은 절대 쉽지 않다. 따라서 다문화사회의 도래에 대한 충분한 이해를 바탕으로 초기에 주류문화와 소수문화가 충돌하거나 갈등을 일으키는 과정에 문화 간 이해나 문화에서의 주류문화에 대한 편견 등을 교육 내용으로 다루는 다문화교육이 필요하다(박윤경, 2009; 권순희 외, 2010).

2) 사회적 갈등 해결

오랫동안 단일민족이 강조되고 단일한 문화와 문화 정체성을 유지해 온 우리나라는, 급격한 다문화사회로의 변화와 함께 다양하고 낯선 문화와 접촉하게 되면서 문화충돌이나 사회적 갈등이 일어날 가능성은 점점 증가하게 된다. 다양한 사회적 문제와 갈등을 해결하기 위해서는 사회적 비용 또한 증가하게 될 것이다.

우리 사회는 2010년 6월 현재 전체 인구 중에서 외국인의 비율이 약 2.9% 정도이다. 일반적으로 약 5% 정도에 이르게 되면, 본격적인 다문화사회에 진입하였다고 말한다. [그림 9-2]에서 보여주는 것처럼 우리는 지금 다문화사회의 단계에 진입하였다. 초기 단계에서의 대응은 사회적 갈등의 빈도나 양상, 사회적 갈등 비용을 줄이는 데에 결정적으로 영향을 미칠 수 있다. 문화적 충돌이나 갈등 양상은 일반적으로 다문화사회 진입 초기 단계에서 강하게 나타난다. 다문화사회 초기 단계에서 정부는 정책이나 교육을 통해 다양하게 전개되는 상황에 대처해 가는데, 이 시기에는 다문화교육의 필요성은 인식하지만, 다문화교육이 구체적으로 지향하는 바에 대해서는 사회적 합의를 이루기 어려워 다문화교육의 방향을 설정하기가 어렵다.

그래서 앞에서도 지적하였지만, 일반적으로 다문화사회 초기 단계에서는 소수문화 집단을 사회의 주류문화에 편입시키거나 동화시켜 문제를 일으키지 않는 가운데 잘 적응할 수 있도록 하려는 경향이 강하다. 동화주의적인 관점에서 소수집단을 대상으로 다문화교육이 이루어지는 경향은 우리나라에서도 그 예외가 아니다. 그러나 이러한 정책은 소수집단의 문화권을 고려하지 않은 주류사회 중심의 일방적 선택이라는 점에서 비판이 제기되고 있다. 따라서 다문화교육은 소수집단과 주류집단 모두에 대한 문화적 편견을 벗어나 내용이 함께 가르쳐지고, 교육대상이 전(全) 사회구성원으로 확대되어 문화 간의 차이를 넘어 공존으로 나아갈 수 있도록 구성되어야 할 것이다.

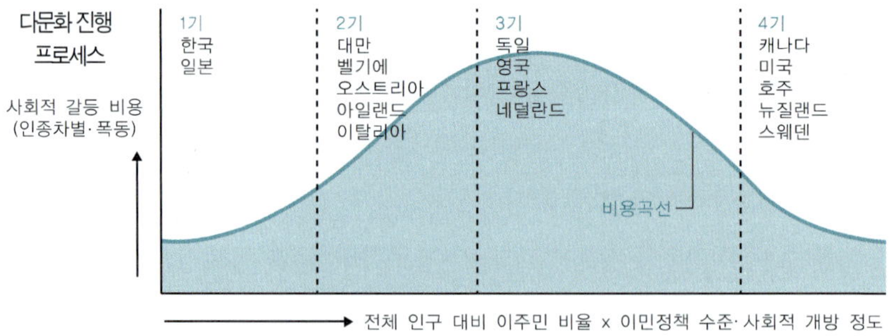

출처: 매일경제(2008. 2. 5), 소득 2만 달러 넘은 한국, 이젠 이주 이민수입국.

[그림 9-2] 다문화 사회의 진행과정과 사회적 갈등 비용

[그림 9-2]는 다문화사회로의 진행과정에서 전체 인구대비 이주민 비율과 사회적 갈등 비용의 관계를 나타낸 것이다. 제1기는 도입단계(이주민이 5% 이내)로 이주민의 비율이 낮고, 초보적인 이민정책 수준이어서 사회적 개방 수준이 미미하여 갈등이 비교적 미약하고, 그에 따른 비용지출도 많이 발생하지 않는다. 우리나라는 아직 제1기에 해당한다. 제2기는 이주민 유입이 본격화되는 단계(이주민이 5~10% 정도)로 제도적 정비가 이를 따라가지 못해 사회적 갈등 비용이 급속히 증가한다.

제3기는 다문화정책 기반이 미흡한 상태에서 이주민만 계속 밀려 들어와 인종차별과 폭동사태 등 사회적 혼란이 큰 시기이다. 제4기는 다문화주의가 사회적으로 정착되어 차별금지와 평등제도화, 사회적 인식 변화, 소수자 지원과 참정권 인정, 그리고 기회의 평등에서 조건·과정·결과의 평등이 요구되는 시기이다(최충옥, 2009). 그러나 모든 나라가 위와 같이 제4단계의 과정을 통해 다문화사회로 진행되는 것은 아니다. 아일랜드는 애초 제2기에 해당하였으나, 10년 동안 외국인 이주민에게 참정권을 인정하는 등 삶의 만족도가 매우 높은 제4기의 다문화주의 국가로 변신하였다. 요컨대, 10년 동안 다문화 사회정책을 적극적으로 추진하여 제3기에서 발생하는 사회적 갈등 비용을 최소화하여 이주민의 뒷받침 하에 경제적으로 매년 8% 이상 성장하여 높은 소득수준을 달성하기도 하였다(최충옥, 2009). 아직은 제1기에 해당하는 우리나라는 어떠한 다문화정책과 교육이 진행되느냐에 따라 제2기와 제3기에서 내야 하는 사회적 비용을 최소화하고, 제4기 단계로 도약할 수 있을 것이다. 다문화교육은 우리 사회의 갈등을 포함하여 사회적 비용을 최소화시키고, 다문화주의가 우리 사회에 안정적으로 정착하는 데 이바지하게 될 것이다.

3) 소수집단과 인권의 보장

우리 사회가 가진 차별이나 무시, 고정관념과 편견은 국경을 넘어온 외국인을 대상으로 행해지는 것뿐만이 아니다. 성, 나이, 지역, 학력, 외모, 직업, 인종이나 민족 등 소수집단에 대해서도 여지없이 드러난다. 박경태(2008)는 소수집단에 대해 '신체적으로 또는 문화적 특징으로 말미암아 사회의 주류집단 구성원들에게 차별을 받으며, 스스로 차별받는 집단에 속해 있다는 의식을 가진 사람들'이라고 규정하고, 소수집단의 어려움과 이들에 대한 인권의 측면에서 다문화교육이 필요하다고 주장하였다.

사회적 소수자나 약자에 대한 차별과 무시는 한 사회의 불안정성을 크게 증대시킬 수 있다. 특히 소수집단에 대해 행해지는 무분별한 차별, 편견, 고정관념 등은 인권의 문제로 이어진다. 다문화교육은 우리 사회의 약자나 소수자의 인권 측면에서 보면 더욱 필요하다. 따라서 다문화교육은 한 사회가 가진 주류집단의 관점과 그 관점에 따른 차별의식이나 고정관념, 편견 등 사회적인 문제점에 대해 드러내고, 그것의 문제점을 논의하는 과정에서 더욱 합리적인 해결방안을 탐색하는 기능과 역할을 해야 할 것이다. 특히 다문화사회에서는 외국인뿐만 아니라 그 사회의 소수집단 사람까지 그 대상을 확대할 뿐만 아니라, 그들에 대한 인권보장의 관점에서 다문화교육이 필요하다.

4) 세계시민성의 형성

학교 교육의 기본목표는 학생들에게 민주시민으로서의 자질을 함양시키는 데 있다. 민주시민은 한 사회의 구성원으로서 필요한 가치를 공유하고, 사회 속에서 바람직한 인간으로 더불어 살아갈 줄 아는 사람을 말한다. 세계화·지구촌화 시대라고 불리는 오늘날에는 국가, 인종, 민족의 틀을 벗어나 전 지구적이고 세계적인 관점에서 함께 문제를 해결하고 공유할 수 있는 세계 시민성이 요청된다. 세계시민교육의 목표는 국경의 한계를 넘어 전 지구적인 식견을 가지고 인류의 생활상을 들여다 보는 자세를 가지고, 사해동포적인 태도로 지구의 공동 문제에 대한 관심을 증대시켜 인류 공동의 문제 해결에 함께 참여하고 해결해 나가려는 자세와 능력을 지니도록 하는 것이다.

오늘날의 사회는 개별 국가만이 해결할 수 없고 인류 공동의 관심과 협력에 의해서만 해결 가능한 문제가 많이 나타난다. 특히 해결의 필요성이 조속하게 요구되는 문제가 더욱 심각하게 드러나고 있다. 예를 들어, 전쟁, 핵 문제, 환경오염,

테러, 빈곤 퇴치, 에너지, 세계인권 등이 그러하다. 오늘날 우리에게 지구 사회의 구성원으로서 필요한 것은 전 지구적 문제 해결과 관련하여 능동적인 시민이며, 참여하는 시민, 적극적인 행동을 보이는 시민이다. 오늘날의 교육은 학생들을 어떻게 세계적인 차원의 시민으로 만들어 내는가가 중요한 과제라 할 수 있다. 다문화교육은 이러한 세계 시민성의 형성을 통해 세계의 다양한 문제 해결에 공헌하고 인류 평화에 이바지하는 데 매우 소중한 기회와 계기가 될 수 있을 것이다(김선미, 2009; 권순희 외, 2010).

4. 다문화교육의 이론적 패러다임과 접근법

1) 다문화교육의 이론적 패러다임

다문화교육의 이론은 앞서 살펴본 다문화교육의 정의와 마찬가지로 학자들의 다문화교육에서 추구하는 이념과 교육목표에 따라 그 분류와 범주가 다양하다(Banks & Banks, 2004, 2006; Gay, 2004). 그랜트 등(Grant et al., 2004)은 지난 10년간의 다문화교육 선행연구를 종합한 결과, 다문화교육 연구의 이론적 배경을 크게 두 가지 패러다임과 다섯 가지 접근법에 따라 구성된다고 분석하였다. 먼저, 다문화교육 연구의 이론적 패러다임은 크게 동화주의와 다원론으로 나누어 볼 수 있다. 이들 패러다임은 다문화교육의 학문적 연구뿐만 아니라 교육 정책과 실행에도 주요한 영향을 미쳐 온 패러다임이다.

동화주의 패러다임은 현존하는 사회구조와 권력관계를 유지하면서 다른 집단의 차이와 다름을 받아들이고 관용적 자세를 갖는 차원에서의 다문화교육을 주장한다. 그러므로 권력관계에 대한 논의나 이에 대한 비판적 관점을 이론적 논의에서 찾아볼 수 없다. 동화주의 패러다임은 인종, 성별, 계층, 언어 등 사회를 구성하는 각 집단의 특성에 초점을 두고, 이에 따라 연구 자료를 모으고 분석한다. 예를 들어, 다문화가정 학생들의 학업성취에 대해 연구를 한다고 가정하면, 동화주의 패러다임은 학생들의 인종별 학업성취격차, 계층별 점수 차 등을 분석하고, 여러 가지 변수 간의 상호작용에 대해서는 고려하지 않는다.

다원론적 패러다임은 자유, 정의, 평등, 인권존중 등과 같은 철학적 관념에 근거한다. 다원론적 다문화교육 연구의 목표는 다양한 배경을 가진 학생들을 이해하고, 이들의 학습 환경과 이에 영향을 미치는 정책 결정 등을 비판적으로 살펴봄으로써 학생들의 학습 경험과 학교 교육과정의 개선을 추구하는 것이다. 대다수 다원론적 패러다임의 연구는 다문화교육이 다양한 집단의 관점과 목소리를 반영해야 하고, 나아가 사회를 구성하는 여러 가지 다양성의 요소 예를 들어, 성, 인종, 종교의 상호작용이 학생들과 이들의 교육 경험을 분석하는 데 필요하다고 주장한다. 특히 지식과 권력관계는 다원론적 다문화교육의 중심이 되어 현존하는 사회의 권력관계와 소수집단을 억압하는 사회구조를 변화시키고 평등과 사회정의를 추구해야 한다고 주장하였다(Apple & Christian -Smith, 1991; 전숙자 외, 2009).

〈표 9-2〉 다문화교육 연구의 두 가지 이론적 패러다임

연구 특성	동화주의	다원론
중점을 두는 연구 집단	단일 사회적 구성집단 (예: 인종, 계층, 성별 등)	다양하고 상호 교차적인 사회 구성 집단(예: 인종, 계층, 성별의 각 집단과 이들의 상호 작용)
관계적 힘/ 권력의 사용	권력의 현 상태 유지: 차이를 인정하고 받아들임	권력의 변화 요구: 자유, 사회정의, 평등, 인권존중을 추구함

출처: Grant et al.(2004); 전숙자 외(2009), 다문화 사회의 새로운 이해, p. 63.

2) 다문화교육의 접근법

이와 같은 두 가지 다문화교육을 이해하는 패러다임에 근거하여 학자들은 다문화교육을 다양하게 개념화하고, 여러 가지 접근법을 통해 다문화교육의 이론적 근거를 제시해 왔다. 그랜트(Grant), 엘스브리(Elsvree), 폰드리(Fondrie, 2004)와 게이(Gay, 2004) 등 주요 다문화교육 학자들은 그랜트와 슬리터(Grant & Sleeter, 1985; Sleeter & Grant, 1987)가 제시한 다문화교육의 다섯 가지 이론적 접근법을 인정하고, 이를 통해 다문화교육의 개념적 접근을 다음과 같이 다섯 가지 차원에서 설명한다(전숙자 외, 2009).

① 문화적으로 다양하고 특수한 배경을 지닌 학생을 위한 교육

문화적으로 다양하고 특수한 배경을 지닌 학생들을 위한 교육은 가장 전통적인 동화주의적 관점을 기반으로 한 이론이다. 이 이론의 목표는 현재 사회와 교육의 구조에 적응하는 데 필요한 학습 기능, 언어, 가치를 주류집단과 다른 언어, 문화, 인종, 종교적 배경을 지닌 학생들에게 교육하는 데 있다. 이 교육은 제한된 다문화교육이라고 불기기도 한다(Gay, 2004).

② 인간관계

인간관계 접근의 다문화교육은 다른 사회 문화적 배경을 가진 학생들의 더욱 나은 상호 이해를 통해 학교와 사회의 조화를 추구한다. 이 접근법은 1950년대의 간(間)집단 교육운동의 전통에서 출발하여 다양한 집단 간 관계를 개선하고, 더욱 조화로운 사회를 건설하는 데 필요한 다양한 문화 학습, 차별과 고정관념의 제거, 소수민족 집단의 정체성과 자긍심 강조 등의 교육에 중점을 둔다(Gay, 2004).

③ 단일집단연구

단일집단연구 접근법은 각 인종, 민족, 성, 종교, 언어 집단의 문화와 특성에 대한 지식을 학습하고, 이를 존중하고 받아들이도록 한다. 이 접근법은 특히 학교에서 배우는 지식을 중립적 사실이 아니라 정치적 의미가 있는 선택된 지식이라고 가정하고 남성중심, 유럽중심의 교육과정에서 벗어난 대안적 교육내용을 제시하고자 했으며, 브라질의 교육학자 프레리(Freire)가 주장한 것처럼 비판적 의식을 기를 것을 강조하였다(Grant & Sleeter, 2001).

④ 다문화교육

다문화교육은 의미 그대로 문화적 다양성을 추구하는 교육이념이다. 앞서 제시된 접근법들과 마찬가지로 다문화교육도 편견을 버리고 교육적 평등을 실현하며, 사회정의를 추구하고 문화적 다양성을 인정하고 존중하는 데 교육의 근본이념을 둔다. 다문화교육 접근은 인종, 성별, 민족, 계층, 언어, 종교적으로 다양한 사회구성집단을 동시에 고려하고, 이들의 상호작용을 복합적으로 이해하며, 특히 불평등이 사회 각계각층에서 어떤 역할과 작용을 해왔는가에 관심을 두고 사회정의와 평등을 추구하기 위해 사회적 권력관계와 불평등의 양상을 연구를 통해 분석하고자 한다.

⑤ 다문화사회 재건주의 교육

다문화사회 재건주의 교육 접근은 사회적 불평등과 억압을 비판적으로 분석하고 구조적 평등, 문화적 다양성, 사회 활동에의 활발한 참여를 위한 교육운동을 주장한다. 재건주의 학자들은 학생들에게 비판적 사고의 개발을 통해 현재 사회의 인종, 계층, 종교, 성 등에 따라 계층화된 구조를 개선하고, 모든 집단의 문화와 관점을 존중해야 한다고 주장해왔다. 이러한 접근법에 따라 교육과정은 비판적 분석, 지식의 재구조화, 사회 변혁, 소외된 집단에 대한 권한 부여와 같은 내용을 포함해야 한다.

이와 같은 다문화교육의 개념적 접근법은 다문화교육을 이해하는 이론적 틀을 제공하고 다양한 철학적·이념적 관점을 제시하고 있다. 게이(2004)는 이와 같은 다문화교육 이론의 여러 가지 유형은 다문화교육 이론의 발달이 시작된 1960년대 이후부터 다양한 방법으로 재개념화되어 왔고, 더욱 진보적·통합적으로 발달해왔다고 분석하였다. 그랜트 등(2004)도 최근 10여 년간의 다문화교육 연구는 동화주의적 관점보다는 〈표 9-3〉과 같은 실증적 연구를 통해 다원론적 패러다임에 근거하여 이루어져 왔다고 주장했다.

〈표 9-3〉 다문화교육 연구의 패러다임과 접근법

다문화교육 접근법	연구 패러다임	
	동화주의	다원론
문화적으로 다양하고 특수한 배경을 지닌 학생들을 위한 교육	10	17
인간관계	16	19
단일집단연구	4	49
다문화교육	0	50
다문화 사회재건주의교육	0	19
총 연구 수	30	154

출처: Grant et al.(2004); 전숙자 외(2009), 다문화 사회의 새로운 이해, p. 67.

C · H · A · P · T · E · R 10

다문화교육의 목표와 방향

1. 다문화교육에 대한 오해와 주요 쟁점

1) 다문화교육에 대한 오해

다문화교육이 확산하고 발전하였음에도, 아직은 많은 다문화교육 학자가 다문화교육이 학교 교육 전반에 수용되거나 교육과정의 핵심을 차지하고 있다고 보기는 어렵다고 진단한다. 오히려 수많은 교사와 행정가의 관심을 끌지 못하고 있으며, 다문화교육을 제거하려는 움직임마저 강하다고 우려한다(박윤경, 2008). 다문화교육 학자들은 이와 같은 상황이 다문화교육에 대한 많은 오해에서 비롯된 것이라고 진단한다(Aldridge et al., 2000; Banks, 2002; Bennett, 2007). 예를 들어, 알들이지 등(Aldridge et al., 2000)은 다문화교육과 관련하여 15가지에 달하는 오해를 열거한다. 이를 오해의 특성에 따라 비추어 분류해보면, 크게 ① 문화 다양성에 대한 잘못된 개념, ② 다문화교육의 필요성과 현황에 대한 잘못된 인식, ③ 다문화교육의 대상, 주제, 교수전략, 교육자료에 대한 오해, 그리고 ④ 다문화주의와 다문화교육의 사회적 영향에 대한 비판 등으로 나누어 볼 수 있다(구정화 외, 2010). 이들 각각에 대한 구체적인 내용은 다음과 같다.

① 문화 다양성에 대한 잘못된 개념

- 같은 국가와 지역 출신 혹은 같은 언어를 사용하는 사람들은 같은 문화를 공유한다.
- 같은 문화 집단의 가족들은 같은 가치를 공유한다.
- 사람 대부분은 단지 단일한 문화 정체성을 가진다.

② 다문화교육의 필요성과 현황에 대한 잘못된 인식

- 단일문화 혹은 이중문화 사회에서는 다른 문화를 학습할 필요가 없다.
- 우리 사회는 이미 사회의 다양성을 인정하고 있기 때문에 다문화교육을 할 필요가 없다.
- 기존 교육과정 속에 이미 다문화교육이 수용되어 있다.

③ 다문화교육의 대상과 주제, 교수전략과 교육 자료에 대한 오해

- 다문화교육은 종족이나 인종적 이슈를 다룬다.
- 다문화교육은 하나의 독립된 교과로 가르쳐야 한다.
- 다문화교육은 어린 학생들에게는 적합하지 않으며, 좀 더 나이 든 학생들을 대상으로 시행되어야 한다.
- 다문화교육 전략으로 여행자 접근법이 적합하다.
- 다른 문화를 다룬 어린이 책들은 일반적으로 그 문화를 정확하게 기술하고 있다.
- 다문화교육과 관련하여 쓸 만한 교육 자료가 충분하지 않다.

④ 다문화주의와 다문화교육의 사회적 영향에 대한 비판

- 다문화주의는 분열을 일으키는 것이다.
- 다문화교육이 시행되면 한 사회의 공통성이 상실된다.
- 다문화교육에서는 역사적 정확성이 훼손된다.

위에서 언급한 내용 중에는 단순하게 다문화교육에 대한 잘못된 개념에서 비롯된 것들도 있지만, 다문화교육에 대한 견해의 차이를 반영한 것도 있다. 다문화교

육에 대한 잘못된 개념은 잘못된 실천으로 이어질 수 있다. 하지만, 교사교육과 연수 등을 통해 바로잡기가 몹시 어려운 것은 아니다. 그러나 관점과 시각의 차이에서 비롯된 오해는 다문화교육에 대한 반감을 넘어서 비판으로까지 이어지고, 다문화교육의 실행과 확산 자체를 어렵게 할 수 있다. 다문화교육 학자들이 좀 더 우려하는 부분은 바로 이와 같은 오해에서 비롯된 비판이다.

베넷(2007)은 다문화교육에 대한 오해에서 비롯된 비판을 ① 갈등과 분열의 가능성, ② 문화상대주의, ③ 문화에 대한 피상적인 개념, 그리고 ④ 소수민족에 대한 기만 등의 네 가지로 들고 있다. 첫째, 갈등과 분열의 가능성에 대한 비판은 다양한 문화와 소수집단을 강조하는 것이 사회통합에 장애로 작용할 수 있다는 것이다. 둘째, 문화상대주의라는 비판은 다문화교육이 모든 문화적 관행을 옳고 좋은 것으로 평가하는 과도한 문화상대주의적 성격을 띠고 있다는 것이다. 셋째, 문화에 대한 피상적 접근이라는 비판은 특정 집난의 문화를 고징되고 동질직인 깃으로 파악하거나 좋은 점만을 부각한다는 것이다. 넷째, 소수민족에 대한 기만이라는 비판은 다문화교육의 사회의 본질적인 불평등은 해결하지 못한 채 소수집단에 일시적이고 표피적인 만족감만 제공할 수 있다는 것이다.

뱅크스(2002) 역시 다문화교육이 ① 다른 사람을 위한 것이며, ② 반(反)서구적이고, ③ 국가를 분열시킨다는 오해에 직면해 있다고 개탄한다. 첫째, 다문화교육이 다른 사람을 위한 것이라는 비판은 다문화교육이 소수인종 집단만을 위한 것이라는 입장에 기초한 것이다. 다문화교육을 소수인종 집단에 혜택을 주는 것으로 인식할 때 다수집단의 입장에서는 다문화교육은 자신을 위한 교육이 아니라, 소수집단에 특별한 혜택을 제공하기 위한 것으로 받아들여지기 쉽다. 둘째, 다문화교육이 반서구적이라는 비판은 다문화교육이 서구 사회가 지향하는 기본 가치에 대항하고, 서구 사회의 역사적 성과를 깎아내린다는 것이다. 셋째, 국가를 분열시킨다는 비판은 다문화교육이 소수집단의 고유성을 유지하고 집단적 정체성을 두드러지게 강조함으로써, 더 큰 사회통합을 저해한다는 것이다. 이와 같은 비판은 현재 우리나라에서도 유효하게 적용될 수 있다.

우리나라에서 다문화교육은 다문화가정이 급증하는 현상과 맞물려 도입되고 확산했다. 박윤경(2009)은 국내에서 이루어지는 다문화교육의 양상을 크게 두 가지로 구분한다. 첫 번째는 주로 다문화구성원을 대상으로 하여 그들의 현실적인 어려움을 없애고 한국사회 적응을 돕기 위한 다문화교육이다. 두 번째는 사회구성원 전체를 대상으로 다양한 문화에 대한 이해를 돕고 다른 문화에 대한 편견을 없애기 위한 다문화교육이다. 그런데 국내 다문화교육 관련 정책은 대부분 다문화가정과 그 자녀를 위한 것에 집중되어 있다. 이로 말미암아 많은 사람이 다문화교육은 다문화가정 자녀만을 위한 것이라고 인식하고 있으며, 다문화교육이 다문화가정 이외의 집단에 대한 역차별 문제를 발생시킨다는 지적도 제기되고 있다(조영달 외, 2008).

한편, 초기 다문화교육 정책이 동화주의적 관점에서 이루어져 왔다는 비판에 따라, 다문화교육 내부에서는 다문화가정의 고유문화를 유지하고 집단적 정체성을 강화시키며, 소수집단의 인권 역량을 강화시키는 방향으로 다문화교육을 전환할 필요성을 제기하고 있다. 하지만, 이러한 움직임이 가해질수록 반대로 이에 대한 우려의 목소리도 높아지는 것도 사실이다. 다문화교육에 대한 오해 중의 일부는 사회적으로 매우 지속적인 논쟁거리로 남아 있게 될 것이다.

2) 다문화교육의 주요 쟁점

다문화교육에 대한 오해를 살펴보면서 짐작할 수 있듯이, 다문화교육은 사회적으로 매우 논쟁적인 주제이다(박윤경, 2008). 다문화교육에 대한 논쟁은 단지 다문화교육을 비판하는 사람들에 의해서만 제시되는 것은 아니다. 다문화교육 연구자들 사이에서도 바람직한 다문화교육의 방향과 방법 등을 둘러싸고 논쟁이 이루어지고 있다. 아라보글로우(Araboglou, 1996)는 다문화교육이 지향해야 할 철학과 방향, 범위와 대상, 교수 전략과 효과 등을 둘러싼 다문화교육의 주요 쟁점을 아래의 10가지로 정리하였다.

① 다문화교육이 지향해야 할 철학과 방향

- 다문화교육의 철학은 멜팅 팟(melting pot, 용광로) 철학과는 반대되는가?
- 다문화교육은 국가 고립 혹은 세계 시민성을 증진해야 하는가?

② 다문화교육의 대상과 범위

- 다문화교육은 소수자만을 위해 마련되어야 하는가?
- 다문화교육은 다인종, 이중언어교육으로 한정되어야 하는가?
- 다문화교육은 학교 교육과정에 포함되어야 하는가?
- 다문화교육은 교육과정 전반에 반영되어야 하는가?
- 다문화교육에서는 잠재적 교육과정과의 관련 속에서 논의되어야 하는가?

③ 다문화교육 전략과 효과

- 교사들은 다문화교육에 적합한 특정 교수법을 사용해야 하는가?
- 다문화교육의 교육 내용과 목표상의 초점은 무엇인가?
- 다문화교육은 학생들의 학업성취에 효과적인가?

박윤경(2008)은 한국사회의 당면 과제와 관련하여 다문화교육의 주요 쟁점을 크게 다문화교육의 철학과 원리, 대상과 범위, 효과적인 교수 전략을 둘러싼 쟁점 등으로 나누어 논의하고 있다. 이 부분에서는 이 논의에 기초하여 다문화교육을 둘러싼 주요 논쟁을 살펴본다.

① 다문화교육의 이념적 지향 논쟁: 동화주의 대 문화 다원주의

다문화교육의 이념적 지향은 흔히 동화주의와 문화 다원주의를 양축으로 하여 다양한 스펙트럼으로 나타난다. 다문화교육의 방향은 한 사회가 지향하는 다문화사회의 모습과 문화 다양성에 대한 사회적 대응 방식과도 연관되어 있다. 코엘로(Coelho, 1998)는 다양성에 대한 대응 양상이 분리에서 시작하여, 동화, 융합, 다원주의로 이어지는 연속선상의 한 점에 위치한다고 설명한다. '분리'는 다른 문화나 인종 집단을 법적으로 또는 비공식적인 방식으로 구별하는 것이다. 분리는 공간적으로 주거 공간을 나누는 행위뿐만 아니라 참정권 등 시민권에 제한을 두는 차별적인 방식으로도 이루어진다. 일종의 차별-배제 정책이다. '동화'는 새로운 이주민들이 기존의 종족 정체성을 포기하고, 기존 사회의 주류 문화에 흡수되도록 하는 일방적인 과정이다. '융합'은 새로운 집단의 문화가 주류 문화와 섞여 전혀 새로운 문화를 만들어 내는 쌍방적인 과정이다. 이른바 '용광로 정책(melting pot)'이라고 불린다. 그러나 융합은 이상적인 상태일 뿐이며, 현실적으로 주류 문화와 비주류 문화 사이의 불평등한 관계는 여전히 유지된다. 이런 점 때문에 융합이 실질적인 측면에서는 동화와 같은 것으로 파악되기도 한다. '다원주의(Cultural Piuralism)', 혹은 '다문화주의(Multiculturalism)'는 사회 모든 구성원이 자신의 고유한 문화 정체성을 유지하면서 동등하게 상호작용하는 것이다.

다문화교육의 지향점은 크게 동화주의 관점과 문화 다원주의적 관점을 양축으로 다양한 양상으로 나타난다. 동화주의 관점에서는 한 사회에 이주해 온 다양한 특성이 있는 사람을 기존의 주류 사회 문화에 동화시키거나 융합시키고자 한다. 동화주의 관점을 택하면, 다문화교육은 어떻게 하면 새로운 소수집단 구성원을 주류 사회 구성원으로 효과적으로 적응시킬 것인가에 초점을 두게 된다. 그런데 동화주의적 다문화교육은 소수집단 구성원에게 특정 정체성을 강요한다는 점에서 민주적이지 못하다는 비판이 제기되고 있다. 주류 문화로의 동화가 이루어지는 과정에서 소수집단 문화의 가치는 무시되고, 소수집단 구성원은 열등한 존재로 경시될 수밖에 없다는 것이다(Araboglou, 1996). 결국, 동화주의적 접근은 자신과 자신이 속한 집단에 대해 긍정적으로 인식할 수 없는 건강하지 못한 사회구성원을 만들어 낼 수 있다는 것이다.

이러한 동화주의적 접근에 반대하며 등장한 것이 문화 다원주의적 다문화교육이다. 문화 다원주의는 한 사회 내에서 다양성을 유지하고, 집단 간 차이를 존중하며, 모든 구성원이 독특한 정체성을 유지하면서 사회 활동에 참여할 수 있는 권리를 지향한다(Banks, 2002). 문화 다원주의는 '샐러드 볼(salad bowl)'이나 '모자이크(mosaic)'에 비유한다. 이는 다양한 구성 요소가 고유의 특성을 유지하면서도 더 가치 있는 전체를 만들어내는 것을 비유한 것이다. 이처럼 한 사회 내에서도 여러 문화가 정체성을 유지하면서도 전체 사회를 위해 이바지할 수 있다고 본 것이다. 문화 다원주의적 교육에서는 문화 다양성의 가치를 인정하고 개인에게 문화를 선택할 권리를 부여한다.

동화주의와 문화다원주의에 대한 논쟁은 다시 다문화교육이 사회통합에 이바지하는지, 아니면 사회 분열을 조장하는 것인지에 대한 논쟁으로 이어진다(박윤경, 2008). 문화다원주의의 위험성을 경고하고 주류 문화로의 동화를 강조하는 견해에서는 사회구성원이 다양한 언어, 문화, 가치 체계를 유지하는 것은 사회 안정성을 위협하며, 극단적으로는 사회 분리로 귀결될 수도 있다고 본다. 그 대신 집단 문화 간의 유사성과 사회 공통의 핵심 가치를 강조함으로써 개인, 집단, 국가를 통합시킬 수 있다고 생각한다. 결국, 다문화교육에서 '통합을 위한 교육'과 '다양성을 위한 교육' 사이의 미묘한 균형이 문제로 제기되는 것이다(Craft, 1986). 그런데 최근 다문화교육 학자들은 문화적 다양성을 존중하면서도 사회통합이 가능하다고 주장한다. 뱅크스 등(2001)은 '통합 속의 다양성'이 바로 다문화교육이 지향하는 바라고 강조한다. 앞으로 한국사회에서도 다원성의 원리를 수용하면서도 통합의 핵을 확인하기 위한 탐색을 지속할 필요가 있다(박윤경, 2008; 구정화 외, 2010).

② 다문화교육의 대상과 범위 논쟁: 소수를 위한 교육 대 모두를 위한 교육

먼저, 다문화교육의 대상과 관련하여 다문화교육은 흔히 '소수집단을 대상으로 하는 교육' 혹은 '소수집단을 위한 교육'이라고 이해된다. 특히 인종, 종족적 소수집단이 다문화교육의 핵심 대상으로 여겨진다. 이는 국제결혼 및 이주노동자의 증가와 함께 다문화교육의 필요성이 대두한 우리 사회에서도 마찬가지다. 다문화교육을 다문화가정이라는 특정 집단만을 위한 교육이라거나, 혹은 그 집단만을 대상으로 한다는 주장은 소수집단 구성원이 없거나 적은 학교에서는 다문화교육이 필요하지 않다는 생각을 낳게 되어 다문화교육이 확산하는 데 심각한 장애로 작용할 수 있다(박윤경, 2008). 이런 점에 비추어 다문화교육이 단지 소수민족 집단만을 위한 것이라는 주장은 다문화교육 운동이 해결해야 할 가장 악의적이고 해로운 오해 중의 하나로 인식하고 있다(Glazwe, 1994).

다문화교육 학자들은 다문화교육은 '모두를 위한 교육'이라고 주장한다. 이는 크게 두 가지의 의미를 담고 있다. 하나는 바람직한 다문화사회를 형성하기 위해서는 단지 소수집단만이 아니라, 다수집단의 구성원도 함께 교육을 받아 변화하여야 한다는 의미이다. 다른 하나는 다문화교육의 결과가 소수집단뿐만 아니라 결과적으로 다수집단 구성원에게도 이롭다는 것이다. 예를 들어, 다양한 문화를 누릴 능력을 갖추게 되고, 다문화적 사회에서 살아갈 수 있는 소양을 길러 줄 수 있기 때문이다.

다문화교육의 대상에 대한 논쟁은 우리 교육에 시사하는 바가 크다. 현재 우리 사회에서는 다문화교육은 거의 다문화가정 학생을 위한 교육, 혹은 다문화가정 학생을 대상으로 한 교육으로 이해하고 있다. 이는 불필요한 역차별 논란을 불러일으킬 수 있으며, 다문화교육은 하나의 새롭고 특수한 영역으로 파악하여 다문화교육 논의가 기존의 교육적 성과와 유기적으로 연결되는 것을 방해할 수 있다. 다문화교육이 다양성의 공존과 사회통합을 추구한다고 생각할 때, 다문화교육은 특정 집단이 아니라 모든 학생, 학부모, 교사들을 포함하는 것이어야 한다(박윤경, 2008).

다음으로, 다문화교육의 범위와 관련한 쟁점은 다문화교육이 학교 교육의 전반과 관련한 변화를 요구하는 것인지, 아니면 학교 교육 일부를 개선함으로써 대응할 수 있는 것인지에 대한 논쟁이다. 뱅크스(2002) 등의 학자들은 다문화교육이 학교 교육 전반에 대한 개혁을 요구하는 것이라고 강조한다. 그럼에도, 현실에서 다문화교육은 특별 프로그램을 적용한다거나, 특정 교과의 주제나 내용을 변화시키는 수준에서 적용되는 때가 잦다. 후자와 같이 다문화교육의 범위를 좁은 의미로 파악할 때, 두 가지 문제가 우려된다.

하나는 학교 구성원과 교육 관련자들이 자신들을 다문화교육과는 아무 상관 없는 사람으로 인식할 수 있다는 것이다. 두 번째는 학교의 전반적인 교육 환경이 다문화적으로 바꾸지 않은 채 교과서나 프로그램 내에서만 다문화를 강조하게 되는 것이다. 이는 마치 민주적이지 않은 학교에서 지식으로만 민주주의를 배우는 것과 같은 상황이다. 학교 환경과 정책이 전반적으로 변화되지 않을 때, 다문화교육의 효과는 제한적일 수밖에 없다. 따라서 다문화교육의 범위는 단지 교육 내용뿐만이 아니라 학교 문화 전체를 포함한 것으로 이해되어야 할 것이다.

③ 소수집단 학생들의 학업실패의 원인에 대한 논쟁: 문화 결핍 대 문화 차이

다문화교육의 궁극적인 목표는 모든 학생이 자신의 잠재 능력에 걸맞은 학업성취를 달성하도록 돕는 것이다. 이 때문에 학업성취와 관련하여 어려움을 겪는 소수집단 학생들에게 적합한 교육 지원을 제공하는 것은 다문화교육의 핵심 관심사이다. 우리나라 역시 다문화가정 학생들이 학교 공부와 관련하여 겪는 어려움을 없애고자 특별 교실, 방과 후 보충수업, 대학생 멘토링 등 다양한 방식의 지원책을 마련하고 있다. 이들에게 효과적인 교육 지원을 제공하기 위해서는 학습의 어려움을 겪는 진정한 원인이 무엇인지에 대한 탐구가 필요하다. 그 답이 무엇이냐에 따라 처방이 달라질 수 있기 때문이다. 이와 관련하여 다문화교육 분야에서는 소수집단 학생들의 학업실패 원인을 둘러싼 논쟁이 계속되고 있다.

소수집단 학업실패의 원인에 대한 가장 오래된 접근 방식은 유전적 차이에 따른 것으로 설명하는 것이다. 지능 가설이 이데올로기적인 설명으로 격렬한 비판을 받으면서, 등장한 가설이 문화결핍 가설이다. 문화결핍 가설은 소수집단 학생들이 학교공부에 실패하는 이유가 사회에서 성공하는 데 필요한 주류집단의 문화가 결핍되어 있기 때문이라고 주장한다. 이에 대한 대안으로 소수인종 학생들에게 주류 문화와의 접촉을 증가시키는 방법 등이 활용되었다. 그러나 문화결핍 가설은 비주류집단의 문화를 열등하게 파악한다는 점에서 역시 비판의 대상이 되었다(Kornhaber, 2004).

문화결핍 가설에 반박하면서 등장한 것이 문화 차이 가설이다. 문화 차이 가설에서는 소수집단 학생들의 학업실패가 학교문화와 가정문화의 차이에서 비롯된 것으로 파악한다. 즉, 학교가 소수집단의 문화적 특성을 학교 교육에 잘 반영하지 못하기 때문에 소수집단 학생들이 학교 교육에 적응하기 어렵고, 그 결과가 학업실패로 나타난다는 것이다. 따라서 비주류집단 학생들의 학업성취를 돕기 위해서는 교수 방법과 교육 내용이 소수집단의 문화에 상응하는 방식으로 변화되어야 한다고 주장한다.

소수집단의 학업실패와 관련한 문화 차이 담론은 교육 현장의 관행을 비판적으로 검토하는 매우 강력한 논거로 작용했다. 하지만, 다문화교육이 소수문화 집단의 학업성취에 미치는 효과에 대해서는 여전히 의문이 제기되고 있다(Araboglou, 1996). 앞으로 소수문화 집단 학생들의 학업실패와 관련된 지속적인 논쟁에 비춰 볼 때, 우리 사회에서도 다문화가정 자녀의 학력 문제가 중요한 사회적 이슈로 등장할 가능성이 크다. 과연 이들의 학업성취에 강력한 영향을 미치는 것이 무엇인지를 확인하기 위해서는 이들 집단 학생들의 학업성취 결과와 학습 경험에 주목할 필요가 있다. 이때 중요한 것은 철저히 검증된 경험 자료를 축적하는 것이다(박윤경, 2008; 구정화 외, 2010).

2. 다문화교육의 범주, 원리와 목표

다문화교육이 무엇인가? 다문화교육을 생각하면, 흔히들 인종과 문화적 다양성을 교육하는 교육과정의 변화를 떠올리는 경우가 많다. 그러나 앞서 논의한 것처럼 다문화교육은 인종과 문화적 배경의 다양성과 함께 한 사회를 구성하는 여러 집단과 이들의 목소리를 포함하는 포괄적인 개념으로써, 교사와 교육과정개발 전문가들은 다문화 교육에 대한 이해의 범위를 넓히고, 다문화교육의 다차원적 원리와 목표를 이해하는 것이 중요하다. 예를 들어, 수학 혹은 과학교사들은, 일반적으로 다문화교육은 사회나 도덕과목에서 가르치는 내용으로 다문화교육을 자신과는 상관없는 교육이라고 생각할 수 있다. 그러나 이는 다문화교육의 범주를 지나치게 좁게 해석한 결과이다(Sleeter & Grant, 1990; Bennett, 2001; Banks, 2007; 전숙자 외, 2009).

1) 다문화교육의 범주

뱅크스(Banks, 2007)는 다문화교육을 다차원의 원리와 범주를 포함하는 포괄적이고 종합적인 교육이념이라고 주장하였다. 또한, 그는 다문화교육의 주요 다섯 가지 범주를 선정하고, 교사들이 다차원적인 다문화교육의 원리와 목표를 이해할 것을 강조하고 있다. 뱅크가 주장하는 다문화교육의 주요 다섯 가지 범주는 다음과 같다.

(1) 내용 통합

내용통합은 교사가 담당 교과에서 주요 개념, 원리, 일반화, 이론을 설명하기 위하여 사용하는 다양한 문화와 인종집단의 예시, 자료(data), 정보의 범주와 이를 통한 교육과정의 확대와 통합을 의미한다. 많은 교사와 교육행정가는 다문화교육을 이와 같은 다양한 집단에 대한 내용 통합으로만 이해하는 경우가 많다. 그러나 앞서 소개하였듯이 다문화교육의 내용 통합은 사회, 도덕, 음악 등과 같은 특정 교과에만 포함되어야 하는 내용구성이 아니다. 기타 과목을 가르치는 교사들도 학급을 구성하는 학생들의 다양한 문화, 인종, 민족, 언어적 특성을 고려하여 교육과정과 교수·학습 자료를 다양하게 구성할 수 있어야 한다. 그리고 이와 같은 내용 통합은 단순히 여러 나라의 문화를 소개하거나 나열하는 방식이 아니라, 논리적이고 학습주제에 맞게 구성되어야 한다(Banks, 2007).

미국에서의 다문화교육 내용 통합은 다문화교육의 역사적 발전과정과 그 맥락을 같이 한다고 해도 과언이 아니다. 미국의 학교 교육은 다문화교육의 발전과정, 즉 간(間)집단·간(間)문화교육에서부터 출발하여 민족 집단 연구의 시기를 거쳐 다민족·다문화교육으로 발전하게 되었고, 교육과정과 교과서의 내용 통합 역시 이와 같은 역사를 따라 이루어졌다.

(2) 지식구성의 과정

지식구성의 과정은 교사가 학생들이 한 사회의 문화에 대한 태도와 편견, 가정과 이를 이해하는 관점들이 지식을 이해하고 구성하는 데 어떠한 영향을 미치는

가에 대해 이해하고 탐구할 수 있도록 도와주는 차원의 다문화교육 원리를 의미한다. 또한, 우리가 학교 교육을 통해 지식을 학습할 때 지식을 구성하는 데 영향을 주는 인종, 민족, 문화, 언어적 특성과 이들의 영향력은 무엇인지 비판적으로 탐구하는 과정을 의미한다.

이와 같은 과정은 특히 1960~1970년대 각 인종과 민족 집단에 대해 자리 잡고 있었던 편견과 이를 반영한 사회과학의 연구 결과와 주류 패러다임(paradigm)들에 대해 재건주의 학자들이 비판을 제시한 것에서 출발한다(Banks, 2004). 기존에 사실로 여겨졌던 흑인이 백인보다 열등하다는 인식은 이들 학자의 노력으로 말미암아 현재는 편견과 고정관념으로 이해하고 있다. 다문화교육 학자들은 이처럼 시대에 따라 변화한 인종·민족 집단에 대한 믿음이나 고정관념을 교사가 학생들에게 가르쳐야 한다고 주장한다. 예를 들어, 과학교사는 창조론과 진화론을 비교하여 탐구하면서 이러한 과학이론이 오늘날 우리 사회의 인종차별에 대한 인식에 어떠한 영향을 주었는지 살펴볼 수 있다.

• 자료 10-1 •

▌패러다임(Paradigm)이란?

패러다임은 어떤 한 시대의 지식인들의 합의로 형성된 지식의 집합체들을 말한다. 즉, 전문가들의 합의로 생성된 지식의 구조로서 사람들의 견해나 사고에 영향을 준다. 그러나 어떤 집단이 갖고 있는 생각의 틀(방식)만을 뜻하는 것은 아니고, 어떤 한 개개인이 주어진 조건에서 생각하는 방식 또한 패러다임이라고 말한다. 패러다임을 처음 제시한 사람은 미국의 과학사학자이자 철학자인 토마스 쿤(Thomas Khun)이다. 그의 저서 『과학혁명의 구조(The Structure of Scientific Revolution, 1962)』에서 처음 제시했으며, '사례·예제·실례' 등을 뜻하는 그리스어(語)에서 유래한 단어로, 언어학에서 빌려온 개념이다. 즉, 으뜸꼴·표준꼴을 뜻하는데, 이는 하나의 기본 동사에서 활용(活用)에 따라 파생형이 생기는 것과 마찬가지다. 이런 의미에서 쿤은 패러다임을 한 시대를 지배하는 과학적 인식·이론·관습·사고·관념·가치관 등이 결합된 총체적인 틀 또는 개념의 집합체로 정의하였다.

쿤을 따르면, 과학사의 특정한 시기에는 언제나 개인이 아니라 전체 과학자 집단에 의해 공식적으로 인정된 모범적인 틀이 있는데, 이 모범적인 틀이 패러다임이다. 그러나 이 패러다임은 전혀 새롭게 구성되는 것이 아니라 기존의 자연과학 위에서 혁명적으로 생성되고 쇠퇴하며, 다시 새로운 패러다임으로 대체된다. 쿤은 이러한 과정을 다음과 같이 설명한다. 성숙되지 않은 과학은 여러 경쟁하는 학파들 사이에 합의가 존재하지 않는다는 특징을 갖는다. 즉, 하나의 패러다임이 나타나면, 이 패러다임에서 나타나는 갖가지 문제점들을 해결하기 위해과학자들은 계속 연구·탐구 활동을 하는데, 이를 정상과학(normal science)이라고 한다. 이어 정상과학을 통해 일정한 성과가 누적되다 보면 한 학파가 유명한 문제에 대해 모범적인 답을 제시함으로 기존의 패러다임은 차츰 부정되고, 경쟁적인 새로운 패러다임이 나타난다. 이때 연구할 가치가 있는 주제와 그 주제에 대한 해답이 가져야 할 특징, 표준적인 연구방법 등을 제시해 주는 것이 바로 패러다임이다. 그러다 과학혁명이 일어나면서 한 시대를 지배하던 패러다임은 완전히 사라지고, 경쟁관계에 있던 패러다임이 새로운 패러다임으로 자리를 대신하게 된다.

따라서 하나의 패러다임이 영원히 지속될 수는 없고, 항상 생성·발전·쇠퇴·대체되는 과정을 되풀이한다.

이러한 패러다임은 패러다임을 생성하는 전문가(지식인)들과 그것을 수용하는 일반인들 사이의 권력관계를 만들기도 한다. 일반인들은 전문가들에게 권위를 부여하고, 그들의 합의로 만들어진 개념의 집합체를 수용, 인정하는 과정을 거친다. 또한, 패러다임 자체가 '한 시대'의 지식인들의 '합의'에 의해 만들어진 것이므로 상대주의적인 면을 강하게 가지고 있다. 시대가 변하거나 전문가들의 합의가 변함에 따라 만들어지는 진리가 달라지기 때문이다. 본래 패러다임은 자연과학에서 출발하였으나 자연과학뿐 아니라 각종 학문 분야로 파급되어 오늘날에는 거의 모든 사회현상을 정의하는 개념으로까지 확대되어 사용되고 있다.

(3) 편견의 배제

편견의 배제는 교사가 학생들이 다른 인종·민족·문화집단을 대하고 이해하는 긍정적인 태도를 발달시키도록 교육하는 데 그 목적이 있다. 선행연구를 따르면, 학생들은 학교에 입학하기 전에 가정과 지역사회의 배경, 미디어(media)의 영향력에 따라 다른 집단에 대한 여러 가지 고정관념과 부정적인 태도를 지니고 있다(Stephan & Vogt, 2004). 따라서 교사들은 학생들이 집단 간 상호작용을 도모하고 서로 긍정적인 태도와 인식을 할 수 있도록 학습지도안을 구성하고 학습 자료를 개발할 수 있도록 노력해야 한다.

1940년대 이후, 간(間)집단교육 운동 이후 많은 선행연구가 교육을 통한 다른 집단에 대한 편견의 배제가 효과가 있는 것으로 밝혔다. 이에 따른 교사의 역할은 인종에 대한 태도와 다양한 민족의 문화와 사례를 학습 내용에 포함하고, 이들에 대한 고정관념보다는 새로운 내용과 긍정적인 태도를 발달시킬 수 있는 다양한 자료를 구성하는 것이다.

(4) 평등한 교수법

모든 교사는 자신이 가르치는 과목내용과 모든 교수·학습 과정을 통해 다문화적 쟁점과 내용을 반영하고 있는지 스스로 분석하고 비판적으로 성찰해보아야 한다. 평등한 교수법이란 교사의 이와 같은 노력을 통해 모든 인종, 민족, 문화, 언어집단 등의 학생들이 우수한 학업성취의 결과를 얻고 학교 교육을 마치는 노력의 일환이다. 교사는 특히 소수민족 집단의 학생들을 가르칠 때, 이들의 학습방법과 스타일을 파악하여 개별화된 교육을 제공할 수 있도록 노력해야 한다. 또한, 널리 알려졌듯이 소수집단 학생들에게 효과적인 협동학습방법을 통해 다양한 집단 학생들의 상호작용을 늘리고 학습발달을 도모해야 한다(Martorella, 1997; Slavin, 2001; Banks, 2004, 2007).

이러한 노력은 1960년대 이후 미국에서 소수민족과 낮은 소득 계층 학생들은, 부모가 아동이 사회적으로 성공할 수 있도록 뒷받침해 줄 만한 능력이나 동기가 적절하지 못하여 생기는 아동의 인지적, 정서적, 사회적 발달에 장애를 유발한다는 문화실조론(文化失調論)에서 찾아볼 수 있다. 또한, 1970년대에 문화실조론을 반박하며, 특정집단에 문화가 실조(失調)된 것이 아니라 집단마다 문화, 전통, 가치의 차이가 있을 뿐이라고 주장하는 문화차이론의 이론적 발달과 논의에서도 찾아볼 수 있다. 이를 바탕으로 교사들은 학생들의 문화적 차이와 다름을 인식하고 모든 학생에게 가장 적합하고 효과적인 교수·학습방법을 통해 이들의 학업성취를 도와주어야 한다(전숙자 외, 2009).

(5) 학교문화에 권한 부여

다문화 교육의 주요 원리 중 하나는 학교 전체와 문화가 성·인종·민족·문화·언어적 평등을 추구해야 한다는 것이다. 이러한 학교의 조직과 문화는 교사와 학생뿐만 아니라 학교를 운영하는 행정가들에 의해 고려되고 평가되어야 한다. 학생들의 스포츠 참여, 학생집단에 따른 학업성취도 격차, 영재교육·특수교육 학생들의 비율과 프로그램개발, 교직원과 교사들의 인종구성과 같은 요소가 학교 문화가 다문화교육의 원리를 반영하고 있는가를 판단하는 기준이 될 수 있다. 즉, 학교는 성별·신체적 조건과 관계없이 스포츠나 기타 학교활동을 권장하고, 학생 집단에 따라 학업성취 격차가 발생하거나 교육적 차별을 경험하지 않도록 하고, 다양한 인종과 문화적 배경을 가진 교사와 교직원을 임용하여 학생들의 문화적 다양성을 반영하도록 하는 등의 노력을 통해 다문화적 권한을 부여받고 다문화교육의 장이 될 수 있다.

뱅크스는 이와 같은 다문화교육의 원리와 범위는 서로 연결되어 있고 겹치는 부분도 많지만, 다문화교육의 복합적 성격을 이해하고 학교 교육현장에서 실천하는 데 유용한 지침(guideline)을 제시하고, 동시에 다문화교육과 관련된 논문과 저서를 이해하고 분류하며 해석하는 데 유용한 틀이 된다고 주장하였다. [그림 10-1]은 이러한 내용을 바탕으로 다문화교육의 원리와 목표를 구조화하여 표현한 것이다.

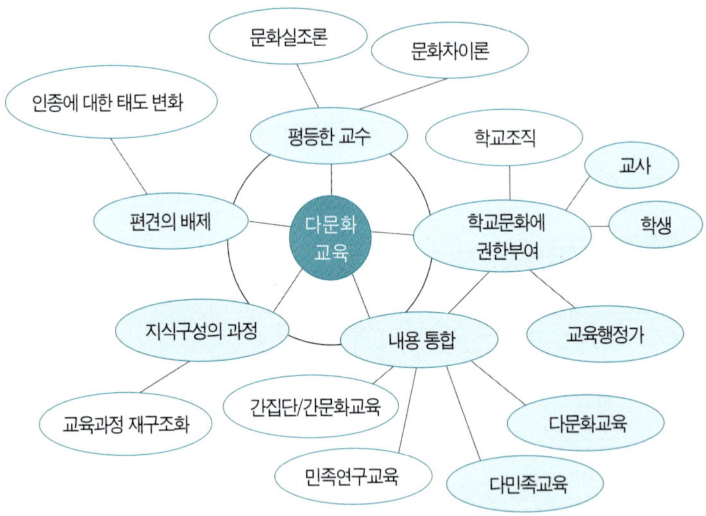

출처: Banks(2007); 전숙자 외(2009), 다문화 사회의 새로운 이해, p. 50.

[그림 10-1] 다문화 교육의 원리와 목표의 구조

이러한 종합적인 다문화교육 이념을 바탕으로 다문화사회에서 유능한 시민을 기르고 다양성을 추구하는 동시에 국가적 통합을 추구할 수 있는 교육적 시도와 노력을 해야 할 것이다. 뱅크스(2001)는 학교와 사회에서 다양한 집단과 문화가 공존할수록 집단 간 갈등이나 편견, 제도화된 차별이 심해지는 현상을 경계해야 한다고 지적하였다. 아울러 학교는 다문화교육의 기본원리를 바탕으로 학생들의 다양성을 존중하고, 교사들과 행정가들에게 다문화교육의 목표와 당면과제를 인식할 기회를 제공해야 한다고 주장하였다.

2) 다문화교육의 원리와 목표

2001년 미국 워싱턴(Washington)대학의 '다문화교육센터'는 전미사회과학교육협회(National Council for Social Studies: NCSS)의 다문화교육 과정 지침을 기반으로 다문화교육 교수·학습의 핵심 열두 가지 원리를 제시한 '통합 내 다양성: 다문화 사회에서의 교수·학습 필수 원리'를 발표하였다(Banks, 2007). 이 필수 원리는 심리학자, 정치학자, 사회학자, 그리고 다문화교육 전문가 등으로 구성된 다문화교육 전문가 패널이 기존의 다문화교육 관련 연구를 검토하여 열두 가지 원리 선정의 과정에 참여하였는데, 그 구체적인 내용은 〈표 10-1〉과 같다.

〈표 10-1〉 통합 내 다양성: 다문화 사회에서의 교수 · 학습 필수 원리

구분		내용
교사 교육	1	교사를 위한 전문성 개발 프로그램을 도입하여 교사들이 다문화 사회를 구성하는 다양한 집단의 복합적인 특성과 상호작용을 알고, 이들의 인종, 민족, 언어, 사회 계층적 속성들이 각 개인의 행동과 학습에 미치는 영향에 대해서도 알 수 있도록 한다.
학교 교육	2	학교는 모든 학생이 반드시 동등한 수준의 학업성취를 할 수 있도록 동등한 기회를 부여해야 한다.
	3	교육과정은 학생들이 학교에서 배우는 지식은 절대적인 사실이 아니라 사회적으로 구성된 것이며, 이는 개인의 경험뿐만 아니라 우리가 살아가는 사회, 정치, 경제적 배경을 반영한 것임을 이해하도록 구성되어야 한다.

구분		내용
학교 교육	4	학교는 모든 학생에게 정규 학교교육과정 뿐만 아니라 방과 후 교육과정 등 동등한 교육의 기회를 부여하여, 이들이 학업성취뿐만 아니라 또래집단 친구들과 긍정적인 관계를 형성할 수 있도록 도와주어야 한다.
집단 간 상호 관계	5	학교는 집단 간 관계를 개선하기 위하여 다양한 배경을 가진 학생들이 서로 어울릴 수 있는 학습 분위기와 환경을 조성해야 한다.
	6	학생들은 인종과 특정 문화에 대한 고정관념과 여러 가지 편견이 다른 학생들과의 관계 형성에 있어 부정적인 영향을 미친다는 것을 반드시 학습해야 한다.
	7	학생들은 정의, 평등, 자유, 평화와 같은 모든 사람이 공유하는 민주사회의 가치에 대해 반드시 학습해야 한다.
	8	교사는 학생들이 다른 인종, 민족, 문화, 언어적 배경을 가진 학생들과 효과적으로 상호작용하는 데 필요한 사회적 기능을 학습할 수 있도록 지도해야 한다.
	9	학교는 유색인종과 소수민족집단의 학생들이 다른 학생들과 효과적으로 상호작용할 수 있도록 여러 가지 기회를 제공해 주고 두려움과 걱정이 없는 학교 환경을 조성해야 한다.
학교운영과 조직, 평등	10	학교는 학교 조직과 운영에 참여하는 모든 사람이 학생들을 위한 다문화적 학습 환경을 조성할 수 있도록 협력하고 노력할 수 있는 여건을 제공한다.
	11	학교 교장과 기타 학교 운영위원들은 지역과 지역의 경제적 조건과 관계없이 모든 공립학교에 동등한 재정적 지원을 제공해야 한다.
평가	12	교사는 다양한 배경을 가진 학생들의 복합적인 인지 · 사회적 기능을 평가하기 위하여 문화적 다양성을 고려한 여러 가지 평가방법을 활용해야 한다.

출처: 전숙자 외(2009), 다문화 사회의 새로운 이해, p. 51.

3. 우리 사회에 적합한 다문화교육의 방향과 체계

1) 다문화교육의 방향

뱅크스 등(Banks et al., 2007)은 다문화교육의 차원을 ① 다양한 내용의 통합, ② 형평성을 갖춘 교육, ③ 학교 문화의 역량 강화, ④ 학습자의 문화적 선입견 감소, 그리고 ⑤ 학습자 스스로 구성하는 지식 등의 다섯 가지로 나누어 제시한다. 그것을 그려 보면 [그림 10-2]와 같다.

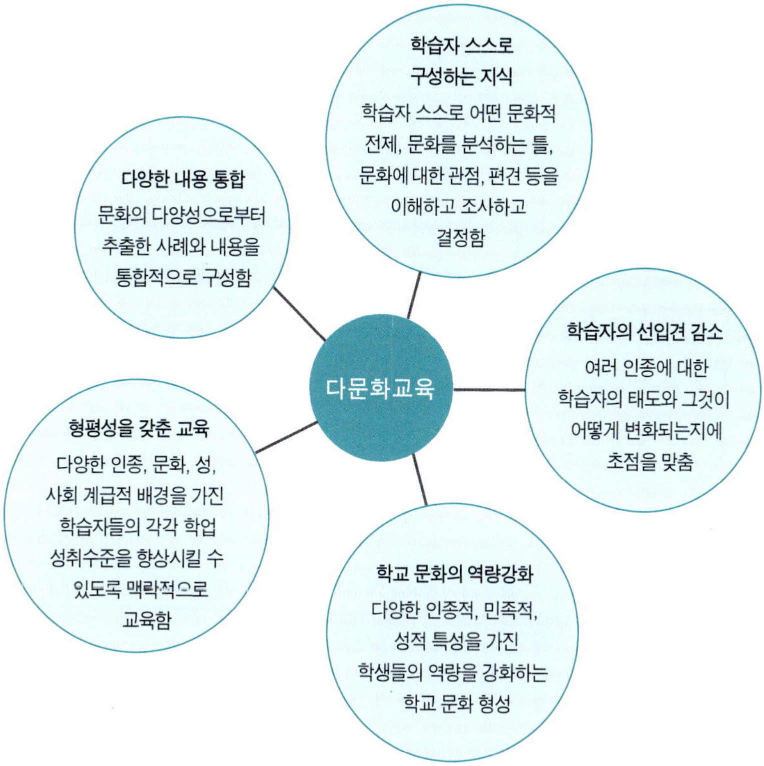

출처: 구정화 외(2010), 다문화교육의 이해와 실천, p. 205.

[그림 10-2] 다문화교육의 다양한 차원

이와 같은 다문화교육의 여러 가지 차원을 충족시키기 위해 기본적으로 다문화교육은 크게 세 가지 방향에서 추진되어야 한다(구정화 외, 2010). 첫째, 문화적 소수자 집단을 위한 교육 기회 제공과 결과 보정의 측면이 필요하다. 이는 문화적 소수자 집단이 한국사회를 충분히 이해하는 가운데 능동적으로 적응하며 동등한 사회구성원으로 살아갈 수 있도록 하는 과정이다. 여기서는 단지 균등한 교육 기회 수준을 넘어 문화적 소수자들의 교육적 출발선을 앞당겨 주는 적극적 차별 시정 조치 노력도 필요하다.

둘째, 모든 사회구성원을 대상으로 하는 다문화교육, 특히 다수자들을 위한 다문화교육이 필요하다. 우리가 규범적으로 지향하는 다문화 사회를 구축하기 위해서는 소수자들의 노력만으로는 부족하고 다수자들이 함께 노력하고 변화해야 한다. 다수자들에게 소수자들이 일방적으로 흡수되는 것이 아니라, 각기 서로의 다름을 이해하고 인정하며 존중해야 한다.

셋째, 문화적 소수자 집단을 위한 다문화교육과 모든 사회구성원을 대상으로 하는 다문화교육은 궁극적으로 다양성과 통합 사이의 균형을 모색하는 방향으로 수렴되어야 한다. 소수자 집단을 위한 교육이 주로 다양성 향유에 초점이 맞춰져 있다면, 사회구성원을 대상으로 하는 교육은 상대적으로 적응과 통합을 강조하는 편이다. 다양성과 통합은 상호 모순되거나 대립하는 측면도 있지만, 그렇다고 해서 어느 한쪽을 포기할 수 없는 모두 의미 있고 필요한 가치다. 우리나라의 다문화교육은 '민주적인 공동체'라는 큰 틀 속에서 다양성이 충분히 향유될 수 있는 방향을 추구할 필요가 있다. 우리는 현재 몸담은 한국사회라는 거대한 공동체가 분명히 필요하고, 그것을 유지하기를 원한다. 다만, 그 공동체는 '민주적'인 공동체여야 한다. 강제와 억압, 획일화가 아닌, 자율과 참여, 다양성이 보장되어야 한다는 것이다. 그렇게 될 때, 공동체도 건강하게 발전할 수 있다.

2) 다문화교육의 유형

양영자(2007)는 위의 세 가지 방향의 다문화교육을 더욱 확대시켜 네 가지 유형으로 구체화한 바 있다. 이것을 앞서 제시한 다문화교육의 방향과 결합하여 도식화하면 〈표 10-2〉와 같다(구정화 외, 2010).

〈표 10-2〉 다문화교육의 방향과 유형

구분	소수자를 위한 교육	다수자(혹은 전체)를 위한 교육
다양성 공유	(2)	—
통합 지향	(1)과 (3)	(4)

출처: 구정화 외(2010), 다문화교육의 이해와 실천, p. 206.

(1) 문화적 소수자의 적응을 위한 교육

이러한 측면의 교육은 문화적 소수자들이 한국사회와 문화에 적응하도록 하여 문화적 단일성과 통합성을 유지하도록 하기 위한 내용을 담고 있다. 이에 따라 한국어, 한국요리, 한국예절, 한국관습, 한국역사와 지리 등에 관한 내용과 학교생활 적응방안 등이 주요 내용이다. 문화적 소수자가 한국사회에 적응하는 데 있어서 반드시 필요한 것이 바로 한국어와 한국문화라고 할 수 있다. 문화적 소수자들이 한국어로 의사소통하는 데 불편함이 없도록, 그리고 문화적 차이나 충격도 최소화하여 인식하도록 할 필요가 있다. 따라서 다문화교육에서는 한국어교육, 한국문화 교육을 매우 중시하게 된다.

여기서 문화적 소수자의 '적응'을 말하고 있지만, 이것이 곧 그들을 '동화', '한국화'하는 것을 의미하는 것은 아니다. 특히 그러한 동화가 강요나 억압에 의해 이루어져서는 안 된다. 이렇게 이해한다면, 단지 문화적 소수자의 적응만이 아니라, 다수자와 소수자 간의 쌍방향 적응 교육의 필요성에 대해서도 생각해 볼 수 있다. 그리고 여기에서의 적응은 그 자체가 목적이라기보다는 더욱 많은 문화적 권리를 누리는 데 필요한 수단으로 보는 것이 적절하다.

(2) 문화적 소수자의 정체성 형성을 위한 교육

정체성(identity)을 어떻게 형성하느냐 하는 것은 다문화교육의 중요한 과제이기도 하다. 문화적 소수자로 하여금 기존의 한국사회에 적응하도록 일방적으로 강요한다면, 그것은 결과적으로 소수자의 고유한 정체성을 포기하게 하는 것과 다름이 없다. 그것은 곧 자신의 본디 문화와 신념 자체를 모두 부정하는 결과를 가져올 수 있으므로 바람직하지 않다.

정체성 형성에서 매우 중요하게 이바지하는 요소가 바로 언어이다. 따라서 소수자 정체성 형성 교육에서는 한국어와 소수자의 출신국가 언어를 모두 가르치는 이중언어교육을 주요 내용 중 하나로 삼고 있다. 또한, 언어와 불가분의 관계에 있는 출신국가의 문화를 함께 가르치는 것도 가능하다. 장기적으로는 한국의 다문화가정 자녀의 다중언어 구사능력과 다문화 향유능력이 기존의 한국인은 물론 주변국 국민과의 관계 맺음에서도 긍정적으로 이바지하는 측면이 있을 것이다.

(3) 문화적 소수자 공동체 상호 간 조화를 위한 교육

다문화교육은 문화적 소수자와 다수자(기존의 한국인) 사이의 바람직한 관계 형성에만 이바지하는 것이 아니라, 다양한 배경의 문화적 소수자들 간의 관계 맺음을 위해서도 매우 중요하다. 따라서 한국사회라는 공통적인 공간에서 더불어 살아가는 소수자 공동체 간에도 다른 문화를 문화상대주의적 태도로 바라보며 상호존중하고 인정할 수 있도록 하는 내용을 강조한다. 중국, 동남아시아, 중앙아시아 등을 지역적, 문화적 배경으로 삼는 소수자 중에는 자신들의 공동체를 별도로 형성하여 그 속에서 사는 경우가 많다. 이에 따라 이들 간에 서로 기득권이나 문화적 우월성을 내세워 적대하며 갈등을 일으킬 가능성도 있다.

실제로 국적이 다양한 11명의 어린이가 모인 한 초등학교에서는 몽골 어린이가 중국 어린이에 대해, 중국 어린이는 일본 어린이에 대해, 인도 어린이는 스리랑카 어린이에 대해 무시하거나 경멸하는 태도를 보이고 있다고 보고하고 있다(원일초등학교, 2006; 양영자, 2007 재인용). 또 다른 약자 앞에서는 강한 제1의 약자가 부분적으로 존재할 수 있다. 이러한 상황을 예방하고 해결하기 위해서는 문화적 소수자 공동체 간의 공존과 배려를 증진할 수 있는 다문화교육이 시행되는 것이 매우 중요하다.

(4) 다수자를 대상으로 하는 소수자에 대한 이해 증진 교육

이것은 현재 다문화교육이 가장 중점을 두는 부분이라고 할 수 있다. 다문화 사회에서 함께 어울려 살아가기 위해서는 다수자나 소수자 어느 한 편의 노력만으로 되는 것은 아니다. 소수자는 소수자로서 적응과 통합을 위해 담당해야 할 몫이 있고, 다수자는 다수자로서 인정과 포용을 위해 맡아야 할 몫이 있는 것이다. 그것은 다른 의미에서의 '적응'일 수 있다. 다시 말해서 다문화 사회에의 적응은 소수자에게만 필요한 것이 아니라, 다수자 역시 그것을 위해 노력해야 함을 의미한다.

따라서 다문화교육이 단순히 다문화가정을 한국어와 한국 문화에 동화시키는 데 머물러서도 안 되지만, 그렇다고 해서 단순히 다른 문화, 소수문화의 수(數)를 기계적으로, 수동적으로 늘려가는 교육이어야 하는 것은 아니다. 즉, 한국인 다수가 그와 같은 소수자들의 문화를 반성적으로 인식하며, 그 소수문화와 함께 규범적으로 공존을 모색할 수 있도록 하는 적극적인 교육이 필요한 것이다. 다문화교육은 변화하는 사회적 환경에서 다수 한국인이 문화적 소수자들을 깊이 있게 이해하고, 서로 수용하며 관용하면서도 필요할 때 상호 개입할 수 있도록 하는 세계관을 형성하고, 실천적인 행위를 할 수 있도록 하는 데 초점을 맞추고 있다.

많은 다문화가정이 겪는 차별대우나 편견을 막기 위해서는 다수자에 대한 문화적 소수자 이해 증진 교육이 가장 중요하다. 여기서는 문화적 소수자에 대한 배려와 이해, 관용 등을 주요 내용으로 삼게 된다. 다수자를 대상으로 시행하는 다문화교육은 반드시 필요하면서도 한편으로는 위험성도 가지고 있다. 이러한 다문화교육이 문화적 소수자에 대한 다수자의 우월감이나 구별 짓기로 이어지지 않도록 특별히 주의해야 하는 이유가 바로 여기에 있다.

3) 다문화교육의 체계와 교육과정 모형

(1) 다문화교육의 체계

권충훈 등(2008)의 논의를 참고하여 우리나라 다문화교육의 체계를 설정해 보면 [그림 10-3]과 같다. 여기서는 다문화교육의 이론과 실천이라는 커다란 두 개의 줄기와 다문화교육 대상으로서 네 개의 큰 집단을 제시하였다. 다문화교육 이론은 국내 대학과 연구소, 관련 시민단체나 종교단체 등과 같은 민간단체를 중심으로 꾸준히 개발되어야 한다. 아울러 다문화교육을 오랫동안 시행해 온 외국 이론에 대한 비판적 수용도 동시에 이루어질 필요가 있다. 다문화교육 실천 분야의 주체로는 초·중·고 각급 학교, 민간단체, 국정원이나 통일부와 같은 국가 기관 등을 제시할 수 있다. 이것은 다문화교육 이론 구축과 실천 역량 강화에 있어서 정부, 학계, 민간단체 등이 모두 협력해야 함을 의미한다.

다문화교육의 주요 대상으로는 대표적인 유입 집단인 결혼이민자와 그 자녀, 이주노동자와 그 자녀, 북한이탈주민 등을 꼽을 수 있고, 그와 동시에 전체적으로 압도적인 다수를 차지하는 기존의 내국인(한국 토착민)을 들 수 있다. 유입 집단에는 소수자 적응 교육, 소수자 정체성 교육, 소수자 공동체 교육을 주로 시행할 수 있을 것이고, 기존의 내국인에게는 소수자에 대한 이해 교육이 주로 강조될 것이다.

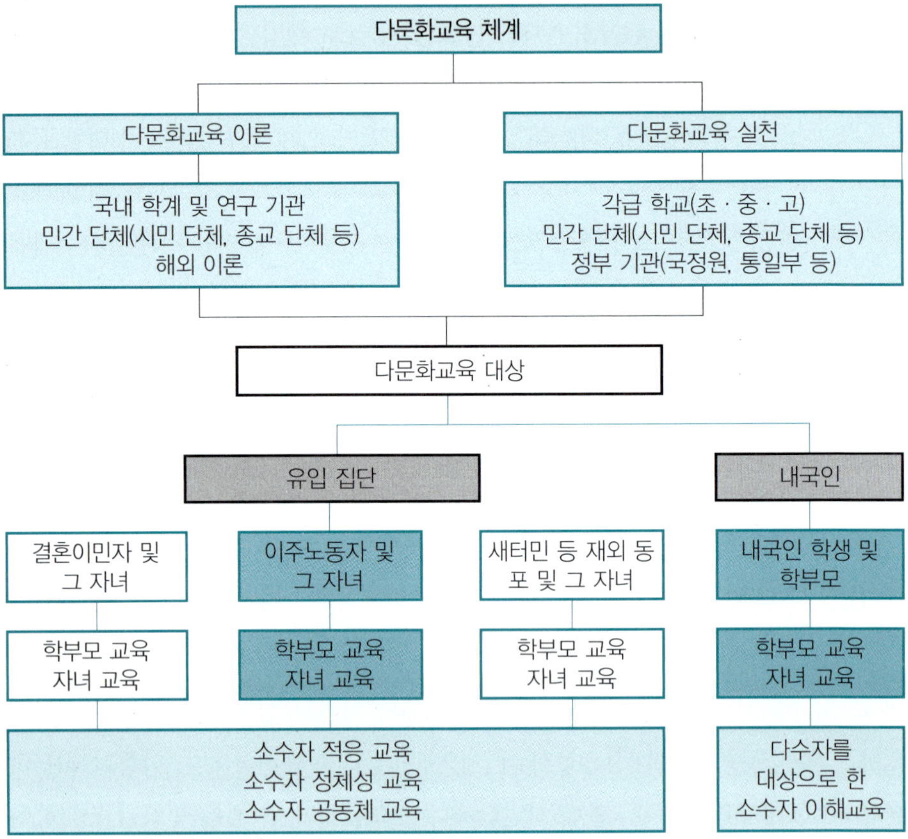

출처: 구정화 외(2010), 다문화교육의 이해와 실천, p. 210.

[그림 10-3] 다문화교육의 체계

(2) 다문화교육의 학교 교육과정 모형

이원희(2008)는 다문화교육 과정을 구성하는 방식을 〈표 10-3〉과 같이 구분하였다. 이것은 뱅크스(2007)가 소수민족 연구를 통한 교육과정 개편 과정으로 제안한 흐름과 그 맥을 같이 한다. 뱅크스는 ① 앵글로아메리칸 문화 중심에서, ② 소수민족 문화 추가, ③ 다민족 문화 존중, ④ 다국가 문화로 통합하는 방식을 제안한 바 있다. 여기서 ①은 동화주의, ②는 국제이해교육, ③은 다문화주의, ④는 세계시민주의 교육과정과 각각 연결될 수 있다. 다문화교육 과정은 기존의 자신 문화 혹은 다른 문화를 중심으로 각각 짤 수 있다. 또한, 문화의 단일성과 다양성 중 어느 하나를 더 강조할 수 있다. 이와 같은 조합을 통해 네 가지 구성 방식이 도출될 수 있다.

〈표 10-3〉 다문화교육과정 구성에 대한 접근 방식

구분	단일성 강조	다양성 강조
자신의 문화 중심	① 동화주의 교육과정	② 국제이해 교육과정
다른 문화 중심(혹은 대등화)	④ 세계시민주의 교육과정	③ 다문화주의 교육과정

출처: 구정화 외(2010), 다문화교육의 이해와 실천, p. 211.

① 동화주의 교육과정

이것은 기존의 주류 다수자의 관점이 반영된 교육과정이다. 여기서 문화적 소수자는 주류 문화를 수용하여 적응하는 것이 중요하다. 2007년 5월 교육인적자원부(현 교육과학기술부)가 발표한 '2007년도 다문화가정자녀 교육지원계획'에는 '언어, 문화 장벽 해소를 통한 사회통합 기여, 사회적 귀속감 증대, 한국어와 한국문화에 대한 조기 습득을 통해 학교 교육과 사회생활에서의 소외감과 이질감 극복, 한국사회를 구성하는 일원으로서의 자아정체감 확립' 등의 목표가 제시되어 있다(교육인적자원부, 2007). 이와 같은 부분은 다분히 동화주의적 색체가 강한 요소라고 할 수 있다.

② 국제이해교육 과정

국제이해교육에 대해서는 여러 가지 처지가 있다. 파커(Parker, 2001)는 국제이해교육을 다음과 같이 구분한다. 즉, 국제이해교육은 우리 밖의 다름을 이해하는 것이고, 다문화교육은 우리 안의 다름을 수용하는 것이다. 기본적으로 국제이해교육은 다른 문화를 자기 문화로 편입시키는 것을 목표로 하고 있지는 않다. 그러나 주로 자국의 처지에서 다른 문화, 소수문화를 이해하고 해석하는 데 비중을 둔다. 예를 들어, 결혼이민자 자녀와 이주노동자 자녀가 없는 학교에서 시행하는 다른 문화 관련 교육은 주로 여기에 해당할 것이다(이원희, 2008).

③ 세계시민주의 교육과정

여기서는 지구촌 시민으로서 공동체 의식을 고취하고 민족, 문화, 인종, 종교, 국가 등을 떠나 모든 사람이 인간으로서 더불어 살아가는 것을 지향한다. 세계시민주의(사해동포주의[四海同胞主義])와 관련이 깊다. 이 과정에서는 차별, 경쟁, 갈등 대신에 평등, 협력, 조화, 상생 등의 가치를 추구한다. 또한, 주류 문화와 소수문화를 특별히 구분하지 않고 보편적 이상을 지향한다. 여기서 세계시민주의(cosmopolitanism, 박애주s의)란 인종에 대한 편견이나 국가적 이기심 또는 종교적 차별을 버리고, 인류 전체의 복지 증진을 위하여 온 인류가 서로 평등하게 사랑해야 한다는 주의를 말한다.

• 자료 10-2 •

▌세계시민주의(cosmopolitanism, 사해동포주의)란?

스토아 철학에서, 그리스인들이 전통적으로 인간을 그리스인과 야만인으로 나누고 자신들에게 세계시민이라는 호칭을 부여함으로써 그들의 폴리스가 우주 전체 또는 세계 전체임을 시사하는 데 반대하여 스토아 철학자들이 취한 태도이다. 알렉산드로스 대왕은 자기 휘하의 장군들에게 정복지 출신 여인들과 결혼하도록 허락함으로써 이러한 차별을 약화시켰지만, 이 정책은 전쟁터에서는 저항에 부딪혔고 후방에서는 충격을 불러일으켰다.

스토아학파(BC 4~3세기)는 그리스인들의 언어적·인종적 우월의식을 타파하고 철학적 바탕 위에서 새로운 세계시민주의를 생각해냈다. 이전의 그리스인들은 인간을 그리스인과 야만인으로 나누는 것이 자연의 명령(또는 제우스의 섭리)이라고 생각했다. 스토아학파는 이와 반대로 모든 사람은 하나의 공통된 이성을 갖고 있으며 하나의 신성한 '로고스'에 종속되어 있다고 주장했다. 따라서 진정한 스토아 현자는 한 국가의 시민이 아니라 전체 세계의 시민이다.

후기 스토아학파는 패배한 적과 노예에 대해서도 친절하게 행동해야 한다고 강조함으로써 이러한 관념에 행동지침을 부여했다. 또한, 스토아특유의 자기 사랑(oikeiōsis)을 자기 자신에서 가정으로, 친구로, 그리하여 결국 인류 전체로 확장하도록 권장했다. 많은 역사가의 주장을 따르면, 사도 바울로가 전파한 보편주의적인 그리스도교(바울로에 의하면 그리스도교에는 유대인과 이방인의 구별도, 자유인과 노예의 구별도 없음)가 수용되는 데 스토아 원리가 상당한 도움이 되었다. 후기 스토아학파(AD 1~2세기)의 한 사람인 에픽테토스는 그의 추종자들에게 인간은 원래 모두 형제임을 역설하고 자신이 누구이고 누구를 지배하는지를 잊지 말라고 촉구했다. 지배당하는 자도 원래 한 형제, 친척이며 모두가 제우스의 자식이기 때문이다.

출처: 위키백과(2011. 6. 30).

④ 다문화주의 교육과정

다문화주의 교육과정은 여러 소수 문화를 인정하되, 다른 문화의 관점에서 그 문화를 이해하는 것을 목표로 한다. 이것은 자신의 문화 못지않게 다른 문화도 동등한 가치를 가지고 있다는 점을 전제하는 것이다. 이러한 점에서는 문화상대주의와 일맥상통하는 측면도 있다. 또한, 문화의 다양성과 개별적 가치를 인정한다는 점에서는 포스트모던적 사고와도 관련이 있다(이원희, 2008).

자료 10-3

포스트모더니즘(postmodernism)이란?

포스트모더니즘(postmodernism)은 이성중심주의에 대해 근본적인 회의를 내포하고 있는 사상적 경향의 총칭이다. 제2차 세계대전과 여성운동, 학생운동, 흑인민권운동과 구조주의 이후에 일어난 해체현상의 영향을 받았다. 탈중심적 다원적 사고, 탈이성적 사고가 포스트모더니즘의 가장 큰 특징으로 1960년대 프랑스와 미국을 중심으로 일어났다.

포스트모더니즘의 영향을 받은 건축물의 모습

리오타르, 보드리야르 등이 대표적인 포스트모더니즘 철학자이다. 포스트모더니즘은 용어 자체가 역사학적 구분에서의 근현대에 스쳐 간 수많은 것들을 포함하기 때문에 학자, 지식인, 역사가 사이에서 그 정의를 두고 극한 논쟁이 일고 있는 개념이기도 하다.

그럼에도, 포스트모던적 생각이 철학, 예술, 비판 이론, 문학, 건축, 디자인, 마케팅/비즈니스, 역사해석, 문화 등 다방면에 걸쳐 영향을 끼쳤다는 사실에는 대부분 동의한다. 포스트모더니티(postmodernity)는 포스트모더니즘과는 구분되는 용어로 사용되며, 포스트모더니즘이 발생한 시기의 사회·문화의 접변 현상만을 가리킨다.

출처(사진): 위키백과(2011. 6. 30).

여기서는 이중언어교육, 제2언어로서의 한국어교육, 소수문화권 학생들을 위한 한국문화 이해 프로그램, 성인들을 위한 한국문화 이해 프로그램, 기존의 한국인들을 위한 편견 해소교육 프로그램 등이 강조된다(이원희, 2008). 이러한 방식은 뱅크스의 개혁적 접근법과 사회적 행동 접근법과 관련이 있다. 개혁적 접근법에서는 교육과정의 근본 패러다임을 바꾸어 전혀 다른 관점에서 문화 관련 개념과 주제를 검토하게 된다. 사회적 행동 접근법은 이를 더욱 확장하여 학생들이 문화와 관련한 문제에 대해 직접 의사결정을 내리고 그것을 행동으로 옮기는 것까지를 지향한다.

• 자료 10-4 •

▌국가와 종교를 넘어 인권과 평등을 외치는 '암베드카르'

"선생님, 저에게는 조국이 없습니다." 간디는 당황한 표정으로 상대방의 말을 끊으며 무슨 말인지 되물었지만, 상대방은 개의치 않고 말을 이어나갔다. 그는 개나 돼지보다도 못한 취급을 당하면서 마실 물도 제대로 얻을 수 없는 이 땅은 자신의 조국이 아니며, 그런 나라의 종교(힌두교) 또한 자신의 종교가 될 수 없음을 역설하였다. 뭄바이에서 처음 만난 간디에게 얘기하고 있는 이 사람의 이름은 암베드카르다.

인도 사람들에게는 마히트마 간디와 더불어 탄생일이 국가기념 공휴일로 지정될 만큼 가장 추앙받고 있는 국민 영웅이 바로 암베드카르다. 암베드카르는 카스트 4계급에도 속하지 못하는 달리트(불가촉천민)로 태어났지만, 독립 인도의 초대 법무장관이자 제헌의회의 헌법기초위원장으로서 카스트제도 철폐와 노동자, 여성의 인권 보장을 명시한 인도헌법을 기초했다. '민중교육협회'를 결성하고 싯다르타 대학 등 여러 학교를 설립한 '민중교육자'였다.

무엇보다도 그는 '불가촉천민의 해방자'이자 12세기 모슬렘의 침공 이후 힌두교에 강제 포섭된 인도 불교의 부활을 이끈 '네오 부디즘'의 창시자였다. 그는 나시크 대회에서 '불행하게도 힌두교 인으로 태어났으나 힌두교 인으로 죽는 일은 결코 없을 것'이라고 천명한 대로 1956년 10월 14일, 나그푸르에서 그를 따르는 50만 명의 군중과 함께 저 유명한 '불교 집단 개종의식'을 실행했다. 사해동포주의와 만민평등의 깃발을 높이 든 역사적 순간이었다.

출처: 경향신문(2011. 5. 5).

참고문헌

참고 문헌

강희성, 김현경, 박길남, 박주현, 윤명길, 전대성, 정명희, 주민경(2021). 사회복지와 문화다양성. 경기: 양성원.

곽준혁(2007). 미국에서의 다문화주의. 민족연구, 30, 126-139.

권숙자, 박은아, 최윤정(2009). 다문화사회의 새로운 이해. 서울: 그린.

권순희, 박상준, 이경한, 정윤경, 청호성(2010). 다문화사회와 다문화교육. 경기: 교육과학사.

경기도다문화교육센터(2009). 다문화교육의 이론과 실제(2판). 경기: 양서원.

경기북부다문화교육센터(2010). 알기 쉬운 다문화교육. 경기: 양서원.

구정화(2009). 퍼센트경제학. 서울: 해냄.

구정화, 박윤정, 설규주(2010). 다문화교육의 이해와 실천. 서울: 동문사.

국가인권위원회(2003). 기지촌 혼혈인 인권실태조사.

김범수, 서은주, 손병돈, 정재훈, 조석연, 최현미, 신승연, 최승희(2007). 다문화사회복지론. 경기: 양서원.

김비환(1996). 포스트모던 시대에 있어 합리성, 다문화주의 그리고 정치. 사회과학, 35(1), 205-236.

김상균(1987). 현대사회와 사회정책. 서울: 서울대학교 출판부.

김석환(1997). 논어. 서울: 학영사.

김영룡(1997). 잔잔한 정의 나라, 한국. 임태섭 편저. 정, 체면, 연줄 그리고 한국인의 인간관계. 서울: 한나래.

김용신(2009). 한국 사회의 다문화교육 지향과 실행 전략. 사회과교육, 48(1), 13-25.

김유경(2009). 다문화가족의 실태와 정책방안. 보건복지포럼, 151, 29-52.

김유경, 조애저, 최현미, 이주연(2008). 다문화시대를 대비한 복지정책방안 연구–다문화가족을 중심으로–. 서울: 한국보건사회연구원.

김은미, 양옥경, 이혜영(2009). 다문화사회, 한국. 경기: 나남.

김이선, 김민진, 한건수(2006). 여성 결혼이민자의 문화적 갈등 경험과 소통증진을 위한 정책 과제. 서울: 한국여성개발원.

김지현(2008). 한국 사회에서의 다문화주의와 교육. 철학연구, 106, 29-52.

김치수(1982). 끈끈한 연줄의 나라, 한국. 임태섭 편저. 정, 체면, 연줄 그리고 한국인의 인간 관계. 서울: 한나래.
김혜숙(2007). 여성주의 관점에서 본 다문화주의: 열린 주체 형성의 문제. 철학연구, 76, 203-229.
김희정(2007). 한국의 관주도형 다문화주의. 오경석 외(2007). 한국에서의 다문화주의. 서울: 한울아카데미, 57-79.
동서문화(1999). 파스칼 세계대백과사전. 서울: 동서문화.
문경희(2008). 호주 다문화주의의 정치적 동학. 국제정치논집, 48(1), 267-291.
류성호(1995). 한국사회 이야기 주머니. 서울: 녹두.
박경태(2008). 소수자와 한국사회. 서울: 후마니타스.
박성혁(2009). 다문화교육 정책을 위한 관련 법령의 현황과 개선 방향. 경기도다문화교육센터. 다문화교육의 이론과 실제(2판). 파주: 양서원.
박주현(2010). 북한이탈아동의 부모 관련 요인과 문화적 지향성이 자아존중감에 미치는 영향. 부모교육연구, 7(2), 23-40.
박주현(2010). 인간행동과 사회환경. 서울: 파란마음.
박주현, 배은숙, 임상록(2011). 건강가정론. 서울: 창지사.
박주현, 변미희(2008). 새터민 초등학생의 문화적 유능감에 영향을 미치는 요인. 부모교육연구, 5(2), 57-78.
박주현, 임상록(2009). 건강가정정책론. 서울: 파란마음.
박찬옥, 지성애, 김미경, 이부미, 채영란, 김현경, 김순자(2011). 유아 다문화 교육. 서울: 창지사.
보건복지가족부, 중앙건강가정지원센터(2008). 2008 다문화가족지원센터 사업평가회 자료집.
보건복지부(2005). 국제결혼 이주여성 실태조사 및 보건·복지 지원 정책방안.
보건복지부(2015). 2015 보건복지통계연보.
북한이탈주민후원회(2001). 북한이탈주민 사회적응 실태보고.
서덕희(2008). 4학년 7반 한성현을 만나다. 유네스코 아시아·태평양 국제이해교육원. 다문화사회의 이해. 서울: 동녘.
설규주(2004). 세계시민사회의 대두와 다문화주의적 시민교육의 방향. 사회과교육, 43(4), 31-54.
설동훈(2005). 외국인노동자와 인권. 민주주의와 인권, 5(2), 39-77.
신수진(2000). 가족 성원의 삶을 산다는 것. 국제한국학회. 한국문화와 한국인. 서울: 사계절.

양영자(2007). 분단-다문화시대 교육 이념으로서의 민족주의와 다문화주의 양립가능성 모색. 교육과정연구, 25(3), 23-48.

여성가족부(2011). 2011년 다문화가족지원센터 운영가이드북.

오경석(2007). 어떤 다문화주의인가. 오경석 외(2007). 한국에서의 다문화주의. 서울: 한울아카데미, 21-56.

오성배(2005a). 코시안 아동의 성장과 환경에 관한 사례 연구. 한국교육, 32(3), 61-83.

오성배(2005b). 한국 사회의 소수 민족 '코시안' 아동의 사례를 통한 다문화교육의 방향 탐색. 교육사회학연구, 16(4), 137-157.

우희숙(2009a). 이주민 삶의 이해. 경기도다문화교육센터. 다문화교육의 이론과 실제. 서울: 양서원.

우희숙(2009b). 다문화가정의 자녀교육. 경기도다문화교육센터. 다문화교육의 이론과 실제. 파주: 양서원.

원진숙(2009). 다문화가정 자녀교육지원을 위한 초등학교 방과후 수업 전담 이중 언어 교수 요원 선발·교육 및 배치 방안. 다문화가정 학생 교육 지원을 위한 2009년 시·도 교육청 관계자 워크숍. 서울: 교육과학기술부.

유네스코 아시아·태평양 국제이해교육원(2008). 다문화 사회의 이해. 경기: 동녘.

유네스코 아시아·태평양 국제이해교육원(2009). 다문화 사회와 국제이해교육. 경기: 동녘.

유태용(1999). 문화란 무엇인가. 서울: 학연문화사.

윤경자, 김정옥, 현은민, 전영자, 유계숙, 김은경(2009). 건강가정론. 경기: 공동체.

윤인진(2007). 국가 주도 다문화주의와 시민 주도 다문화주의. 한국적 다문화주의의 이론화. 한국사회학회 동북아시대위원회 용역과제, 251-291.

윤형숙(2004). 국제결혼 배우자의 갈등과 적응. 최협 외. 한국의 소수자 실태와 전망. 서울: 한울아카데미.

이근홍(2006). 인간행동과 사회환경. 경기: 공동체.

이광규(1994). 문화인류학. 서울: 일조각.

이선형, 임춘희(2009). 건강가정론. 서울: 신정.

이용승(2004). 호주의 다문화주의. 동아시아연구, 8, 177-205.

이용승(2007). 호주 다문화주의의 역진. 민족연구, 30, 26-50.

장문강(2006). 새터민 청소년의 학교 적응에 관한 연구-다문화교육 관점을 중심으로-. 청소년문화포럼, 19. 서울: 한국청소년문화연구소.

장은주(2003). 문화다원주의와 보편주의. 다원주의, 축복인가 재앙인가. 한국보육학회지, 7(1), 1-24.

장태한(2004). 아시안 아메리칸. 서울: 책세상.
전경수(1999). 문화의 이해. 서울: 일지사.
전숙자, 박은아, 최윤정(2009). 다문화사회의 새로운 이해. 서울: 그린.
조희금, 김경신, 정민자, 송혜림, 이승미, 성미애, 이현아(2005). 건강가정론. 서울: 신정.
조희금, 김경신, 정민자, 송혜림, 이승미, 성미애, 이현아(2010). 건강가정론(2판). 서울: 신정.
조희금, 송혜림, 성미애(2007). 건강가정 현장실습. 서울: 신정.
중앙건강가정지원센터(2007). 2007 결혼이민자지원센터 사업운영결과보고서.
최덕경, 강기정, 박경애, 박주현, 배은숙, 이명순, 이혜자(2010). 가족복지론. 서울: 파란마음.
최무현(2008). 다문화시대의 소수자정책 수단에 관한 연구: 참여정부의 '다문화정책'을 중심으로. 한국행정학보, 42(3), 51-77.
최영민, 이기영, 최현미, 김정진(2009). 문화적 다양성과 사회복지. 서울: 학지사.
최재석(1994). 한국인의 사회적 성격. 서울: 현음사.
최종철(1999). 종교의 일상사회학. 일상문화연구회. 한국인의 일상문화. 서울: 한울.
최준석(2000). 한국인에게 문화는 있는가. 서울: 사계절.
최현미, 이수연(2008). 다문화 가족 지원 기관 현황 분석과 전문 프로그램 개발. 다문화가족 연구, 2, 1-12.
최현미, 이혜경, 신은주, 최승희, 김연희, 송성실(2008). 다문화가족복지론. 경기: 양서원.
평택대학교 다문화가족센터(2007). 한국사회와 다문화가족. 경기: 양서원.
한건수(2004). 타자 만들기: 한국사회와 이주노동자의 재현. 최협 외. 한국의 소수자, 실태와 전망. 서울: 한울아카데미.
한경구, 한은수(2007). 한국적 다문화 사회의 이상과 현실: 순혈주의와 문명론적 차별을 넘어. 한국사회학회 동북아시대위원회 용역과제, 71-116.
한규석(1995). 사회심리학의 이해. 서울: 학지사.
한규석, 최상진(2000). 교류 행위를 통해 본 한국인의 사회심리. 국제한국학회, 한국문화와 한국인. 서울: 사계절.
한상복, 이문웅, 김광억(1997). 문화인류학개론. 서울: 서울대학교 출판부.
한승준(2008). 프랑스 동화주의 다문화정책의 위기와 재편에 관한 연구. 한국행정학보, 42(3), 463-486.

Banks, J. A.(Ed.)(1993). *Educating citizens in a multicultural society*. New York: Teachers College Press.
Banks, J. A.(2004). Multicultural education: Historical development, dimensions, and prac-

tice. In J. A. Banks and C. A. M. Banks(Eds.) *Handbook of research on multicultural education*. New York: Macmillan.

Banks, J. A.(2007). *Education Citizens in a multicultural society*(2nd ed.) New York: Teachers College Press.

Bleish, E.(2003). *Race politics in Britain and France*. New york: Cambridge University Press.

Bradshaw, Y., & Wallace, M.(1996). *Global Inequalities*. California: Forge.

Castles, S.(2000). *Migration as a factor in social transformation in East Asia*. Retrieved from www.theglobalisite.ac.uk.

Castles, S.(2000). Thefactors that make and unmake migration policies. *International Migration Review*, 38(3), 853-885.

Castles, S., & Davidson, Alastair(2000). *Citizenship and migration: Globalization and the politics of belonging*. New York: Routledge.

Clarke, Paul Barry(1996). *Deep citizenship*. London: Pluto Press.

엘리자베스 라이커트. 국가인권위원회 역(2008). 사회복지와 인권. 서울: 인간과복지.

Fetzer, J. S.(2000). *Attitudes toward immigration in the United States, France, and Germany*. Cambridge: Cambridge University Press.

Freeman, G. P.(2004). "Immigrant Incorporation in Western Democracies." *International Migration Review*, 38(3), 945-969.

Held, David, McGrew, Anthony, Goldblatt, Perraton, & Jonathan(1999). *Global transformations: Politics, economics and culture*. Cambridge: Polity.

Hollifield, J. F.(2004). The emerging migration state. *Migration Review, 38*(3), 885-913.

Ignatieff, M.(2001). The attack on human rights. *Foreign Affairs* 80.6(November~ December), 102-106.

Ineland, P.(1994). *The policy challenge of ethnic diversity: Immigrant politics in France and Switzerland*. Cambridge, MA; Harvard University Press.

Ingoldsby, B. B., & Smith, S. D.(2008). Families in Global and Multicultural Perspective. 천혜정, 강진경, 권영인, 신수진, 유계숙, 전혜정 역(2009). 다문화적 관점에서 바라본 세계의 가족(2판). 서울: 시그마프레스.

Jim Ife. Human Rights and Social Work. 김형식, 여지영 역(2001). 인권과 사회복지실천. 서울: 인간과복지.

Johnson, D. W., & Johnson, R. T.(2002). 김영순, 이미정, 강현미, 김선미, 신승연, 김민영, 심옥령, 김민정, 안준상, 강성아, 황인수, 문현진(2010). 다문화교육과 인간관

계. 경기: 교육과학사.

Kobrin, S. J.(1997). The architecture of globalization: State sovereignty in a networked global economy. In J. H. Dunning(Ed.), *Governments, globalization, and international business*, 146–517. New York: Oxford University Press.

Kymlicka, Will(2004). "Multicultural States and Intercultural Citizen", *Theory and Research in Education, 1*(2), 147–169.

Lupel, A.(2004). "Regionalism and globalization: Post–nation or extended nation?" *Polity*, 36(2), 153–175.

Martinielo, M.(2002). *Sortir des Ghettos Culturels*. 윤진 역(2008). *현대사회와 다문화주의*. 서울: 한울.

Messina, A. M.(1996). "The not so silent revolution: Postwar migration to Western Europe." *World Politics, 49*(1), 130–154.

Russell, S.(1992). "Migration remittances and development." *International Migration Review*, 30(3/4), 269–290.

Sterba, James P.(1995). *Contemporary social and political philosophy*. Belmont: Wadsworth Publishing Company.

Sue, D. W. 이은주 역(2010). *다문화 사회복지실천*. 서울: 학지사.

Taylor, J. E.(1999). "The new economics of labor migration and the role of remittance in the migration process." *International Migrations*, 37, 63–88.

경남우리신문(2011. 7. 13). 경상남도이동다문화가족지원센터, 전국최초 도서지역 찾아가는 서비스 실시.

경기일보(2011. 6. 21). 국제결혼 3쌍 중 1쌍은 헤어져.

경향신문(2011. 5. 5). 암베드카르.

뉴시스(2011. 5. 19). 한국 땅, 외국인 살지 않는 곳 없다.

매일경제(2008. 2. 5). 매일경제(2008. 2. 10), 소득 2만 달러 넘은 한국, 이젠 이주 이민수입국.

매일경제(2010. 7. 31). 어긋난 국제결혼 원인은 돈, 해법은 비영리 결혼중개인데….

서울신문(2011. 6. 24). 외국인 자녀 15만 명 3년 새 2.6배 늘었다.

연합뉴스(2009. 4. 5). 호주 동성애자 차별 7월부터 폐지, '일반가정'으로 분류 각종 혜택부여.

연합뉴스(2010. 10. 11). 다문화보다 '문화 간 관계' 더 중요.

연합뉴스(2011. 7. 14). EBS, 다문화가족 위한 한글교육사이트 개설.
연합뉴스(2011. 8. 5). 피살 베트남여성 아기 결국 보육시설로.
연합뉴스(2011. 8. 11). 이주노동자 78% "욕 들으며 일한다."
오마이뉴스(2009. 5. 12). 통일부 인도협력국 폐지…, '더 강화해야 할 부서' 비판.
중앙일보(2011. 6. 7). 한국에 사는 외국인 절반은 중국인.
중앙일보(2011. 7. 25). 자아존중감 기른 두 여학생.
한겨레(2008. 5. 5). 이주노동자노동조합 지도부 표적검거 논란, 합동단속반 편성 하루 만에 체포, 노조 쪽 "검거 열풍 신호탄" 반발.
헤럴드경제(2011. 2. 24). 진정한 다문화사회의 성공은?
CBS 노컷뉴스(2009. 4. 13). 남한에 온 탈북자, '죄의식'과 '불안감'에 시달려.

보건복지부 홈페이지(www.mw.go.kr).
여성가족부 홈페이지(www.mogef.go.kr).
전국다문화가족사업지원단 홈페이지(www.liveinkorea.mogef.go.kr/mfsc.center).
통일부 홈페이지(www.unikorea.go.kr).

부록1 다문화가족지원법

[시행 2011. 10. 5] [법률 제10534호, 2011. 4. 4, 일부개정]

제1조(목적) 이 법은 다문화가족 구성원이 안정적인 가족생활을 영위할 수 있도록 함으로써 이들의 삶의 질 향상과 사회통합에 이바지함을 목적으로 한다.

제2조(정의) 이 법에서 사용하는 용어의 뜻은 다음과 같다. 〈개정 2011. 4. 4〉

1. "다문화가족"이란 다음 각 목의 어느 하나에 해당하는 가족을 말한다.

가. 「재한외국인 처우 기본법」 제2조 제3호의 결혼이민자와 「국적법」 제2조부터 제4조까지의 규정에 따라 대한민국 국적을 취득한 자로 이루어진 가족

나. 「국적법」 제3조 및 제4조에 따라 대한민국 국적을 취득한 자와 같은 법 제2조부터 제4조까지의 규정에 따라 대한민국 국적을 취득한 자로 이루어진 가족

2. "결혼이민자 등"이란 다문화가족의 구성원으로서 다음 각 목의 어느 하나에 해당하는 자를 말한다.

가. 「재한외국인 처우 기본법」 제2조 제3호의 결혼이민자

나. 「국적법」 제4조에 따라 귀화허가를 받은 자

제3조(국가와 지방자치단체의 책무) ① 국가와 지방자치단체는 다문화가족 구성원이 안정적인 가족생활을 영위할 수 있도록 필요한 제도와 여건을 조성하고 이를 위한 시책을 수립·시행하여야 한다. ② 국가와 지방자치단체는 이 법에 따른 시책 중 외국인정책 관련 사항에 대하여는 「재한외국인 처우 기본법」 제5조부터 제9조까지의 규정에 따른다.

제3조의2(다문화가족 지원을 위한 기본계획의 수립) ① 여성가족부장관은 다문화가족 지원을 위하여 5년마다 다문화가족정책에 관한 기본계획(이하 "기본계획"이라 한다)을 수립하여야 한다. ② 기본계획에는 다음 각 호의 사항을 포함하여야 한다.

1. 다문화가족 지원 정책의 기본 방향
2. 다문화가족 지원을 위한 분야별 발전시책과 평가에 관한 사항
3. 다문화가족 지원을 위한 제도 개선에 관한 사항
4. 다문화가족 지원을 위한 재원 확보 및 배분에 관한 사항
5. 그 밖에 다문화가족 지원을 위하여 필요한 사항

③ 여성가족부장관은 기본계획을 수립할 때에는 미리 관계 중앙행정기관의 장과 협의하여야 한다. ④ 기본계획은 제3조의4에 따른 다문화가족정책위원회의 심의를 거쳐 확정한다. 이 경우 여성가족부장관은 확정된 기본계획을 관계 중앙행정기관의 장과 특별시장·광역시장·도지사·특별자치도지사(이하 "시·도지사"라 한다)에게 알려야 한다. ⑤ 여성가족부장관은 기본계획을 수립하기 위하여 필요하다고 인정하는 경우 관계 기관의 장에게 기본계획의 수립에 필요한 자료의 제출을 요구할 수 있다. ⑥ 제5항에 따라 자료의 제출을 요구받은 관계 기관의 장은 정당한 사유가 없으면 이에 따라야 한다. [본조신설 2011. 4. 4]

제3조의3(연도별 시행계획의 수립·시행) ① 여성가족부장관, 관계 중앙행·정기관의 장과 시·도지사는 매년 기본계획에 따라 다문화가족정책에 관한 시행계획(이하 "시행계획"이라 한다)을 수립·시행하여야 한다. ② 관계 중앙행정기관의 장과 시·도지사는 전년도의 시행계획에 따른 추진실적 및 다음 연도의 시행계획을 대통령령으로 정하는 바에 따라 매년 여성가족부장관에게 제출하여야 한다. ③ 시행계획의 수립·시행 및 추진실적의 평가 등에 필요한 사항은 대통령령으로 정한다. [본조신설 2011. 4. 4]

제3조의4(다문화가족정책위원회의 설치) ① 다문화가족의 삶의 질 향상과 사회통합에 관한 중요 사항을 심의·조정하기 위하여 국무총리 소속으로 다문화가족정책위원회(이하 "정책위원회"라 한다)를 둔다. ② 정책위원회는 다음 각 호의 사항을 심의·조정한다.

1. 제3조의2에 따른 다문화가족정책에 관한 기본계획의 수립 및 추진에 관한 사항
2. 제3조의3에 따른 다문화가족정책의 시행계획의 수립, 추진실적 점검 및 평가에 관한 사항
3. 다문화가족과 관련된 각종 조사, 연구 및 정책의 분석·평가에 관한 사항
4. 각종 다문화가족 지원 관련 사업의 조정 및 협력에 관한 사항
5. 다문화가족정책과 관련된 국가 간 협력에 관한 사항
6. 그 밖에 다문화가족의 사회통합에 관한 중요 사항으로 위원장이 필요하다고 인정하는 사항

③ 정책위원회는 위원장 1명을 포함한 20명 이내의 위원으로 구성하고, 위원장은 국무총리가 되며, 위원은 다음 각 호의 사람이 된다.

1. 대통령령으로 정하는 중앙행정기관의 장
2. 다문화가족정책에 관하여 학식과 경험이 풍부한 사람 중에서 위원장이 위촉하

는 사람

④ 정책위원회에서 심의·조정할 사항을 미리 검토하고 대통령령에 따라 위임된 사항을 다루기 위하여 정책위원회에 실무위원회를 둔다. ⑤ 그 밖에 정책위원회 및 실무위원회의 구성 및 운영 등에 필요한 사항은 대통령령으로 정한다. [본조신설 2011. 4. 4]

제4조(실태조사 등) ① 여성가족부장관은 다문화가족의 현황 및 실태를 파악하고 다문화가족 지원을 위한 정책수립에 활용하기 위하여 3년마다 다문화가족에 대한 실태조사를 실시하고 그 결과를 공표하여야 한다. 〈개정 2010. 1. 18〉 ② 여성가족부장관은 제1항에 따른 실태조사를 위하여 관계 공공기관 또는 관련 법인·단체에 대하여 필요한 자료의 제출 등 협조를 요청할 수 있다. 이 경우 자료의 제출 등 협조를 요청받은 관계 공공기관 또는 관련 법인·단체 등은 특별한 사유가 없는 한 이에 협조하여야 한다. 〈개정 2010. 1. 18〉 ③ 여성가족부장관은 제1항에 따른 실태조사를 실시함에 있어서 외국인정책 관련 사항에 대하여는 법무부장관과, 다문화가족 구성원인 아동의 교육에 관한 사항에 대하여는 교육과학기술부장관과 협의를 거쳐 실시한다. 〈개정 2010. 1. 18, 2011. 4. 4〉 ④ 제1항에 따른 실태조사의 대상 및 방법 등에 필요한 사항은 여성가족부령으로 정한다. 〈개정 2010. 1. 18〉

제5조(다문화가족에 대한 이해증진) ① 국가와 지방자치단체는 다문화가족에 대한 사회적 차별 및 편견을 예방하고 사회구성원이 문화적 다양성을 인정하고 존중할 수 있도록 다문화 이해교육과 홍보 등 필요한 조치를 하여야 한다. 〈개정 2011. 4. 4〉

② 교육과학기술부장관과 특별시·광역시·도·특별자치도의 교육감은 「유아교육법」 제2조, 「초·중등교육법」 제2조 또는 「고등교육법」 제2조에 따른 학교에서 다문화가족에 대한 이해를 돕는 교육을 실시하기 위한 시책을 수립·시행하여야 한다. 〈신설 2011. 4. 4〉

제6조(생활정보 제공 및 교육 지원) ① 국가와 지방자치단체는 결혼이민자 등이 대한민국에서 생활하는 데 필요한 기본적 정보를 제공하고, 사회적응교육과 직업교육·훈련 및 언어 소통 능력 향상을 위한 한국어교육 등을 받을 수 있도록 필요한 지원을 할 수 있다. 〈개정 2011. 4. 4〉

② 국가와 지방자치단체는 제1항에 따른 교육을 실시함에 있어 거주지 및 가정환경 등으로 인하여 서비스에서 소외되는 결혼이민자 등이 없도록 방문교육이나 원격교

육 등 다양한 방법으로 교육을 지원하고, 교재와 강사 등의 전문성을 강화하기 위한 시책을 수립·시행하여야 한다. 〈신설 2011. 4. 4〉 ③ 그 밖에 제1항에 따른 정보제공 및 교육에 필요한 사항은 대통령령으로 정한다. 〈개정 2011. 4. 4〉

제7조(평등한 가족관계의 유지를 위한 조치) 국가와 지방자치단체는 다문화가족이 민주적이고 양성평등한 가족관계를 누릴 수 있도록 가족상담, 부부교육, 부모교육, 가족생활교육 등을 추진하여야 한다. 이 경우 문화의 차이 등을 고려한 전문적인 서비스가 제공될 수 있도록 노력하여야 한다.

제8조(가정폭력 피해자에 대한 보호·지원) ① 국가와 지방자치단체는 「가정폭력방지 및 피해자보호 등에 관한 법률」에 따라 다문화가족 내 가정폭력을 예방하기 위하여 노력하여야 한다. 〈개정 2011. 4. 4〉 ② 국가와 지방자치단체는 가정폭력으로 피해를 입은 결혼이민자 등을 보호·지원할 수 있다. 〈신설 2011. 4. 4〉 ③ 국가와 지방자치단체는 가정폭력의 피해를 입은 결혼이민자 등에 대한 보호 및 지원을 위하여 외국어 통역 서비스를 갖춘 가정폭력 상담소 및 보호시설의 설치를 확대하도록 노력하여야 한다. 〈개정 2011. 4. 4〉 ④ 국가와 지방자치단체는 결혼이민자 등이 가정폭력으로 혼인관계를 종료하는 경우 의사 소통의 어려움과 법률체계 등에 관한 정보의 부족 등으로 불리한 입장에 놓이지 아니하도록 의견진술 및 사실확인 등에 있어서 언어통역, 법률상담 및 행정지원 등 필요한 서비스를 제공할 수 있다. 〈개정 2011. 4. 4〉

제9조(의료 및 건강관리를 위한 지원) ① 국가와 지방자치단체는 결혼이민자 등이 건강하게 생활할 수 있도록 영양·건강에 대한 교육, 산전·산후 도우미 파견, 건강검진 등의 의료서비스를 지원할 수 있다. 〈개정 2011. 4. 4〉 ② 국가와 지방자치단체는 결혼이민자 등이 제1항에 따른 의료서비스를 제공받을 경우 외국어 통역 서비스를 제공할 수 있다. 〈신설 2011. 4. 4〉 [제목개정 2011. 4. 4]

제10조(아동 보육·교육) ① 국가와 지방자치단체는 아동 보육·교육을 실시함에 있어서 다문화가족 구성원인 아동을 차별하여서는 아니 된다. ② 국가와 지방자치단체는 다문화가족 구성원인 아동이 학교생활에 신속히 적응할 수 있도록 교육지원 대책을 마련하여야 하고, 특별시·광역시·도·특별자치도의 교육감은 다문화가족 구성원인 아동에 대하여 학과 외 또는 방과 후 교육 프로그램 등을 지원할 수 있다. ③ 국가와 지방자치단체는 다문화가족 구성원인 아동의 초등학교 취학 전 보육 및 교육 지원을 위하여 노력하고, 그 아동의 언어발달을 위하여 한국어교육을 위한 교재지원 및

학습지원 등 언어능력 제고를 위하여 필요한 지원을 할 수 있다.

제11조(다국어에 의한 서비스 제공) 국가와 지방자치단체는 제5조부터 제10조까지의 규정에 따른 지원정책을 추진함에 있어서 결혼이민자 등의 의사소통의 어려움을 해소하고 서비스 접근성을 제고하기 위하여 다국어에 의한 서비스 제공이 이루어지도록 노력하여야 한다.

제12조(다문화가족지원센터의 지정 등) ① 여성가족부장관은 다문화가족 지원 정책의 시행을 위하여 필요한 경우에는 다문화가족 지원에 필요한 전문인력과 시설을 갖춘 법인이나 단체를 다문화가족지원센터(이하 "지원센터"라 한다)로 지정할 수 있다. 〈개정 2010. 1. 18〉 ② 지원센터는 다음 각 호의 업무를 수행한다. 〈개정 2011. 4. 4〉

1. 다문화가족을 위한 교육·상담 등 지원사업의 실시

1의2. 결혼이민자 등에 대한 한국어교육

2. 다문화가족 지원서비스 정보제공 및 홍보

3. 다문화가족 지원 관련 기관·단체와의 서비스 연계

4. 일자리에 관한 정보제공 및 일자리의 알선

5. 다문화가족을 위한 통역·번역 지원사업

6. 그 밖에 다문화가족 지원을 위하여 필요한 사업

③ 지원센터에는 다문화가족에 대한 교육·상담 등의 업무를 수행하기 위하여 관련 분야에 대한 학식과 경험을 가진 전문인력을 두어야 한다. ④ 국가와 지방자치단체는 제1항에 따라 지정한 지원센터에 대하여 예산의 범위에서 제2항 각 호의 업무를 수행하는 데에 필요한 비용의 전부 또는 일부를 보조할 수 있다. ⑤ 지원센터의 지정기준, 지정기간, 지정절차 등에 필요한 사항은 대통령령으로, 제3항에 따른 전문인력의 기준 등에 필요한 사항은 여성가족부령으로 각각 정한다. 〈개정 2010. 1. 18〉

제13조(다문화가족 지원업무 관련 공무원의 교육) 국가와 지방자치단체는 다문화가족 지원 관련 업무에 종사하는 공무원의 다문화가족에 대한 이해증진과 전문성 향상을 위하여 교육을 실시할 수 있다.

제14조(사실혼 배우자 및 자녀의 처우) 제5조부터 제12조까지의 규정은 대한민국 국민과 사실혼 관계에서 출생한 자녀를 양육하고 있는 다문화가족 구성원에 대하여 준용한다.

제15조(권한의 위임과 위탁) ① 여성가족부장관은 이 법에 따른 권한의 일부를 대통령령으로 정하는 바에 따라 시·도지사 또는 시장·군수·구청장(자치구의 구청장을 말

한다)에게 위임할 수 있다. 〈개정 2010. 1. 18, 2011. 4. 4〉 ② 국가와 지방자치단체는 이 법에 따른 업무의 일부를 대통령령으로 정하는 바에 따라 비영리법인이나 단체에 위탁할 수 있다.

제16조(민간단체 등의 지원) ① 국가와 지방자치단체는 다문화가족 지원 사업을 수행하는 단체나 개인에 대하여 필요한 비용의 전부 또는 일부를 보조하거나 그 업무수행에 필요한 행정적 지원을 할 수 있다. ② 국가와 지방자치단체는 결혼이민자 등이 상부상조하기 위한 단체의 구성·운영 등을 지원할 수 있다.

부칙 〈법률 제8937호, 2008. 3. 21〉

① (시행일) 이 법은 공포 후 6개월이 경과한 날부터 시행한다. ② (결혼이민자가족지원센터에 관한 경과조치) 이 법 시행 당시 보건복지가족부장관, 시·도지사 또는 시장·군수·구청장이 지정·운영 중인 결혼이민자가족지원센터는 이 법에 따라 지정된 다문화가족지원센터로 본다.

부칙 〈법률 제9932호, 2010. 1. 18〉 (정부조직법)

제1조(시행일) 이 법은 공포 후 2개월이 경과한 날부터 시행한다. 〈단서 생략〉

제2조 및 제3조 생략

제4조(다른 법률의 개정) ①부터 〈43〉까지 생략. 〈44〉 다문화가족지원법 일부를 다음과 같이 개정한다.

제4조 제1항·제2항 전단·제3항, 제12조 제1항 및 제15조 제1항 중 "보건복지가족부장관"을 각각 "여성가족부장관"으로 한다.

제4조 제4항 및 제12조 제5항 중 "보건복지가족부령"을 각각 "여성가족부령"으로 한다.

〈45〉부터 〈137〉까지 생략

제5조 생략

부칙 〈법률 제10534호, 2011. 4. 4〉

이 법은 공포 후 6개월이 경과한 날부터 시행한다.

■ 부록2 다문화가족지원법 시행령

[시행 2010. 3. 19] [대통령령 제22076호, 2010. 3. 15, 타법개정]

제1조(목적) 이 영은 「다문화가족지원법」에서 위임된 사항과 그 시행에 필요한 사항을 규정함을 목적으로 한다.

제2조(생활정보 제공 및 교육 지원) ① 국가 및 지방자치단체는 「다문화가족지원법」(이하 "법"이라 한다) 제6조 제1항에 따라 다문화가족지원 관련 정책정보, 이민자 정착 성공사례, 보육시설 등의 기관 소개, 한국문화 소개 등을 수록한 생활안내책자 등 정보지를 발간하여 배포한다. ② 국가 및 지방자치단체는 법 제6조 제1항에 따라 집합교육, 방문교육, 온라인교육 등 다양한 방법을 활용하여 결혼이민자 등에 대한 사회적응교육을 실시하고, 결혼이민자 등의 취업 및 창업을 촉진하기 위하여 능력 및 적성을 고려한 직업교육·훈련을 실시한다.

제3조(다문화가족지원센터의 지정신청 등) ① 법 제12조 제1항에 따라 다문화가족지원센터(이하 "지원센터"라 한다)로 지정받으려는 법인이나 단체는 다음 각 호의 시설 및 인력요건을 갖추고, 여성가족부령으로 정하는 바에 따라 사업계획서 등을 첨부하여 여성가족부장관에게 지정을 신청하여야 한다. 〈개정 2010. 3. 15〉

1. 상시 활용이 가능하도록 별도 공간이 확보된 사무실
2. 상담실 및 교육장. 다만, 이 둘은 다른 기관과 함께 사용할 수 있다.
3. 법 제12조 제3항에 따른 전문인력

② 여성가족부장관은 제1항에 따라 지정신청을 받은 때에는 심사위원회를 구성하여 심사를 하되, 다음 각 호의 사항을 고려하여야 한다. 〈개정 2010. 3. 15〉

1. 다문화가족지원 관련 업무 수행경력
2. 지리적 접근성
3. 전문인력의 확보 수준
4. 시설의 적정성
5. 사업계획서의 충실성 및 실행가능성

③ 여성가족부장관은 제3항에 따른 심사 후 지원센터로 지정한 경우에는 여성가족부령으로 정하는 지정서를 발급하여야 한다. 〈개정 2010. 3. 15〉 ④ 지원센터의 지

정기간은 3년으로 한다.

제4조(권한의 위임) 여성가족부장관은 법 제15조 제1항에 따라 법 제12조 제1항에 따른 지원센터의 지정 권한을 특별시장·광역시장·도지사 또는 특별자치도지사에게 위임한다. 〈개정 2010. 3. 15〉

부칙 〈대통령령 제21022호, 2008. 9. 22〉

이 영은 공포한 날부터 시행한다.

부칙 〈대통령령 제22076호, 2010. 3. 15〉 (여성가족부 직제)

제1조(시행일) 이 영은 2010년 3월 19일부터 시행한다.

제2조 생략

제3조(다른 법령의 개정) ①부터 ⑩까지 생략. ⑪ 다문화가족지원법 시행령 일부를 다음과 같이 개정한다.

제3조제1항 각 호 외의 부분 및 같은 조 제3항 중 "보건복지가족부령"을 각각 "여성가족부령"으로 한다.

제3조제1항 각 호 외의 부분·제2항 각 호 외의 부분·제3항 및 제4조 중 "보건복지가족부장관"을 각각 "여성가족부장관"으로 한다.

⑫부터 〈26〉까지 생략

■ 부록3 다문화가족지원법 시행규칙

[시행 2010. 3. 19] [여성가족부령 제1호, 2010. 3. 19, 타법개정]

제1조(목적) 이 규칙은 「다문화가족지원법」 및 같은 법 시행령에서 위임된 사항과 그 시행에 필요한 사항을 규정함을 목적으로 한다.

제2조(다문화가족 실태조사의 대상 및 방법 등) ① 여성가족부장관은 「다문화가족지원법」(이하 "법"이라 한다) 제4조에 따라 결혼이민자등과 그 한국인 배우자 및 자녀 등을 대상으로 하는 다문화가족 실태조사(이하 "실태조사"라 한다)를 실시한다. 〈개정 2010. 3. 19〉 ② 여성가족부장관은 제1항에 따른 실태조사를 다문화가족에 관한 전문성, 인력 및 장비를 갖춘 연구기관·법인 또는 단체에 의뢰하여 실시할 수 있다. 〈개정 2010. 3. 19〉 ③ 제1항에 따른 실태조사에는 다음 각 호의 사항이 포함되어야 한다. 〈개정 2010. 3. 19〉

1. 성별, 연령, 학력, 취업상태 등 가족구성원의 일반특성에 관한 사항
2. 소득, 지출, 자산 등 가족의 경제상태에 관한 사항
3. 자녀양육, 가족부양 등 가족행태 및 가족관계에 관한 사항
4. 의식주, 소비, 여가, 정보 이용 등 생활양식에 관한 사항
5. 가족갈등 등 가족문제에 관한 사항
6. 다문화가족 지원 관련 교육·상담 등 서비스 수요에 관한 사항
7. 그 밖에 다문화가족의 현황 및 실태파악에 필요한 사항으로서 여성가족부장관이 정하는 사항

④ 여성가족부장관은 사회환경의 급격한 변동 등으로 추가적인 조사가 필요할 때에는 제1항에 따른 실태조사 외에 임시조사를 실시하여 이를 보완할 수 있다. 〈개정 2010. 3. 19〉

제3조(다문화가족지원센터 전문인력의 기준) 법 제12조제1항에 따른 다문화가족지원센터(이하 "지원센터"라 한다)에는 같은 조 제3항에 따라 다음 각 호의 어느 하나에 해당하는 전문인력을 1명 이상 두어야 한다. 〈개정 2010. 3. 19〉

1. 「건강가정기본법」 제35조에 따른 건강가정사
2. 「사회복지사업법」 제11조에 따른 사회복지사

3. 그 밖에 여성가족부장관이 인정하는 관련 분야의 전문인력

제4조(다문화가족지원센터의 지정 신청 등) ① 「다문화가족지원법 시행령」(이하 "영"이라 한다) 제3조 제1항에 따라 지원센터로 지정받으려는 자는 별지 제1호서식의 다문화가족지원센터 지정 신청서에 다음 각 호의 서류를 첨부하여 특별시장·광역시장·도지사 또는 특별자치도지사에게 신청하여야 한다.

1. 사업계획서
2. 영 제3조 제1항 각 호의 시설 및 인력요건을 갖추었음을 증명할 수 있는 서류

② 영 제3조 제2항에 따른 심사위원회는 다문화가족 지원 관련 학계, 민간전문가 및 공무원 등을 포함하여 최소 5명 이상으로 구성한다. ③ 특별시장·광역시장·도지사 또는 특별자치도지사는 지원센터를 지정한 경우에는 영 제3조제3항에 따라 별지 제2호서식의 다문화가족지원센터 지정서를 발급하고 지정 결과를 인터넷 홈페이지 등에 게시한다.

부칙 〈보건복지가족부령 제62호, 2008. 9. 22〉

이 규칙은 2008년 9월 22일부터 시행한다.

부칙 〈여성가족부령 제1호, 2010. 3. 19〉 (여성부 직제 시행규칙)

제1조(시행일) 이 규칙은 공포한 날부터 시행한다.

제2조(다른 법령의 개정) ①부터 ⑤까지 생략. ⑥ 다문화가족지원법 시행규칙 일부를 다음과 같이 개정한다.

제2조 제1항·제2항·제3항 제7호·제4항 및 제3조 제3호 중 "보건복지가족부장관"을 각각 "여성가족부장관"으로 한다.

⑦부터 ⑮까지 생략

부록4 재한외국인 처우 기본법

[시행 2011. 1. 24] [법률 제10374호, 2010. 7. 23, 일부개정]

제1장 총칙

제1조(목적) 이 법은 재한외국인에 대한 처우 등에 관한 기본적인 사항을 정함으로써 재한외국인이 대한민국 사회에 적응하여 개인의 능력을 충분히 발휘할 수 있도록 하고, 대한민국 국민과 재한외국인이 서로를 이해하고 존중하는 사회 환경을 만들어 대한민국의 발전과 사회통합에 이바지함을 목적으로 한다.

제2조(정의) 이 법에서 사용하는 용어의 정의는 다음과 같다.

1. "재한외국인"이란 대한민국의 국적을 가지지 아니한 자로서 대한민국에 거주할 목적을 가지고 합법적으로 체류하고 있는 자를 말한다.
2. "재한외국인에 대한 처우"란 국가 및 지방사시단체가 재한외국인을 그 법적 지위에 따라 적정하게 대우하는 것을 말한다.
3. "결혼이민자"란 대한민국 국민과 혼인한 적이 있거나 혼인관계에 있는 재한외국인을 말한다.

제3조(국가 및 지방자치단체의 책무) 국가 및 지방자치단체는 제1조의 목적을 달성하기 위하여 재한외국인에 대한 처우 등에 관한 정책의 수립·시행에 노력하여야 한다.

제4조(다른 법률과의 관계) 국가는 재한외국인에 대한 처우 등과 관련되는 다른 법률을 제정 또는 개정하는 경우에는 이 법의 목적에 맞도록 하여야 한다.

제2장 외국인정책의 수립 및 추진 체계

제5조(외국인정책의 기본계획) ① 법무부장관은 관계 중앙행정기관의 장과 협의하여 5년마다 외국인정책에 관한 기본계획(이하 "기본계획"이라 한다)을 수립하여야 한다.

② 기본계획에는 다음 각 호의 사항이 포함되어야 한다.

1. 외국인정책의 기본목표와 추진방향
2. 외국인정책의 추진과제, 그 추진방법 및 추진시기
3. 필요한 재원의 규모와 조달방안
4. 그 밖에 외국인정책 수립 등을 위하여 필요하다고 인정되는 사항

③ 법무부장관은 제1항에 따라 수립된 기본계획을 제8조에 따른 외국인정책위원회의 심의를 거쳐 확정하여야 한다. ④ 기본계획의 수립절차 등에 관하여 필요한 사항은 대통령령으로 정한다.

⑤ 법무부장관은 기본계획을 수립함에 있어서 상호주의 원칙을 고려한다.

제6조(연도별 시행계획) ① 관계 중앙행정기관의 장은 기본계획에 따라 소관별로 연도별 시행계획을 수립·시행하여야 한다. ② 지방자치단체의 장은 중앙행정기관의 장이 법령에 따라 위임한 사무에 관하여 당해 중앙행정기관의 장이 수립한 시행계획에 따라 당해 지방자치단체의 연도별 시행계획을 수립·시행하여야 한다. ③ 관계 중앙행정기관의 장은 제2항에 따라 수립된 지방자치단체의 시행계획이 기본계획 및 당해 중앙행정기관의 시행계획에 부합되지 아니하는 경우에는 당해 지방자치단체의 장에게 그 변경을 요청할 수 있고, 당해 지방자치단체가 수립한 시행계획의 이행사항을 기본계획 및 당해 중앙행정기관의 시행계획에 따라 점검할 수 있다. ④ 관계 중앙행정기관의 장은 소관별로 다음 해 시행계획과 지난 해 추진실적 및 평가결과를 법무부장관에게 제출하여야 하며, 법무부장관은 이를 종합하여 제8조에 따른 외국인정책위원회에 상정하여야 한다. ⑤ 그 밖에 시행계획의 수립·시행 및 평가 등에 관하여 필요한 사항은 대통령령으로 정한다.

제7조(업무의 협조) ① 법무부장관은 기본계획과 시행계획을 수립·시행하고 이를 평가하기 위하여 필요한 때에는 국가기관·지방자치단체 및 대통령령으로 정하는 공공단체의 장(이하 "공공기관장"이라 한다)에게 관련 자료의 제출 등 필요한 협조를 요청할 수 있다. ② 중앙행정기관 및 지방자치단체의 장은 소관 업무에 관한 시행계획을 수립·시행하고 이를 평가하기 위하여 필요한 때에는 공공기관장에게 관련 자료의 제출 등 필요한 협조를 요청할 수 있다.

제8조(외국인정책위원회) ① 외국인정책에 관한 주요 사항을 심의·조정하기 위하여 국무총리 소속으로 외국인정책위원회(이하 "위원회"라 한다)를 둔다. ② 위원회는 다음 각 호의 사항을 심의·조정한다.

1. 제5조에 따른 외국인정책의 기본계획의 수립에 관한 사항
2. 제6조에 따른 외국인정책의 시행계획 수립, 추진실적 및 평가결과에 관한 사항
3. 제15조에 따른 사회적응에 관한 주요 사항
4. 그 밖에 외국인정책에 관한 주요 사항

③ 위원회는 위원장 1인을 포함한 30인 이내의 위원으로 구성하며, 위원장은 국무총리가 되고, 위원은 다음 각 호의 자가 된다.

1. 대통령령으로 정하는 중앙행정기관의 장
2. 외국인정책에 관하여 학식과 경험이 풍부한 자 중에서 위원장이 위촉하는 자

④ 위원회에 상정할 안건과 위원회에서 위임한 안건을 처리하기 위하여 위원회에 외국인정책실무위원회(이하 "실무위원회"라 한다)를 둔다. ⑤ 제1항부터 제4항까지 외에 위원회 및 실무위원회의 구성과 운영에 관하여 필요한 사항은 대통령령으로 정한다.

제9조(정책의 연구·추진 등) ① 법무부장관은 기본계획의 수립, 시행계획의 수립 및 추진실적에 대한 평가, 위원회 및 실무위원회의 구성·운영 등이 효율적으로 이루어질 수 있도록 다음 각 호의 업무를 수행하여야 한다.

1. 재한외국인, 불법체류외국인 및 제15조에 따른 귀화자에 관한 실태 조사
2. 기본계획의 수립에 필요한 사항에 관한 연구
3. 위원회 및 실무위원회에 부의할 안건에 관한 사전 연구
4. 외국인정책에 관한 자료 및 통계의 관리, 위원회 및 실무위원회의 사무 처리
5. 제15조에 따른 사회적응시책 및 그 이용에 관한 연구와 정책의 추진
6. 그 밖에 외국인정책 수립 등에 관하여 필요하다고 인정되는 사항에 관한 연구와 정책의 추진

② 제1항 각 호의 업무를 효율적으로 수행하기 위하여 필요한 사항은 대통령령으로 정한다.

제3장 재한외국인 등의 처우

제10조(재한외국인 등의 인권옹호) 국가 및 지방자치단체는 재한외국인 또는 그 자녀에 대한 불합리한 차별 방지 및 인권옹호를 위한 교육·홍보, 그 밖에 필요한 조치를 하기 위하여 노력하여야 한다.

제11조(재한외국인의 사회적응 지원) 국가 및 지방자치단체는 재한외국인이 대한민국에서 생활하는 데 필요한 기본적 소양과 지식에 관한 교육·정보제공 및 상담 등의 지원을 할 수 있다.

제12조(결혼이민자 및 그 자녀의 처우) ① 국가 및 지방자치단체는 결혼이민자에 대한 국어교육, 대한민국의 제도·문화에 대한 교육, 결혼이민자의 자녀에 대한 보육 및

교육 지원, 의료 지원 등을 통하여 결혼이민자 및 그 자녀가 대한민국 사회에 빨리 적응하도록 지원할 수 있다. 〈개정 2010. 7. 23〉 ② 제1항은 대한민국 국민과 사실혼 관계에서 출생한 자녀를 양육하고 있는 재한외국인 및 그 자녀에 대하여 준용한다.

제13조(영주권자의 처우) ① 국가 및 지방자치단체는 대한민국에 영구적으로 거주할 수 있는 법적 지위를 가진 외국인(이하 "영주권자"라 한다)에 대하여 대한민국의 안전보장·질서유지·공공복리, 그 밖에 대한민국의 이익을 해치지 아니하는 범위 안에서 대한민국으로의 입국·체류 또는 대한민국 안에서의 경제활동 등을 보장할 수 있다. ② 제12조제1항은 영주권자에 대하여 준용한다.

제14조(난민의 처우) ①「출입국관리법」 제76조의2에 따라 난민의 인정을 받은 자가 대한민국에서 거주하기를 원하는 경우에는 제12조 제1항을 준용하여 지원할 수 있다. ② 국가는 난민의 인정을 받은 재한외국인이 외국에서 거주할 목적으로 출국하려는 경우에는 출국에 필요한 정보제공 및 상담과 그 밖에 필요한 지원을 할 수 있다.

제15조(국적취득 후 사회적응) 재한외국인이 대한민국의 국적을 취득한 경우에는 국적을 취득한 날부터 3년이 경과하는 날까지 제12조 제1항에 따른 시책의 혜택을 받을 수 있다.

제16조(전문외국인력의 처우 개선) 국가 및 지방자치단체는 전문적인 지식·기술 또는 기능을 가진 외국인력의 유치를 촉진할 수 있도록 그 법적 지위 및 처우의 개선에 필요한 제도와 시책을 마련하기 위하여 노력하여야 한다.

제17조(과거 대한민국국적을 보유하였던 자 등의 처우) 국가 및 지방자치단체는 과거 대한민국의 국적을 보유하였던 자 또는 그의 직계비속(대한민국의 국적을 보유한 자를 제외한다)으로서 대통령령으로 정하는 자에 대하여 대한민국의 안전보장·질서유지·공공복리, 그 밖에 대한민국의 이익을 해치지 아니하는 범위 안에서 대한민국으로의 입국·체류 또는 대한민국 안에서의 경제활동 등을 보장할 수 있다.

제4장 국민과 재한외국인이 더불어 살아가는 환경 조성

제18조(다문화에 대한 이해 증진) 국가 및 지방자치단체는 국민과 재한외국인이 서로의 역사·문화 및 제도를 이해하고 존중할 수 있도록 교육, 홍보, 불합리한 제도의 시정이나 그 밖에 필요한 조치를 하기 위하여 노력하여야 한다.

제19조(세계인의 날) ① 국민과 재한외국인이 서로의 문화와 전통을 존중하면서 더불어

살아갈 수 있는 사회 환경을 조성하기 위하여 매년 5월 20일을 세계인의 날로 하고, 세계인의 날부터 1주간의 기간을 세계인주간으로 한다. ② 세계인의 날 행사에 관하여 필요한 사항은 법무부장관 또는 특별시장·광역시장·도지사 또는 특별자치도지사가 따로 정할 수 있다.

제5장 보칙

제20조(외국인에 대한 민원 안내 및 상담) ① 공공기관장은 재한외국인에게 민원처리절차를 안내하는 업무를 전담하는 직원을 지정할 수 있고, 그 직원으로 하여금 소정의 교육을 이수하도록 할 수 있다. ② 국가는 전화 또는 전자통신망을 이용하여 재한외국인과 그 밖에 대통령령으로 정하는 자에게 외국어로 민원을 안내·상담하기 위하여 외국인종합안내센터를 설치·운영할 수 있다.

제21조(민간과의 협력) 국가 및 지방자치단체는 외국인정책에 관한 사업 중의 일부를 비영리법인 또는 비영리단체에 위탁할 수 있고, 그 위탁한 사업수행에 드는 비용의 일부를 지원하거나 그 밖에 필요한 지원을 할 수 있다.

제22조(국제교류의 활성화) 국가 및 지방자치단체는 외국인정책과 관련한 국제기구에 참여하거나 국제회의에 참석하고, 정보교환 및 공동 조사·연구 등의 국제협력사업을 추진함으로써 국제교류를 활성화하기 위하여 노력하여야 한다.

제23조(정책의 공표 및 전달) ① 국가 및 지방자치단체는 확정된 외국인정책의 기본계획 및 시행계획 등을 공표할 수 있다. 다만, 위원회 또는 실무위원회에서 국가안전보장·질서유지·공공복리·외교관계 등의 국익을 고려하여 공표하지 아니하기로 하거나 개인의 사생활의 비밀이 침해될 우려가 있는 사항에 대하여는 그러하지 아니하다. ② 국가 및 지방자치단체는 모든 국민 및 재한외국인이 제1항에 따라 공표된 외국인정책의 기본계획 및 시행계획 등을 쉽게 이해하고 이용할 수 있도록 노력하여야 한다.

부칙 〈법률 제8442호, 2007. 5. 17〉

이 법은 공포 후 2개월이 경과한 날부터 시행한다.

부칙 〈법률 제10374호, 2010. 7. 23〉

이 법은 공포 후 6개월이 경과한 날부터 시행한다.

부록5 결혼중개업의 관리에 관한 법률

[시행 2010. 11. 18] [법률 제10301호, 2010. 5. 17, 일부개정]

제1조(목적) 이 법은 결혼중개업을 건전하게 지도·육성하고 이용자를 보호함으로써 건전한 결혼문화 형성에 이바지함을 목적으로 한다.

제2조(정의) 이 법에서 사용하는 용어의 정의는 다음과 같다.

1. "결혼중개"란 결혼을 위한 상담 및 알선 등의 행위를 말한다.
2. "결혼중개업"이란 수수료·회비, 그 밖의 금품을 받고 결혼중개를 업으로 행하는 것을 말한다.
3. "국내결혼중개업"이란 대한민국의 국적을 가진 사람을 대상으로 하는 결혼중개업을 말한다.
4. "국제결혼중개업"이란 대한민국의 국적을 가진 사람과 외국인을 대상으로 하는 결혼중개업을 말한다.
5. "결혼중개업자"란 제3조 제1항에 따라 결혼중개업의 신고를 하거나 제4조 제1항에 따라 결혼중개업의 등록을 한 자를 말한다.

제3조(국내결혼중개업의 신고) ① 국내결혼중개업을 하고자 하는 자는 보증보험금 및 중개사무소 등 대통령령으로 정하는 기준을 갖추어 시장(「제주특별자치도 설치 및 국제자유도시 조성을 위한 특별법」에 따른 행정시장을 포함한다. 이하 같다)·군수·구청장(자치구의 구청장을 말한다. 이하 같다)에게 신고하여야 한다. 신고한 사항 중 여성가족부령으로 정하는 중요사항을 변경하고자 할 때에도 또한 같다. 〈개정 2010. 1. 18, 2010. 5. 17〉 ② 시장·군수·구청장은 제1항에 따른 국내결혼중개업의 신고를 한 자에 대하여 신고필증을 내주어야 한다. ③ 제1항에 따른 신고사항·신고절차, 제2항에 따른 신고필증의 교부 등 신고에 관하여 필요한 사항은 여성가족부령으로 정한다. 〈개정 2010. 1. 18〉

제4조(국제결혼중개업의 등록) ① 국제결혼중개업을 하고자 하는 자는 제24조에 따른 교육을 받고 보증보험금, 중개사무소 등 대통령령으로 정하는 기준을 갖추어 중개사무소를 두고자 하는 지역을 관할하는 시장·군수·구청장에게 등록하여야 한다. 등록한 사항 중 여성가족부령으로 정하는 중요사항을 변경하고자 할 때에도 또한 같

다. 〈개정 2010. 1. 18, 2010. 5. 17〉 ② 시장·군수·구청장은 제1항에 따른 국제결혼 중개업을 등록한 자에 대하여 등록증을 내주어야 한다. 〈개정 2010. 5. 17〉 ③ 제1항에 따른 등록사항·등록절차, 제2항에 따른 등록증의 교부 등 등록에 관하여 필요한 사항은 여성가족부령으로 정한다. 〈개정 2010. 1. 18〉

제5조(휴업·폐업 및 재개의 신고) 결혼중개업자가 휴업 또는 폐업하거나 휴업 후 영업을 재개하고자 할 때에는 여성가족부령으로 정하는 바에 따라 시장·군수·구청장에게 이를 신고하여야 한다. 폐업을 신고한 경우 제3조 제1항에 따른 신고 또는 제4조 제1항에 따른 등록은 그 효력을 잃는다. 〈개정 2010. 1. 18, 2010. 5. 17〉

제6조(결격사유) 다음 각 호의 어느 하나에 해당하는 자는 결혼중개업을 운영하거나 그 업무에 종사할 수 없다. 〈개정 2009. 6. 9〉

1. 미성년자·금치산자·한정치산자 또는 파산선고를 받고 복권되지 아니한 자
2. 금고 이상의 실형을 선고받고 그 집행이 종료(집행이 종료된 것으로 보는 경우를 포함한다)되거나 집행이 면제된 날부터 2년이 경과되지 아니한 자
3. 금고 이상의 형의 집행유예를 선고받고 그 유예기간 중에 있는 자
4. 제2호 및 제3호에 불구하고 이 법, 「형법」 제228조, 제287조부터 제294조까지의 규정, 「특정범죄가중처벌 등에 관한 법률」 제5조의2, 「성매매알선 등 행위의 처벌에 관한 법률」, 「풍속영업의 규제에 관한 법률」, 「아동·청소년의 성보호에 관한 법률」 또는 「출입국관리법」 제7조의2 및 제18조 제4항을 위반하여 벌금 이상의 형의 선고(범칙금 통고처분을 포함한다)를 받고 그 집행이 종료되거나 집행을 받지 아니하기로 확정된 후 3년이 경과되지 아니한 자
5. 제18조에 따라 등록이 취소된 후 3년이 경과되지 아니한 자
6. 임원 중에 제1호부터 제5호까지의 규정의 어느 하나에 해당하는 자가 있는 법인

제7조(겸업금지) 「직업안정법」 제18조 및 제19조에 따른 직업소개사업을 하는 자 또는 「파견근로자보호 등에 관한 법률」 제7조에 따른 파견사업주 또는 「해외이주법」 제10조에 따른 해외이주알선업자는 결혼중개업을 수행할 수 없다.

제8조(신고필증 등의 게시) ① 결혼중개업자는 결혼중개업 수수료·회비 등을 기재한 표, 신고필증 또는 등록증 그 밖에 여성가족부령으로 정하는 사항을 당해 중개사무소 안의 보기 쉬운 곳에 게시하여야 한다. 〈개정 2010. 1. 18〉 ② 결혼중개업자가 인터넷 홈페이지를 운영하는 경우 결혼중개업 수수료·회비 등을 기재한 표, 신고번호

또는 등록번호 등 여성가족부령으로 정하는 사항을 이용자가 쉽게 확인할 수 있도록 인터넷 홈페이지에 게시하여야 한다. 〈개정 2010. 1. 18〉

제9조(명의 대여의 금지) 결혼중개업자는 다른 사람에게 자기의 명의 또는 상호를 사용하여 결혼중개업을 하게 하거나 신고필증 또는 등록증을 빌려 주어서는 아니 된다.

제10조(결혼중개계약서의 작성 등) ① 결혼중개업자는 결혼중개를 목적으로 수수료·회비, 그 밖의 금품을 이용자에게 받고자 할 때에는 다음 각 호의 방법으로 계약을 체결하여야 한다. 이 경우 이용자가 계약서 내용을 이해할 수 있도록 충분하게 설명하여야 한다. 〈개정 2010. 5. 17〉

1. 국내결혼중개업자: 서면 또는 「전자거래기본법」 제2조 제1호에 따른 전자문서
2. 국제결혼중개업자: 서면

② 제1항에 따라 계약을 체결하는 때에는 다음 각 호의 사항을 기재한 계약서(약관을 정하여 사용하는 경우로서 약관의 내용이 계약서에 기재되어 있지 아니한 경우 그 약관을 기재한 서면을 포함한다)를 이용자에게 내주어야 한다.

1. 수수료·회비 등에 관한 사항
2. 해약 또는 해지할 경우 수수료·회비 등의 반환에 관한 사항
3. 결혼중개업자의 배상책임에 관한 사항
4. 결혼중개업자가 제공하는 서비스의 내용, 제공방법, 기간 및 시기 등에 관한 사항
5. 그 밖에 결혼중개업자가 준수하여야 할 사항

③ 결혼중개업자는 제1항에 따라 작성된 계약서를 여성가족부령으로 정하는 기간 동안 보존하여야 한다. 〈개정 2010. 1. 18〉 ④ 결혼중개업자는 제1항에 따라 계약서를 작성하는 때에는 제2항의 기재사항을 거짓으로 기재하거나 서로 다른 2 이상의 계약서를 작성하여서는 아니 된다.

제10조의2(신상정보 제공) ① 국제결혼중개업자는 제10조 제1항에 따라 계약을 체결한 이용자와 결혼중개의 상대방(이하 "상대방"이라 한다)으로부터 다음 각 호의 신상정보를 받아 각각 상대방과 이용자에게 서면으로 제공하여야 한다.

1. 혼인경력
2. 건강상태(후천성면역결핍증 및 성병 등의 감염 여부를 포함한다)
3. 직업

4. 성폭력·가정폭력·아동학대 등 관련 범죄경력

5. 그 밖에 상대국의 법령에서 정하고 있는 사항

② 제1항에 따른 신상정보는 그 정보를 제공받는 이용자와 상대방이 이해할 수 있는 언어로 작성하여야 한다. ③ 제1항에 따른 신상정보의 제공시기 및 절차, 입증방법 등에 필요한 사항은 대통령령으로 정한다. [본조신설 2010. 5. 17]

제10조의3(통역·번역서비스의 제공) ① 국제결혼중개업자는 이용자와 상대방 간의 원활한 의사소통을 지원하기 위하여 통역·번역서비스를 제공하여야 한다. ② 제1항에 따른 통역·번역서비스의 제공 등에 필요한 사항은 여성가족부령으로 정한다. [본조신설 2010. 5. 17]

제11조(외국 현지법령 준수 등) ① 국제결혼중개업자는 국제결혼중개를 함에 있어서 외국 현지법령을 준수하여야 한다. ② 외교통상부장관은 국제결혼중개업자가 외국 현지 형사법령 또는 행정법령을 위반한 경우 관련 내용을 여성가족부장관에게 통보하여야 하고, 여성가족부장관은 이를 시·도지사에게 통보하여야 한다. 이 경우 통보절차에 관하여 필요한 사항은 대통령령으로 정한다. 〈개정 2010. 1. 18, 2010. 5. 17〉

제12조(허위·과장된 표시·광고의 금지 등) ① 결혼중개업자는 거짓·과장되거나 국가·인종·성별·연령·직업 등을 이유로 차별하거나 편견을 조장할 우려가 있는 내용의 표시·광고를 하여서는 아니 된다. ② 결혼중개업자는 결혼중개를 함에 있어서 이용자에게 거짓된 정보를 제공하여서는 아니 된다. ③ 결혼중개업자가 표시·광고를 하는 경우 국내결혼중개업자는 국내결혼중개업의 신고번호를, 국제결혼중개업자는 국제결혼중개업의 등록번호를 포함하여야 한다. 〈신설 2010. 5. 17〉 ④ 제1항에 따른 거짓·과장된 표시·광고의 범위 등에 관하여 필요한 사항은 여성가족부령으로 정한다. 〈개정 2010. 1. 18, 2010. 5. 17〉

제13조(개인정보의 보호) 결혼중개업에 종사하거나 종사하였던 자는 그 업무를 통하여 알게 된 개인정보를 이용자의 의사에 반하여 다른 사람에게 제공 또는 누설하거나 결혼중개 외의 용도로 사용하여서는 아니 된다.

제14조(장부 등의 비치) 결혼중개업자는 여성가족부령으로 정하는 바에 따라 장부·대장, 그 밖에 필요한 자료를 비치하여야 한다. 〈개정 2010. 1. 18〉

제14조의2(국제결혼중개업자의 업무제휴) ① 국제결혼중개업자가 결혼중개를 하면서 결혼당사자의 모집 등과 관련하여 외국 현지에서 활동하는 업체 등과 업무제휴를

할 때에는 서면으로 계약을 체결하여야 한다. ② 국제결혼중개업자가 제1항에 따라 업무제휴 계약을 체결하는 때에는 업무제휴를 하는 업체 등이 다음 각 호의 사항을 준수하도록 하는 내용을 포함하여야 한다.

1. 제10조에 따른 결혼중개계약서의 작성 등
2. 제11조 제1항에 따른 외국 현지 법령의 준수
3. 제12조 제1항에 따른 거짓·과장된 표시·광고의 금지
4. 제13조에 따른 개인정보의 보호

③ 국제결혼중개업자는 제1항에 따른 업무제휴를 제6조 및 제7조에 해당하는 자와 할 수 없다. [본조신설 2010. 5. 17]

제15조(보고 및 검사 등) ① 시장·군수·구청장은 결혼중개업자로 하여금 이 법의 시행에 관하여 필요한 자료제출과 보고를 하게 할 수 있으며, 소속 공무원으로 하여금 해당 중개사무소에 출입하여 운영상황을 조사하게 하거나 장부·대장, 그 밖의 서류를 검사하게 할 수 있다. 〈개정 2010. 5. 17〉 ② 제1항에 따라 소속 공무원이 그 직무를 수행하는 때에는 그 권한을 표시하는 증표를 지니고 이를 관계인에게 내보여야 한다.

제16조(관계 기관의 협조) ① 여성가족부장관은 결혼중개업의 관리를 위하여 관계 중앙행정기관의 장, 지방자치단체의 장 또는 관계 공공기관의 장에게 필요한 협조를 요청할 수 있다. 〈개정 2010. 1. 18〉 ② 제1항에 따라 협조요청을 받은 자는 특별한 사유가 없는 한 이에 응하여야 한다.

제17조(시정 명령) 시장·군수·구청장은 결혼중개업자가 다음 각 호의 어느 하나에 해당하는 경우에는 기간을 정하여 그 시정 또는 변경을 명할 수 있다. 〈개정 2010. 5. 17〉

1. 제3조 제1항을 위반하여 변경사항을 신고하지 아니한 경우
2. 제4조 제1항을 위반하여 변경사항을 등록하지 아니한 경우
3. 제5조를 위반하여 결혼중개업을 휴업 또는 폐업하거나 그 영업을 재개한 사실을 신고하지 아니한 경우
4. 제8조를 위반하여 신고필증 또는 등록증 등을 게시하지 아니하거나 신고번호 또는 등록번호 등을 게시하지 아니한 경우
5. 제12조 제3항을 위반하여 표시·광고를 할 때 신고번호나 등록번호를 포함하지 아니한 경우

6. 제14조를 위반하여 장부 등의 자료를 비치하지 아니한 경우

7. 그 밖에 이 법 또는 이 법에 따른 명령을 위반한 경우

제18조(영업정지 등) ① 시장·군수·구청장은 결혼중개업자가 다음 각 호의 어느 하나에 해당하는 경우 등록을 취소하거나 1년 이내의 기간을 정하여 영업의 정지를 명할 수 있다. 다만, 국제결혼중개업자가 제1호·제2호 또는 제18호에 해당할 경우 등록을 취소하여야 한다. 〈개정 2010. 1. 18, 2010. 5. 17〉

1. 거짓이나 그 밖의 부정한 방법으로 결혼중개업을 신고하거나 등록한 경우
2. 제6조에 따른 결격사유에 해당하게 된 경우. 다만, 법인의 경우 1개월 이내에 결격사유가 있는 임원을 개임한 때는 그러하지 아니하다.
3. 제7조를 위반하여 직업소개사업, 근로자파견사업 또는 해외이주알선업을 겸업한 경우
4. 제9조를 위반하여 다른 사람에게 자기 명의 또는 상호를 사용하여 결혼중개업을 하게 하거나 신고필증 또는 등록증을 빌려 준 경우
5. 제10조 제1항을 위반하여 서면 또는 전자문서의 방법으로 계약을 체결하지 아니한 경우
6. 제10조 제2항을 위반하여 계약서의 기재사항을 누락하거나 계약서를 내주지 아니한 경우
7. 제10조 제3항을 위반하여 계약서를 보존하지 아니한 경우
8. 제10조 제4항을 위반하여 계약서를 거짓으로 기재하거나 서로 다른 2 이상의 계약서를 작성한 경우
9. 제10조의2 제1항을 위반하여 신상정보를 이용자와 상대방에게 제공하지 아니한 경우
10. 국제결혼중개업자가 제10조의3 제1항을 위반하여 통역·번역서비스를 제공하지 아니한 경우
11. 제11조 제2항에 따라 외국 현지 형사법령 또는 행정법령을 위반하여 여성가족부장관에게 통보된 경우
12. 제12조 제1항을 위반하여 거짓 또는 과장되거나 국가·인종·성별·연령·직업 등을 이유로 차별하거나 편견을 조장할 우려가 있는 내용을 표시·광고한 경우
13. 제12조 제2항을 위반하여 이용자에게 거짓된 정보를 제공한 경우

14. 제13조를 위반하여 개인정보를 다른 사람에게 제공 또는 누설하거나 결혼중개 외의 용도로 사용한 경우
15. 제15조 제1항에 따른 자료제출·보고를 하지 아니하거나 거짓으로 보고한 경우
16. 제15조 제1항에 따른 소속 공무원의 조사나 검사를 기피하거나 방해한 경우
17. 제17조에 따른 시정 명령을 위반한 경우
18. 제25조를 위반하여 보증보험에 가입하지 아니한 경우

② 제1항에 따른 행정처분의 세부기준은 여성가족부령으로 정한다. 〈개정 2010. 1. 18〉

제19조(폐쇄조치 등) ① 시장·군수·구청장은 제3조 제1항에 따른 신고 또는 제4조 제1항에 따른 등록을 하지 아니하고 결혼중개업을 하거나 제18조 제1항에 따른 등록취소 또는 영업정지명령을 받고 계속하여 영업을 하는 자에 대하여 관계 공무원으로 하여금 해당 영업소를 폐쇄하기 위한 다음 각 호의 조치를 하게 할 수 있다. 〈개정 2010. 5. 17〉

1. 해당 영업소의 간판이나 그 밖의 영업표시물의 제거·삭제
2. 해당 영업소가 위법한 것임을 알리는 게시물 등의 부착
3. 영업을 위하여 꼭 필요한 시설물 또는 기구 등을 사용할 수 없게 하는 봉인

② 제1항 제3호에 따른 봉인을 한 후 봉인을 계속할 필요가 없다고 인정하거나 결혼중개업자 또는 그 대리인이 정당한 사유로 봉인의 해제를 요청하는 때에는 그 봉인을 해제할 수 있다. 제1항 제2호에 따른 게시물 등의 부착을 제거하는 경우에도 또한 같다. ③ 제1항에 따른 조치를 함에 있어서는 미리 해당 결혼중개업자나 그 대리인에게 서면으로 이를 알려 주어야 한다. 다만, 공공의 안전 또는 복리를 위하여 긴급히 폐쇄하여야 할 필요가 있는 경우 등 급박한 사유가 있는 경우에는 그러하지 아니하다. ④ 제1항에 따른 조치는 영업을 할 수 없게 함에 필요한 최소한의 범위에 그쳐야 한다. ⑤ 제1항에 관계 공무원은 그 권한을 표시하는 증표를 지니고 이를 관계인에게 내보여야 한다.

제20조(청문) 시장·군수·구청장은 제18조 제1항에 따른 행정처분을 하고자 하는 경우에는 청문을 실시하여야 한다. 〈개정 2010. 5. 17〉

제21조(행정처분의 승계 등) ① 다음 각 호의 어느 하나에 해당하는 결혼중개업자는 종전의 결혼중개업자에 대하여 행한 제18조 제1항에 따른 행정처분의 효과를 승계된다.

1. 결혼중개업을 양수한 자

2. 결혼중개업을 운영하는 법인이 합병이 있는 때에는 합병 후 존속하거나 설립되는 법인

3. 제5조에 따른 폐업신고 후 1년 이내에 다시 결혼중개업을 신고 또는 등록한 자

② 제1항 각 호의 어느 하나에 해당하는 자에 대하여는 제18조 제1항에 따라 진행 중인 행정처분의 절차를 속행할 수 있다. ③ 제1항 및 제2항에도 불구하고 제1항 각 호의 어느 하나에 해당하는 자가 종전의 결혼중개업자에 대한 처분명령 또는 종전의 결혼중개업자의 위반사실을 알지 못하였음을 증명하는 때에는 그러하지 아니하다.

제22조(수수료) 제3조 제1항에 따른 신고 또는 제4조 제1항에 따른 등록을 하고자 하는 자는 시장·군수·구청장에게 여성가족부령으로 정하는 바에 따라 수수료를 납부하여야 한다. 신고 또는 등록사항을 변경하는 경우에도 또한 같다. 〈개정 2010. 1. 18, 2010. 5. 17〉

제23조 삭제 〈2010. 5. 17〉

제24조(교육) ① 여성가족부장관 또는 시장·군수·구청장은 국제결혼중개업자의 전문지식 및 윤리의식을 높이기 위하여 교육을 실시하거나 법인 또는 단체에 위탁하여 실시할 수 있다. 〈개정 2010. 1. 18, 2010. 5. 17〉 ② 제4조 제1항에 따라 국제결혼중개업의 등록을 하고자 하는 자는 미리 제1항에 따른 교육을 받아야 한다. ③ 제2항에 따라 교육을 받아야 하는 자 중 2 이상의 장소에서 국제결혼중개업을 하고자 하는 자 또는 여성가족부령으로 정하는 사유로 교육을 받을 수 없는 자에 대하여는 그 종사자 중 책임자를 지정하여 교육을 받게 하여야 한다. 〈개정 2010. 1. 18〉 ④ 제1항부터 제3항까지의 규정에 따른 교육내용·교육방법 등 교육에 관하여 필요한 사항은 여성가족부령으로 정한다. 〈개정 2010. 1. 18〉

제25조(손해배상책임의 보장) ① 결혼중개업자는 결혼중개를 함에 있어서 고의 또는 과실로 인하여 이용자에게 손해를 발생하게 한 때에는 그 손해를 배상할 책임이 있다. ② 결혼중개업자는 제1항에 따른 손해배상책임을 보장하기 위하여 대통령령으로 정하는 바에 따라 보증보험에 가입하여야 한다. 〈개정 2010. 5. 17〉 ③ 제2항에 따른 보증보험금의 청구절차 등에 관하여 필요한 사항은 대통령령으로 정한다. 〈개정 2010. 5. 17〉

제26조(벌칙) ① 다음 각 호의 어느 하나에 해당하는 자는 3년 이하의 징역 또는 2천만 원 이하의 벌금에 처한다.

1. 거짓이나 그 밖의 부정한 방법으로 제4조 제1항에 따른 등록을 한 자
2. 제4조 제1항에 따른 등록을 하지 아니하고 국제결혼중개업을 수행한 자
3. 제19조 제1항에 따른 폐쇄조치에도 불구하고 영업을 계속한 자

② 다음 각 호의 어느 하나에 해당하는 자는 2년 이하의 징역 또는 1천만 원 이하의 벌금에 처한다.

1. 거짓이나 그 밖의 부정한 방법으로 제3조 제1항에 따른 신고를 한 자
2. 제3조 제1항에 따른 신고를 하지 아니하고 국내결혼중개업을 수행한 자
3. 제9조를 위반하여 다른 사람에게 자기 명의 또는 상호를 사용하여 결혼중개업을 하게 하거나 신고필증 또는 등록증을 빌려 준 자
4. 제12조 제1항을 위반하여 거짓·과장되거나 국가·인종·성별·연령·직업 등을 이유로 차별하거나 편견을 조장할 우려가 있는 내용을 표시·광고한 자
5. 제12조 제2항을 위반하여 이용자에게 거짓된 정보를 제공한 자
6. 제13조를 위반하여 다른 사람에게 개인정보를 제공 또는 누설하거나 사용한 자

제27조(양벌규정) 법인의 대표자나 법인 또는 개인의 대리인, 사용인, 그 밖의 종업원이 그 법인 또는 개인의 업무에 관하여 제26조의 위반행위를 하면 그 행위자를 벌하는 외에 그 법인 또는 개인에게도 해당 조문의 벌금형을 과(科)한다. 다만, 법인 또는 개인이 그 위반행위를 방지하기 위하여 해당 업무에 관하여 상당한 주의와 감독을 게을리하지 아니한 경우에는 그러하지 아니한다. [전문개정 2010. 5. 17]

제28조(과태료) ① 다음 각 호의 어느 하나에 해당하는 자에게는 300만 원 이하의 과태료를 부과한다.

1. 제3조 제1항을 위반하여 변경사항을 신고하지 아니한 자
2. 제4조 제1항을 위반하여 변경사항을 등록하지 아니한 자
3. 제7조를 위반하여 직업소개사업, 근로자파견사업 또는 해외이주알선업을 겸업한 자
4. 정당한 사유 없이 제15조 제1항에 따른 자료제출 또는 보고를 거부하거나 거짓으로 보고한 자
5. 정당한 사유 없이 제15조 제1항에 따른 검사를 거부·방해 또는 기피한 자

② 다음 각 호의 어느 하나에 해당하는 자에게는 100만 원 이하의 과태료를 부과한다.

1. 제5조를 위반하여 신고를 하지 아니하고 휴업 또는 폐업하거나 휴업 후 운영을 재개한 자
2. 제8조를 위반하여 신고필증 또는 등록증 등을 게시하지 아니하거나 신고번호 또는 등록번호 등을 게시하지 아니한 자
3. 제14조를 위반하여 장부 등의 자료를 비치하지 아니한 자

③ 제1항 및 제2항에 따른 과태료는 대통령령으로 정하는 바에 따라 시장·군수·구청장(이하 "부과권자"라 한다)이 부과·징수한다. 〈개정 2010. 5. 17〉 ④ 제3항에 따른 과태료 처분에 불복하는 자는 그 처분을 고지 받은 날부터 30일 이내에 부과권자에게 이의를 제기할 수 있다. ⑤ 제3항에 따른 과태료 처분을 받은 자가 제4항에 따라 이의를 제기한 때에는 부과권자는 지체 없이 관할 법원에 그 사실을 통보하여야 하며, 그 통보를 받은 관할 법원은 「비송사건절차법」에 따른 과태료의 재판을 한다. ⑥ 제4항에 따른 기간 이내에 이의를 제기하지 아니하고 과태료를 납부하지 아니한 때에는 지방세 체납처분의 예에 따라 이를 징수한다.

부칙 〈법률 제8688호, 2007. 12. 14〉

① (시행일) 이 법은 공포 후 6개월이 경과한 날부터 시행한다. ② (결혼중개업의 신고 또는 등록에 관한 경과조치) 이 법 시행 당시 결혼중개업을 수행하고 있는 자는 이 법 시행일부터 3개월 이내에 제3조 제1항에 따라 신고를 하거나 제4조 제1항에 따라 등록을 하여야 한다. ③ (교육에 관한 경과조치) 이 법 시행 당시 국제결혼중개업을 수행하고 있는 자는 이 법 시행일부터 6개월 이내에 제24조에 따라 교육을 받아야 한다.

부칙 〈법률 제9765호, 2009. 6. 9〉 (아동·청소년의 성보호에 관한 법률)

제1조(시행일) 이 법은 2010년 1월 1일부터 시행한다. 〈단서 생략〉

제2조부터 제5조 생략

제6조(다른 법률의 개정) ① 결혼중개업의 관리에 관한 법률 일부를 다음과 같이 개정한다.

제6조 제4호 중 "「청소년의 성보호에 관한 법률」"을 "「아동·청소년의 성보호에 관

한 법률」"로 한다.

②부터 ⑤까지 생략

제7조 생략

부칙 〈법률 제9932호, 2010. 1. 18〉 (정부조직법)

제1조(시행일) 이 법은 공포 후 2개월이 경과한 날부터 시행한다. 〈단서 생략〉

제2조 및 제3조 생략

제4조(다른 법률의 개정) ①부터 ⑬까지 생략. ⑭ 결혼중개업의 관리에 관한 법률 일부를 다음과 같이 개정한다.

제3조 제1항 후단·제3항, 제4조 제1항 후단·제3항, 제5조 전단, 제8조 제1항·제2항, 제10조 제3항, 제12조 제3항, 제14조, 제18조 제2항, 제22조 전단 및 제24조 제3항·제4항 중 "보건복지부령"을 각각 "여성가족부령"으로 한다.

제11조 제2항 전단, 제16조 제1항, 제18조 제1항 제9호 및 제24조 제1항 중 "보건복지부장관"을 각각 "여성가족부장관"으로 한다.

⑮부터 〈137〉까지 생략

제5조 생략

부칙 〈법률 제10301호, 2010. 5. 17〉

① (시행일) 이 법은 공포 후 6개월이 경과한 날부터 시행한다. ② (국내결혼중개업의 신고에 관한 적용례) 제3조 제1항의 개정규정은 이 법 시행 후 최초로 신고하는 국내결혼중개업자부터 적용한다.

박주현
현) 백석문화대학교 사회복지학부 교수

이은영
현) 강동대학교 사회복지과 교수

장영
현) 대전과학기술대학교 사회복지과 교수

제3판
다문화사회의 이해와 실천

초 판 1쇄 발행 2011년 10월 21일
초 판 3쇄 발행 2013년 7월 10일
제2판 3쇄 발행 2020년 9월 3일
제3판 1쇄 발행 2022년 8월 3일

지 은 이 | 박주현 · 이은영 · 장영
펴 낸 이 | 김기섭
편 집 인 | 이현남 · 오선율
펴 낸 곳 | www.changjisa.com
08589 서울시 금천구 가산디지털 1로 83 파트너스타워1차 9층
전화 (02) 719-2211~3
팩스 (02) 701-9386
등 록 | 1977년 4월 28일 · 제1-421호

ISBN 978-89-426-1549-0 (93330)

값 22,000원